유토피아의 귀환

The Return of Utopia

유토피아의 귀환

초판 1쇄 발행 2017년 12월 8일
초판 2쇄 발행 2020년 4월 20일

지은이 이명호 외
펴낸이 한균태
펴낸곳 경희대학교 출판문화원
주소 서울시 동대문구 경희대로 26
전화 02-961-0106~8, 팩스 02-961-0291
설립 1960년 9월 16일 제5-8호
등록 1977년 11월 8일 제6-5호
홈페이지 www.khupress.com
전자우편 press@khu.ac.kr

ISBN 978-89-8222-556-7 (03800)

경희대학교 비교문화연구소 세계문학 연구총서 1

유토피아의 귀환

폐허의 시대, 희망의 흔적을 찾아서

이명호 외 지음

경희대학교 출판문화원

THE RETURN OF UTOPIA

In Search of Traces of Hope in Ruins

이 저서는 2015년 대한민국 교육부와 한국연구재단의 지원을 받아 수행된 연구를 엮은 것입니다(NRF 2015S1A5A2A03048929).

서문

유토피아 상상의 귀환과 재구성을 위하여

지금 이곳에 '없는 곳(utopia)'과 '더 좋은 곳(eutopia)'을 결합시키려는 인간의 오랜 꿈과 욕망이 위기에 몰리고 있다는 소식은 새삼스럽지 않다. 더 나은 세계를 향한 집합적 꿈을 현실 속에 실현하고자 했던 사회주의의 몰락은 20세기 정치 유토피아 기획의 실패를 보여주었다. 양차 대전과 홀로코스트로 대변되는 역사의 악몽을 목격하면서 20세기 인류는 유토피아를 향한 희망을 디스토피아의 공포에 넘겨주었다. 1968년을 정점으로 세계를 변화시켜보려 했던 혁명적 열기는 잠시 유토피아 담론의 짧은 부흥기를 만들어냈지만, 1989년 동구권 사회주의 몰락에 이어 1991년 소비에트 체제가 붕괴하고 신자유주의적 자본주의의 세계화가 진행되면서 유토피아 담론은 거의 소멸될 운명에 처한 것처럼 보인다. 세계화는 시공간적 경계의 개념 자체를 시야에서 사라지게 만듦으로써 '지금과는 급진적으로 다른 세계'에 대한 상상력을 고갈시키기에 이른다. 세계화의 전지구적 확산과 함께 자본주의의 '바깥'은 사라졌다. 모두가, 그리고 모든 곳이 자본주의로 평정된 세상에서 '다른 인간'과 '다른 세계'를 꿈꾸기는 어렵다. 자본주의의 종말을 상상하는 것이 지구 문명의 종말을 상상하는 것보다 어렵다는 말이 나올 만큼 '자본주의의 바깥'은 시간적으로나 공간적으로 존재하지 않는 듯 보인다.

현재 인류는 자원 고갈, 기후변화, 경제적 불평등, 공동체 파괴, 지구적 거버넌스의 부재 등등의 문제가 인간의 생존 가능성은 물론 지구 문명의 지속 가능성을 심각하게 위협하는 국면을 겪고 있다. 3·11 후쿠시마 원전 사고 이후 핵 재앙의 실질적 발발 가능성은 인간과 세계의 소멸이 먼 미래가 아니라 현재 속으로 들어오게 만들었다. 종말은 영화적 상상력이 그려낸 은유가 아닌 실재의 얼굴을 하고 우리 곁에 다가와 있다. 이와 함께 더 나은 세계의 표상이자 문화적 기대로서의 미래도 종말을 고한 것처럼 보인다. 급진적 사회 운동가들조차 앞다투어 미래의 종언을 선언하기에 이른다. 이탈리아 자율주의 사상가 프랑코 베라르디 비포는 미래가 증발되어버린, '미래 이후'의 세상을 말한다.* 그가 보기에 미래는 더 좋은 삶의 가능성이 펼쳐질 기대의 시간이 아니라 불안한 현재가 무한정 지속되는 시간일 뿐이다. 자본과 권력이 결합된 토털 시스템하에서 대안적 세계의 전망은 흐리고 희망은 없어 보인다. 이제 사람들은 자본주의가 제공하는 가짜 쾌락을 즐기며 다른 미래의 가능성을 비웃는다. 소비적 쾌락에 적응한 냉소적 주체는 선언한다. '이제 더 이상 상상할 미래는 없고, 대안은 존재하지 않으며, 급진적 변화의 가능성은 사라졌다.' 후기 자본주의의 지구적 진전은 사람들이 미래와 관계할 힘을 빼앗아버린다. 이런 시대에 유토피아 상상은 불가능할 뿐 아니라 시대착오적으로 보인다.

하지만 문제는 사라지지 않는다. 오래전 카를 만하임이 지적했듯이 "유토피아의 포기와 더불어 우리는 역사를 창조하려는 의지를 잃게 될 것이며, 그와 함께

* 프랑코 베라르디 비포, 『미래 이후』, 강서진 역, 난장, 2013.

역사를 이해하는 능력마저 잃어버리게 될 것이다." 현실과는 질적으로 다른, 그러나 아직 도래하지 않은 미래에 대한 상상은 '주어진 현실'이 전부가 아니라는 인식을 개방함으로써 현실을 '재사유'하고 '재배치'할 수 있게 한다. 이것이 '유토피아 상상'이다. 유토피아 상상에서 현실은 미래와의 관계 속에서 비판적으로 해독되고 재배치된다. 여기서 미래는 역사의 합법칙적 발전 방향에 따라 도달하게 될, 현재 다음에 올 필연적 시간이 아니라 현재와는 급진적으로 다른 미지(未知) 그 자체다. 진보 사관은 미래를 현재의 발전적 연속으로 만듦으로써 미래의 미결정성과 예측 불가능성을 식민화한다. 그러나 유토피아는 현재뿐 아니라 현재의 연장에 지나지 않는 예측 가능하고 식민화된 미래와의 근본적 단절을 상상함으로써 미래를 개방한다. 반(反)유토피아 담론의 압도적 위세하에 놓여 있는 서구 지식계에서 유토피아 담론을 고집스럽게 움켜쥐고 있는 프레드릭 제임슨의 주장처럼, 유토피아의 기능은 현재의 이데올로기적 폐쇄성을 드러내고 그 경색을 교란시킴으로써 미래를 열어놓는 데 있다.** 유토피아는 현실의 경계 바깥에서 현실을 비판하고 교란시키는 (불)가능성의 공간이다. 이 '비판'과 '교란'의 효용성을 부정할 수 없다면 유토피아 상상은 우리 시대에 시급히 복구될 필요가 있다.

소멸의 운명에 처한 것처럼 보이는 유토피아 상상을 복원하려면 그것에 들씌워졌던 부정적 멍에를 걷어내고 그것을 새롭게 구성할 필요가 있다. 오랫동안 유토피아 상상은 두 개의 상반되는 반대에 직면해왔다. 유토피아는 현실과 아무 상관없는 '허황된 공상'으로 치부되거나 전체주의로 귀결되는 '위험한 몽상'으로 비판받아왔다. 전자가 유토피아 상상의 현실 비판적, 사회변혁적 기능을 무력화시키는 것이라면, 후자는 그 잠재적 폭력성을 노출시키는 것이라 할 수 있다. 특히 후자는 소비에트 공산주의가 전체주의로 전락하는 과정을 목격하면

** Fredric Jameson, *Archaeologies of the Future* (London and New York: Verso, 2007), p. 228.

서 유토피아 상상을 비판하는 강력한 논거가 되었다. 유토피아가 실행 가능한 정치적 목표로 제시될 때 그것은 필연적으로 디스토피아가 된다는 것이다. 냉전 시기의 칼 포퍼에서 최근의 존 그레이에 이르기까지* 반유토피아 담론은 유토피아 담론이 불완전한 인간을 하나의 완벽한 목표에 맞추는 억압과 폭력의 기제라고 비판해왔다. 이사야 벌린의 말을 빌리자면 유토피아 기획은 "인간이라는 구부러진 목재"(칸트의 표현)를 곧게 펴려는 시도다. 이 시도는 폭력적일 뿐 아니라 불가능하다. 인간 본성에 반하기 때문이다. 여기에 '완벽한 것은 좋은 것의 적이다'라는 격언이 덧붙여질 때, 유토피아 담론은 완전한 사회라는 목표에 인간을 억지로 끼워 맞춤으로써 현실을 무시, 왜곡, 통제하는 공포 담론으로 변질된다. 러시아 혁명 시기 이상 사회를 둘러싸고 벌어졌던 체르니셰프스키와 자먀찐의 대립, 수정궁으로 표상되는 이상 사회의 억압성을 폭로한 자먀찐의 문제의식을 자유주의적 관점에서 계승한 조지 오웰의 『1984』 등은 유토피아 정치 기획이 안고 있는 전체주의적 위험성을 비판한 것이다. 히틀러와 스탈린 체제를 경험했던 서구 자유주의 지식인들이 유토피아 담론을 '열린사회의 적'으로 기소했던 이유가 여기에 있다. 오늘날 유토피아 상상을 복권시키려면 유토피아주의에 내재된 이런 전체주의적 위험성을 제거하는 급진적 변형의 과정을 거쳐야 할 것이다.

이 변형의 과정은 유토피아의 개념을 '이상 사회에 대한 청사진'에서 "더 나은 존재 양식과 삶의 방식을 향한 욕망의 표현"** 으로 재규정하는 작업에서부터 시작할 수 있을 것이다. 유토피아는 '목표'가 아니라 '방법'이다. 완벽한 사회를 향한 구체적 프로그램이 아니라 더 나은 존재와 삶의 양식을 추구하기 위한 '방법

* 칼 포퍼, 『열린사회와 그 적들』, 이한구 역, 민음사, 2006; John Gray, *Black Mass: Apocalyptic Religion and the Death of Utopia* (London: Allen Lane, 2007) 참조.

** 유토피아에 대한 이런 확장된 재규정은 Ruth Levitas의 해석을 가져온 것이다. Ruth Levitas, *The Concept of Utopia* (Bern: Peter Lang, 2011), p. 8.

적 가설(methodological hypothesis)'이자 '발견적 안내(heuristic guidance)'로 유토피아를 재규정함으로써, 그간 유토피아 담론이 종종 빠져들었던 전체주의화의 한계에서는 벗어나되 더 좋은 미래를 향한 욕망과 역동적 지향성은 견지할 수 있을 것이다. 이제 유토피아 담론은 '대안적 사회조직'의 체계적 건설에서 '대안적 가치'의 열린 추구로의 방향 전환이 필요하다.

더 좋은 사회의 추구는 인간존재에 대한 성찰에 기초해야 한다. 역사 속에서 변화하는 존재로서 인간이 어떤 본성과 잠재력을 지니고 있고 무엇을 욕망하며 어떤 관계 속에서 살고자 하는가에 관한 깊은 인간학적 이해에 바탕을 두었을 때에야 비로소 어떤 사회가 좋은 사회인가에 대한 답변도 다채롭고 풍요로워질 수 있다. 존재론적 성찰이 생략된 사회 논의는 사회공학으로 떨어지기 쉽다. 유토피아 담론은 더 나은 존재와 삶의 양식을 향한 욕망의 표현으로서, 대안 사회의 제도와 관행에 관한 객관적 기술에서부터 억압과 소외를 넘어선 해방과 충만의 상태에 관한 주관적 경험까지 포괄한다. 좁은 의미의 유토피아주의는 좋은 사회에 대한 사변적 지식(철학과 사회 이론)과 사회적 실천(공동체 실험)을 가리키지만, 넓은 의미에서는 더 나은 존재와 삶을 향한 욕망 그 자체를 가리킨다. 에른스트 블로흐의 지적처럼 아직 오지 않은 세계를 향한 무의식적 소망은 문화의 거의 모든 영역에 산포되어 있다. 이 미래의 무의식은 신화와 동화, 백일몽과 종교적 상징, 노래와 춤과 건축 그리고 무엇보다 다양한 문학적 서사에 들어 있다. 종교와 함께 문학은 소외와 분열을 넘어 존재의 본향(本鄕)을 추구하는 인간의 근원적 소망이 표현되는 영역이다. 유토피아 담론에서 문학이 차지하는 중요성이 여기에 있다.

역사적 사회주의의 실패 이후 유토피아 담론의 가능성을 열어놓을 수 있는 영역은 문학이다. 유토피아와 이데올로기, '공상적' 유토피아와 '과학적' 유토피아 등등의 구분을 더 이상 유지할 수 없게 된 오늘날 유토피아 담론의 미래는 '없는 것'을 상상하는 문학의 고유한 역할에 달려 있다고 해도 과언이 아니다. 근대 서구 역사에서 문학은 유토피아라는 새로운 어휘를 출현시켰을 뿐 아니라 여행 서사와 공상과학소설 같은 다양한 장르를 통해 유토피아 담론을 이끌어왔다. 유토피아 논의가 화려하게 꽃피었던 19세기 후반과 20세기 초에 서구 사회에서 문학은 주도적 역할을 담당해왔다. 에드워드 벨라미의 『뒤돌아보며: 2000년에 1887년을』(1888)과 윌리엄 모리스의 『유토피아에서 온 소식』(1890) 그리고 샬럿 퍼킨스 길먼의 『허랜드』(1915) 등은 서로 다른 시각에서 대안 사회와 인간을 상상한 유토피아문학의 대표작들이다. 20세기 들어와 과학기술이 전체주의와 부정적으로 결합하는 양상을 지켜보면서 유토피아 상상은 쇠락의 길을 걷게 되지만, 1968년 이후 페미니즘, 생태주의, 탈식민주의, 무정부주의 등 현존 질서를 넘어 대안 가치를 지향하는 다양한 사회운동들과 연계하여 부활한다. '불가능한 것을 요구하라'라는 68 혁명의 슬로건은 그 근저에 유토피아 지향을 담고 있었다. 기존 사회질서에 '자리가 없는(u-topia)' 공간을 창출하려는 변혁의 제스처는 문화의 전 영역에 걸쳐 일어났지만 문학을 통해 가장 뚜렷하게 모습을 드러내었다. 서구 사회에서, 특히 영미권에서 1970년대는 새롭고 다양한 유토피아문학들이 벌판의 야생화처럼 풋풋하게 피어난 시기다.

그러나 이 시기 유토피아문학은 완벽한 사회에 대한 청사진을 제시하는 것이 아니라 특징적으로 디스토피아 상상과 결합하여 출현한다. 이 상상에서 유토피아와 디스토피아는 적대적 대립 관계에 있지 않다. 유토피아와 디스토피아는 낙관/비관, 희망/절망의 대립 구도를 형성하는 것 같아 보이지만, 양자는 서로를 비추는 '더블(double)'로 존재한다. 카를 만하임은 유토피아를 종말론적, 자유주의적, 보수주의적, 사회주의적-코뮌주의적 유토피아 등의 네 가지로 나누고 종말론적 유토피아야말로 가장 순수한 형태의 유토피아라고 주장한다. 종말에 내포된 '파국'이 현재와 급진적으로 다른 새로운 '시작'을 암시한다는 것이다. 여기서 시작은 모든 사회적 조건이 위기에 직면하는 파국의 상황에서 오히려 유토피아적 사건들을 '복원'하고 아직 오지 않은 미래를 '선취'하는 '어긋난 시간'으로서의 시작이다. 이 어긋남 속에 비동시적 시간이 흐르고 있다. 창조가 파괴 위에서 생성된다면 파괴의 잔해는 새로운 시작의 전제다. 현대에 생산된 다수의 디스토피아 문학은 디스토피아적 외피 속에 유토피아적 갈망을 감추고 있다(비판적 디스토피아). 역으로 유토피아문학 중 상당수는 미래 사회를 어떤 갈등이나 모순도 없는 완벽한 이상향이 아니라 그 자체 한계를 안고 있지만 지금보다 더 좋은 사회로 그림으로써 유토피아로부터 비판적 거리를 유지한다(비판적 유토피아). 유토피아/디스토피아 문학은 전적으로 대립하거나 상충된다기보다는 유토피아 갈망을 상이한 양태로 드러낸다고 보는 것이 보다 실상에 근접하는 해석이 될 것이다.* 우리 시대 유토피아 충동과 욕망은 부서지고 깨어진 잔해 속에 묻혀 있다. 문화의 지층에 묻혀 있는 이 흔적들을 발굴하여 미래적 가능성으로 끌어올리는 일이 문화 비평가의 과제라 할 수 있다.

이 과제 속에는 유토피아 담론의 서구 편향성을 넘어 유토피아문학론을 보다 넓은 세계문학적 지평에 위치시키는 작업도 포함된다. 1516년 토머스 모어가 '유토피아'라는 신조어를 만들어낸 이후 지금까지 유토피아 담론을 견인해온 것은 근대 서구 사회다. 프랑스 대혁명과 미국 혁명은 인류의 진보라는 근대 계몽주의의 꿈을 현실화시킨 역사적 사건이었다. 20세기 들어 이 꿈은 디스토피아 상상에 자리를 넘겨주었지만, 68 혁명은 문화의 저변에 흐르고 있던 유토피아 상상을 다시 표면으로 끌어올렸다. 이런 역사적 특성으로 인해 유토피아문학의 생산이나 그에 대한 연구도 서구적 프리즘을 벗어나기 힘들었다. 그러나 더 나은 존재와 삶의 양식에 대한 욕망은, 비록 그 표현 양태나 내용은 역사적 맥락에 따라 달리 나타날 수 있지만, 서구의 전유물이 아니라 인간 보편의 특성이다. 개개 사회와 문화는 당대의 모순을 넘어서기 위해 그 나름의 독특한 유토피아를

* 이런 시각을 제안함으로써 유토피아/디스토피아 문학의 경직된 대립 구도에서 벗어날 출구를 마련한 사람이 Lyman Tower Sargent이다. Lyman Tower Sargent, "Three Faces of Utopianism Revisited," *Utopian Studies* 5.1, 1994, pp. 1~37 참조.

꿈꾼다. 서구 근대와의 만남에서 식민지 종속이라는 역사적 굴곡을 겪었던 동아시아, 라틴아메리카, 아프리카 사람들은 유럽인들이 상상하는 것과는 현격하게 다른 유토피아를 꿈꿀 수밖에 없다. 근대 초 신대륙을 탐험할 당시 유럽에서 멀리 떨어진 곳에 유토피아가 존재할 것이라고 생각했던 서구인들의 지정학적 상상력은 비서구인들에게는 제국주의적 정복욕과 구분되지 않는다. 모어는 유토피아가 유럽과 신대륙 사이 어딘가에 존재하는 섬으로서 백인들이 정복하여 만든 이상 사회라고 상상했다. 서구인의 유토피아가 비서구인들에게는 억압과 박탈의 장소일 수 있다. 이런 제국주의 침략에서 해방되어 주체성을 획득하는 것이 탈식민의 유토피아다. 자신들의 역사를 부정당했던 식민지인들에게 미래의 유토피아는 잃어버린 과거를 되찾는 것이기도 하다. 과거는 지나간 미래이고 미래는 아직 오지 않은 과거다. 이들에게 과거와 미래, 회상과 기대, 향수와 희망은 서구인들이 경험하는 것보다 훨씬 더 복잡하게 얽혀 있다. 프레드릭 제임슨은 현재의 존재론은 "과거의 예보"가 아니라 "미래의 고고학"을 요구한다고 말한 적이 있다. 그러나 탈식민의 문학은 미래의 고고학을 과거의 기억에서 구축하는 경향이 있다. 유토피아문학 논의가 풍요로워지기 위해서는 서구를 넘어 세계문학적 시선을 확보할 수 있어야 한다. 다른 문학에서와 마찬가지로 유토피아문학에서도 문화적 특수성과 다양성은 존중되어야 한다. 우리가 꿈꾸는 유토피아문학의 공화국은 '파리'나 '런던'에 수도를 둔 '단일형 공화국'이 아니라 서울, 베이징, 리우데자네이루 등 세계 여러 곳에 다수의 수도를 둔 '다극화된 연방 공화국'이 되어야 할 것이다.

이 책은 경희대학교 외국어대학 문학 전공 교수들로 구성된 '세계문학 독회모임'에서 싹텄다. 각기 다른 외국 문학을 전공하는 교수들이 매달 마지막 주 목요일 저녁에 모여 세계문학 작품을 읽자는 소박한 생각에서 출발한 모임이 수년째 이어져오고 있다. 두 사람만 모이면 책을 읽고 토론할 수 있다. 아니 혼자라도 내면에서 우리는 이미 여럿이다. 그러나 여럿이 모여 세계문학을 이야기하다 보면 몰랐던 문화적 계보가 그려진다. '유토피아'라는 주제로 세계문학의 계보를 다시 그려보자는 아이디어도 여기서 싹텄고 그 생각에 추진체를 달아 단행본으로 출판하게 되었다. 한국연구재단은 이 추진체에 물질적 지원이라는 에너지원을 공급해주었다.

전공 논문 쓰기의 압박과 학교 행정 일의 부담에 시달리는 요즈음 대학 선생들에게 논문으로 이어지지 않는 책을 읽고 글을 쓴다는 것은 보상 없는 노동을 하는 것만큼이나 어려운 일이다. 책 읽기의 기쁨을 논문 생산의 압박으로 잃어버린 교수들에게 매월 마지막 주 목요일 저녁은 노동의 강박에서 해방된 시간이었다. 아무 조건 없이 책을 읽는 순수한 기쁨을 즐기기 위해서는 투쟁이 필요하다. 경쟁적 노동과 평가에서 자신을 내려놓을 치열한 내면의 투쟁이. 그러나 우리의 책 읽기가 책으로 만들어지기까지는 누군가의 그림자 노동이 존재했다. 책의 기획에서 편집에 이르는 과정에 힘을 보태준 이선이, 박정원 교수님에게 특히 감사의 인사를 전하고 싶다. 책이 출판될 수 있도록 주선해준 경희대학교 출판문화원의 이문재 교수님과 꼼꼼하고 성의껏 편집 교열 작업을 해준 신승윤 선생님께 감사드린다. 독회모임이 이어질 수 있도록 책을 선정하고 사람들을 모으고 맛있는 쿠키와 커피를 제공해주고 있는 황수현 교수님에게도 고마운 마음을 전한다. 황 교수의 연구실이 우리 모두의 헤테로토피아가 되어 세계문학 읽기의 기쁨이 계속되기를 소망한다.

2017년 11월
이명호

목 차

이야기 셋

무위와 자연

이야기 넷

감시와 자유

이야기 다섯

몸과 욕망

이야기 여섯

폭력과 공존

U T O P I A

이야기 하나

사유재산과 계급 불평등

몫 없는 자들을 위한 공유 사회의 꿈
토머스 모어의 『유토피아』

율도국을 허하노라
허균의 『홍길동전』

모두가 안전하고 풍요로운 세상에서
에드워드 벨라미의 『뒤돌아보며: 2000년에 1887년을』

노동과 예술, 휴식이 어우러진 삶
윌리엄 모리스의 『유토피아에서 온 소식』

몫 없는 자들을 위한 공유 사회의 꿈: 토머스 모어의 『유토피아』*

이명호

『유토피아』와 점령 운동

토머스 모어(Thomas More)는 새로운 어휘와 장르의 창시자다. 그는 대안 사회를 그린 자신의 책에 '유토피아(utopia)'라는 제목을 붙임으로써 근대 담론 공간에 이 말을 최초로 도입했을 뿐 아니라 '유토피아 서사'라는 새로운 장르를 창조했다. 새로운 언어와 장르를 어느 한 개인이 창조한 경우는 드물다. 언어는 수많은 사람들의 사용을 통해 변화하며 장르 역시 마찬가지다. 그런 까닭에 새로운 말과 장르의 출현을 역사상 실존하는 어느 한 개인에게 소급하기란 쉽지 않다. 그러

* 이 글은 필자의 논문 '몫없는 자들을 위한 공유사회의 꿈'(「비교문화연구」 2016년 겨울)을 대중용으로 재구성한 것임을 밝힌다.

나 토머스 모어는 창시자의 위치에 올라섰고, 그가 쓴 『유토피아(Utopia)』(주경철 역, 을유문화사)는 새로운 장르의 '기원 텍스트'로서의 위상을 지니게 되었다.

그러나 기원으로서의 위상이 『유토피아』를 읽어야 할 이유의 전부라면 문학사적 의미 이상을 갖기는 힘들 것이다. 이 작품이 살아 있는 고전의 위상을 지니려면 시간의 간극을 뛰어넘어 오늘날의 독자에게도 사유를 촉발하는 문제적 텍스트로 남아 있어야 한다. 고전이란 어떤 이념적 왜곡이나 모순도 없는 완벽한 작품을 뜻하지 않으며, 자신이 속해 있던 순간의 전망에서 벗어나 초월적 보편성을 지니고 있다는 뜻도 아니다. 무릇 고전이란 당대의 맥락에 묶여 있는 역사적 산물이지만, 시대의 제약으로부터 달아나고 그에 맞서는 대칭적 충동을 통해 현재를 비추는 통찰력을 지니고 있는 작품이다. 모어의 『유토피아』는 현재를 조망하는 해석의 잠재성을 지니고 있는가? 500년 전에 출판된 이 오래된 책이 우리 시대에도 유의미한 참조점이 될 수 있는가?

이 물음에 긍정적 대답을 내놓을 수 있는 사례 하나를 소개하자면 2011년 세계를 뒤흔든 '점령 운동(occupy movement)'에서 시도된 '북 블록(book bloc)'을 들 수 있다. 주지하다시피 점령 운동은 월스트리트로 대변되는 자본의 사유화 경향에 맞서 '몫 없는 자들'이 '공유지'를 지키려는 싸움이었다. 이제 그 불꽃은 사그라졌지만 선진 자본주의국가 한복판에서 터져 나온 이 격렬한 싸움은 대안 세계를 창조하려는 풀뿌리 운동 단체들과 시민들이 자본에 맞서 일으킨 저항운동이었다. 최근 미국에서 발표된 한 논문에 따르면 시위 현장에서 일부 가담자들은 물리적 점령만이 아니라 정신의 점령을 시도했다고 한다.** 2011년 11월 2일 미국 오클랜드 시의 점령 운동은 북 블록을 통해 경찰과 맞섰다. 시위 참가자들은 프란츠 파농의 『대지의 저주받은 자들』, 데이비드 하비의 『자본에 제약을』, 수전 콜린스의 『헝거 게임』, 어슐러 르 귄의 『빼앗긴 자들』 같은 책의 표지를 붙

** Sarah Hogan, "What More Means Now: Utopia, Occupy, and the Commons," *Upstart*, 2013.

인 피켓을 들고 경찰과 대치했다. 시위대가 만든 불온서적의 방패는 국가 폭력으로부터 시민들을 지키는 물리적 보호막이자 사상의 전선이었다. 이후 발생한 사태는 놀랄 만한 것이었다. 경찰은 북 블록의 무장해제를 명령했고, 이에 불복한 시위대가 경찰과 맞서 싸우다 80여 명이 체포되기에 이른다. 사태가 이렇게 전개되자 오클랜드 시의회는 북 블록을 폭력의 도구로 규정하여 금지하려고 했지만 곧바로 강력한 반대에 부딪친다. 국가가 개인의 사상을 금지한다는 것은 민주주의의 근간을 훼손하는 행위로서 시위대로서는 결코 용납할 수 없는 일이다. 오클랜드 시위 현장에서 북 블록을 둘러싸고 벌어진 일련의 사태는 죽은 글자들이 빽빽이 늘어선 책이라는 물건이 다른 세계를 꿈꾸는 변혁 운동에서 살아 있는 무기가 될 수 있음을 보여주었다.

토머스 모어의 『유토피아』는 점령 운동을 둘러싸고 벌어진 이데올로기 싸움에서 가장 많이 소환된 텍스트 중 하나다. 하지만 이 작품이 해석되는 방식은 아주 달랐다. 점령 운동을 비판하는 논자들의 관심은 유토피아에 내포된 두 가지 의미 중 하나, 즉 '좋은 곳(eu-topia)'이 아니라 '없는 곳(ou-topia)'에 집중되었다. 이들의 해석에 따르면 히슬로다에우스가 묘사한 유토피아 섬은 자유롭고 평등한 사회와는 거리가 먼 전체주의국가다. 모어의 『유토피아』가 그나마 뛰어난 것은 히슬로다에우스를 비판하는 또 다른 목소리, 작중인물 '모어'로 대변되는 현실주의적 목소리를 포함하고 있기 때문이다. 이들의 눈에 모어의 『유토피아』는 유토피아주의를 비판하는 반유토피아주의 작품이고, 바로 이 점이 점령 운동가들이 배워야 할 교훈으로 제시된다.

반면 점령 운동 옹호론자들은 모어의 『유토피아』에서 신자유주의 비판의 근거를 끌어낸다. 이들은 16세기 영국 사회에 대한 히슬로다에우스의 비판과 신자유주의적 자본주의에 대한 그들 자신의 비판 사이에서 현저한 공통점을 발견하고, 히슬로다에우스의 목소리에서 보다 평등한 대안 사회에 대한 열망을 읽어낸다. 흥미로운 것은, 이들이 복원하는 히슬로다에우스는 유토피아 사회의 모습을 제시하는 '이상주의자'가 아니라 헨리 8세 치하의 영국 사회를 신랄하게 비판하는 '사회 비평가'라는 점이다. 이런 면에서 이들의 해석은 반유토피아주의적 독법과 완전히 대척점에 있지는 않다. 이들 역시 히슬로다에우스가 제시하는 이상 사회의 형상은 받아들이지 않고 당대 사회에 대한 비판에 초점을 맞추고 있는 것이다. 점령 운동의 슬로건 중 하나였던 '나는 일자리를 잃었다. 하지만 '점령'을 찾았다'는 '사유지'를 '공유지'로 바꿔내는 운동에서 다른 사회를 향한 유토피아적 갈망을 드러내지만, 그 갈망은 대안 사회에 대한 전망으로 구체화되지 않는다. 21세기 히슬로다에우스는 유토피아 전통에 대해 착잡한 태도를 갖고 있다. 공산주의의 등장과 그 역사적 몰락을 목격한 이들에게 공산주의는 아무 유보 없이 수용할 수 있는 미래의 청사진이 될 수 없다. 그러나 자본주의적 질서를 넘어설 다른 사회를 향한 꿈을 포기할 수도 없다. 사회공학에 입각한 미래 설계는 폐기해야 하지만 유토피아의 꿈을 포기할 수도 없다는 딜레마가 그들 앞에 놓여 있는 것이다. 이 딜레마는 점령 운동의 조기 쇠락과도 무관하지 않다. 이 운동이 추구했던 '대표자 없는 운동', '요구 없는 운동', '목표 없는 운동'은 다양한 사회 세력들의 자율과 연대의 장을 구성하는 데는 필요했지만 운동의 지속적 동력을 끌어내는 데는 걸림돌이 되었다. 점령 운동에 관여한 활동가들 사이에서 운동의 목표와 대안을 제시해야 한다는 요구가 터져 나온 것도 이런 현실적 필요성과 무관하지 않다. 점령 운동의 부활을 준비하려면 『유토피아』를 새롭게 읽어야 하고 유토피아 전통과의 대면을 두려워하지 말아야 한다는 문제의식이 대두한 것이다.

현실 비판과 대안 상상

토머스 모어는 1515년 헨리 8세로부터 외교 임무를 부여받아 플랑드르의 안트베르펜에 파견되었던 짧은 체류 기간 동안 『유토피아』를 썼다. 원래 그의 구상은 자신과 지적 교분이 있던 에라스무스의 『우신예찬』에 대응하는 '지혜에 관한 논설'을 쓰는 것이었지만, 계획을 바꾸어 당시 유행하던 여행기 형식의 픽션을 썼다. 이렇게 해서 만들어진 것이 이상 사회를 그린 2부이고, 여기에 1부를 추가하여 현재 모양으로 출판한 것이 『유토피아』다. 1부는 플라톤식 대화에 풍자 요소가 가미된 극적 구성 형식을 취하고 있고, 2부는 먼 곳을 여행하고 돌아온 사람이 그곳을 소개하는 여행기 형식이다. 1부는 토머스 모어, 페터 힐레스, 라파엘 히슬로다에우스의 대화로 구성되어 있는데, 대화를 주도하는 이는 히슬로다에우스다. 그는 아메리고 베스푸치의 아메리카 항해에 동행했던 포르투갈 출신의 방랑 철학자로서 구대륙 문화와는 다른 시선을 지닌 허구적 인물이다. 그가 지식인의 정치 참여, 영국의 범죄와 사형 제도, 군주의 호전성과 탐욕 등 당대 영국 사회의 모순을 신랄하게 비판하고, 이에 대해 실존 인물인 모어와 힐레스가 유보적 태도를 보이거나 반대 의견을 제시한다. 2부는 대화 대신 화자 히슬로다에우스가 가상의 섬나라 유토피아에 대해 설명하는 독백 형식을 취하고 있다. 다만 히슬로다에우스의 긴 이야기가 끝난 후 '작중인물' 모어의 짧은 논평이 이어진다.

모어의 『유토피아』는 형식적으로는 철학적 대화와 여행기의 조합으로, 내용상으로는 당대 현실에 대한 풍자적 비판과 대안 사회에 대한 급진적 상상으로 구성되어 있다. '대화'와 '독백', '역사성'과 '허구성', '현실주의적 비판'과 '급진주의적 상상'이 맞물려 돌아가면서 팽팽한 긴장 관계를 유지하고 있는 것이 『유토피아』의 형식적, 내용적 특징이다. 그런데 바로 이런 이중성이 엇갈린 해석을 낳는 요인이 된다. 점령 운동의 찬반론자들이 이 작품에 내놓은 상반된 해석에서 알 수 있듯이, 모어의 『유토피아』는 유토피아문학의 기원이면서 동시에 반유토피아문학의 씨앗을 담고 있는 작품으로, 대안 사회에 대한 이상주의적 열정을 표현하면서 그에 대해 아이로니컬하게도 거리를 유지하는 텍스트로 읽힌다. 『유토피아』는 작중인물의 층위에서는 이상주의적인 히슬로다에우스와 현실주의적 모어가, 서사의 수위에서는 급진적 상상과 현실 풍자가, 이념의 측면에서는 화폐와 사유재산이 철폐된 공산 사회의 옹호와 그 전체주의적 위험성에 대한 경고가 동거한다. 이런 불안한 동거가 『유토피아』를 이중적, 분열적 텍스트로 만들어주는 요인이자 이후 비평적 논란을 일으키는 원인이다.

그렇다면 모어는 왜 두 이질적 서사를 병치시킨 것일까? 그 효과는 무엇일까? 『유토피아』의 2부에 활용된 여행기는 낯선 세계를 방문한 자의 눈으로 익숙한 질서와 그 가치 체계를 흔드는 데 적합하다. 낯설게 하기가 의도하는 것은 낯익은 현실에 충격을 가함으로써 그 이데올로기적 폐쇄성을 교란시키는 것이다. 이 교란이 현실 비판에 국한되지 않고 다른 세계를 향한 상상으로 이어지는 것이 유토피아 장르의 특징이다. 이런 점에서 다른 세계를 향한 유토피아적 상상이 여행자의 입을 빌려 서술되고 있는 『유토피아』의 2부가 텍스트의 중심이라는 점을 부정할 수는 없다. 2부는 1부를 교란시킨다. 허구적 상상이 현실을 뒤흔들어 우리가 자명하다고 생각하는 현실이 결코 자명한 것이 아니라 역사적으로 만들어진 것이라는 점을 드러낸다.

유토피아에 대한 급진적 상상을 담고 있는 2부는 현존 질서의 부분적 개선이 아닌 총체적 재구성을 시도하는 형식으로서 그 자체가 진지한 사회정치적 기획을 담고 있다. 『유토피아』의 1부는 히슬로다에우스가 당시 영국 사회의 모순을 극복한 가상의 세 나라를 소개하는 것으로 끝난다. 그가 묘사하는 아코리아, 마카리아, 폴릴레리트는 각기 군주의 군사적 정복욕을 제한하고, 재정적 탐욕을 통제하며, 도둑을 사형시키지 않고 자비롭게 대하는 나라들이다. 하지만 이런 부분적 개혁이 사회문제를 푸는 근본 해결책은 되지 못한다. 이를테면 군주의 정복욕이나 재정적 탐욕을 억제하기 위해 신하들이 군주를 설득하거나 과도한 조세 징수를 막는 법을 통과시킬 수는 있지만, 이것으로 문제가 해결되지는 않는다. 군주의 탐욕을 억제하려면 왕권을 제한할 수 있는 정치제도를 만들어야 하는데 이는 왕정 질서를 넘어서는 정치체제를 요구한다. 또 사형 제도의 문제점을 해결하기 위해 절도범에게 사형 대신 공공 근로나 노동 봉사를 시킬 수는 있지만, 사람들을 도둑질로 내모는 요인이 남아 있는 한, 미봉책에 불과하다. 카를 카우츠키를 위시한 유수의 마르크스주의자들이 공산주의의 원조로 읽어낸 히슬로다에우스의 발언에 따르면, 절도와 사형 제도라는 문제 하나를 풀기 위해서도 사회의 총체적 변화가 요구된다. 영국에 왜 도둑질이 창궐하게 되었느냐는 질문에 히슬로다에우스는 이렇게 대답한다.

> 당신들 나라의 양입니다. 양들은 언제나 온순하고 아주 적게 먹는 동물이었습니다. 그런데 이제는 양들이 너무나도 욕심이 많고 난폭해져서 사람들까지 잡아먹는다고 들었습니다. 양들은 논과 집, 마을까지 황폐화시킵니다. 아주 부드럽고 비싼 양모를 얻을 수 있는 곳이라면 어디에서든지, 대귀족과 하급 귀족 심지어는 성무를 맡아야 하는 성직자들까지 옛날에 조상들이 받던 지대에 만족하지 않게 되었습니다. 그들은 이 사회에 아무런 좋은 일도 하지 않고 나태와 사치 속에서 사는 것만으로도 부족하다는 듯이 이제는 더 적극적인 악행을 저지릅니다. 모든 땅을 자유롭게 경작하도록 내버려두지 않고 목축을 위해 울타리를 쳐서 막습니다. 이들은 집과 마을을 파괴해버리고 다만 양 우리로 쓰기 위해 교회만 남겨놓습니다. 이미 많은 땅을 방목지와 사냥용 짐승 보호지로 만들어버린 것도 모자라서 이 높은 분들은 주거지와 경작지마저 황폐하게 만드는 중입니다. 이렇게 만족을 모르고 탐욕을 부리는 한 사람이 수천 에이커를 울타리로 둘러막고 있습니다. 이런 사람들은 정말로 이 나라에 역병 같은 존재입니다. 소작농들은 쫓겨나든지 속임수, 강짜 내지는 끊임없는 괴롭힘을 견디다 못해 자기 땅을 팔 수밖에 없습니다. … 여기저기 떠돌이 생활을 하다가 그 얼마 안 되는 돈마저 다 날리면 결국 도둑질 끝에 당신 말대로 교수대에 매달리든지 아니면 유랑하며 구걸할 수밖에 없습니다. (27~28쪽)

'인클로저(enclosure)'라 불리는 자본주의적 경제 운용 방식이, 농민들을 농토에서 쫓아내고 가난을 견디지 못한 이들이 유랑 생활 끝에 도둑질을 할 수밖에 없도록 만드는 근본 원인이라면, 그 원인을 제거하지 않고 범죄를 없앨 수는 없다. 절도범을 사형시켜 사회정의를 세우겠다는 것은 "피상적으로는 정의로워 보이지만 실제로는 정의롭지도 않고 효과도 없"다(30쪽). 1부의 후반부에서 히슬로다에우스가 밝히고 있듯이 "사유재산이 존재하는 한, 그리고 돈이 모든 것의 척도로 남아 있는 한, 어떤 나라든 정의롭게 또 행복하게 통치할 수는 없습니다. 우리 삶에서 가장 좋은 것들이 최악의 시민들 수중에 있는 한, 정의는 불가능합니다. 재산이 소수의 사람들에게 한정되어 있는 한, 누구도 행복할 수 없습니다. 왜냐하면 그 소수는 불안해하고 다수는 완전히 비참하게 살기 때문"이다(55쪽). 사회정의와 국민의 행복을 가져올 근원적 해결책은 사유재산의 철폐다. 사유재산을 폐지한 이상 사회의 모습은 2부의 내용을 구성하는 핵심이다. 유토피아 섬의 가장 큰 특징은 화폐와 사유재산이 없는 것이다. 이는 현존 질서 안에서는 결코 이루어질 수 없는 상상이다. 『유토피아』의 1부는 2부의 급진적 상상이 함축하고 있는 전복성에 현실적 맥락을 부여한다. 당대 사회의 가장 큰 모순이자 쟁점인 사형 제도와 경제적 착취, 절대군주의 비대한 권력에 대해 복수의 의견들이 경합을 벌이는 1부가 추가됨으로써 2부는 '허황된 몽상'이 아니라 현실의 모순에 대한 진지한 대응을 담고 있는 '사회적 상상'이 된다.

'몫 없는 자들을 위한 공유 공간': 유토피아 사회의 모습

1부 마지막에서 '작중인물' 모어는 히슬로다에우스에게 유토피아 섬을 설명해 달라고 요청한다. 2부는 히슬로다에우스가 유토피아 섬의 지형과 도시 설계, 정치조직, 사회구조, 경제체제, 가족 구성, 종교와 철학 등 한 사회가 성립하기 위해 필요한 제반 요소들을 설명하는 논설이다. 모어의 유토피아 상상이 '근대적'

기획으로 이해되는 것은 인간의 노력으로 사회를 디자인할 수 있다고 믿기 때문이다. 현존하는 사회질서가 신의 뜻에 따라 정해졌다는 중세적 세계관을 따르는 한, 이런 종류의 사회 디자인은 일어날 수 없다. 그것은 세상의 질서가 인간에 의해 형성되고 인간에 의해 바뀔 수 있다는 근대 휴머니즘적 사상의 세례를 받은 다음에야 출현할 수 있다.

히슬로다에우스가 그리는 유토피아의 모습은 1부에서 드러난 당대 현실의 모순과 병폐가 급진적으로 해소된 사회다. 흥미로운 것은 그 해소 방식의 독특함이다. 이는 유토피아 섬의 유래와 지리적 위치 그리고 명명 방식에서 특징적으로 나타난다. 유토피아는 원래 대륙에 붙어 있던 '곶'이었는데 이곳에 처음 도착한 유토푸스 왕이 해협을 만들어 본토에서 떼어내 섬으로 변모시켰다. 섬은 육지에서 지리적으로 단절되어 있을 뿐 아니라 사회문화적으로도 본토의 영향에서 벗어나 있다. 이 고립성이 유토피아 섬을 현존 사회의 모순에서 벗어난 예외적 공간으로 만든다.

유토피아는 똑같이 생긴 54개의 도시로 구성되어 있다. 각 도시는 구(block), 거리(street), 구역(district)으로 나뉘어 있다. 사각형의 모양으로 이루어진 '구'는 생산 단위로서 그 중앙에 구민들이 공동 관리하는 농원이 있다. 도시에 거주하는 구민들은 2년에 한 번씩 농촌에 내려가 농사를 짓고 2년이 지나면 도시로 돌아온다. '거리'는 소비 단위이자 정치 단위로서 서른 가구가 양쪽으로 도열해 있다. 이 서른 가구의 주민들이 '필라르쿠스'라 불리는 관리를 선출하고 이렇게 뽑힌 200여 명의 필라르쿠스들이 민회를 구성한다. 24개의 구로 구성된 '구역'은 경제 단위로서 중앙에 시장이 있다. 도시는 똑같이 생긴 4개의 구역으로 이루어져 있고, 각 구의 농원에서 재배된 농산물과 화훼는 구역의 시장에 모여 거리에서 소비된다.

유토피아 섬의 공간 구성에서 도시가 수행하는 핵심 기능과 관련하여 흥미로운 사실을 발견할 수 있다. 히슬로다에우스가 그린 도시의 지도에 왕과 돈의 자리는 없다. 국가를 구성하는 양대 축이라 할 수 있는 정치와 경제에서 가장 중요한 것이 빠져 있다. 원래 유토피아는 유토푸스 왕이 아부락사라 불리는 지역을 정복하고 원주민과 이주민들을 융합하여 건설한 나라다. 하지만 식민주의적 침략의 흔적을 지울 수 없는 이 정복 국가에서 왕의 공간은 없다. 유토피아에서는 필라르쿠스들이 '원수(princeps)'를 선출하는 것으로 되어 있다. 원수는 폭군이 되려는 의혹이 제기되지 않는 한, 직책을 종신 유지한다. 공무에 관한 중대 사항은 필라르쿠스들이 모여 만든 민회에서 토의되고 원수와의 협의하에 결정된다. 로마의 원로원 제도와 선출 왕정 제도가 결합된 것 같은 이런 느슨한 형태가 유토피아의 정치체제로 제시되어 있는데, 이는 당시 유럽에서 부상하고 있던 절대왕정 체제와는 다른 근대 정치제도를 선취하고 있다. 흥미롭게도 유토피아에서 원수라는 주권 권력은 설정되어 있지만 그가 거주하는 공간은 나타나지 않는다. 유토푸스 왕은 새로운 국가를 건설한 절대 권력이지만 이곳에서 왕은 후일 근대 민주주의 정치체제의 출현을 예견하는 '사라지는 매개자'다.

유토피아에서 공간이 없기는 시장의 경우도 마찬가지다. 히슬로다에우스의 서술에 따르면 시장은 각 구역의 중앙에 있는 것으로 그려진다. 그러나 24개의 구가 모여 이루어지는 구역의 공간 구성상 그 중앙에 시장이 있을 자리는 없다. 이런 모순은 단순 실수가 아니다. 화폐의 사용을 전제하는 시장이라는 공간과 화폐경제에 기초한 자본주의 체제를 거부하는 이념 사이에 존재하는 긴장이 이런 모순을 만들어낸다. 이 모순을 해소하는 방법이 돈을 없애는 것이다. 화폐와 유사한 기능을 수행하는 금과 은도 유토피아에선 요강의 재료나 노예의 수갑처럼 저급한 물건에 쓰이면서 조롱의 대상이 된다.

유토피아에서 돈을 없앤 것은 사람들의 기본적 욕구 충족과 분배 그리고 경제적 불평등의 문제를 해결하기 위해서다. 유토피아에는 굶주리거나 구걸하는 사람이 없다. 모두가 노동을 해야 하지만 누구도 궁핍에 내몰리지 않는다. 공동 생산과 공동 분배가 농업 사회라 할 수 있는 유토피아의 기본 경제 운용 방식이다.

일부를 제외한 모든 사람들은 1일 6시간의 노동에 종사하고 생존을 보장받는다. 시민들은 평등하게 노동을 나누는 대신 인간으로서 기본적 욕구와 쾌락을 보장받고 남은 시간은 자유롭게 덕을 쌓는 데 쓴다. 이곳에서 가장 큰 즐거움은 정신적 쾌락이다. 천박한 오락과 육체적 방종, 사치는 금기시된다. 유토피아인들은 일부일처제로 구성된 가부장적 대가족제도에서 살며 간통과 이혼은 원칙적으로 금지된다. 간통이나 견디기 힘든 일이 일어났을 때는 합의 이혼할 수 있으며 재혼도 가능하다. 기독교가 기본 종교로 제시되어 있지만 종교 권력과 세속 권력은 분리되어 있고 개인의 종교적 자유는 보장받는다.

히슬로다에우스가 묘사하는 유토피아 사회의 구체적 모습은 결혼과 이혼, 자녀 양육 등 가족제도를 제외하면 중세 수도원을 연상시킨다. 공동 생산과 공동 분배가 이루어지고, 개인의 자유로운 선택보다는 사람들 사이의 평등한 관계와 공정성이 우선시되며, 검약과 도덕적 삶이 장려되는 공동체는 수도원을 닮아 있다. 프레드릭 제임슨에 따르면 모어의 유토피아 형상은 16세기 유럽 지식인들을 사로잡았던 네 이념소의 조합으로 만들어졌다고 한다. 그리스 휴머니즘(폴리스), 프로테스탄티즘(개인의 믿음에 기초한 신자 공동체), 중세 기독교 공동체(수도원), 잉카 담론(국가 공산제)은 모어의 유토피아 형상(figure)을 구성하는 원재료다.* 공동 생산과 공동 분배를 경제적 토대로 삼고 있는 중세 수도원은 당시 유럽 지식인들에게 전해졌던 잉카 제국의 토지 공유 제도(ejido)와 결합하여 유토피아의 경제적 하부구조를 구성한다. 이 구조는 사적 소유를 금지하고 시민의 노동권을 보장한다는 점에서 당시 부상하던 자본주의 경제체제를 넘어 공산주의를 선취하고 있다. 그리스 휴머니즘에서 발견되는 민주적 정치체제와 종교개혁을 사회 변화의 도구로 삼는 프로테스탄티즘은 지식인을 공공 영역의 전위로 여기는 상부구조를 형성한다. 가톨릭 휴머니스트였던 모어는 프로테스탄티즘과 충돌하는 종

* Fredric Jameson, *Archaeologies of the Future* (London and New York: Verso, 2007), pp. 23~33 참조.

교적 입장을 갖고 있었지만, 교회 권력을 비판하고 초기 기독교 정신의 부활을 꿈꾸고 있었다는 점에서는 신교도들과 같은 공기를 호흡하고 있었다.

모어가 상상한 유토피아 형상에서 가장 급진적인 것은 당시 역사의 전면에서 부상하고 있던 자본주의 체제를 넘어선 공유 경제체제다. 하지만 이 체제를 구성하는 세부 사항들은 작품이 뿌리내리고 있는 당대 역사의 한계에 묶여 있다. 이를테면 모어가 그린 유토피아 사회는 가부장적이고 서구적이며 기독교 중심적이다. 만인의 평등과 공정한 분배, 공공복리(common wealth)에 기초한 공화국(commonwealth)을 지향하면서도 노예의 존재를 인정한다. 유토피아는 평등한 시민들의 도덕 공동체가 되기 위해 도축이나 전쟁 같은 일에는 노예와 용병을 사용함으로써 더럽고 위험한 일은 나라 안팎의 타자들에게 전가한다. 애초 유토푸스 왕의 정복 자체가 식민주의적 침략의 성격이 짙다. 더욱이 이 침략 전쟁은 일회적인 것이 아니라 버려진 토지를 사용한다는 명분으로 언제든 재개된다. 유토피아의 대외 정책에서 제국주의적 정복과 침탈의 징조를 읽어내기란 어렵지 않다.

이처럼 모어가 상상한 유토피아는 세부 사항에서는 당대의 이념 지평에 갇혀 있지만 사유재산과 돈의 철폐라는 급진적 해결책을 제시함으로써 자본주의 질서를 넘어선다. 그것은 사회의 부분적 개선을 넘어 총체적 혁명을 지향한다. 모어의 상상 속에서 돈의 지배는 가치의 종말이다. 화폐와 사유재산을 없앤 공산사회의 꿈은 평등과 사회정의의 실현일 뿐 아니라 도덕적 이상이다. 유토피아 사회를 소개하는 긴 담론을 마무리하면서 히슬로다에우스는 말한다. "유토피아인들은 돈을 없앴을 뿐 아니라 그와 함께 탐욕까지 없앤 것입니다. 그 한 가지만으로 도대체 얼마나 큰 고통이 사라진 것입니까! 얼마나 많은 죄의 뿌리를 잘라낸 것입니까!"(152~153쪽). 탐욕은 "최악의 질병이자 만악(萬惡)의 근원인 오만"으로 이어진다. 돈의 지배와 사회적 불평등을 없애지 않는 한, 탐욕과 오만에서 벗어날 수는 없다. 유토피아에서 경제체제, 사회질서, 도덕은 서로 연결되어 있으면서 각각의 영역에서 '없음'을 실현한다. 이 '없음'이 현실에 '존재하지 않는 곳'을 만들어낸다.

열린 결말과 유토피아의 재발명

히슬로다에우스가 유토피아에 관한 긴 이야기를 마쳤을 때 작중인물 '모어'가 등장한다. 모어는 히슬로다에우스가 소개한 "유토피아의 관습과 법 가운데 적지 않은 것들이 아주 부조리하게 보였다"고 비판하면서 무엇보다 "전체 체제의 기본이라 할 수 있는 공동체 생활과 화폐 없는 경제"에 가장 큰 반감을 느꼈다고 말한다. 2부 마지막에 덧붙인 이 짧은 논평은 1부에서 모어가 한 발언과 함께 이 작품을 반유토피아문학으로 되돌려놓는 결정적 대목으로 해석되어왔다.

그렇다면 '작중인물' 모어의 시각은 '저자' 모어의 입장을 대변하는가? 여기서 저자란 역사적 실존 인물인 '실제 작가'로 환원되지 않는, 작품 속에 구현된 '내포 저자'를 의미한다. 내포 저자란 특정 인물의 목소리—설령 그 인물이 저자의 실명을 공유하는 존재라 할지라도—로 대변되는 것이 아니라 다양한 시각을 가진 여러 인물들과 그들 사이의 복잡한 관계를 아우르면서 작품 전체를 통해 암시적으로 드러나는 저자를 말한다. 『유토피아』에서 추출할 수 있는 내포 저자의 목소리는 작중인물 히슬로다에우스와 모어 중 어느 한쪽이 아니라 양자의 가능성과 한계를 종합적으로 조망하는 목소리다. 작가는 이 두 목소리를 대화적 관계 속에 놓음으로써 어떤 위태로운 균형과 열린 가능성을 제시한다. 작품의 마지막에 첨가된 작중인물 모어의 논평은 히슬로다에우스의 이상주의적 상상을 무효화한다기보다는 유토피아에 관한 토론이 종결되지 않았음을 드러낸다. 히슬로다에우스가 그려낸 유토피아는 당대 영국 사회에 대한 대안으로 제시되었지만 정태적 사회라는 비판에서 자유롭지 못했다. 그러나 미완의 결말은 작품에 시간적 차원을 불어넣는다. 토론 형식은 시간 속에서 전개되는 역동성을 만들어냄으로써 변화의 가능성을 열어놓는다.

지금 우리가 모어의 『유토피아』를 다시 읽는 것은 역사의 지층에 묻혀 있는 유토피아의 꿈을 다시 불러내 비판적 대화를 재개하는 일이다. 2011년 점령 운동 활동가들 사이에서 일어난 『유토피아』 다시 읽기 현상은 이 꿈의 소환과 해석 작업이 소멸하지 않았음을 말해준다. 소강상태에 접어든 점령 운동의 부활을 준비하려면 과거 유토피아 전통을 비판적으로 독해하고 우리 시대의 맥락 속에서 재발명하는 시도를 멈추지 말아야 한다. 히슬로다에우스의 이야기에서 실마리를 끌어내 이를 지속 가능한 대안 사회의 비전으로 새롭게 발명하는 일. 21세기 독자들에게 남겨진 과제다.

『유토피아』

『유토피아』는 1부와 2부로 구성되어 있다. 1부는 현실 비판이고 2부는 대안 상상이다. 1부는 실존 인물인 토머스 모어, 페터 힐레스 그리고 허구적 인물 라파엘 히슬로다에우스의 대화로 이루어져 있다. 대화를 주도하는 사람은 히슬로다에우스다. 그는 아메리고 베스푸치의 아메리카 항해에 동행했던 포르투갈 출신의 방랑 철학자로서 구대륙 문화와는 다른 시선을 지니고 있다. 그가 지식인의 정치 참여, 영국의 범죄와 사형 제도, 군주의 호전성과 탐욕 등 당대 영국 사회의 모순을 신랄하게 비판하고, 이에 대해 모어와 힐레스가 유보적 태도를 보이거나 반대 의견을 제시한다. 2부는 '정치 공동체의 최선의 상태에 대한 라파엘 히슬로다에우스의 논설'이라는 제목으로 되어 있다. '논설(discourse)'인 만큼 대화 대신 화자 히슬로다에우스가 자신이 여행하고 돌아온 가상의 섬나라 유토피아에 대해 설명하는 여행기 형식을 취하고 있다. 히슬로다에우스가 유토피아라 불리는 섬의 지형과 도시 설계, 정치조직, 사회구조, 경제체제, 가족 구성, 종교와 철학 등을 소개하고, 그의 이야기가 끝난 후 '작중인물' 모어가 짧은 논평을 가한다. 자연법에 따라 기본적 욕구가 충족되고 평등이 보장되며 공동 생산과 공동 분배가 이루어지는 곳, 화폐와 사유재산이 철폐된 공산 사회, 이것이 히슬로다에우스가 소개하는 유토피아의 가장 큰 특징이다. 또한 바로 이 점이 후대 마르크스주의자들로 하여금 『유토피아』를 공산주의가 등장하기 오래전에 이미 공산주의를 선취한 작품으로 평가하도록 만든 요인이다.

토머스 모어

토머스 모어(Thomas More, 1478~1535)는 16세기 잉글랜드의 문필가, 사상가, 정치가이자 기독교의 성인이다. 런던의 법률가 존 모어의 아들로 태어나 어려서 캔터베리 대주교 존 모턴을 섬겼다. 옥스퍼드대학에 입학했으나 중퇴하고 링컨 법학원에 입학했다. 법학원 졸업 후 변호사가 되었다. 젊은 시절 모어는 당시 유럽을 풍미하던 휴머니즘의 영향을 받았으며 플랑드르의 인문주의자 에라스무스와 교류했다. 그의 『우신예찬』은 모어의 집에 묵으면서 쓴 것이다. 모어는 하원 의원이 되기도 했고, 1515년에는 헨리 8세의 명을 받아 플랑드르로 건너가 카스티야와의 분쟁을 해결하는 외교관으로 활동하기도 했다. 『유토피아』(1516)는 그가 플랑드르에 체류하던 시기에 쓰기 시작하여 이듬해 귀국하여 완성하였다. 모어는 헨리 8세의 신임을 얻어 대법관에 임명되기도 했으나 왕의 이혼에 동의하지 않고 수도원을 폐지하는 수장령에 반대하다가 반역죄로 1535년 단두대에서 처형당한다. 1935년 로마 교황은 그에게 '성인(聖人)' 칭호를 수여한다. 저서로는 『유토피아』 이외에 『피코 델라미란돌라전(傳)』(1510), 『리처드 3세전(傳)』(1543)이 있다.

율도국을 허하노라: 허균의 『홍길동전』

이선이

1

토머스 모어의 소설 『유토피아』 이후 현실 공간과 다른 상상의 공간을 그려내는 유토피아문학은 서양 문학의 중요한 흐름이 되어왔다. 하지만 서양과는 달리 동아시아에서 이상 사회를 추구하는 문학적 탐색은 상대적으로 미미하였다. 유토피아문학의 흐름이 서양에 비해 활발하지 못한 이유에 대해서는 다양한 해명이 가능하겠지만, 가장 본질적인 이유는 소설에 대한 동아시아 사회의 인식에서 찾을 수 있을 것이다. 더 나은 삶에 대한 모색은 인류의 보편적 인식의 소산이다. 하지만 이것이 구체적 공간으로 그려지기 위해서는 가상과 허구의 날개를 마음껏 펼칠 수 있는 서사 양식이 요구된다. 동아시아 사상의 중심에 놓인 유교적 전통에서 소설이란 시정잡배들이 길거리에 떠돌아다니며 나누는 무가치한 이야기로 인식되고 있었다. 동아시아에서 시가 심오한 뜻을 담아내는 대설(大說)로 불린 반면, 천박한 인간들의 무가치한 이야기라는 의미에서 픽션이 소설(小說)로 불린 정황만 보더라도 이러한 현실을 충분히 짐작해볼 수 있다. 관료 사회였던 동아시아에서 시가 관료들의 지적 필수품이었던 것도 이러한 전통이 문화적으로 강제한 결과이다. 이처럼 소설에 대한 사회적 신뢰가 높지 않았고, 당연히 허구적 상상에 대한 문인들의 기호가 낮았기 때문에 유토피아문학은 활발하게 창작되기 어려웠다.

그렇다고 동아시아의 문화 전통 안에서 유토피아 사상과 사회 이론이 부재한 것은 아니었다. 유교적 사유 안에서도 '대동 사회(大同 社會)'와 '왕도 정치(王道 政治)'의 이상은 지속적으로 모색되어왔다. 구성원 간의 높은 유대감과 결속력에 기반을 둔 이상적 공동체를 추구해온 유교와 달리, 공동체를 상정하지 않는 자유로운 개인이나 최소한의 규제만이 존재하는 연성의 공동체에서 이상 사회의 모습을 찾은 도교나 불교의 흐름도 확고한 전통으로 자리 잡아왔다. 하지만 유토피아 사상이 새로운 대안 사회로서의 공간적 구체성을 형상화해낸 유토피아문학으로 제출된 예는 그리 많지 않다.

이러한 경향은 우리의 고전문학사에도 그대로 적용된다. 적지 않은 작품에서 현실을 비판적으로 인식하며 더 나은 사회를 모색하고자 한 유토피아적 인식을 발견할 수 있다. 하지만 새로운 대안 사회가 구체적으로 제시된 유토피아문학의 예를 찾기는 쉽지 않다. 이렇게 볼 때 '율도국'이라는 이상 국가를 그려낸 소설 『홍길동전』은 다소 이례적이고도 예외적인 경우라 할 것이다.

2

『홍길동전』에서 이상 사회로 그려낸 공간은 율도국이다. 소설의 후반부는, 홍길동이 서얼의 나라를 허락하지 않는 조선을 떠나 이상적인 나라인 율도국을 발견하고 그곳에서 왕이 되는 과정을 그리고 있다. 『홍길동전』은 90여 종의 이본이 전해지고 있고 판본별로 다소간의 내용적 차이를 보이고 있기 때문에 작가가 그려낸 이상 사회를 일률적으로 설명하기는 어렵다. 또한 대부분의 판본들에서 이상 사회로서의 율도국은 매우 피상적으로 그려지고 있어서, 과연 율도국이 어떤 사회였는지를 추측해보기도 쉽지 않다. 대표적인 판본의 하나인 '경판 30장본'에 언급된 내용을 보면 "이때 율도국이란 나라가 있었으니, 그 넓이는 수천 리요, 사방이 막혀 있어 과연 견고하고 풍요로운 나라였다"라는 묘사 정도가 율도국에 대한 정보를 줄 뿐이다. '완판 36장본'의 경우에도 "근처에 한 나라가 있으니 이름이 율도국이었다. 중국을 섬기지 아니하고 수십 대를 자손 대대로 이어오며 널리 덕으로 다스리니, 나라가 태평하고 백성이 넉넉하였다" 정도의 언급이 율도국에 대한 구체적 묘사로 제시되어 있을 뿐이다. 이처럼 이상 사회로서의 구체적 실상을 파악할 수 있는 정보는 매우 소략하다. 하지만 소설의 전반적인 서사 전개 과정을 좇아가보면 작가가 생각한 이상 사회의 면모를 얼마간 추측해볼 수는 있다. 그렇다면 이 작품에 투영된 이상 사회의 이념은 어떤 모습일까?

적서 차별의 아픔을 겪은 홍길동은 철저한 신분제 사회인 조선 사회에 대한 비판 의식을 가지고 조선을 떠난다. 중국 남경으로 가던 도중에 그는 율도국을 발견하고 이곳을 정벌하여 스스로 왕이 된다. 하지만 처음부터 그가 율도국 정벌에 나선 것은 아니었다. 그는 먼저 제도라는 섬에 정착하여 경제적 안정을 꾀하고 군사력을 강화해나간다. 하지만 그는 여기에 만족하지 않고 이웃에 있는 안정된 국가인 율도국을 정벌하기에 이른다. 만약 그가 건설하고자 한 궁극적인 이상 사회가 경제적 궁핍과 사회적 불평등이 없는 사회였다면, 제도라는 공간으로도 그가 꿈꾼 이상 사회 건설은 실현되었다고 할 수 있다. 그러나 그는 이 같은 소규모의 이상적 공동체에 만족하지 않았다. 홍길동은 국가를 이상 사회의 최종 형태로 상정하고 있었기 때문이다. 유교적 충효 윤리를 내면화한 홍길동에게는 왕도 정치를 실현할 하나의 국가가 궁극적인 유토피아의 형태로 요구되었던 것이다. 호부호형이 금지된 사회에서 울분과 설움의 성장기를 보내야 했던 어린 길동이 율도국의 왕이 되어 최후를 맞이하는 일대기적 서사를 추동한 힘의 근저에는, 왕도 국가 건설이라는 유교적 열망이 자리 잡고 있었다. 덕으로 백성을 다스리는 덕치주의와 이를 실현하는 왕도 정치는 상하 간의 우애적 연대 의식을 근간으로 하는 이상적인 국가를 필요로 했던 것이다.

그렇다면 그가 왜 하필이면 율도국을 정벌의 대상으로 삼았을까? 율도국 선택의 일차적인 동기는, 율도국이 중국으로부터 독립하여 자주독립 국가의 위상을 가진 나라였다는 사실에서 찾을 수 있다. 이는 그가 생각한 이상국의 조건이 대외적으로 자주독립과 자주국방을 확보하는 데 있었음을 암시하는 대목이다. 또한 율도국 선택의 또 다른 동기는 태평성대를 이루는 율도국의 통치 방식이 덕치주의를 기반으로 하고 있다는 점에 있었다. 홍길동은 대외적으로는 자주국방과 자주독립을 이룬 나라이면서 내부적으로는 강권 통치가 아니라 덕으로 백성을 교화하는 덕치주의를 표방하는 국가를 이상적인 국가로 상정하고 있었다. 이러한 홍길동의 선택에서 그가 나고 자란 조선 사회가 인식의 대척점에 놓여 있었음은 충분히 미루어 짐작 가능하다. 조선 사회는 중국의 속국으로 자주권을 획득하지 못하였고, 외세의 침략에 시달리며 자주국방을 실현하지 못하였다. 또한 무능한 조정과 관리들의 부패로 왕도 정치의 이상이 실현되지 못하고 백성들은 도탄에 빠진 상태였다. 이런 조선 사회의 문제를 모두 해결한 공간이 바로 태평성국으로서의 율도국이라 할 수 있다.

하지만 홍길동이 통치한 율도국이 진정한 유토피아인가에 대해서는 논쟁의 여지가 남아 있다. 일종의 이민자였던 홍길동은 율도국을 정벌하고 왕이 되는 과정에서 유교적 이상 사회를 하나씩 실현해나간다. 홍길동이 왕이 된 후 행한 일들을 살펴보면 그가 꿈꾼 유토피아가 어떤 모습인지 확인할 수 있다. 먼저 아버지 홍 대감을 태조 대왕으로 추존하고 어머니를 왕대비에 봉한다. 그가 생각한 이상 사회에서 실현할 가치의 궁극에 부모에 대한 효가 놓여 있음을 알 수 있는 대목이다. 또한 그는 함께 정벌 전쟁에 참여하여 공을 세운 장수들에게 두루 상을 내려 원통한 이가 한 사람도 없도록 한다. 이때 신분적인 차별을 내세우지 않고 오직 공에 따라 직위와 포상을 내린다. 이처럼 재능과 업적을 중시하여 억울함이 없는 공정한 사회를 만들고자 한다. 이와 함께 그는 백성을 무력으로 통치하는 패도 정치가 아니라 인(仁)과 덕(德)으로 통치하는 왕도 정치의 이상을 실현하고자 노력한다. 그 결과 율도국은 "새 왕이 왕위에 오른 후에 시절이 태평하고 풍년이 들고, 나라와 백성이 편안하여 사방에 일이 없고, 임금이 베푼 덕이 온 나라에 퍼져 길거리에 물건이 떨어져 있어도 주워 가는 이가 없"는 사회가 된다. 이를 요약해보면 율도국이라는 나라는 경제적 궁핍과 사회적 불평등으로부터 자유로운 국가, 물질적으로 풍요롭고 대외적으로 자주성을 가진 국가라 할 수 있다. 특히 "길거리에 물건이 떨어져 있어도 주워 가는 이가 없었다"는 것을 통해, 이곳이 동아시아에서 오랫동안 이상 사회로 상상해왔던 이상향을 지향하고 있음을 확인할 수 있다. 이와 같은 '도불습유(道不拾遺)'는 『사기』나 『한비자』 등 동양 고전에 자주 나오는 표현으로서 이상적인 사회를 묘사하는 대표적인 사자성어에 해당한다. 실제로 이러한 사회는 엄격한 법치주의를 통해서만 실현 가능한 사회이다. 하지만 이러한 통치 방식과는 무관하게 도불습유라는 말은 선정이 베풀어져 이상적으로 통치되는 국가를 형용하는 말로 통용되어왔다. 이처럼 홍길동이 건설하고자 한 이상국은, 유가적 군자들이 지속적으로 상상해온 동양적 이상 사회의 전형에서 조금도 벗어나지 않았다. 이 나라는 기본적으로 조선과 같은 신분제 사회를 그대로 유지하고 있다는 점에서 철저히 체제 내적 상상이 만들어낸 공간이다. 다만 이곳이 불평등을 전제한 신분제 사회임에도 불구하고 백성이 어떤 불만도 없이 평화롭게 살아간다는 점에서는 다분히 유토피아적이다.

3

『홍길동전』에서 지향하고 있는 이상 사회의 의미를 보다 구체적으로 이해하기 위해서는 주인공 홍길동이 보여준 문제의식과 현실 인식에 주목할 필요가 있다. 이 작품에서 가장 인상적인 장면은, 가출하려는 아들을 만류하며 아버지 홍 대감이 길동에게 "호부호형을 허하노라"라는 말을 건네는 순간이다. 소설의 줄거리를 정확하게 기억하지 못하는 이들도 이 말만큼은 선명하게 기억하고 있을 정도로 소설 전체를 압도하는 인상적인 대목이다. 아버지를 아버지라 부르지 못하고 형을 형이라 부르지 못하는 서자 길동의 아픔이 한순간에 사라지는 극적인 순간이기에 더욱 그러하다. 호부호형을 할 수 없는 길동의 한은 반인륜적 차별로 인한 아픔이라는 점에서 누구나 쉽게 공감할 수 있는 보편성을 갖는다. 길동이 느껴야 했던 울분과 설움은 조선 사회가 축첩을 허용하면서 이를 효과적으로 통제하기 위한 제도적 방안으로 내세운 적서 차별에서 비롯하였다. 사대부들이 자신들의 독점적 권력을 강화하는 방안이기도 했던 적서 차별 제도는 서얼로 태어난 개인들에게 참을 수 없는 모멸과 아픔을 강요했다. 호부호형의 불허는 이런 아픔을 가장 상징적으로 보여주는 예에 해당한다.

조선 사회의 모순은 철저한 신분제 사회가 만들어낸 사회적 차별에서 생겨났다. 신분적 불평등을 당연시하는 사회에서 길동은, '왕후장상(王侯將相)의 씨가 따로 없다'는 전복적인 사유를 갖고 있었다. 태어남과 동시에 결정되는 신분은 자신의 운명을 스스로 개척해나갈 수 있는 기회를 박탈한다. 대장부의 포부를 가진 길동에게 이러한 사회제도는 불합리한 족쇄이자 장벽이었다. 이러한 부당함을 절감한 그가 선택할 수 있는 길은 무엇이었을까? 사회적 불평등을 제도화한 사회에서 이를 벗어나고자 하는 자는 결국 제도 바깥으로 걸음을 내디딜 수밖에 없었을 것이다. 그 출발은 '왕후장상의 씨가 따로 없다'는 만민 평등에 대한 인식이다. 이는 신분제 사회의 근간을 뒤흔드는 불온한 모반의 사유이다. 조선 사회에서 금지된 욕망을 가진 길동은 결국 율도국이라는 이상적인 국가를 찾아 떠날 수밖에 없었던 것이다.

오늘날 소설의 주인공 홍길동은 공공 기관에 비치된 서류의 작성 사례에 적혀 있는 이름으로 기억된다. 어느새 '홍길동'은 전 국민적 대표성을 지닌 이름이 되었다. 유교는 고려 이후 국가 통치의 지배 원리였으며 통치 방식이 민주화된 오늘날까지도 중요한 삶의 원리로 작동하고 있다. 서자로 태어나 설움을 견디며 살아야 했던 홍길동이 이런 유교 국가에서 쟁쟁한 적자들의 이름을 제치고 국민을 대표하는 인물이 될 수 있는 까닭은 무엇일까? 이를 이해하기 위해서는 홍길동이라는 캐릭터가 갖는 복합적인 성격에 주목해볼 필요가 있다. 그가 이처럼 국민적 지지를 받을 수 있는 것은 한국 문화의 내면화된 가치로 자리 잡고 있는 충효를 끝까지 지켜낸 인물이라는 사실과 무관하지 않다. 그는 당대의 보편적 질서를 부정한 불온한 상상의 소유자이면서 동시에 보편적 질서를 내면화한 건전한 상식의 소유자였다. 아버지의 홀대에도 불구하고 아버지에게 효를 다하고자 하였고, 천한 신분으로 모멸을 견뎌야 했던 어머니에 대해서도 지극한 효심을 보였다. 특히 그는 자신을 죽이려는 음모에 가담했던 이복형에 대해서도 형제애를 저버리지 않았다. 가족 내 배제와 차별의 방식을 강화했던 조선 사회에서 혈연과 가족에 대한 지극한 사랑을 끝까지 지켜냈다. 이처럼 길동은 사회적으로는 불온한 인물이었지만 가족 내에서는 가족공동체를 지키고자 한 순종적 인물이었다.

모순된 가치가 공존하는 홍길동의 성격은 사회에 대한 그의 태도에서도 그대로 드러난다. 그는 비록 도적 떼에 몸을 담았지만 의로운 도적이었고, 탐관오리나 부패한 승려를 응징했다는 점에서 사회적 정의를 실현한 인물이었다. 하지만 그는 언제나 충성스러운 임금의 신하로 남고자 하였다. 홍길동은 신분제 사회가 강요한 사회적 불평등으로부터 벗어나 주체적으로 자신의 운명을 개척한 근대적인 인물이면서 동시에 조선 사회를 지탱한 지배 이데올로기의 핵심에 놓여 있는 충효라는 유교적 가치를 절대적으로 맹종한 체제 내적 인물이었다. 이처럼 역동적인 이중성으로 인해 그는 오늘날까지 강렬한 이미지로 우리 곁에 남게 된 것이다. 우리에게 남아 있는 홍길동이라는 이미지와 그에 대한 지지는 당대 사회에 대한 위반과 공모의 이중성이 동시적으로 작동한 결과라 하겠다.

소설 『홍길동전』은 '호부호형'을 불허하는 당대 사회에 대한 통렬한 비판 의식과 함께, 당대의 지배 이데올로기인 충효에 기반을 둔 유교적 가치를 뼛속까지 내면화하고 있는 작품이다. 홍길동의 기본적인 세계 인식이 중세적 가치를 절대적으로 수용하고 있다는 점에서 신분제 사회가 율도국의 골간을 이룬 것은 당연한 결과이기도 하다.

4

『홍길동전』의 작자에 대한 논란은 지금도 계속되고 있다. 작자가 허균(許筠)이라고 밝혀져 있는 판본이 아직 발견되지 않았기 때문이다. 다만 이식(李植)의 『택당집』에 허균이 『홍길동전』을 지었다는 내용이 언급되어 있고, 허균의 삶이 『홍길동전』에 담긴 사회적 문제의식과 상당한 유사성을 보이고 있어 허균의 창작으로 보는 데 많은 이들이 동의하고 있다. 분명한 것은 작자를 허균으로 볼 때 『홍길동전』은 더욱 흥미로운 소설로 읽힌다는 사실이다.

허균은 조선 사회의 내적 변화에 대한 요구가 점증하던 시기를 살다 간 불우한 인물이다. 그는 조선을 대표하는 명문가의 자식으로 태어났다. 아버지 허엽은 서경덕의 제자였고 형 허봉은 당대에 이름을 날린 문장가였다. 누나 허난설헌 역시 조선을 대표하는 여류 시인으로 기억되고 있다. 이런 명문가에서 태어난 허균은 첩의 소생은 아니었지만 후처의 자식이었으며 사회적으로 배제된 그룹인 서얼들과 곧잘 어울렸다. 그에게 시를 가르친 스승 이달(李達)은 어머니가 천한 종이라서 사회적 무시를 견디며 방랑 시인으로 살다 간 비운의 인물이었다. 또한 허균은 젊은 나이에 형 허봉과 누이 허난설헌의 죽음을 지켜보아야 했다. 임진왜란을 겪으며 전쟁 중에 아내와 아들을 잃는 아픔도 감내해야 했다. 이런 개인사적 불행과 국가적 환난은 그로 하여금 조선 사회의 모순을 꿰뚫고 해결할 수 있는 안목을 갖도록 했을 것이다. '호민론(豪民論)'이라는 글에서는 백성을 세 부류로 나누며 사회의 변혁 주체가 누구인가를 분명하게 짚어낸다.

> 자취를 푸줏간 속에 숨기고 몰래 딴마음을 품고서, 천지간을 흘겨보다가 혹시 시대적인 변고라도 있다면 자기의 소원을 실현하고 싶어 하는 사람들이 호민이다. 대저 호민이란 몹시 두려워해야 할 사람이다. 호민은 나라의 허술한 틈을 엿보고 일의 형세가 편승할 만한가를 노리다가, 팔을 휘두르며 밭두렁 위에서 한차례로 소리 지르면, 저들 원민이란 자들이 소리만 듣고도 모여들어 모의하지 않고도 함께 외쳐대기 마련이다. 저들 항민이란 자들도 역시 살아갈 길을 찾느라 호미, 고무래, 창 자루를 들고 따라와서 무도한 놈들을 쳐 죽이지 않을 수 없는 것이다.

현실에 순응하며 억압과 착취를 묵묵하게 견디는 이들을 허균은 '항민(恒民)'이라 하고 이들은 두려운 존재가 아니라고 보았다. 항민과는 달리 자신이 처한 현실을 탄식하고 푸념하는 이들을 '원민(怨民)'이라 하고 이들 또한 두려운 존재는 아니라고 보았다. 하지만 그는 통치자가 진정으로 두려워해야 할 이들이 '호민(豪民)'임을 간파하였다. 현실의 모순을 타개하는 데 적극적으로 참여하는 능동적인 시민상을 호민으로 보았던 것이다. 이처럼 허균은 백성을 세 부류의 집단으로 나누어 파악하면서, 현실에 적극적으로 저항하는 시민적 주체인 호민을 사회 변혁의 주체로 상정하였다.

'호민론'에서 그려내고 있는 호민의 특성은 주인공 홍길동의 이미지와 자연스럽게 겹쳐진다. 호민은 원민과 항민을 이끌며 역사적 변화를 주도할 수 있는 인물이다. 그렇다면 『홍길동전』은 호민이 어떻게 사회 변화를 이끌어내는가를 형상화한 것으로 볼 수 있다. 사회로부터 차별받고 배제된 호민에 대한 인식은 조선 사회의 인재 선발 방식에 대한 비판과 맥을 같이한다. 하늘이 낸 재능을 적재적소에서 사용하지 못하고 신분의 귀천에 따라 배제와 차별을 제도화함으로써 재능을 썩히고 있다고 통탄한 '유재론(遺才論)'에서 허균은 "하늘이 재능 있는 사람을 낳은 것은 원래 한번 쓰자고 해서다"라며 재능 있는 인재를 중용하지 않는 것은 하늘의 이치를 거스르는 일이라고 개탄한다. 엄격한 신분제 사회에서 재능을 가진 자발적인 시민에 기반을 둔 이상 사회를 꿈꾼 허균이 결국 모반죄로 능지처참을 당한 것은 어쩌면 예견된 말로였으리라. 허균이 죽은 뒤 광해군은 그의 죽음을 알리는 교서에서 그를 "성품이 사납고 행실이 개돼지와 같았다. 윤리를 어지럽히고 음란을 자행하여 인간의 도리를 전혀 찾아볼 수 없"는 자라고 비난하였다. 조선의 아웃사이더들인 서얼들과 가깝게 지낸 그는, 당대의 지배층에게는 어쩌면 용납 불가능한 불온한 이단아였을 것이다. 실제로 『홍길동전』은 일곱 명의 서자들의 반란으로 불리는 '칠서지옥(七庶之獄)'에서 일정 부분 모티프를 얻었고, 홍길동이라는 이름은 『조선왕조실록』에 명시되어 있는 유명한 도적의 실명(實名)이기도 하다.

이렇게 급진적인 생각을 품었던 허균이 율도국이라는 이상국을 상상하는 데 있어서 봉건적인 구체제를 그대로 수용하였다는 점은 다소 의아하게 보이기도 한다. 하지만 그가 발 딛고 있는 조선 사회에서 수용 가능한 미래를 만들어나가고자 했다는 점에서 현실적 대안의 모색으로도 볼 수 있을 것이다. 아버지 홍 대감이 "호부호형을 허하노라"라며 울분에 찬 길동을 달래고자 하였다면, 조선 사회는 "율도국을 허하노라"라며 왕도주의를 실현할 이상 사회를 사상적 지향점으로 열어놓고 있었다. 왕도 정치가 실현되는 이상국이라는 점에서 작가가 모색한 유토피아는 '왕도주의적 유토피아'로 명명해볼 수 있을 것이다. 작가는 동아시아 사회가 지속적으로 꿈꿔온 왕도주의적 유토피아를 율도국이라는 공간에서 실현해보고자 하였다. 이는 유교적 이상을 내세운 봉건사회에서 꿈꿀 수 있는 가장 전형적인 유토피아였다. 이러한 열망이 소설이라는 시민적 형식을 통해 발현되었다는 점에서 『홍길동전』은 한국판 유토피아문학의 근대적 기원에 해당한다. 하지만 분명한 것은 그가 꿈꾼 이상국은 조선 사회가 지속적으로 지향해나가야 할 국가였지 조선 사회를 대체할 대안 국가의 모습은 아니었다는 사실이다. 이런 맥락에서 『홍길동전』은 유교 사회의 모순에서 출발하였지만 결국 유교적 이상에 도달하고자 한 아이러니를 보여주는 소설이다.

『홍길동전』

홍길동은 조선 세종조에 홍 판서와 그의 종인 춘섬 사이에서 서자로 태어난다. 홍 판서가 용꿈을 꾸고 낳은 아들인 길동은 어려서부터 총명하여 학식과 도술에 뛰어났지만 서자라는 신분 때문에 천대를 받았다. 천한 신분 탓에 그는 아버지를 아버지라 부르지 못하고 형을 형이라 부르지 못하는 한을 품고 성장한다. 그러던 중 가족들은 서자 출신의 길동이 보이는 비범한 재주가 두려워서 자객을 시켜 길동을 없애려는 음모를 꾸미게 된다. 이 음모를 주도한 이가 홍 판서의 또 다른 첩인 초란이다. 길동은 초란의 음모로 죽음의 위기에 처하게 되지만 도술로 이를 물리친 후 비분강개한 마음에 가출을 결행하게 된다. 집을 떠나기 전 마지막으로 찾아간 아버지에게서 호부호형할 것을 허락받지만 그는 집을 떠난다. 집을 나와 갈 곳 없이 떠돌던 길동은 도적 무리를 만나 엄청난 힘을 가진 자임을 입증한 끝에 이들의 두목이 된다. 그는 도적 무리의 이름을 '가난한 사람들을 돕는다'는 뜻으로 '활빈당(活貧黨)'이라 짓고, 탐관오리의 재물을 빼앗아 가난한 사람들에게 나누어 주며 세상에 이름을 떨친다. 그러자 도적 홍길동을 잡으라는 장계가 지방 수령들로부터 조정에 접수되고, 조정에서는 길동을 잡으려고 온갖 방법을 동원하지만 그를 잡지 못한다. 할 수 없이 조정에서는 길동의 요구대로 높은 관직을 약속하며 도적질을 그만두도록 설득한다. 드디어 길동은 왕으로부터 병조판서로 제수되지만 여기에 만족하지 않고 스스로 이상적인 사회를 건설하기 위해 조선을 떠난다. 중국의 남경으로 가던 중에 그는 경치가 아름답고 풍요로운 땅에 터를 잡고 있는 율도국을 발견한다. 도적들과 힘을 모아 율도국을 정벌한 길동은 왕위에 올라 태평성대를 이룬 뒤 일흔이 넘은 나이로 생을 마감한다.

허균

허균(許筠, 1569~1618)은 시와 소설을 포함하여 많은 글을 남긴 조선 중기의 대표적인 문인이다. 그는 서경덕의 제자인 초당 허엽의 셋째 아들이자 조선을 대표하는 여성 시인 허난설헌의 동생으로도 유명하다. 적서 차별 등 기존 사회질서에 비판적인 인식을 가졌던 그는 혁명적이고 호방한 기질로 세 차례나 파면을 당하는 파란만장한 삶을 살았다. 광해군 10년인 1618년에 결국 반역죄로 처형을 당함으로써 불우하게 생을 마감하였다. 그의 글에는 당시 사회의 구조적 모순에 대한 고발 의식과 사회 개혁의 의지가 담겨 있어 사회 개혁가로서의 면모를 읽어낼 수 있다. 교산(蛟山), 학산(鶴山), 성소(惺所), 백월거사(白月居士) 등의 호를 사용하였으며 소설 『홍길동전』, 개인 문집인 『성소부부고(惺所覆瓿藁)』, 시 비평서인 『학산초담(鶴山樵談)』 등의 저작을 남겼다.

모두가 안전하고 풍요로운 세상에서: 에드워드 벨라미의 『뒤돌아보며: 2000년에 1887년을』

강수진

2014년 4월 16일 학생과 일반인 승객 300여 명을 싣고 제주도로 향하던 세월호가 침몰했다는 뉴스가 전국에 속보로 보도됐다. 승객 전원이 무난하게 구조될 것이라는 기대와 달리 세월호는 침몰했고, 정부의 안전 관리 체계의 총체적 부실이라는 민낯이 전국에 생중계되고 말았다. 정부의 선박 규제 완화와 이른바 '관피아'로 불리는 전, 현직 관료들의 부적절한 유착 관계로 인한 관리 부실 등이 사고 원인으로 밝혀졌다. '천재(天災)'가 아니라 '인재(人災)'였음이 수면 위로 드러났지만 세월호는 2년이 지난 지금까지도 차가운 바닷속에 가라앉아 있다.

그리고 지난 5월 28일 서울 지하철 구의역에서 서울메트로 하청 정비 업체 직원 김 모 군이 스크린 도어를 수리하다 숨지는 사고가 발생했다. 다른 유사한 사고와 달리 구의역 사고는 숨진 김 군의 유품이 공개되면서 대중들에게 큰 반향을 일으켰다. 김 군의 가방 속에 들어 있던 컵라면은 살인적인 업무 강도와 열악한 근무 환경을 고스란히 드러내는 것은 물론, 연애, 결혼, 출산을 포기하는 '3포 세대'를 넘어 내 집 마련, 인간관계, 꿈과 희망까지 포기해야 하는 청년들 사이에서 큰 공감대를 형성했다. 그런데 이 사고 역시 서울메트로와 하청 정비 업체의 '관피아적' 유착이 밝혀져 많은 공분을 사고 있다. 하청 정비 업체가 서울메트로 출신 퇴직 공무원들을 '정규직'으로 채용하고 그들의 연봉을 보장하기 위해 고가 계약을 체결해왔던 것으로 드러났기 때문이다. 게다가 구의역 사고와 관련하여 한 중도정당의 대표가 던진 트윗이 논란의 중심에 섰다. '위험한' 외주 시스템이 안고 있는 모순을 지적하는 대신, 비정규직 청년 노동자가 가질 수 없는 '여유'를 아쉬워하며 개인의 문제로 환원하는 인식의 한계를 드러냈기 때문이다. 숨진 열아홉 살 청년은 공기업 자회사로 고용이 승계되리라는 희망을 품고 비정규직의 고단한 삶을 버텨왔지만, 정부가 '노동 개혁'을 주창하고 있는 시점에서 연이어 터져 나오는 '관피아'들의 행태는 이른바 '헬조선'의 일그러진 실상을 고스란히 드러내고 있다. 관과 민의 결탁이 만들어낸 이런 부당한 시스템 속에서 오늘도 또 다른 김 군들은 비정규직과 정규직 사이에서 목숨을 담보로 아슬아슬한 줄타기를 하고 있다.

안타깝게도 이러한 참사는 정부 당국이 관리 감독해야 할 업무가 '민영화'되면서 어느 정도 예견된 인재였다. 국민의 생명과 안전을 보호해야 할 정부가 시장의 '자유'와 '효율성'을 주장하는 신자유주의 경제 논리로 국민들을 사지로 몰고 있는 셈이다. 도대체 누구를 위한 '효율'이고 '자유'인가? 시장의 자유와 효율이 시민의 안전과 공공복지보다 더 중요한 것인가? 앞서 살펴본 일련의 사건들은 국가 안전 관리 체계의 허점과 공공서비스의 구멍을 드러내는 징후로서, 정부의 역할이란 무엇이며 공공성과 참된 복지란 무엇인지 새삼 되묻지 않을 수 없게 만든다. 이런 질문 끝에 우리는 다음과 같은 가정을 해봄직하다. 만약 국가가 모든 산업을 관리한다면. 이를 통해 사람들이 생존의 걱정 없이 자신의 삶을 향유할 수 있다면. 실직의 공포나 불평등 없이 모두가 안전하고 풍요롭게 살 수 있다면.

이러한 유토피아적 공상을 구현한 작품이 있다. 바로 미국 최초의 공상과학 소설로 알려진 에드워드 벨라미(Edward Bellamy)의 『뒤돌아보며: 2000년에 1887년을(Looking Backward: 2000-1887)』(김혜진 역, 아고라)이다. 1888년에 출간된 이 소설은 19세기 미국에서 『톰 아저씨의 오두막』(1852), 『벤허』(1880) 다음으로 가장 많이 팔린 베스트셀러로 엄청난 사회적 반향을 일으켰다. 일례로 이 책의 사상을 논의하고 실천하기 위해 미국에서만 160여 개의 단체가 '벨라미 클럽'이라는 이름으로 결성되었다. 이 작품이 주창하는 생산수단의 국유화는 실제로 산업국유화 운동으로 이어졌을 뿐 아니라 인민주의 운동, 사회주의 운동, 여권운동 등 다양한 사회 개혁 운동에 영향을 끼쳤다. 또한 '요람에서 무덤까지'라는 복지 슬로건과 화폐 대신 '신용카드'의 개념을 처음으로 도입한 작품으로도 유명하다.

물론 이 작품이 미친 엄청난 파급력만큼 비판도 만만치 않다. 일부 논자들은 벨라미를 보수주의자, 엘리트주의자, 권위주의적 사회주의자 심지어 전체주의의 선구자라고 비판했다. 마르크스주의자인 아서 리포는 벨라미가 '근대 관료주의적 자유주의'의 선구자일 뿐만 아니라 파시즘적인 전체주의적 요소를 지니고 있다고 비판했다.* 영국의 작가이자 사회 운동가였던 윌리엄 모리스는 벨라미의 정부 주도 산업 운동에 반발해 자치와 생태주의적 유토피아를 그린 소설 『유토피아에서 온 소식』(1890)**을 썼다. 이에 대한 응답으로 벨라미는 『뒤돌아보며』의 속편인 『평등』(1897)을 썼다. 여기서 그는 정치권력, 노동 분업, 사유재산

* Arthur Lipow, *Authoritarian Socialism in America: Edward Bellamy and the Nationalist Movement* (Berkeley: University of California Press, 1982), p. 2.

** 모리스의 이 책 역시 다른 선구적 유토피아문학처럼 주인공이 시간 여행을 통해 유토피아를 방문하여 그곳 사람들과 나누는 질의응답 형식으로 구성되어 있다. 흥미로운 점은 벨라미의 『뒤돌아보며』와 비교할 때 이 소설은 유토피아로의 혁명적 변혁기를 비교적 상세히 기술한다는 점이다. 소설은 2년에 걸친 노동자 연맹의 총파업과 그들의 연대, 그리고 공동의 삶에 대한 사회적 합의를 자세히 그린다. 놀랍게도 1890년대에 나온 이 작품은 오늘날 세계시장의 약탈적 생리와 그 붕괴를 예시한다. 나아가 모리스는 공산화에서 제기되는 문제 중 하나인 동기 부족에 의한 태만에 대해 노인의 입을 빌려 '예술'이라는 답을 내놓는다. 예술은 노동의 본질적 즐거움에서 기인한다.

등 기존에 다루었던 정치경제적 측면뿐만 아니라 여성의 권리, 교육 등 사회적 측면을 보강한 유토피아 사회상을 선보였다.

작가 벨라미가 『뒤돌아보며』에 제기된 여러 비판에 대한 응답으로 속편을 내놓은 것처럼 소설 속 주인공들도 과거와 미래를 넘나들며 유토피아에 관한 질의와 응답을 이어나간다.

『뒤돌아보며』의 주인공 줄리언 웨스트는 19세기 미국 보스턴 출신의 부르주아 남성이다. 어느 날 그는 잠이 들었다가 113년이 흐른 뒤 깨어나 놀랍게 변한 미국 사회를 낯선 눈으로 바라본다. 작품 부제가 말해주듯 소설은 2000년의 시점에서 1887년을 뒤돌아보는 형식을 취하고 있는데, 100여 년의 간극을 둔 두 사회의 비교를 통해 19세기 미국 사회의 모순들을 지적하고 그것들이 해결된 21세기 유토피아의 모습을 그린다.

웨스트는 19세기 당시 '역마차' 상석에 앉아 있던 다른 이들처럼 하층계급의 삶에 무관심하고 점점 고조되고 있던 노동자들의 파업에 불쾌한 감정을 갖고 있던 부르주아였다. 건설 노동자들의 파업으로 신혼집 공사가 무기한 연기되면서 심한 불면증을 앓던 그는 최면술사의 처방을 받고 밀폐된 자기 집 지하실에서 깊은 잠에 빠진다. 그가 눈을 떴을 때 그의 충직한 하인 소이어와 약혼녀는 사라지고 리트 가족이 그를 맞이한다. 웨스트가 잠들었던 지하실은 리트 박사가 '실험실'로 쓰기 위해 공사에 착수하려던 참이었다. 실험실의 은유는 작가가 자신만의 독특한 유토피아를 20세기 보스턴에서 실험하려는 의도를 드러내는 것으로 보인다. 웨스트는 리트 박사와의 대화를 통해 몰라보게 변한 미국 사회를 경이로운 눈으로 바라본다.

그렇다면 웨스트가 만난 20세기는 어떤 세상인가? 리트 박사가 소개하는 '멋진 신세계'는 시장과 산업을 정부가 소유하고 전 국민의 완전 고용과 완전 복지가 실현된 민주적 사회복지 국가다. 신세계에서 웨스트가 가장 궁금해하는 것은 노동문제다. 그는 리트 박사에게 19세기 당시에는 쉽사리 해결될 것 같지 않았던 노동문제가 2000년 보스턴에서는 어떻게 해결되었는지 묻는다. 웨스트가 타임 슬립을 하기 전 미국의 시대적 상황을 살펴보면 1886년 5월 1일 시카고에서 하루 8시간 노동시간을 보장하라는 대규모 파업 집회가 있었다. 경찰의 강경 진압으로 사상자가 발생하자 이를 규탄하기 위해 노동자들이 헤이마켓 광장에 모여 시위를 벌였다. 시위 도중 폭탄 테러가 일어나 70여 명의 사상자가 발생했고 노동 운동가 7명이 사형선고를 받았다. 이것이 오늘날 세계 노동절의 효시가 된 '헤이마켓 사건'이다. 이러한 시대 상황에 대한 반감과 자신의 부르주아계급적 지위를 바탕으로 웨스트는 노조와 파업을 사회의 '골칫거리'로 생각하고 있었다.

웨스트의 반노조적 시각에 대하여 리트 박사는 오히려 그에게 노조와 파업의 목적을 되묻는다. 리트 박사의 눈에 "노동조직과 파업은 자본이 유례없이 큰 덩어리로 집중된 결과에 불과"했다(47쪽). 다시 말해 '노조'와 '파업'이 문제가 아니라 자본집중으로 인한 거대 기업의 횡포와 그에 따른 '노동 소외'가 문제라는 것. 리트 박사는 노동문제에 대한 시각차를 이렇게 설명한다.

> 소자본, 소기업 시대가 지나가고 대규모 자본축적 시대가 도래하면서 상황이 변했습니다. 규모가 작은 사업을 하던 고용주에게는 상대적으로 중요했던 노동자 개인이 거대 기업에서는 하찮고 무력한 존재가 되었고, 동시에 개인이 고용주 자리에 올라가는 길도 막혔습니다. 그래서 노동자들은 자기방어를 위해 동료들과 힘을 모으고 노조를 만들게 됐지요. … 사람들은 자본집중 사회가 이전에 감수해야 했던 어떤 폭정보다도 끔찍한 형태로 사회를 위협한다고 봤어요. 거대 기업들이 인류에게 전에 없이 비천한 노예 상태를 멍에로 씌우려고 한다, 사람이 아니며 만족할 줄 모르는 탐욕 외에 아무런 목적도 없는 기계에 예속시키려 한다는 말이었죠. (48쪽)

리트 박사는 자본의 집중으로 경제 규모와 산업의 효율성이 엄청나게 커지면서 사회의 부가 증대한 것은 맞지만, 이렇게 늘어난 부가 "대부분 부자를 더 부유하게 해서 부자와 빈자의 격차를 키웠다"고 지적한다(50쪽). 리트 박사의 설명에 따르면 이런 빈부 격차를 견딜 수 없어 결국 부를 평등하게 분배하는 방법을 모색하게 되었고, 국가가 하나의 기업이 되는 방안을 채택했다고 한다. 말하자면 생산과 분배의 국유화가 이루어진 것이다. 국유화 체제로의 전환은 웨스트의 우려와 달리 격렬한 계급투쟁이나 유혈 충돌 없이 사회적 합의를 통한 성숙한 시민혁명에 의해 가능했다.

> 국가 산업과 통상은 … 국민을 대변하는 단일한 신디케이트가 공동의 이해, 공동의 이익을 위해 이끌게 되었습니다. 국가가 거대한 하나의 기업으로 조직되어 다른 기업을 모두 흡수한 것입니다. 국가는 모든 자본가를 대신하는 하나의 자본가, 유일한 고용주, 이전에 존재하던 모든 작은 독점 형태를 집어삼킨 최종 독점 형태, 그 이익과 경제를 모든 시민이 나누는 독점 형태가 되었습니다. (51쪽)

새로운 밀레니엄에서는 생산수단과 유통의 국유화를 통해 잉여 자원과 부가 활발하게 순환되면서 빈곤 문제가 해결되고 계급제도 역시 혁파된다. 또한 국가가 "이윤을 추구하는 무책임한 기업이나 민간인 단체에 휘둘리지 않게"(51쪽) 되었기 때문에 '관피아'로 인한 억울한 희생도 일어나지 않는다.

그렇다면 국가가 자본을 책임지고 난 후 노동문제는 어떻게 해결되었을까? 그 해결책으로 제시된 것이 '산업 군대(Industrial Army)'다. 산업 군대란 미국 시민이라면 누구나 21세부터 45세까지 보편적으로 복무해야 하는 국가 노동조직을 가리킨다. 이는 "보편적 군 복무 원칙을 노동문제에 적용"한 것이다(56쪽). 직업은 온전히 개인의 자발적 선택으로 이루어지며 국가는 산업의 필요에 따라 개인의 선택을 재배치한다. 청소년들은 기계와 농업에 관련된 기초 훈련을 받는데 산업 군대에 소집되기 전에 자신의 적성과 재능을 발견할 수 있도록 노력한다. 복무 초기 3년간은 예외 없이 일반 노동자로서 훈련을 받는다. 이후 자신이 원하는 직종에 지원하며 추후 이직도 가능하다. 복무 기간이 끝나면 온전히 자기 자신에게 집중하며 제2의 청춘을 즐기는 인생의 황금기가 시작된다.

산업 군대에 대한 리트 박사의 설명을 듣고 웨스트는 묻는다. 자원자와 모집 인원의 불일치로 인해 발생하는 특정 직업으로의 쏠림은 어떻게 해결하는가? 어떻게 임금을 주지 않고 노동자들의 동기를 끌어내는가? 리트 박사에 의하면 정부는 노동강도에 따라 노동시간을 달리 책정하고 진급에 대한 의식을 고취하거나 명예 배지를 수여함으로써 노동인구의 수요와 공급을 조정한다. 아무리 의식을 고취하거나 명예 보상을 준다 하더라도 육체적으로 힘들거나 위험부담이 큰 일은 기피 대상이 될 것이다. 하지만 신세계에는 누구도 꺼리거나 어쩔 수 없이 해야 하는 위험한 일은 없다. 국가와 시민사회가 공동체의 건강과 안전을 최우선으로 보장하기 때문이다.

> 건강과 안전은 모든 산업에서 공통 조건이죠. 지금 국가는 선생 시대에 민간 자본가와 기업들이 그랬던 것처럼 수천의 노동자를 불구로 만들거나 죽이지는 않아요. (62쪽)

> 웨스트 씨 시대에 교양 있는 신사 숙녀들이 자기들이 되돌려주기에는 수치스러울 일을 같은 계급 사람들이 하지 못하게 했듯이, 지금 우리는 누구도 그러지 못하게 할 뿐입니다. (145쪽)

결국 정부의 역할이란 누구나 안전하게 일할 수 있는 환경을 제공하고 본인의 적성과 자유의사에 따라 일할 수 있는 기회를 주는 것이다. 이런 세상이라면 서울 지하철 구의역에서 일어난 김 군의 비극이 더 이상 되풀이되지 않을 것이다.

더욱이 산업 군대는 사회적 약자를 차별하지 않는다. 정신적, 신체적 약자들은 병약자 군단으로 여겨지지만 산업 군대에 전적으로 의존하지 않고 본인의 능력이 닿는 한 최선을 다해 복무한다. 일할 능력이 떨어진다고 해서 시민의 권리를 박탈하지도 않는다. 능력이 떨어지는 이들에게도 평등한 노동과 그에 따른 보상을 똑같이 적용한다.

자본주의적 발상에 젖어 있는 웨스트가 놀라움을 금치 못하고 이런 사회의 운영 원칙에 대해 질문한다.

> "무슨 권리로 한 개인이 자기 몫을 주장합니까? 재화를 분배하는 근거는요?"
>
> "인간성이죠. 자기 몫을 주장할 권리는 그 사람이 인간이라는 데 있습니다."
>
> "그 사람이 인간이기 때문이라고요? 그렇다면 모든 사람이 똑같은 몫을 가져간다는 뜻입니까?"
>
> "물론이죠." (84쪽)

산업 군대는 몫 없는 자들의 몫까지 '인류의 연대'와 '형제애'의 이름으로 수호한다. 군대의 임무는 자국민을 보호하는 데 있다. 벨라미가 노동인구를 산업 '군대'라고 명명한 이유가 여기에 있다. 국가는 약자들에게 자선을 베푸는 것이 아니라 부양의 책임을 떠맡는다. 지금까지 국가는 부양의 문제를 사적 차원에서 해결하려고 했기 때문에 다수의 사람들을 예속 상태의 빈곤에 몰아넣었다. 하지만 국가가 유일한 자본가이자 고용주가 되면서 빈곤은 풍요로 대체되었고, 인간이 인간에 의해 종속되는 나쁜 유제도 사라지게 되었다. 마침내 인간 노예제도가 소멸한 것이다. 벨라미는 이런 유토피아 사회를 상상함으로써 자본으로부터 소외된 인간을 구출한다. 실상 벨라미가 상상한 미래 사회의 사람들은 경제적 '보상'을 위해서가 아니라 공동체에 '봉사'하기 위해 일한다고 말하는 편이 타당하다.

이처럼 벨라미는 국가가 자본을 전략적으로 접수한 다음 산업 군대를 창설하여 생산과 분배를 주도하는 국가 공산주의를 실험한다. 그가 상상한 20세기 미국 사회는 화폐, 금융기관, 범죄 등 19세기의 유물들과 과감히 결별한다. 스탈린 체제의 잔혹함과 공산주의의 몰락을 목격한 사람들에게 국가 공산주의라는 말은 곧바로 전체주의를 떠올리게 할 것이다. 하지만 벨라미가 그린 미래 사회에서 국가권력에 의한 폭력이나 상명하복식 강요 같은 전체주의적 요소를 찾기는 힘들다. 오히려 개인의 자율적 선택에 의한 노동이 장려되고 평등한 교육의 기회가 제공된 까닭에 사람들의 삶에는 여유가 넘친다. '요람에서 무덤까지' 국가가 안전과 복지를 보장하기 때문에 사람들은 자기 가족만 위하지 않고 사회적 약자들을 돌볼 줄 안다. 리트 박사의 설명처럼 그곳에서 사람들의 "삶의 화려한 부분은 사교에, 그러니까 다른 사람들과 나누는 데" 있다(224쪽).

리트 가족과의 긴 대화를 통해 웨스트는 20세기를 이해하고 받아들이게 된다. 하지만 벨라미는 여기서 소설을 끝내지 않는다. 그는 웨스트를 다시 19세기로 돌려보내고 또다시 20세기로 복귀시킨다. 20세기 유토피아를 경험한 계몽된 웨스트가 19세기 보스턴에서 깨어났을 때 그는 주변의 비참한 존재들을 '형제애'와 '연민'으로 바라보게 된다. 웨스트는 약혼녀 가족과 지인들이 모인 자리에서 19세기 미국 사회가 안고 있는 문제점을 비판하고 노동의 중요성과 정부 관리의 필요성을 역설한다. 하지만 안타깝게도 그는 환영받지 못한다. 웨스트의 말을 듣고 있던 사람들은 그를 미친 사람 취급하며 끌어내리려 한다. 19세기 미국 사회에 절망을 느낄 때쯤 웨스트는 다시 20세기로 돌아오고 연인 이디스가 자기 곁에 있다는 사실에 안도한다. 이런 반복되는 시간 여행을 통해 웨스트는 유토피아적 충동을 지닌 메신저로 다시 태어난다. 웨스트의 집 지하실이 리트 박사의 실험실이 되고, 19세기 그의 약혼녀 이디스가 리트 박사의 딸 이디스로 이어지듯이 과거와 현재는 양피지(palimpsest)처럼 맞붙어 있다.

벨라미의 책은 '2000년에서 1887년을 뒤돌아보고' 있다. 말하자면 이 책은 벤야민의 '역사의 천사'처럼 미래에서 불어오는 바람을 등진 채 과거를 응시하고 있다. 파국의 현실에서 눈을 뗄 수 없기 때문이다. 그러나 유토피아적 꿈을 버리지 않고 있는 사람의 눈에 현실은 절망으로 끝나지 않는다. 그에게 절망의 잔해는 불가능성을 향한 도약의 가능성을 담고 있는 흔적이다.

『뒤돌아보며: 2000년에 1887년을』

19세기 미국 보스턴에 살고 있는 줄리언 웨스트는 점점 고조되는 노동자들의 파업에 불쾌해하는 부르주아 출신 청년이다. 노동자의 파업으로 신혼집 공사가 무기한 연기되면서 심한 불면증을 앓던 웨스트는 최면술사의 처방을 받고 그의 집 비밀 지하실에서 깊은 잠에 빠진다. 눈을 떴을 때 하인과 약혼녀는 사라지고 리트 가족이 그를 맞이한다. 웨스트가 깨어난 시대인 20세기는 생산과 유통이 국유화되고 '산업 군대' 조직을 통해 전 국민의 완전 고용과 완전 복지가 실현된 유토피아다. 이 멋진 신세계는 화폐, 금융기관, 범죄 등 19세기의 유물들과 과감히 결별하고 인류 연대와 형제애 정신으로 모든 사람들을 국가가 부양한다. 20세기의 새로운 사상에 의해 계몽된 웨스트는 또 한 차례 과거로의 시간 여행을 경험한다. 다시 돌아간 19세기에서 웨스트는 전과 다르게 하층민들에게 형제애를 느끼고 약혼녀 가족들과의 식사 자리에서 당대 사회의 모순과 부조리를 역설한다. 그러나 그의 발언은 철저히 묵살되고 그는 광인 취급을 받는다. 절망에 잠겼을 때 웨스트는 다시 20세기로 돌아와 눈을 뜨게 되고 19세기로의 시간 여행이 꿈이었다는 사실에 안도한다.

에드워드 벨라미

에드워드 벨라미(Edward Bellamy, 1850~1898)는 미국의 매사추세츠 주 치코피폴스 출신의 언론인이자 소설가다. 벨라미는 「뉴욕 이브닝 포스트」와 「스프링필드 유니언」 등에 글을 기고했고 1880년에는 동생과 함께 「스프링필드 데일리 뉴스」를 창간해 운영하기도 했다. 1888년 출간된 『뒤돌아보며』는 미국 최초의 공상과학소설로 당시 문학계뿐만 아니라 산업국유화 운동과 같은 사회적 실천에 큰 영향을 미쳤다. 이후 「신국가」라는 주간지를 창간해 산업국유화 운동에 뛰어들었다. 대표작으로는 『헤이든호프 박사의 공정』(1880), 『러딩턴 양의 자매』(1884), 『뒤돌아보며』의 속편인 『평등』(1897), 『스톡브리지 공작』(1900) 등이 있다.

노동과 예술, 휴식이 어우러진 삶: 윌리엄 모리스의 『유토피아에서 온 소식』*

오봉희

'없는 곳'이 한때 내 이름이었다, 나는 아주 멀리 있었다.
그러나 지금 나는 플라톤의 국가와 어깨를 견줄 수 있고,
어쩌면 그 국가를 능가할지도 모른다(왜냐하면 그가 공허한 말로
묘사하기만 한 것을 나는 훌륭한 법뿐만 아니라
사람들과 부에서 새 삶을 얻도록 했기 때문이다).
'좋은 곳'이라고 마땅히 사람들은 나를 불러야 한다.

위의 인용문은 토머스 모어의 『유토피아』 초기 판본에 실린 '유토피아 섬에 관한 여섯 행'이란 시의 전문이다.** 이 짧은 시는 '없는 곳'인 유토피아가 '좋은 곳'인 에우토피아(eutopia)를 지향하고 있음을 간명하게 보여준다. 첫 행이 없다는 부정적 의미와 멀리 떨어져 있다는 거리감을 표현하는 반면에, 나머지 행들

은 좋다는 긍정적 의미와 이미 실현되었다는 거리감의 소멸을 강조한다. 그리고 시의 초점이 없음과 거리감에서 좋음과 거리감의 소멸로 이동함에 따라 유토피아의 허구성과 불가능성보다 이상성과 실현 가능성이 부각된다.

이상적 사회인 유토피아는 이성의 힘과 역사의 진보에 대한 근대적 믿음과 결합하면서 아직은 없지만 언젠가는 인간의 힘으로 구현할 수 있는 미래 사회의 청사진이 된다. 그리고 근대는 지그문트 바우만의 표현을 빌리면 "유토피아를 이루기 위해 사는 세상"의 모습을 취한다. 과거보다 현재가, 현재보다 미래가 더 나은 것으로 그려지고, 이런 진보의 관점에서 보면 현재는 과거에 꿈꾸었던 유토피아가, 미래는 현재가 꿈꾸는 유토피아가 적어도 부분적으로는 실현된 것으로 자리매김된다. 하지만 근대 역사의 많은 부분은 더 나은 사회로의 이행이라고 믿었던 것이 사실은 진보가 아니며 실현된 유토피아라고 믿었던 현실이 사실은 실패라는 것을 끊임없이 보여준다. 따라서 현실의 모순과 문제들이 해결된 유토피아 사회에 대한 전망은 바우만의 지적처럼 "언젠가 이루어질지도 모르는 것의 매력보다는 오히려 이미 이루어진 것에 대해 느끼는 반감"에서 추동력을 얻는다고 할 수 있다.

19세기 말 영국에서 사회주의사상을 기반으로 노동의 예술화, 예술의 생활화를 주창한 윌리엄 모리스(William Morris)를 추동한 것도 당대 현실에 대한 강한 반감이었다. '나는 어떻게 사회주의자가 되었는가'에서 모리스는 "아름다운 것들

* 이 글에서 필자는 『유토피아에서 온 소식』을 내용 위주로 소개하고자 했다. 영문학 연구자로서 필자는 모리스의 유토피아론뿐만 아니라 예술 및 문학에 대한 논의에도 관심이 있어서, 이런 주제들을 본격적으로 다룬 '『유토피아에서 온 소식』: 모리스의 유토피아관과 문학관'을 써서 발표했다. 이 논문은 「새한영어영문학」 제59권 3호(2017)에 실렸다.

** 이 시의 전체 제목은 'Six Lines on the Island of Utopia Written by Anemolius, Poet Laureate, and Nephew to Hythloday by His Sister'다. 이 시의 마지막 구절에 나오는 'good place'는 '좋은'이란 의미를 나타내는 'eu-'와 '장소'를 뜻하는 'topos', 접미사 '-ia'로 이루어진 그리스어 'eutopia'의 영어 번역이다. 흥미롭게도 'eutopia'의 영어식 발음은 'utopia'와 동일하다.

을 생산하고자 하는 욕망을 제외하면 내 삶의 주된 열정은 현대 문명에 대한 혐오였고 혐오이다"라고 공언하면서 근대 자본주의 문명이 사회주의로 대체되기를 희망한다고 밝힌다. 모리스가 말하는 사회주의란 "부자도 빈자도, 고용주도 고용인도, 게으른 사람도 혹사당하는 사람도, 머리가 아픈 정신 노동자도 마음이 아픈 육체 노동자도 없어야 하는 사회 상태, 한마디로 말해 모든 사람이 평등한 조건에서 살면서, 낭비 없이, 그리고 한 사람에게 가해지는 위해는 모두에게 가해지는 위해를 뜻한다는 것을 충분히 의식한 상태에서 일을 처리하게 될 사회 상태"를 뜻한다. 이런 사회주의를 모리스는 '실용 사회주의(practical socialism)'라 칭하며 미를 창조해내는 예술과 그 자체로 즐거운 노동이 일체가 되는 '품위 있는 삶'을 그것이 지향해야 할 목적으로 설정한다. 영국 유토피아문학의 대표작 중 하나인 모리스의 『유토피아에서 온 소식(News from Nowhere)』은 실용 사회주의가 구현된 사회의 모습을 로맨스로 풀어내고 있는 작품이다.*

『유토피아에서 온 소식』은 벨라미의 『뒤돌아보며: 2000년에 1887년을』에 대한 일종의 반박 형태를 취하는 작품이다. 『뒤돌아보며』는 19세기 말을 기준으로 하면 미래인 2000년의 보스턴을 배경으로 모든 산업의 국유화가 이루어진 사회주의적 유토피아를 그리고 있다. 벨라미의 작품은 1888년 처음 발표되었고 1889년에 재판이 나온 후에 미국뿐만 아니라 영국에서도 엄청난 인기를 누렸다. 모든 산업과 사유재산의 국유화를 주창하면서 벨라미의 유토피아 모델을 현실에 적용하려는 실험적인 유토피아 공동체 건설 운동들도 생겨났다. 하지만

* 이 작품은 국내에 『에코토피아 뉴스』로 번역되어 있다. 번역자 박홍규는 '역자 머리말'에서 이 작품이 생태 문제를 다루고 있다는 점을 강조하기 위하여 'Nowhere'를 '에코토피아'로 옮겼다고 밝히고 있다. 『유토피아에서 온 소식』은 당시 모리스가 참여하고 있던 정치조직인 사회주의동맹(Socialist League)의 공식 주간지 「코먼윌(Commonweal)」에 1890년 1월 11일부터 10월 4일까지 연재되었고 같은 해에 책으로 출판되었다. 로버츠 브라더스(Roberts Brothers) 출판사가 낸 이 책은 모리스와 아무런 협의를 거치지 않았기 때문에 비공식 판본으로 여겨진다. 모리스가 직접 내용을 수정한 개정판은 1891년에 리브스 앤드 터너(Reeves & Turner) 출판사에서 나왔다. 필자는 1891년 판본을 토대로 옥스퍼드대학 출판사가 편집한 2003년 판본을 참고했다. 인용 부분은 필자의 번역임을 밝혀둔다.

모리스는 1889년 6월 21일 자 「코먼윌」에 기고한 논평에서 극단적인 중앙집권화를 이룬 국가사회주의의 형태를 띠는 벨라미의 유토피아 사회를 강하게 비판했고, 이 비판은 『유토피아에서 온 소식』에서 사유재산뿐만 아니라 국가도 없으며 전 민중이 토론과 협력에 기초한 다수결 원칙에 따라 공동체를 운영하는 유토피아 사회의 구상으로 이어졌다.

유토피아 작품의 전형적 구조 중 하나는 주인공이 우연히 미지의 유토피아에 가서 그곳의 사회구조 및 운영 방식과 사람들이 누리는 이상적인 삶을 직접 목격한 후 고향으로 돌아오는 것이다. 일종의 액자소설 형태로 시작되는 『유토피아에서 온 소식』도 이런 구조를 띠고 있다. 윌리엄 게스트는 어느 날 밤 한 모임에서 "혁명 직후에 무슨 일이 일어날까?"(3쪽)에 관한 토론을 한 후 집으로 돌아오는 길에 계속 토론 주제에 대해 생각하면서 "그날을 볼 수만 있다면! 그날을 볼 수만 있다면!"(4쪽) 하고 간절히 바란다. 그리고 "평화와 휴식과 청결함과 미소 짓는 선의의 나날들에 대한… 막연한 희망"(4쪽)을 품고 잠자리에 든다. 다음 날 그는 하룻밤 사이에 논리적으로 설명할 수 없는 일이 일어나 200년이 넘게 지난 미래 사회에 와 있는 자신을 발견한다. 그는 난처한 상황을 모면하기 위해 미래 사회에서 처음 만난 사람인 딕에게 자신은 이방인이라고 말하는데, 장소는 그대로지만 시간 이동을 한 게스트는 실제로 이방인이라 할 수 있다. 흥미롭게도 그의 이름 자체에도 이방인의 의미가 함축되어 있다. 딕의 친구인 밥이 그를 '게스트(guest)'라고 부르면서 이름을 물어보자 그는 "당신이 나를 게스트라고 부른다면, 그것은 성이기도 하니까, 괜찮으시다면 거기에 윌리엄을 덧붙이는 것으로 하지요"(14쪽)라고 답한다. 밥은 게스트를 손님이란 뜻의 일반명사로 사용했지만 그는 이것을 이름으로 고유명사화한다. 따라서 사람들이 그를 게스트라고 부를 때 이 호칭은 이름과 손님을 동시에 뜻하게 된다. 이방인의 시선으로 바라보는 미래 사회는 19세기의 영국과 극명한 대조를 이루면서 게스트가 속해 있는 19세기 사회의 모순과 문제들을 적나라하게 드러낸다.

두 사회의 차이는 딕과 게스트의 대화와 딕의 증조부인 해먼드 노인과 게스트 사이에서 이루어지는 문답 형태의 대화에서 잘 드러난다. 우선 눈에 띄는 차이는 미래 사회에는 자본주의사회의 근간인 사유재산과 이른바 '신성한 소유권'이 폐지되고 없다는 점이다. 화폐를 매개로 하는 물건이나 서비스 등의 교환과 그런 매매에 필수적인 상업적 도덕성(commercial morality)도 없다. 시장은 있지만 교환가치에 의한 이익 창출의 장소가 아니라 사용가치 때문에 물품을 필요로 하는 개인에게 해당 물품을 제공하는 장소다. 사적 소유권으로 인해 발생하는 빈부의 격차도 없을 뿐만 아니라 "빈곤 자체가 사라지고 없다"(56쪽). 딕이 끄는 마차를 타고 해먼드 노인을 만나러 가는 길에 게스트는 빈곤한 사람들이 단 한 명도 보이지 않는다며 의아해한다. 딕은 영문을 모르겠다는 듯이 아프면 집 안에 있을 텐데 왜 거리에서 아픈 사람을 보리라 생각하느냐고 반문한다. 딕은 게스트가 사용하는 '빈곤한'이란 뜻의 'poor'를 '건강이 나쁜'이란 의미의 'poorly'로 오독하고 있는 것이다. 게스트가 'rough'라는 단어를 써서 아픈 사람들이 아니라 "삶이 고된 사람들"(22쪽)을 말하는 것이라고 보충 설명하지만 딕은 이해하지 못한다. 빈곤은 19세기 말 영국의 심각한 사회문제였지만 유토피아가 구현된 미래 사회에는 그런 용어 자체가 없기 때문이다.

사유재산의 폐지는 법이 없는 사회를 가능하게 했다. 딕과 클라라는 결혼해서 자식까지 두었지만 클라라가 다른 남자를 사랑하게 되는 바람에 헤어졌다가 재결합하게 된 이야기를 해먼드 노인에게 들으면서 게스트는 이혼 법정을 언급한다. 그러자 해먼드 노인은 과거의 이혼 법정에서 다룬 것이라곤 재산 다툼이었을 뿐이고 사적 소유가 없는 "우리들 사이에서는 사유재산에 관한 분쟁들이 일어날 수 없다"(48쪽)고 말한다. 민법이나 형법도 없다. 해먼드 노인의 설명에 따르면 과거에 폭력적인 범죄들은 소수의 특권층에게만 자연적 욕망들을 충족시킬 수 있는 기회를 허용하고 대다수에게서는 그런 기회를 박탈해버린 사적 소유에 관한 법률들 때문에 발생했다. 사적 소유가 폐지됨으로써 그로 인해 초래되던 모든 폭력적 범죄들은 사라졌고 상습적으로 죄를 저질러 범죄자로 분류되는 사람들도 없다. 폭력이나 죄 자체가 완전히 사라진 것은 아니지만 그런 것은 사회에 적대적인 상습적 행위가 아니라 실수로 인한 위반 행위다. 게스트는 위반 행위가 발생하면 처벌함으로써 사회를 보호해야 하지 않느냐고 반문한다. 해먼드 노인은 처벌이란 "적국에서 무장한 군대처럼 살고" 있는 지배자들이 느끼는 "두려움의 표현"이라면서 "친구들 사이에서 살고 있는 우리는 두려워할 필요도 처벌할 필요도 없다"고 답한다(71쪽). 살인 같은 비극이 발생할 경우 가해자는 깊이 뉘우치며 속죄할 것이고, 그보다 덜 폭력적인 행위의 경우에는 가해자가 "아프거나 미치지 않았다면 반드시 슬픔과 굴욕감을"(71쪽) 느껴 속죄하기 마련이라는 것이다. 해먼드 노인은 처벌할 경우 가해자가 자신이 저지른 행위에 대해 느끼는 슬픔과 굴욕감은 처벌의 형태로 자신에게 가해지는 행위에 대한 분노와 복수심으로 변할 것이라고 덧붙인다. 평등이 구현된 유토피아에서 슬픔과 굴욕감 같은 감정은 일종의 교정 기능을 담당하고, 위반 행위들은 "단순한 돌발적인 질병"(72쪽)으로 처벌이 아니라 치유의 대상이다.

사적 소유권의 폐지는 또한 필연적으로 정부의 소멸을 가져왔다. 해먼드 노인은 19세기에 의회는 민중들을 기만하고 지배층의 이익만을 보호하는 "방범위원회"(65쪽)였고 정부는 군대와 경찰이란 폭력을 사용하는 "법정"(66쪽)의 역할을 수행했는데, 이런 법정에서 정의가 실현되는 것은 기적으로 간주되었다고 지적한다. 사적 소유권이 폐지된 사회에는 그런 정부가 존재할 수 없고 정치도 없다. 사람들 사이의 불평등과 국가들 사이의 경쟁 체제도 사라지고 없다. 해먼드 노인의 이런 설명은 근대 자본주의국가란 자본가계급의 이익만을 보호하는 인위적 기구로 공산주의가 실현되면 소멸되어야 한다고 보는 마르크스주의적 입장과 유사하다. 통치 기구인 정부가 소멸한 유토피아에서는 시민들이 상호 협정을 통해 일들을 처리한다. 하지만 협정들에 대해 설명해달라는 게스트의 요청에 해먼드 노인은 과거에 비해서 삶이 간소화되었지만 너무 복잡해서 상세히 설명할 수는 없으며 직접 살아봐야 알 수 있을 것이라고 말하면서 종합적인 설명을 제시하지는 못한다. 다만 개인적인 문제는 개인이 원하는 대로 처리하고 공동체 전체의 관심사는 다수결의 원칙에 따른다고 말한다. 이때 다수결의 원칙은 단순히 다수의 의견을 따르는 것이 아니라 자치 구역에서 충분한 토론과 합의를 거쳐 의견을 모으고 이견을 가진 소수의 동의를 구하는 과정을 거친 후 다수결로 처리되는 것을 말한다.

19세기의 교육도 해먼드 노인의 비판을 면치 못한다. 그가 보기에 19세기의 학교는 개개인의 기질과 재능과는 무관한 교육을 실시함으로써 학생들의 정신적, 육체적 성장을 도외시하고 오히려 학생들에게 해를 끼치는 "공장"(55쪽)이었을 뿐이다. 자본의 약탈이 조직적이고 체계적으로 자행되던 당시 영국은 사회 전체로 보면 너무도 빈곤하여 그 누구에게도 제대로 된 교육을 제공할 수 없었으며 기껏해야 상업적 지식을 가르쳤다. 대학은 스스로를 교양인이라 자칭하면서도 사회에 기식하는 계급을 길러냈을 뿐이다. 이 문맥에 따르면 19세기의 교육은 잘해야 도구적이고 최악의 경우에는 사회에 해롭다. 반면에 공산주의적 유토피아가 구현된 미래 사회에서 상업적 교육은 진정한 학습, 다시 말해 도구적 효용성이 아니라 지식 그 자체를 위해 육성되는 지식으로 대체되었다. 교육기관으로서의 학교가 없고 학교를 지칭하는 단어 자체도 없다. 아이들은 집 짓기나 도로 보수, 정원 가꾸기 등의 노동을 즐겁게 하는 어른들을 보고 모방하면서 실용적인 기술을 배운다. 책을 통한 교육의 경우에는 원하는 주제와 관련해 읽고 싶은 책을 읽거나 이해하지 못하는 것은 그것에 능통한 사람의 설명을 통해서 배운다. 게스트에게 교육이란 주로 책을 통한 마음과 정신의 함양을 뜻한다면, 유토피아에서 교육은 개인의 기질과 재능, 취향에 맞는 일을 찾도록 해주는 것이다. 따라서 이 사회에는 아이들에게 이런저런 정보를 강제로 주입하는 교육이 없으며 아이들에게는 성장할 시간이 충분히 주어진다.

무엇보다 모리스의 유토피아 사회를 특징짓는 가장 핵심적인 요소는 새로운 노동 개념이다. 19세기 영국에서 노동은 생계를 위해 어쩔 수 없이 해야 하는 힘겨운 것이었고, 노동의 결과물은 노동력을 제공한 노동자가 아니라 생산수단을 소유하고 있으며 임금을 주고 노동력을 구매한 자본가의 것이었다. 그리고 물품들은 자체의 사용가치보다는 시장에서의 교환가치 때문에 생산되었다. 하지만 교환가치는 사라지고 사용가치만 있는 유토피아에서는 "그 어떤 것도 진정한 용도를 위한 경우를 제외하고는 만들어질 수 없다"(83쪽). 교환가치를 위해 수요 이상으로 물품을 많이 만들 필요가 없고, 시간과 노력을 충분히 들여 정성스럽게 만들기 때문에 제품의 품질이 낮을 수가 없다. 그리고 제품을 만들 때 기계를 사용하기도 하지만 수작업이 즐거운 부분은 손으로 직접 만들고, 다른 사람들과의 협력이 필요한 경우에는 협동 작업장에 모여 함께 만든다. 모두가 자신의 기질과 재능에 맞는 일을 구하는 데 어려움이 없고, 다른 사람의 필요 때문에 희생을 하는 경우는 전혀 발생하지 않는다.

그런데 어떻게 해서 사람들로 하여금 열심히 노동하게 할 수 있는가? 유토피아에는 강제 수단이 없다는 점을 고려하여 다시 묻는다면 왜 사람들은 열심히 노동하는가? 노동이 고통과 결부되고 일종의 필요악처럼 되어버린 자본주의사회의 구성원이라면 자연스럽게 이런 의문을 갖게 된다. 게스트도 "노동에 대한 보상이 전혀 없는데 어떻게 사람들이 노동을 하게 만듭니까?"(78쪽)라고 묻는다. 해먼드 노인은 "노동에 대한 보상은 **삶**이오. 그것이면 충분하지 않소?"(79쪽, 강조는 원저자)라고 오히려 반문한다. 특별히 뛰어난 결과물에 대한 보상도 없지 않느냐고 게스트가 되묻자 해먼드 노인은 "창조라는 보상"(79쪽)이 있으며 노동을 통한 창조는 인간의 천성에서 비롯되는 행위라고 답한다. 19세기 사람인 게스트의 입장에서 보면 근본적으로 너무나 다른 노동 개념이다. 그래서 그는 어떻게 해서 노동이 향유의 대상이 되는 사회를 만들 수 있었는지 묻는다. 해먼드 노인은 다음과 같이 혁명이 성공할 수 있었던 비결을 말함으로써 그 답을 대신한다. 혁명의 목적은 "사람들을 행복하게 만드는 것"(79쪽)이고 사람들을 행복하게 해줘야 반혁명 시도를 막을 수 있는데, "행복한 일상 노동이 없는 행복은 불가능하다"(80쪽). 자본주의가 없어지면서 경쟁이 사라지고 힘든 초과 노동을 할 필요가 없어지게 되자 노동이 즐거워지고, 이에 따라 노동에서 아름다움을 추구하는 열망이 싹트고 예술이 노동의 필수 요소가 된다. 이런 과정을 거치면서 예술이 "노동-쾌락"(115쪽)으로 새롭게 정의될 정도로 예술과 노동은 하나가 되고 일상 노동에서 아름다움과 즐거움을 향유하게 되자 사람들은 "삶 자체를 기쁨으로 받아들이게"(155쪽) 된 것이다.

'예술과 사회주의'에서 모리스는 문명사회의 사람들은 열심히 노동하지만 사람들에 의한, 사람들을 위한 예술을 잃어버림으로써 노동이 주는 위안, 즉 노동을 통해서 생각을 표현할 수 있는 기회를 잃어버렸다고 한탄한다. 예술은 '삶의 진정한 즐거움'인데 임금을 받기 위해서 노예처럼 일해야 하는 경쟁 상업 사회에서는 이런 즐거움을 누릴 수가 없다는 것이다. 모리스에 따르면 다른 사람들에게 유용하고 그 자체로 할 만한 가치가 있으면서 즐거운 노동이 보장되는 사회에서만 일상 노동 속에서 예술을 향유할 수 있고 삶이 진정으로 행복해진다. 이렇게 일상생활과 결부된 예술은 전통적 의미에서 보면 유용하면서도 아름다운 생활용품 제작에 주목하는 실용 예술에 가깝다. 게스트가 목격하고 있는 유토피아가 바로 노동이 곧 예술이고 예술이 곧 노동인 행복한 생활이 보장되는 사회이고, 여기에서는 집이나 다리 같은 건축물에서 의복뿐만 아니라 담뱃대 같은 소품에 이르기까지 인간의 노동을 통해 만들어지는 모든 것이 예술품이다. 이렇게 노동이 예술화되고 향유 대상이 되면서 자본주의사회에서 지배층의 전유물이었던 게으름은 치유되어야 하는 질병으로 간주된다.

유토피아의 새로운 노동관에서 또 하나 중요한 것은 노동 자체가 곧 휴식을 담보한다는 점이다. 14세기풍의 의상과 마차와 배 같은 이동 수단, 수작업에 대한 이상화, 자연과의 평화로운 공존, 작품 말미에서 추수를 앞두고 벌어지는 축제 등에서 알 수 있듯이 게스트가 목격하고 있는 미래는 과학기술을 바탕으로

하는 물질문명의 시대가 아니며 새로운 것을 자꾸만 만들어내는 발명의 시대도 아니다. '안식의 시대(An Epoch of Rest)'라는 부제에서도 알 수 있듯이 이 시대는 동요와 혼란의 시대 뒤에 오는 평온한 안식의 시대다. 템스 강 위쪽에 사는 이웃들의 추수 노동에 참여하는 즐거움을 놓치지 않기 위해서 추수기에 맞춰 딕이 클라라와 게스트를 데리고 템스 강을 거슬러 올라간다는 점, 그리고 실내 노동을 많이 한 사람이 기분 전환으로 실외 노동을 하고자 하거나 농사를 짓는 사람들이 추수철에 들판에서의 노동을 즐기기 위해 온 사람들에게 추수를 맡기고 쉬거나 추수가 축제 분위기에서 이루어진다는 점에서 알 수 있듯이, 유토피아에서 노동과 안식은 순차적인 것이라기보다는 하나로 결부되어 있다. 게스트가 사랑의 감정을 느끼고 자신이 과거에서 온 사람임을 유일하게 털어놓는 엘런은 그들의 삶을 "활기 속에서의 휴식", "즐거움인 노동과 노동인 즐거움"(176쪽)이라고 말하는데, 이 말은 안식과 노동이 하나이며 노동이 자본주의에서처럼 강요된 고역이 아니라 놀이처럼 즐거운 행위가 되는 상태를 뜻한다.

그러나 노동과 즐거움이 하나인 시대가 거저 온 것은 아니다. 자본주의에서 유토피아로의 이행은 파업과 공장폐쇄, 무력 충돌 등의 격렬한 갈등을 거치며 이루어진 것으로 그려진다. 이것을 가능하게 한 원동력은 "사랑에 빠진 사람의 비이성적인 열정을 닮은, 자유와 평등에 대한 갈망"(90쪽)이다. 자본가계급과의 싸움에서 노동자계급은 오랫동안 좌절하고 실패하며 크나큰 고통을 겪지만 이 과정에서 서로 연합하는 법을 배우고 노동자 연맹을 결성한다. 그리고 노동시간 단축이나 최저임금에 대한 요구를 넘어서 천연자원 운영권을 쟁취하고 특권계급을 연금생활자로 강등시키는 "혁명"(95쪽)을 이룬다. 그러나 이 혁명은 자본가계급에게 전쟁 선포로 받아들여지고, 그 와중에 트래펄가 광장에서 군인들이 비무장 상태의 시위대에 무차별 사격을 가하는 사건이 발생하면서 갈등이 격렬해진다. 혁명 세력과 반혁명 세력은 "평등과 공산주의에 토대를 둔 삶의 체계"인가, "특권층을 제외한 모든 사람의 절대적인 노예제"(110쪽)인가를 놓고 계급 전쟁을 벌이고, 여기에서 혁명 세력이 승리하면서 과거와는 질적으로 다른 품위 있는 삶의 체계가 확립된다. 계급 전쟁에서 혁명 세력을 이끈 것은 "이 나라에서 용감한 살아 있는 사람들을 제외하고는 모든 것을 일소하자"(113쪽)는 근본적 변화에 대한 요구와 새 시대에 대한 희망이었다.

결말부에서 사유제의 폭정이 안식과 행복으로, 노예노동 같은 고역이 예술 활동인 즐거운 노동으로, 경쟁과 이익만을 추구하는 상업자본주의가 협력과 자유가 보장되는 공동체를 추구하는 공산주의로 대체된 유토피아는 게스트가 꾼 꿈으로 밝혀진다. 그러나 게스트는 그것이 꿈이었을 뿐임에 절망하지 않는다. 그는 "의심과 투쟁의 시대의 편견과 불안, 불신에 여전히 싸여 있으면서도 외부의 시선으로 그 모든 새로운 삶을 정말로 보고 있었다"(181쪽)고 생생하게 느낀다. 그리고 만일 자신이 본 것처럼 다른 사람들도 새로운 세상을 볼 수 있다면 그것은 꿈이라기보다는 미래에 대한 이상적인 "비전"(182쪽)일 것이라고 생각한다.

그렇다면 그가 꿈꾼 미래의 유토피아에 살고 있는 사람들이 전하는 소식은 무엇인가? 게스트가 그들 중의 한 사람이 아님을 그 누구보다도 절실하게 느끼면서 그가 행복하기를 바라는 엘런의 마지막 시선에서 읽어내는 그 전언은 다음과 같다.

> 당신은 우리의 일원일 수 없어요. 당신은 불행한 과거에 너무도 완전히 속해 있어서 우리의 행복이 당신을 지치게까지 할지 몰라요. 본래 있던 곳으로 돌아가세요. 우리를 보았고, 당신이 살고 있는 시대의 의심할 여지없는 모든 격언들에도 불구하고 세상을 위해 예비된 안식의 시대, 지배가 협력으로 바뀐 시대가 아직 있음을 외부인의 시선으로 배웠으니까요. … 돌아가서 우리를 본 것에 대해, 당신의 투쟁에 희망을 조금 보탠 것에 대해 더 행복해하세요. 할 수 있는 한 계속 살아가면서 어떤 수고를 들여서라도 협력과 안식과 행복의 새날을 조금씩 건설하려고 애쓰세요. (181~182쪽)

엘런이 게스트에게 전하는 이 전언, 게스트가 유토피아에서 가져오는 이 소식의 핵심은 현실은 불행하고 암울하지만 희망이 아직 있으니 사람들 사이의 지배와 종속 관계가 협력 관계로 전환되는 안식과 행복의 시대를 열기 위해 수고를 아끼지 말고 노력하라는 것이다. 자신의 꿈이 미래를 위한 비전일 수 있다는 게스트의 마지막 생각은 유토피아에 대한 희망을 한 사람이 품으면 그것은 꿈으로 머물러 있을지 모르지만 여러 사람이 공유하면 미래를 위한 비전이 될 수 있음을 암시한다. 바로 이것이 『유토피아에서 온 소식』을 쓰면서 모리스가 동시대 사람들에게 전하고 싶은 전언이 아니었을까.

그렇다면 우리는 우리 시대에 대해서 이렇게 물어볼 수 있다. 흔히 '99% 대 1%'로 수치화되는 것처럼 빈부 격차가 극명하고, n포 세대로 불리는 청년 세대의 상황이 절망적이고, 문송(문과라서 죄송합니다)이니 인구론(인문계 졸업생의 90%가 논다)이니 하는 자조 섞인 유행어들이 보여주듯이 당장의 경제적 이익을 산출하지 않는 학문 분야를 괄시하고, 금수저와 흙수저로 계급 격차가 표현되고, 경쟁이 질서이고 노동이 고역인 우리 사회에서, 헬조선이란 자조 섞인 조어로 표현되듯이 지옥과도 같은 곳이 되어버린 현재의 우리나라에서 게스트를 통해 전해지는 '유토피아로부터 온 소식'은 어떤 반향을 불러일으킬 수 있을까? 모리스가 당대 독자들에게 심어주고자 했던 전언은 우리에게도 희망의 씨앗이 될 수 있을까?

『유토피아에서 온 소식』

혁명 이후의 상황에 대해 열띤 논쟁을 벌인 어느 날 밤 윌리엄 게스트는 혁명 이후의 시대를 보고 싶다는 간절한 소망을 품고 잠자리에 든다. 다음 날 일어나보니 자신이 혁명이 성공한 이후의 유토피아 사회에 와 있음을 발견한다. 그는 딕의 안내로 런던을 둘러보면서 19세기의 런던 풍경이 온데간데없이 사라졌을 뿐만 아니라 화폐경제와 사유제가 폐지되고 없고 공산주의에 기반을 둔 공동체에서 사람들이 자연과 공존하며 소박하고 아름답게 행복한 삶을 살고 있음을 목격한다. 그리고 딕의 증조부인 해먼드 노인에게서 어떻게 노동자들이 연합하여 자본가와의 계급 전쟁에서 승리하고 혁명에 성공했는지, 사람을 빼고는 모든 것을 일소하는 혁명을 통해 이룬 유토피아 사회에서 사람들이 어떻게 살아가는지를 듣는다. 친구들의 추수 노동에 동참하기 위해 길을 떠난 딕과 클라라와 함께 템스 강을 거슬러 오르면서 19세기에 파괴되었던 자연이 회복된 풍경을 본다. 이 여정에서 만나는 불평꾼인 엘런의 할아버지를 통해 모두가 유토피아에 만족하고 있는 것은 아님을 알게 된다. 게스트는 그들의 여정에 동행하게 된 엘런에게 사랑의 감정을 느끼고 자신이 과거에서 온 사람임을 털어놓는다. 막 추수 축제가 시작되려 할 때 모든 것이 사라져버리고 게스트는 이것이 꿈이었음을 깨닫는다. 하지만 그는 그 꿈이 미래를 위한 비전일 수 있다며 희망을 품는다.

윌리엄 모리스

윌리엄 모리스(William Morris, 1834~1896)는 19세기 영국의 시인이자 디자이너, 사상가다. 현재는 '디자인의 아버지'로 불릴 정도로 공예, 건축, 생활미술 등의 분야에서 높이 평가받고 있지만, 생전에는 『지상의 낙원』(1868~1870), 『볼숭족 시구르드의 이야기와 니블룽족의 멸망』(1876) 같은 시집들을 발표함으로써 시인으로 더 큰 명성을 쌓았다. 판타지 소설들도 여러 권 썼는데, 『세상 너머에 있는 숲』(1894)이나 『울핑 일족의 이야기』(1889) 같은 작품들은 C. S. 루이스와 J. R. R. 톨킨에게 큰 영향을 주었다고 한다. 『존 볼의 꿈』(1888)과 『유토피아에서 온 소식』(1890)처럼 정치적 색채가 강한 작품들도 썼다. 영국 최초의 사회주의정당인 민주연맹에 가입해서 사회민주연맹으로 이름을 바꾼 이후까지 활동하다가 탈퇴한 후 사회주의연맹을 공동 창립할 정도로 정치 활동에 적극적이었다. 「코먼윌」이란 기관지를 만들고 강연 활동을 하면서 사회주의사상을 설파하는 데 애썼다. 말년에는 책 디자인에 심취하여 아름다운 책을 만드는 데 헌신했다.

U T O P I A

이야기 둘

과학과 기술 문명

해체된 가족의 역설, 유토피아를 향하여
올더스 헉슬리의 『멋진 신세계』

과학의 유토피아, 욕망의 디스토피아
쥘 베른의 『해저 2만리』

우주를 향해 쏘아 올린 유토피아의 꿈
A. 톨스토이의 『아엘리타』

공정 무역과 유토피아
허버트 웰스의 『모던 유토피아』

해체된 가족의 역설, 유토피아를 향하여: 올더스 헉슬리의 『멋진 신세계』

김상욱

마산만을 가로지르는 마창대교는 수면에서 상판까지의 높이가 68m로 세계의 해상 대교 중 최고 높이를 자랑한다고 한다. 그 장대한 마창대교는 2008년 이후 한 해 평균 3명이 난간에서 까마득한 68m 아래의 바다로 투신하여 자살하는 죽음의 다리가 되었다. 마창대교에서 발생한 투신자살 중 필자에게 유독 잊혀지지 않는 것이 있다. 당시 한 지상파 방송사는 마창대교에 설치된 감시 카메라가 포착한 한 중년 남자와 초등학생 아이를 흐릿하게 재처리하여 방영했다. 이때 재생된 화면은 사건 발생 현장을 초 단위로 보여주고 있었다. '2010.09.12. 09:48:24', '2010.09.12. 09:48:25', '2010.09.12. 09:48:26' …. 이 화면에 잡힌 중년 남자와 초등학생 아이는 자살을 예고하듯 이미 다리난간을 넘어가 있었다. 아이는 오른손으로 난간을 부여잡은 채 그 무시무시한 바닷속 심연을 외면하려는 듯 바다를 등지고 있고, 중년 남성은 바다를 향한 채 아이에게 무엇인가 말을 하고 있는 듯했다. 곧 이 중년 남성은 난간을 부여잡고 있는 아이를 끌어당겨 바다에 떨어뜨린 후 자신도 추락했다. 각종 뉴스 매체가 전하는 바에 의하면 1년 전 위암으로 아내를 잃은 고인이 대리운전 기사로 일하면서 100만 원도 안 되는 수입으로 생활하던 중 생활고를 비관하여 당시 초등학교 4학년인 아들과 동반 자살했다고 한다. 아버지는 어떻게 자신의 아들까지 데리고 마창대교에 갔을까? 마창대교로 차를 몰기 전, 그는 아들에게 바다로 함께 추락할 것이라는 사실을 알렸을까? 왜 아버지는 긴 어둠의 터널을 지나면 햇빛을 볼 수 있다는 그 흔한 희망 찬가에 귀를 막았을까? 세상에는 어린 시절 역경과 고난을 딛고 입신양명한 위인들이 얼마나 많은가. 무엇이 이 아버지로 하여금 자신의 사후 홀로 남겨지게 될 아들에 대해 절망하게 만들었을까?

마창대교에서 벌어진 아버지와 아들의 동반 투신자살은 가족의 의미를 되묻게 만든다. 차라리 가족이 없다면 어떨까? 헉슬리(Aldous Huxley)는 그의 수작 『멋진 신세계(Brave New World)』에서 가족이 없어진 세상을 역설했다. 그 책에서 헉슬리는 오늘날로부터 600여 년 후인 26세기 세계국가 총통 무스타파 몬드의 입을 빌려 가족의 폐해를 다음과 같이 지적하고 있다.

> 가정[가족 구성원들 간 관계]이란 육체적으로나 심리적으로나 역겨운 것이었다. 심리적 측면에서 볼 때 가정이란 빽빽하게 들어찬 생명들이 서로 부대껴 발생시키는 열로 후끈거리는, 감정이라는 역겨운 냄새가 풀풀 나는 토끼 굴이나 똥 더미였다. 가족 구성원 간 관계란 이 얼마나 질식할 것 같은 밀착된 관계, 이 얼마나 위험천만하고 정신이상적인 추잡한 관계란 말인가! (37쪽)*

아버지를 따라 68m 아래 검은 죽음의 바다로 추락하지 않을 수 없었던 아이

* 인용문은 필자의 번역이다. 원본은 Aldous Huxley, *Brave New World* (New York: HarperCollins, 1998).

는 진해의 어느 초등학교를 다녔다고 한다. 그 학교 교실의 텅 빈 의자 하나가 그 아이가 살다 간 흔적을 보여준다. 그 아이의 참혹한 죽음을 보며 그의 가족에 대해 우리는 무엇을 말할 수 있을까? 이럴 바엔 차라리 가족을 없애자는 격정적 토로가 우리의 가슴을 후려친다. 차라리 그 아이에게 가족이 없었다면. 헉슬리가 무스타파 몬드의 입을 빌려 설파한 이 '차라리'의 수사학적 응전은 가족애를 주창한 수많은 정치적 선전물들에 대한 통쾌한 기습 공격이다. 이 응전의 논리에 따르면 이제 가족은 재앙이며 가족 간 친밀감은 똥 냄새만큼이나 역겨운 것이다. 이제야 우리는 가슴이 후련해진다. 이제야 우리는 그 아이를 대신해 가족애란 말에 순치된 수많은 대중들에게 따끔한 일침을 가한 느낌이 든다.

마창대교에서 발생한 부자의 추락 사건은 자본주의 상층부와 하층부의 상하 관계나 갑을 관계, 즉 계급 관계를 표상한다. 그들이 추락한 68m 아래의 바닷속은 노동자와 그의 가족들이 당도할 하층부라는 정치경제적 의미를 함축하고 있다. 『멋진 신세계』에서 헉슬리가 제시한 600년 후 세계국가의 신카스트 제도야말로 마창대교 부자 추락 사건이 갖는 자본주의적 계급 관계의 초국가적 알레고리이다. 무엇이 가족을 파탄 냈는가? 이 물음에 대해 헉슬리는 포드 자동차 모델 T형이라는 상품에서 미래의 인류 진화의 모습을 보여주는 단초를 발견하는 것에서 논의를 시작한다. 그의 미래 세계국가는 미국의 자동차 회사인 포드가 대량 생산한 자동차 모델 T형의 출시 연도인 1908년을 그 사회의 기원으로 삼는다. 포드의 모델 T는 고도로 분업화된 노동이 낳은 현대식 대량 생산의 대명사였다. 헉슬리는 대량 생산, 대량 소비 사회로의 변천을 의미하는 포드식 자본주의 정신에 당대 유럽의 정치적 파시즘을 접목시킨 600년 후의 역설적 이상 사회를 '멋진 신세계'라 일컬었다. 이러한 이상 사회가 역설적인 것은 바로 생산 관계에 따라 분화되는 부르주아계급과 프롤레타리아계급의 극단적 양극화 상태인 미래 사회의 모습을 매서운 반어적 풍자로 되받아치는 헉슬리식 사회 비판의 통렬함에 기인한다. 헉슬리의 포드식 대량 생산 자본주의에 대한 풍자는 미래의 신계급사회를 아이러니하게도 구시대의 유물인 카스트적 신분 사회로 설정한 것에서 드러난다. 맨 상층에 알파 계급이 있고 맨 하층에 입실론 계급이 있다. 런던 신생아 인공부화 및 조건화 센터에서 근무하는 알파 계급의 일원인 헨리 포스터는 다음과 같이 말한다.

> 우리는 또한 [신생아들의] 계급을 미리 정하고 [그 계급에 맞게 그들을] 조건화시킵니다. 우리는 알파 계급 아니면 입실론 계급으로, 즉 미래의 생활 오수와 오물 처리 노동자 혹은 미래의 [지도자]로 사회화된 신생아들을 내놓습니다. (13쪽)

자본주의가 노동자의 가족을 파탄 냈다고 하는 메시지는 헉슬리가 미래 인류 사회를 그리며 '차라리 가족을 없애라'라는 독설을 들이댈 때 더욱더 강렬해진다.

'차라리 가족을 없애라'라는 헉슬리의 독설은 가족 구성을 야만 행위로 규정하는 것도 서슴지 않는 그의 도덕적, 윤리적 도발에서 절정을 이룬다. 맬파이스라는 인디언 보호구역은 가족제도가 여전히 존재하는 사회이지만, 세계국가 시민들에게 이러한 가족제도는 야만인들의 습속으로 치부된다. 사랑, 교제, 결혼, 출산, 양육, 부모 자식 간의 정, 부부애 등 가족을 구성하기 위한 모든 행위는 혐오스러운 야만 행위로 간주된다. 인디언 보호구역 감독관은 그곳을 찾은 알파 계급인 버나드와 레니나에게 인디언들에 대해 다음과 같이 설명한다.

> 인디언 보호구역에는 인디언들과 인디언과 백인의 혼혈족들이 6만 명쯤 살고 있지요… 완전히 야만인들입니다… 우리 검사관들이 이따금 그곳에 들어가요… 이때를 빼고는 그들은 문명 세계와 어떤 접촉도 없지요… 여전히 구역질 나는 풍습과 관습을 갖고 있어요… 아시다시피 젊은 여자분[레니나]이 듣기에

는 민망한 말이지만 결혼, 가족… 어떤 조건화도 이루어지지 않은… 소름이 돋는 미신을 믿는 행위… 기독교와 토템 신앙 그리고 조상숭배…. (103쪽)

알파 계급이면서 런던 신생아 인공부화 및 조건화 센터장인 토마킨과 린다 사이에서 태어난 존은 인디언 보호구역에서 성장한다. 세계국가 문명인들에게는 수치스럽기 그지없는 출산을 한 린다는 문명 세계로 돌아갈 수 없다. 존의 문명 세계로의 진입은 버나드의 사리사욕이 빚어낸 참사이다. 버나드의 외모 콤플렉스는 인공부화 과정에서 태아 단계의 그를 감마 계급 예정자로 오인한 작업자가 그에게 혈액을 공급하는 관에 알코올을 주입한 결과이다. 다른 알파 계급인들과는 달리 왜소한 체구로 태어난 버나드는 감마 계급 외모 때문에 열등의식에 사로잡힌 자이다. 세계국가의 규범이 야만성이라고 규정짓는 존의 가족주의적 경향은 그것의 희귀성 때문에 세계국가 언론의 집중적 조명을 받게 되고, 버나드는 존에 대한 이러한 언론의 관심을 자신이 입신양명할 수 있는 기회로 삼는다.

헉슬리는 가족주의를 표방하는 존을 철저히 야만인, 주변인, 외톨이, 이단아로 설정함으로써 가족주의자의 비참한 말로를 처연하게 그리고 있다. 세계국가의 시민들은 존을 희화화하거나 조롱의 대상으로 삼는다. 그렇다면 2010년 9월 12일 한국의 마창대교에서 아들과 함께 투신한 어느 대리운전 기사는 존과 어떤 연관 관계가 있는가? 『1844년 영국 노동자들의 상태』란 글에서 프리드리히 엥겔스는 자신이 목격한 영국 노동자들의 비천한 삶을 보여주면서 하루 일당으로 겨우 연명하는 노동자들에 대한 부르주아계급의 무관심을 질타했다.

영국의 중산층[부르주아계급]은 노동자들의 고통을 외면하고 싶어 합니다. 다수 임금노동자들을 빈곤층으로 전락시키고 자신들의 배를 불린 자본가들은 특히 그렇습니다. … 중산층은 경솔하게도 [노동자들에 대한] 무관심 속에 살아가고 있습니다. 그들이 발을 딛고 서 있는 기반[프롤레타리아계급]이 점점 침식당하여 언제 붕괴될지 모르는데도 말입니다. … 노동자의 임금은 너무 적어서 겨우 그가 연명할 정도입니다. 그는 일자리를 찾지 못하면 훔치기라도 해야 합니다. 이도 저도 아니면 굶주릴 수밖에 없습니다. 그렇게 되면 경찰이 오로지 신경 쓰는 것은 길가에 널브러진 어느 노동자의 시신을 보고 중산층이 질겁하지 않도록 그들의 시선이 미치지 못하는 곳에서 굶어 죽도록 그를 내버려두는 것일 뿐입니다.*

『멋진 신세계』에서 존이 처한 비극적 상황은 그가 공감될 수 없는 존재라는 것이다. 공감의 출발은 타인의 고통을 느끼는 것이다. 문명 세계의 도덕적 규범인 난교의 습성을 지니고 있기 때문에 정절이 중요시되는 인디언들 사이에서 화냥으로 낙인찍힌 린다의 자식 존은 또래 아이들로부터도 집단 따돌림을 당하는 외톨이가 된다. 그는 공감이야말로 정신적 고통에 대한 진정한 치유의 힘이 될 수 있음을 버나드와의 대화에서 밝힌다.

"한때… 난 다른 아이들이 하지 않는 것을 했어요. 여름철 어느 대낮 바위에 기대어 양팔을 벌린 채 서 있었어요. 마치 십자가에 못 박힌 예수처럼요."

"대체 무엇 때문에?"

"십자가에 못 박히는 것이 어떤 느낌인지 알고 싶었어요. 태양빛을 받으며 매달린 듯 서 있으면서 말이죠."

"그런데 왜?"

"이유? 글쎄요."

* Friedrich Engels, "The Conditions of the Working Class in England in 1844," *Past Speaks Since 1688*, Ed. Walter L. Arnstein (Lexington: D.C. Heath and Company, 1981), pp. 176~177.

…

"그래야 한다고 느꼈기 때문이에요. 만약 예수가 그것을 견딜 수 있었다면. 게다가 어떤 자가 못된 짓을 했다면… 또한 저에겐 하루하루가 고통스러웠어요. 그것이 또 하나의 이유죠."

"고통을 치유하는 방법치곤 별나 보이는 방법인 것 같군." 버나드가 말했다. (137~138쪽)

타인의 고통을 느끼며 자신의 고통을 치유하는 이러한 공감이 '멋진 신세계'에 살고 있는 세계국가 시민들에게는 결여되어 있다. 그들에게 타인의 고통을 느낀다는 것은 불편하고 거추장스럽고 천박하고 더러운 것이다. 그들은 애착, 우울, 슬픔, 분노 등의 부정적 감정을 '소마'라 불리는 약물의 복용을 통해 해소한다. '멋진 신세계'의 그 누구도 존이 왜 스스로 목을 매었는지 모른다. 그들에게 존은 그저 이해하지 못할 타자이자 이방인일 뿐이다. 또 다른 존, 마창대교 투신 중년 남성에 대해 우리는 아무것도 모른다. 왜 그 날품팔이 노동자가 스스로 목숨을 끊을 수밖에 없었는지 우리 중 아무도 관심을 갖지 못했다.

『멋진 신세계』에서 공감의 필요성에 대한 헉슬리의 호소는 집요하다. 그는 공감의 필요성을 역설하기 위해 그것의 대척점인 감정이 박탈된 세계를 그렸다. '멋진 신세계' 시민들은 수면 교육이라는 것을 통해 출생 전부터 그들의 신분에 맞도록 조건화된다. 조건화는 행동주의 심리학에서 널리 쓰이는 용어인데 헉슬리는 『멋진 신세계』를 집필하면서 특히 존 왓슨의 행동주의 심리학을 참고했다. 왓슨은 그의 책 『행동주의』에서 기존의 정신분석, 철학, 윤리학, 종교의 관심사가 인간의 의식을 내관하는 내성주의 심리학이었음을 비판했다. 왓슨은 이러한 내성주의 심리학이야말로 육체와 영혼의 이원론을 전제로 한 재래식 영혼주의에 불과하다고도 했다. 그는 영혼의 다른 말인 내면 의식이나 정신을 내관하는 이러한 비과학적 논구에 맞서 자극과 반응이라는 몸의 생리적 현상 분석에 초점을 맞춘 행동주의 심리학을 지지했다. 왓슨은 특히 인간이 가진 다양한 감정이 원초적으로 주어진 것인지, 사회적 관계에서 생성되는 것인지 근본적 물음을 던진 후 다음과 같은 질문을 스스로 제기했다.

> 감정적 반응들은 유전적인 것이라는 결론을 내려야 할까? 사랑, 공포심, 분노, 수치심, 수줍음, 유머… 질투심, 소심, 경외심, 존경심… 잔혹함이 유전되는 방식이 있는가? 혹은 이러한 감정적 반응들은 그것들의 근원이 되는 어떤 것[유전적 요인]을 암시하는 것이 아니라 행동의 일반적 형태들을 설명하는 말에 불과한 것인가?*

왓슨의 답은 분명하다. 그에 따르면 대부분의 감정적 반응들은 사회화의 과정에서 생겨나는 것이다. 감정적 반응들은 특정 환경에 기인하는, 요컨대 특정 환경에 조건화되어 나타나는 현상으로서 그 자체로는 실체가 없다는 것이다. 원래는 없는 것이었지만 사회화의 과정 속에서 생기하는 이러한 감정들의 예로, 그는 돌이나 특정 동물, 천둥, 바람 등에게 극심한 공포심을 느끼거나 강한 애착을 느끼는 토템 신앙의 미신적 행위를 들고 있다. 그는 행동주의 심리학의 목표는 어떤 특정 환경에 조건화된 감정들이 그 환경에 조건화되지 않도록 재조건화하는 과정을 통해 감정을 조절하는 데 있다고 말한다.

『멋진 신세계』에서 헉슬리는 자본주의적 계급 관계와 생산관계에 적합하도록 감정이 조건화된 인간 군상들의 모습을 보여준다. 책과 자연에 감응을 보이는 입실론 계급 출신 아이들은 그러한 감응이 일어날 때마다 전기 충격을 받음으로써 책과 자연에 대해 본능적 혐오감을 갖도록 조건화된다. 이는 그들이 성인이 되어 공장노동자가 되었을 때 육체적 노동에만 전념하도록 사회화시키는

* John B. Watson, *Behaviorism* (Chicago: University of Chicago Press, 1930), p. 116.

과정이다. 본능적 감정이라 할 수 있는 공포심 이외에 사랑, 증오, 경외감, 정의감, 분노, 슬픔과 같은 도덕적, 윤리적 가치판단과 관련된 감정들이 제거되도록 조건화된 사회가 바로 '멋진 신세계'이다. 사회의 모순을 해결하려는 의지는 언제나 삶의 목적, 사회정의, 경제적 불평등에 대한 자각 등으로 인해 왓슨식 행동주의 심리학에서 말하는 감정의 과잉을 수반한다. 『멋진 신세계』에서 헉슬리가 그리고 있는 이상 사회의 모토는 공동체, 신분 그리고 안정이다. 이 '멋진 신세계'는 분노할 자유, 증오할 자유 그리고 슬퍼할 자유가 없어진 사회이다. 헉슬리가 『멋진 신세계』에서 신랄하게 꼬집는 것은 자본주의사회의 야만 상태이다. 맬파이스라는 인디언 보호구역은 자본주의 문명의 야만성을 공격하기 위한 헉슬리의 수사적 장치이다. 세계국가의 시민인 문명인 린다가 난교의 습성 때문에 인디언들에게 창녀로 낙인찍힌다는 것이야말로, 가족제도를 폐지하고 출산을 금기시하며 불임 여성의 인공 제조를 통해 완전한 성 해방을 이룬 세계국가에 대한 통쾌한 비웃음이다. 보카노프스키 방식(Bokanovsky process)*에 의해 제조된 수많은 쌍둥이들은 자본주의사회가 잉태한 개인의 몰개성화를 빗댄 비유물이다. 감각적 쾌락에 빠져 몰개성화된 세계국가 시민들의 계층 구분은 또한 상품성의 논리를 반영한다. 상급 상품, 중급 상품 그리고 하급 상품. 알파 계급 남자들은 훤칠한 키에 잘생긴 얼굴을 하고 있으며 뭇 여성들의 선망의 대상이다. 버나드의 열등의식은 알파 계급이면서 감마 계급의 땅딸막한 신체를 가진 것에서 비롯된다. 그의 외모에 대한 열등의식은 상품처럼 인간도 제조되어 나오는 세계국가의 자본주의 체제에서, 외모마저 상품화되는 자본주의 상품 물신주의와 병치된다.

야만인 존은 과학기술적 차원에서는 문명 세계이지만 예술적, 지적 수준에서

* 헉슬리가 창안한 신조어로서 하나의 난자에서 동일한 유전자를 가진 다량의 수정체를 만드는 방식이다. 이렇게 제조된 인간은 세계국가 최하층계급을 형성하는 노동자가 된다.

는 저급한 야만 상태를 벗어나지 못하는 세계국가의 시민들에 대한 중대한 도전이다. 야만인 존이야말로 부르주아계급을 반어적으로 비판하기 위해 헉슬리가 창안한 수사적 전략이다. '멋진 신세계'는 정치적 '안정'을 이상 사회의 공동선으로 설정하고 있다. 말하자면 이 안정이라는 공동선을 위해서라면 개인의 자율과 자유는 침해되거나 제한되어야 한다는 논리이다. 어떤 국가가 국민 개개인의 가치 선택의 자유를 통제하는 방법으로 안정을 이룬다면 이러한 안정은 과연 공동선이 될 수 있을까? 존과의 대화에서 무스타파 몬드는 '멋진 신세계'가 실현한 노동자의 행복을 다음과 같이 말한다.

> 무스타파 몬드가 말했다. "[지배계급과 피지배계급 간] 적정인구 구성은 빙산 형태를 본떠 만들어졌다네. 9분의 8은 물속에 잠겨 있고 9분의 1은 물 위에 떠 있는 것 말이네."
>
> "수면 아래에 있는 자들은 행복한가요?"
>
> "수면 위에 있는 자들보다 행복하지. …."
>
> "그 어마어마한 노동에 시달리는데도요?"
>
> "어마어마하다고? 그들은 그렇게 생각하지 않네. 오히려 좋아하지. 가벼운 노동이지. 정신적으로나 육체적으로나 힘드는 일이 아니니까 말일세. 7시간 반 동안 하나도 지치지 않는 가벼운 노동. 그러고는 배급받은 소마를 복용하고 게임을 즐기고 자유롭게 성관계를 갖고 오감으로 느낄 수 있는 영화를 본다네." (223~224쪽)

이렇듯 감각적 욕구 충족에 기반을 둔 노동자 행복의 논리는 사회 안정을 이유로 부르주아와 프롤레타리아 계급 간 상하 관계를 정당화하고 있다. 자본주의적 계급 관계의 이러한 정당화는 야만인 존의 만민평등주의 논리의 도전을 받는다. "저러한 병 속에서 당신이 원하는 모든 종류의 인간을 만들어낼 수 있다는 걸 알고 있으면서 도대체 왜 보카노프스키 집단을 만드는 건지 이해가 안 됩니다. 왜 모든 인간을 알파 더블 플러스로 제조하지 않는 겁니까?"(222쪽). 이에 대해 무스타파 몬드는 안정된 사회를 구축하기 위해 계급별로 특화된 역할을 수행할 필요성, 즉 포드식 분업의 사회적 필요성을 강변한다. "혈통이 좋고 제한된 범위 내에서 선택의 자유를 갖도록 조건화된 알파 계급이 공장 일에 종사한다고 생각해보게. … 알파 계급에 맞게 조건화된 사람들이 입실론 멍청이들이나 하는 일을 한다면 아마 돌아버릴 걸세"(222쪽).

포드식 자본주의사회에 대한 헉슬리식 풍자가 던져주는 하나의 분명한 메시지는 분노하라는 것이다. 린다가 사망한 파크레인 요양 병원에 근무하는 노동자들이 어느 알파 계급 청년이 나눠 주는 소마를 배급받기 위해 모여들자 존은 그들을 향해 외친다.

> "여러분들은 노예가 되는 것이 좋습니까?" … 눈빛은 분노와 열의로 이글거리고 얼굴은 벌겋게 상기된 채 존이 말하고 있었다. "여러분들은 갓난아이가 되는 것이 좋습니까? 다름 아닌 갓난아이 말입니다." (312쪽)

그가 셰익스피어 전집을 탐독하면서 학습한 것은 다양한 어휘를 통해 미묘하게 다른 사회적, 윤리적, 도덕적 감정의 의미들을 표현하는 법이다. 존은 자신의 어머니 린다와 성관계를 맺은 포페를 증오하지만 셰익스피어 작품을 읽은 후 비로소 그 이유를 알게 된다. 또한 그는 '증오'라는 단어의 의미를 알고 나서 포페에 대한 증오의 감정을 더욱 실감하게 된다.

> 이러한 어휘의 마력은 엄청난 것이어서 그의 머릿속에서 계속 반향을 일으켰다. 마치 전에는 그가 포페를 정말로 증오한 적이 없는 것 같았다. 그를 얼마나 증오하는지를 표현할 수 없었기 때문에 그를 정말로 증오한 적이 없는 것

같았다. 하지만 지금 그에겐 이러한 어휘가 있다. 북소리나 노랫소리 그리고 마법과도 같은 이러한 어휘 말이다. (132쪽)

존은 파크레인 요양 병원 노동자들에게 분노에 찬 말로 외친다. "여러분, 자유롭고 싶지 않습니까? 인간이 되고 싶지 않습니까?"(212~213쪽). 존이 의미한 인간은 존엄성을 가진 인간이다. 그 인간은 국가의 파쇼적 합목적성에 매몰되지 않는 인간, 자신을 자각할 수 있는 인간, 타인의 불행에 공감하는 인간, 그리고 보다 나은 사회를 견지하는 유토피아적 충동으로 가득 찬 호모사피엔스이다. 이것이 바로 2010년 9월 12일 한국의 마창대교 투신 노동자가 우리에게 남기고 간 무언의 유언이다.

『멋진 신세계』

『멋진 신세계』는 지금으로부터 600년 후인 26세기 런던 신생아 인공부화 및 조건화 센터를 묘사하는 것으로 시작된다. 이 신생아 생산 공장에서 신생아들은 하나의 난자에서 다량의 수정체를 만드는 보카노프스키 방식에 의해 제조된다. 모든 신생아는 알파, 베타, 감마, 델타, 입실론의 다섯 계급 중 국가가 미리 정한 하나의 계급을 부여받는데, 지적 수준이나 외모에 있어 각 계급이 차별화되도록 태아 단계에서 생화학 처리를 거치거나 조건화된다. 이 센터에서 일하는 여성 근로자 레니나는 알파 계급 남성 버나드에게 호감을 갖는다. 알파 계급 태생으로 예정된 버나드는 태아 단계에서 감마 계급 예정자로 오인한 작업자가 그의 태아가 들어 있는 병 속에 알코올을 주입하는 바람에 감마 계급 외모를 갖고 태어났다. 키가 훤칠한 알파 계급 남성들과는 달리 왜소한 체구를 갖고 태어나 늘 외모에 대한 열등의식에 사로잡힌 버나드는 레니나와 함께 인디언 보호구역으로 유람을 간다. 인디언 보호구역에서 그들은 존이라는 백인을 만나게 되는데, 존의 모친 린다는 출산이 금지된 세계국가에서 실수로 출산을 하는 바람에 문명 세계인 세계국가로 돌아가지 못하고 야만인 보호구역에 남게 된 여성이다. 인디언 보호구역에서는 인디언들과 인디언과 백인의 혼혈들이 문명 세계인 세계국가에서는 혐오의 대상인 가족을 구성하여 살아가고 있다. 버나드는 문명 세계에서 언론과 대중의 관심을 촉발시킬 야만인 존을 이용하여 입신양명하기 위해 린다와 함께 존을 세계국가로 데려온다. 존은 레니나를 염모하지만 그녀가 세계국가의 도덕률인 원초적 욕망의 충족만을 좇고 있다는 사실을 알고 문명 세계에 대해 환멸을 느낀다. 『멋진 신세계』가 종결로 삼은 존의 자결은 세계국가 노동자들이 환각제인 소마의 복용을 거부하고 진정한 자유를 찾아야 한다는 그의 외침을 상기시키며 독자에게 불의에 분노하라는 분명한 메시지를 던진다.

올더스 헉슬리

올더스 헉슬리(Aldous Huxley, 1894~1963)는 런던에서 남서쪽으로 50km 떨어진 고달밍(Godalming)이란 곳에서 태어났다. 그는 빅토리아 시대의 저명한 생물학자이자 동물학자이며 다윈의 진화론을 옹호했던 토머스 헉슬리의 손자이다. 이튼 칼리지에서 수학했고 1차 세계대전 발발 후 '평화서약동맹'의 회원으로 반전과 평화 운동에 앞장섰다. 1937년 미국으로 건너가 1963년 타계할 때까지 캘리포니아에서 살았다. 『멋진 신세계』(1931), 『여러 여름을 보낸 후』(1939) 등의 대표작이 있다.

과학의 유토피아, 욕망의 디스토피아: 쥘 베른의 『해저 2만리』*

오정숙

"너는 바닷속 깊은 곳을 거닐어본 적이 있느냐?"는 질문에
그렇다고 대답할 권리가 있는 것은 모든 인류 가운데 두 사람,
네모 선장과 나뿐이다.
— 쥘 베른, 『해저 2만리』

쥘 베른(Jules Verne)의 『해저 2만리(Vingt mille lieues sous les mers)』(김석희 역, 열림원)는 1869년 발간된 이래 시대와 국경을 초월해 전 세계 어린이들의 호기심과 상상력을 자극하며 어린 가슴을 뛰게 만들었던 작품이다. 지금 이 순간에도 지구 상의 수많은 동심은 소용돌이 속으로 사라진 노틸러스 호의 행방을 궁금해하며 네모 선장과 함께 신비한 바닷속 모험을 계속하고 있을 것이다. 한국에서뿐만 아니라 프랑스에서도 이 책은 기기묘묘한 해저 생물들의 삽화로 가득한 어린이용 판본으로 대부분 출판되고 있다. 하지만 원작은 총 2권으로 구성되어 전체 분량이 700쪽이 넘는 방대한 양을 자랑하며, 사이언스 픽션(science fiction)의 선구자적

* 이 글은 필자의 논문에서 다룬 주제를 단행본 취지에 맞게 재구성한 것이다. 그 논문은 '쥘 베른의 작품에 나타난 유토피아, 디스토피아—『해저 2만리』와 『신비의 섬』을 중심으로'이며 「프랑스문화예술연구」 제58집(2016)에 실렸다.

작품으로 해양학자에 버금가는 전문가적 지식과 과학기술의 역사와 현재가 응축되어 있다. 이런 점에서 이 책은 어린이가 아닌 어른을 대상으로 쓰인 작품이라고 할 수 있는 것이다.

어른을 위한 동화로 세계인의 극진한 사랑을 받아온 생텍쥐페리의 『어린 왕자』 만큼이나 『해저 2만리』는 작가의 통찰이 가득 배어 있는 작품이다. 단순한 액션 어드벤처의 세계를 넘어 인간과 사회, 과학기술과 진보, 유럽의 신항로 개척과 식민지 건설, 인종차별과 노예제, 평등과 자유 등의 폭넓은 주제를 다루고 있다. 평범한 인간들이 발 딛고 사는 지상이 아니라 미지의 세계이자 무한의 세계인 바다를 배경으로, 자급자족이 완벽하게 가능한 풍요로운 독립 공간인 노틸러스 호와 이 잠수함에서 인간 세상과는 철저히 유리된 자율 공동체를 꿈꾸는 네모 선장의 모습을 그린 이 작품은 단번에 토머스 모어의 유토피아문학의 계보에 오른다. 아로낙스 박사는 해양생물학자이자 자연사박물관 교수라는 점에서 '바다'와 '육지'를 연결시켜준다. 다시 말해 네모 선장과 노틸러스 호가 구현하는 바닷속 유토피아와 지금 여기로서의 속세적 육지를 연결시켜주는 매개적 인물이다.

『사피엔스』의 저자 유발 하라리를 비롯한 많은 역사학자와 미래학자들이 제4차 산업혁명의 도래와 함께 2050년을 문명의 대전환기로 예견하고 있다. 쥘 베른은 18세기 중엽 와트가 증기기관을 발명함으로써 영국에서 시작된 제1차 산업혁명이 꽃필 무렵인 1828년에 프랑스에서 태어나, 화학, 전기, 철강 분야를 주축으로 제2차 산업혁명이 일어나던 시기인 1869년에 『해저 2만리』를 발표했다. 이 작품에 담겨 있는 유토피아에 대한 꿈은 과학기술의 발전이 인간의 삶에 가져올 진보에 대한 열망 또는 신뢰와 연결되어 있다. 앞으로 인공지능이 지배하게 될 세상은 지금 여기에는 없는 유토피아를 열어줄 것인가? 미래에 대한 기대와 불안 앞에서 우리는 잠시 145년 전 네모 선장이 꿈꿨던 과학의 유토피아를 엿볼 필요가 있다. 아직도 산업혁명은 진행 중이고 네모 선장의 모험은 지금도 끝나지 않았기에.

유토피아적 공간, 노틸러스 잠수함

『해저 2만리』는 1866년과 1867년에 걸쳐 전 세계를 들썩이게 한 바다의 괴물 이야기로부터 시작된다. "물렛가락처럼 길쭉하게 생기고 인광을 발하며 고래보다 훨씬 크고 빠른 이 거대한 물체"(1권 11쪽)에 부딪쳐 대형 선박들이 조난당하는 사고가 거듭되자, 미국이 먼저 쾌속 순양함 '에이브러햄 링컨 호'를 출항시켜 괴물을 추격하기로 한다. 파리 자연사박물관 교수이자 『심해의 신비』라는 책의 저자인 아로낙스 박사는 프랑스 대표로 이 원정대에 참여하게 된다.

아로낙스 박사는 이 소설의 화자이며 앞으로 일어나게 될 모든 사건의 관찰자이자 기록자다. 또한 노틸러스 호와 네모 선장의 비밀을 육지로 알리는 매개자로 등장한다. 작가가 이 박사에 대해 알려주는 것은 과학자라는 직업, 마흔 살이라는 나이 그리고 '콩세유(Conseil, 프랑스어로 충고라는 뜻)'라는 충직한 하인을 데리고 다닌다는 점뿐이다. 과학자로서 아로낙스 박사는 "이 만족할 줄 모르는 지식욕 때문에 목숨을 잃게 된다 해도, 아직껏 아무도 보지 못한 것들을 마저 다 보고 싶다"(2권 13쪽)는 지적 호기심과 갈망에 충만한 인물이다. 따라서 바다 괴물을 추격하는 이런 초자연적이고 흥미로운 원정에 참여할 기회를 놓칠 인물이 아니다. 이 원정대에서 박사는 작살잡이의 명수인 퀘벡 출신 캐나다인 네드 랜드를 만난다. '삼총사' 아로낙스 박사, 콩세유, 네드 랜드는 네모 선장의 유토피아에 발을 들인 유일한 사람들이 된다.

에이브러햄 링컨 호는 당시 과학기술을 총체적으로 구현한 쾌속 순양함이다. 증기압력을 7기압까지 올릴 수 있는 과열 장치를 갖추고 있고 18.3노트까지 속력을 낼 수 있으며, 1867년 파리 세계박람회에 전시될 대포와 같은 모델인 최신형 대포가 장착되어 있다. 하지만 이 순양함은 괴물과의 충돌 후 허무하게 부서져버리고 조난당한 박사 일행은 바다 괴물, 곧 노틸러스 잠수함의 선원들에 의해 구조된다.

아로낙스 박사의 시선에 따라 포착되는 노틸러스 잠수함의 내부는 무엇보다도 풍요로움이 넘치는 곳이다. 아름다운 도자기와 값을 매길 수 없을 만큼 값진 유리그릇들로 장식돼 있는 식당에는 거북이 고기, 고래 젖, 북해의 해초, 말미잘 잼 등의 온갖 푸짐한 식사가 늘 차려져 있다. 재료는 모두 해산물이고 네모 선장이 혼자 경작하는 바닷속 농장에서 대부분 수확된다. 조개류에서 채취한 옷감을 고둥에서 뽑아낸 염료로 물들이고 해초를 증류해 향수를 제조한다. 바다에서 제일 부드러운 해초로 침대를, 고래 뼈로 펜을, 오징어 먹물로 잉크를 만든다. 이 잠수함 속 세상은 풍요로움이 넘치는 완벽한 자급자족의 세계다. 수도꼭지만 틀면 더운물과 찬물이 나오는 쾌적한 욕실도 갖추고 있다.

네모 선장이 식당에 이어 두 번째로 소개한 곳은 바로 서재다. “어느 대륙의 어떤 궁전에 갖다 놓아도 될 만큼 훌륭한”(1권 133쪽) 서재는 1만 2,000권의 장서를 보유하고 있다. 동서고금의 걸작들, 호메로스에서 빅토르 위고까지 주옥같은 문학작품들 외에도 기계학, 탄도학, 지리학, 천문학, 해양학 등의 과학 서적들이 가득하다. 노틸러스 호가 처음 물속으로 잠수한 날 마지막으로 책과 신문과 잡지를 산 네모 선장은 그날이 자기에게는 세상의 종말이었다고 말한다. 아로낙스 박사는 장서들 중에서 1865년에 출간된 프랑스 수학자 조제프 베르트랑의 『천문학의 기초』를 알아보고, 이 잠수함이 완성된 것은 그 후이며 네모 선장이 바다 생활을 시작한 지 고작 3년 정도 되었음을 유추하게 된다.

아로낙스 박사가 세 번째로 둘러본 곳은 휘황찬란하게 불이 켜진 넓은 객실로 박물관이 자리 잡은 공간이었다. 그곳엔 라파엘로, 다빈치, 티치아노, 루벤스, 홀바인, 벨라스케스 등 유럽의 대가들의 작품들뿐만 아니라 들라크루아, 앵그르, 메소니에, 도비니 등 현대 미술가들의 작품들이 즐비했다. 또한 다른 쪽 벽면에는 유명한 악기 제작자의 오르간이 있고 베버, 모차르트, 베토벤, 하이든 같은 작곡가들의 악보들이 오르간 위를 가득 채우고 있다. 이 객실 박물관에서 해양학자 아로낙스 박사의 마음을 가장 사로잡은 것은 바로 네모 선장이 바닷속에서 직접 채집한 희귀한 식물과 조개 등의 해산물이었다.

마지막으로 아로낙스 박사가 방문한 곳은 수도사의 오두막처럼 검소한 선장의 방이었다. 그곳에서 박사는 노틸러스 잠수함의 놀라운 과학적 비밀, 즉 잠수함의 동력이 바로 전기임을 알게 된다. 네모 선장은 해저 탄광에서 채굴한 석탄을 태울 때 나오는 열을 이용해 바닷물에서 나트륨을 추출, 수은과 섞어 나트륨 전지를 만들어낸다. 게다가 선장은 전기 시계를 사용하고 있었고, 배의 속도계 역시 전기회로를 이용한 것이었으며 모든 요리 또한 전기를 이용해서 만들고 있었다. "정말 놀라울 뿐입니다, 선장. 당신은 전기의 진정한 동력을 발견하셨군요. 언젠가는 사람들도 그것을 발견하겠지만…"(1권 149쪽)이라는 아로낙스 박사의 예견대로 현재 인류는 전기가 없으면 살 수 없는 시대를 살고 있다. 이미 1831년에 패러데이가 전류를 만들어내는 발전기인 다이너모에 대한 논문을 발표한 바 있지만 에디슨이 백열전구를 발명한 때가 1879년임을 고려하면, 전기를 동력으로 활용한 잠수함이라는 콘셉트는 쥘 베른을 최소한 50년은 앞서간 과학소설의 선구자로 위치시킨다.

노틸러스 호는 외부 선체가 두께 5cm의 강철로 제작되었고, 내부가 수밀격벽으로 둘러싸여 선체에 물이 새더라도 배 안에 있는 사람들은 절대 안전하며, 특수 탱크에 공기를 저장해 오랫동안 바닷속에 머무를 수 있고, 당시 쾌속 순양함 속도의 두 배인 30노트의 속도가 가능하다. 네모 선장은 이 잠수함의 모든 부품을 세계 각지에서 각기 다른 명의로 주문 제작해 바다 한복판에 있는 무인도에서 소수의 동료들과 함께 노틸러스 호를 완성한 후 섬에 불을 질러 모든 흔적을 없앤다. 이 "현대 산업의 걸작"(1권 174쪽)은 자본과 기술을 소유한 극소수의 엘리트에 의해 극비리에 제작된 것이다.

이 잠수함에는 20명쯤 되는 건장하고 힘센 선원들이 탑승해 있는데, 유럽인들로 보이는 외모를 가지고 있지만 아무도 이해할 수 없는 그들만의 언어로 소통하고 외부인인 아로낙스 박사 일행과는 어떤 관계도 맺지 않는다.

『해저 2만리』에 묘사된 노틸러스 호는 모든 면에서 완벽하다. 보들레르가 '여행에의 초대(L'invitation au voyage)'라는 유명한 시에서 노래한 것처럼, 거기서는 모든 것이 질서 있고 아름답고 사치스럽고 고요하다. 네모 선장에게 노틸러스 호는 자기가 꿈꾸는 세상을 구현하게 해주는 유토피아적 공간이다. 이 잠수함이 떠다니는 바다, 식량과 동력과 재물까지 안겨주는 바다, 평화와 자유가 보장된 이 광활한 바다 역시 확장된 유토피아적 공간이라고 할 수 있다. "바다는 자연의 광대한 저장고입니다. 지구는 바다에서 시작되었고, 결국 바다로 끝날지도 몰라요. 바다에는 완벽한 평화가 있습니다. 바다는 폭군의 것이 아닙니다. 해수면에서는 아직도 부도덕한 권리를 주장할 수 있고, 인간들이 서로 싸우고 서로를 파멸시키고 온갖 잔학 행위를 저지를 수 있지만, 수면에서 10m만 내려가면 그들의 힘은 사라지고, 그들의 영향력은 시들고, 그들의 권위는 자취를 감춥니다. 바다의 품에 안겨서 살아보세요. 오직 바다에서만 인간은 독립을 누릴 수 있습니다! 이곳에서 나는 어떤 지배자도 인정하지 않습니다! 여기서는 누구나 자유롭습니다!"(1권 129~130쪽).

노틸러스 호는, 육지의 사람들에게는 그 존재조차 상상할 수 없는 '오우토피아(outopia, 없는 곳)'이자, 네모 선장을 포함한 동지들에게는 풍요로움과 평화, 자유가 공존하는 완벽한 '에우토피아(eutopia, 좋은 곳)'가 된다. 즉 '어디에도 없는 좋은 곳', 유토피아(utopia)가 되는 것이다.

네모 선장의 유토피아, 네모 랜드

'Nemo'는 'nobody', 즉 '아무도 아니다'라는 뜻의 라틴어다. 네모 선장은 그 이름만큼이나 정확한 국적도 출신도 직업도 알 수 없는 기묘한 존재로 그려지고 있다. 그는 한때 런던, 파리, 뉴욕에서 공부한 지식인 엘리트이자, 프랑스어, 영어, 독일어, 라틴어를 똑같이 잘하는 다국어 구사자이고, 뛰어난 예술품들을 수집하는 예술 애호가이기도 하다. 또한 네모 선장은 밤 깊은 시간 홀로 오르간을 연주하는 낭만적인 음악가이기도 하고, 지구 상의 바다를 속속들이 탐험한 모험가이기도 하다. 노틸러스 호를 직접 조종할 수 있는 제1급 기관사이기도 하고, 500만 프랑을 들여 잠수함을 직접 제작하고 "프랑스 정부가 지고 있는 100억 프랑의 부채도 별로 어렵지 않게 갚을 수 있는"(1권 116쪽) 억만장자이기도 하다.

하지만 모든 면에서 완벽해 보이는 그는 "불운한 사정 때문에 인간 사회와 인연을 끊은 사람"(1권 118쪽)으로 제시된다. 그가 인정받지 못한 과학자였는지, 상처받은 천재였는지, 정치혁명으로 인생을 망친 정치가였는지 궁금해하는 아로낙스 박사의 궁금증은 그대로 독자의 몫이 된다. 분명한 것은 네모 선장이 인간 세계에 극심한 환멸을 느끼고, 자신과 뜻을 같이하는 소수의 동지들과 함께 자신만의 유토피아, 즉 네모 랜드를 노틸러스 호에 구축하고자 한다는 점이다. 선장의 방에는 아일랜드의 독립운동가 오코넬, 미국을 세운 워싱턴, 노예제 옹호자의 총탄에 쓰러진 링컨, 흑인 해방의 순교자인 존 브라운 등 인류의 역사를 견인했던 위인들의 초상화가 걸려 있다. 이들은 모두 기존 사회의 폭력과 억압에 대항하여 더 나은 세계를 만드는 데 일조했던 영웅들이다.

실제 네모 선장은 난파선에서 거두어들인 금은보화를 지구 상의 억압받는 민족과 고통받는 사람들을 위해 사용할 줄 아는 정의로움을 가진 인물로 묘사되고 있다. "네모 선장이 바닷속에서 고립된 생활을 추구하는 이유가 무엇이든, 그는 여전히 인간이었다! 그는 아직도 인류의 고통을 느꼈고, 그의 위대한 관대함은 개인만이 아니라 억압받는 민족한테까지 미치고 있었다!"(2권 147~148쪽). 또한 심해에서 진주를 캐는 인도인 잠수부가 상어에게 잡혀 먹히려는 순간, 선장은 상어와 싸워 그의 목숨을 구해준 후 그 불쌍한 잠수부에게 진주 목걸이까지 쥐여준다. 이 모습을 지켜본 아로낙스 박사가 한 인간을 구하기 위해 자신의 목숨을 건 선장의 행동에 감동하자, 선장은 “그 인도인은 억압당한 나라의 주민입니다. 나는 그 사람의 동포이고, 내 숨이 끊어지는 순간까지 그 사람의 동포일 겁니다”(2권 60쪽)라고 말한다.

네모 선장이 구현하고자 하는 유토피아는 폭력과 억압이 없는 세상이다. 선장이 비록 노틸러스 호의 승무원들을 자주 ‘내 부하들’이라고 칭하긴 하지만 선장과 승무원들은 계급 관계로 맺어진 사이라기보다는 영혼으로 맺어진 운명 공동체라고 할 수 있다. 정체불명의 전투에서 부하 한 명을 잃고 거대 오징어와의 싸움에서 부하 한 명을 또 잃자, 선장은 바닷속 산호 묘지에 이들을 정성스럽게 묻어주며 매우 비통한 모습을 보인다. 또한 네모 선장은 위기에 처할 때마다 고통을 동료들과 함께 나누며 탁월한 리더십을 발휘해 위기를 극복해나간다. 배가 빙산에 갇혀 48시간을 버틸 수 있는 공기만이 남아 있을 때 선장은 부하들과 똑같이 빙산을 깨는 작업에 참여하고 부족한 공기를 똑같이 나눠 마시며 평등과 공감의 리더십을 보여준다. 네모 선장을 가장 가까이서 지켜보는 아로낙스 박사에게 선장은 인간의 법과 사회에서 벗어난 가장 독립적인 자유인이자, 동료와 인류의 고통에도 경제적, 정신적으로 공감하는 진정한 유토피아의 리더다.

실제 네모 선장은 아로낙스 박사에게 해저 도시라는 유토피아를 건설하고 싶은 꿈을 토로하기도 한다. “나는 바다에 도시를 세우는 것도 상상할 수 있습니다. 노틸러스 호처럼 아침마다 숨을 쉬기 위해 수면으로 올라오는 해저 주택들이 모여 있는 곳, 자유로운 도시, 독립된 도시들!”(1권 227쪽). 자유롭고 독립적인 이상향, 해저 도시를 건설하기 전 선장이 먼저 시도한 것은 노틸러스 호를 타고 아직 인류의 발길이 닿지 않은 미개척지에 들어설 때마다 ‘공간의 명명하기’를 통해 그 땅의 점유권을 천명하는 것이다. 난파한 스페인 선박에는 ‘노틸러스의 은행’, 바닷속 사화산에는 ‘노틸러스의 집’, 해저의 해초 밭에는 ‘선장의 숲’이라는 이름을 붙이면서 네모 선장은 자신만의 네모 랜드를 구축하고자 한다. 1600년부터 네덜란드의 게리츠, 러시아의 벨링스하우젠, 영국의 브랜스필드,

미국의 모렐, 프랑스의 뒤몽 뒤르빌 등은 남극의 개척자였다. 남극 탐험 대열에 합류한 네모 선장은 본인이 처음 발을 들인 남위 90도의 남극점에 도달하자 자기 이름의 이니셜이 새겨진 깃발을 흔들며, "나는 이제까지 발견된 모든 대륙의 6분의 1을 차지하는 이 땅을 나 자신의 이름으로 점유하겠습니다"라고 외친다. 네모 랜드에 대한 열망은 배 안에서 사용하는 모든 식기에조차 '움직임 속의 움직임(Mobilis in mobili)'이라는 구절로 둘러싸인 'N'이라는 글자를 새겨 넣었다는 점에서도 엿보인다.

네모 선장의 유토피아는 완벽한 것일까? 또한 영원히 지속될 수 있을까?

디스토피아와 복수의 완성

모든 것이 완벽해 보이는 노틸러스 호에서 유일하게 탈출을 꿈꾸는 인물이 있으니 바로 아로낙스 박사의 일행인 고래잡이 네드 랜드다. 이 캐나다인은 이름에 포함된 랜드(land)가 암시하듯이 육지에 대한 애착과 그리움을 상징하는 인물이다. 네모 선장의 유토피아에서 네드 랜드를 가장 힘들게 하는 것은 바로 자유를 박탈당했다는 점이다. 선장은 아로낙스 박사 일행에게 필요한 모든 것을 제공해주지만, 이들이 노틸러스 호의 비밀을 알고 있기 때문에 육지로 돌아가는 것만은 철저히 금지한다. 유토피아적 공간은 네드 랜드에게 있어 기필코 탈출해야 하는 감옥이나 다를 바 없다. 그는 지독한 향수병에 시달리며 급기야는 "차라리 바다에 몸을 던질 겁니다! 여기서는 살 수가 없어요! 숨이 막혀서 죽을 것 같습니다!"(2권 331쪽)라고 외치고 만다.

반면 아로낙스 박사는 네모 선장과 함께 하는 해저 탐험을 통해 해양학자로서의 기쁨을 만끽하고, 노틸러스 호에 담긴 과학의 성취에 탄복하며, 억압받는 인류의 고통에 같이 아파하는 선장의 모습에 감동한다. 하지만 이 학자의 눈에 비친 유토피아적 공간은 시간이 흐름에 따라 조금씩 디스토피아적 공간으로 변모한다. 아로낙스 박사가 거의 모든 면에서 완벽해 보이는 네모 선장에게서 원인 모를 증오와 분노를 발견할 때마다 박사 역시 점차로 불안과 공포에 휩싸이게 된다. 선장의 증오가 무엇 때문인지, 누구를 겨냥하고 있는지 작가는 마지막까지 박사 일행에게도 독자에게도 그 이유를 알려주지 않는다.

선장이 점점 더 "우울하고 과묵하고 딱딱한 사람"(2권 306쪽)으로 변모할수록 아로낙스 박사 역시 자유에 대한 갈망을 점점 더 크게 느끼며 일행과 함께 탈출 계획을 짜게 된다.

마치 이들의 탈출 계획을 눈치채기라도 한 것처럼, 그리고 자신만의 유토피아가 곧 사라질 것임을 예견하기라도 한 것처럼 네모 선장은 아로낙스 박사에게 바다에 대한 자신의 연구를 담은 보고서의 존재를 밝힌다. "이건 여러 언어로 쓴 것입니다. … 내 이름이 서명되어 있고 내 평생의 연구 성과가 담겨 있는 이 원고는 물에 뜨는 작은 용기 속에 밀봉될 겁니다. 노틸러스 호에 타고 있는 우리들 가운데 마지막 생존자가 그 용기를 바다에 던질 것이고, 그러면 그 용기는 물결을 타고 어디로든 흘러가겠지요"(2권 333쪽). 같은 과학자로서 전대미문의 연구 보고서를 후세에게 남기고 싶어 하는 선장의 모습에 박사는 존경과 연민을 동시에 느낀다. 하지만 박사는 네모 선장이 꿈꾸었던 유토피아가 궁극적으로 실패할 수밖에 없는 이유를 다음과 같이 지적한다. "우리 처지를 견딜 수 없게 만드는 것은 우리가 당신과 관련된 어떤 일에도 관여할 수 없다는 소외감입니다. … 모든 인간은 바로 인간이기 때문에 존중받을 가치가 있습니다"(2권 335쪽).

첨단 과학기술의 토대 위에 세상에 대한 증오심과 복수심을 자양분 삼아 건설된 네모 선장의 유토피아는 이 세계 밖의 사람들을 소외시키고 그 자유를 억압함으로써 급격히 디스토피아의 세계로 변모한다. 노틸러스 호를 추격하는 전함과의 마지막 전투에서 선장은 'N' 자가 새겨진 검은 깃발을 펼치면서, "내가 법이고, 내가 정의요! 나는 핍박당한 사람이고, 저들은 압제자요! 내가 사랑하고 아끼고 존경한 모든 것, 나의 조국, 아내와 자식들, 부모가 저들 때문에 내 눈앞에서 죽었소!"(2권 363쪽)라고 외치며, 순식간에 전함과 무고한 승무원들을 침몰시킨다.

과학의 유토피아는 계속된다

복수를 마치고 노틸러스 호는 노르웨이 해안 앞에서 멜스트룀, 즉 거대한 소용돌이에 휘말려 바닷속 깊이 사라져버리지만, 아로낙스 박사 일행은 구사일생으로 살아나 육지로 돌아오게 된다.

네모 선장은 노틸러스 호를 본의 아니게 이 소용돌이로 끌어들였을까? 아니면 고의적으로 그랬을까? 우리는 알 수 없다. 네모 선장은 살아 있는지, 노틸러스 호는 무사한지, 선장의 모든 것이 담긴 원고가 후세에 전해졌는지 우리는 아무것도 알 수 없다. 한 가지 분명한 것은 그의 모든 것을 지켜본 아로낙스 박사의 다음과 같은 소망을 현대의 독자들도 여전히 간직하고 있다는 점이다.

> 네모 선장의 놀라운 배가 가장 무서운 바다를 이겨내고, 그렇게 많은 배들이 목숨을 잃은 그곳에서 살아남았기를 바란다. 노틸러스 호가 살아남았다면, 네모 선장이 스스로 조국으로 택한 바다에 아직 살고 있다면, 그 거친 가슴속에서 끓어오르는 증오심이 가라앉기를 바란다! 입법자 노릇을 그만두고, 과학자로서 평화로운 해저 탐험을 계속하기 바란다! 그의 운명은 야릇하지만 숭고하기도 하다. (2권 385쪽)

우리가 이 소설을 유토피아문학이라고 할 수밖에 없는 이유는, 마지막 생존자들이 원래 소속돼 있던 사회로 귀환해서 그들이 살았던 유폐된 유토피아적 공간을 기억한다는 점이다. 아로낙스 박사가 사회로 되돌아와서 한 첫 번째 행위는 약 10개월에 걸친 노틸러스 호에서의 생활과 해저 탐험을 기록으로 남기는 것이었다. 네모 선장과 노틸러스 호는 사라졌어도, 기록하고 책을 출간하는 행위를 통해 그는 선장이 가졌던 유토피아적 꿈을 사회에 알리고 후대에 전수하고자 했다.

쥘 베른은 『해저 2만리』 이외에도 『지구 속 여행』, 『달나라 탐험』, 『80일간의 세계일주』, 『지구에서 달까지』 등의 소설 시리즈를 통해 사이언스 픽션의 세계를 개척하며 인류의 과학적 호기심을 자극하고 미래의 과학자들에게 실현 가능한 상상의 과학기술을 제시한 작가였다. 하지만 그의 소설들이 탐험과 모험이라는 미명 아래 서구 열강의 제국주의적 식민지 개척을 옹호하고 정당화하고 있다는 비판도 제기된 것이 사실이다. 또한 『인간 희극』의 발자크나 드레퓌스 사건으로 유명한 동시대의 에밀 졸라처럼 사회의 모순을 신랄하게 비판하고 직접적으로 목소리를 낸 참여 작가의 계열에 속한다고 보기도 어렵다.

하지만 그는 인류의 문학사상 가장 신비로운 인물 중의 하나인 네모 선장과 과학기술의 총아인 노틸러스 호를 통해, 억압과 폭력이 없고 평등사상과 공동체 의식이 만개한 풍요로운 이상 사회의 모습을 과학적 지식과 상상력에 기반해 매력적으로 그려내고 있다. 네모 선장은 사람이라면 누구나 간직하고 있는 완벽한 고립의 유토피아를 구현하면서 동시에 복수와 증오라는 인간 욕망의 디스토피아를 상징하기도 하는, 유토피아와 디스토피아의 경계에 선 인물이다. 또한 그는 그 시대에 싹을 틔워 현대에 만개하고 있는 과학의 유토피아를 실현하고자 했던 선구자이기도 하다. 네모 선장을 통해 쥘 베른이 보여주고자 했던 유토피아에 대한 꿈, 즉 기억의 유토피아는 아로낙스 박사와 다른 생존자들의 기억 속에 살아 있을 뿐만 아니라, 그의 작품을 읽은 전 세계 모든 독자들의 가슴속에 영원히 각인되어 또 다른 유토피아에 대한 열망으로 이어질 것이다.

『해저 2만리』

파리 자연사박물관 교수이자 해양학자인 아로낙스 박사는 당시 바다에 출몰하던 정체불명의 괴생명체를 추격하는 미국의 함선에 프랑스 대표로 합류하게 된다. 고래로 추정되던 괴생명체는 네모 선장이 직접 제작한 잠수함 노틸러스 호임이 밝혀지고, 아로낙스 박사는 하인 콩세유와 캐나다인 고래잡이 네드 랜드와 함께 포로로 잡혀 잠수함에 승선하게 된다. 노틸러스 호는 강철로 제작되어 견고하고, 전력을 자체 생산하고 식량을 자급자족할 수 있기에 육지와의 교류 없이 바다 여행이 가능한 최첨단 잠수함이다. 약 10개월 동안 아로낙스 박사 일행은 노틸러스 호를 타고 일본해에서 시작해 태평양, 인도양, 홍해, 지중해, 대서양, 남극을 거쳐 북해까지 이르는 해저 2만리의 대항해를 하게 된다. 결국 노틸러스 호는 북해의 거대한 소용돌이에 휘말려 네모 선장을 싣고 바닷속으로 영원히 사라지고, 아로낙스 박사 일행은 가까스로 구조되어 육지로 돌아온다.

쥘 베른

쥘 베른(Jules Verne, 1828~1905)은 프랑스 작가 중 가장 다양한 언어로 가장 많이 번역된 작품들을 낸 것으로 유명하다. 1828년 프랑스 대서양 연안의 페이도 섬에서 태어난 그는 해운업과 무역업에 종사하는 외가의 영향을 받고 18세기 신대륙과의 교역 중심지였던 낭트 시에서 성장하면서 다른 세계로의 동경을 키우게 된다. 파리로 유학을 가 법률 공부를 하지만 당대의 문학인들과 교류하면서 소설가로서의 삶을 시작한다. 1863년에 발표된 『기구를 타고 5주간』을 시작으로 1905년에 사망할 때까지 장장 80여 편에 이르는 '경이의 여행' 시리즈를 발표하여 SF 소설의 선구자로서 전 세계 독자의 사랑을 받게 된다. 대표작으로는 『지구 속 여행』(1864), 『지구에서 달까지』(1865), 『해저 2만리』(1869), 『달나라 탐험』(1870), 『80일간의 세계일주』(1873), 『15소년 표류기』(1888) 등이 있다.

우주를 향해 쏘아 올린 유토피아의 꿈: A. 톨스토이의 『아엘리타』

김성일

20세기 초 모더니즘 시대는 환상과학 담론의 실험을 위한 좋은 토양을 이루었던 시기였다. 형이상학적-신비적 사실주의와 과학만능주의가 공존했던 이 시기는 환상세계의 건설을 위한 개념적 틀을 형성하였다. 당시 이러한 세계를 문학적으로 구성하기 위해 환상과학 외에도 신화와 민담, 유토피아, 순수 공상 등과 같은 담론들이 이용되었다.

흔히 러시아 '환상과학(scientific fantasy)' 담론과 '과학소설(science fiction)'은 동일한 문학으로 간주된다. 여기서 환상은 그것이 과학적일 때, 즉 단순한 환상이 아닌 이른바 '과학적', 합리적 근거가 부여될 때 정당화될 수 있다. 하지만 이러한 필요조건은 단순히 과학 및 기술적 요소들을 포함함으로써 획득될 수 있는 것이 아니다. 그 외에도 이러한 요소들이 마르크스레닌주의 변증법과 사적 유물론의 '과학적' 접근 방법과 반드시 일치해야만 했다. 이 점에서 소비에트 환상과학 담론은 언제나 시대의 이데올로기와 밀접한 연관성을 갖고 있었다. 따라서 이데올로기는 환상과학 담론에 '목적 지향적 기능'을 부여함과 동시에 그것의 주된 방법론적 특징을 명시해준다고 하겠다.

알렉세이 톨스토이(Alexei Tolstoy)의 유토피아 소설 『아엘리타(Aelita)』는 1922년 망명지 베를린에서 창작되었으며, 1923년 조국으로 되돌아온 후 그가 처음 출판한 작품이다. 이 소설은 화성에 관한 작품인 H. 웰스의 『세계 전쟁』, A. 보그다노프의 『붉은 별』, 동시대인이었던 미국 작가 E. 버로스의 『화성의 공주』 등으로부터 많은 영향을 받았다. 특히 보그다노프에게 많은 빚을 지고 있는 이 작품은 당시 소비에트 환상과학 및 유토피아 작품들의 주요 테마 중 하나였던 억압자에 대항하는 피억압자의 투쟁을 잘 보여주고 있다.

텍스트 외적인 면에서 볼 때 『아엘리타』는 환상과학적인 요소를 다분히 내포하고 있다. 하지만 이 작품은 유토피아문학의 전형적인 구조를 나타내고 있다. 작품의 플롯은 유토피아문학의 플롯 도식과 많은 공통점을 갖고 있다. 주인공-화자의 현실 세계 출발, 항해 및 모험, 갑작스러운 여행의 장애와 유토피아 세계 도착, 유토피아 세계 관찰(외부적인 것), 유토피아 거주민들과의 대화(내부적인 것), 현실 세계로의 귀환.

유토피아문학의 이러한 설정과 정적인 플롯은 치명적인 결점이다. 『아엘리타』 역시 겉으로는 이러한 플롯 라인을 반복하고 있지만 몇 가지 점에서 상투성을 탈피하고 있다.

우선 플롯이 전개됨에 따라 작품의 환상과학적인 차원을 민담, 모험, 심리, 사회혁명의 차원과 연결시켜주는 '떠남'의 모티프가 이전의 환상과학 및 유토피아 작품들과는 다른 의미를 갖고 있다. 주인공인 기술자 로스는 개인주의적인 고독한 인물이다. 지상의 삶 속에서 겪었던, 사랑하는 아내의 죽음과 그 사랑의 비극을 잊기 위해 화성으로 떠난다. 비록 자기 자신에 대한 회의로 스스로를 '비겁자, 삶의 도피자'라 칭하며 화성으로 떠나지만, 그의 망각의 여정은 역설적으로 자기 객관화의 과정으로 바뀌게 된다. 플롯이 전개됨에 따라 그는 화성에서 보이는 지구의 모습과 화성의 여인 아엘리타와의 사랑을 통해 여러 번 자신을 객관적으로 바라볼 기회를 갖게 된다. 낯익은 일상의 강안(江岸)에서 벗어나 예측하기 힘든 변화와 다양한 의외성을 통해 삶을 이해하는 것은, 이러한 변화 속에서 행동하기 시작한 인간의 내면에서 생겨나는 날카로운 변화의 느낌과 밀접한 연관성을 갖게 된다.

인간 의식의 우주화는 다양한 문학 장르를 통해 이미 오래전부터 상당히 많이 이루어져왔다. 이 담론은 우주를 항해하는 항해자의 관점에서, 그리고 우리 삶과 유사하거나 혹은 전혀 다른 법칙을 가진 수많은 별들의 또 다른 측면에서 인간과 지구에 대한 견해를 형성해왔다. 이 거울을 통해 지상의 존재인 우리를 보다 잘 분별하고 이해하기 위한 끝없는 대안 세계의 목록을 구성해왔다. 혹성의 경계를 벗어나려는 생각은 이미 문학 이전 신화적 서사시에서 시작되었다.

여기서 우리는 『아엘리타』의 유토피아적 특성을 보여주는 주요 장르적 특징을 발견하게 된다. 오랜 기간의 모험과 방랑에도 불구하고 본질적으로 어떠한 변화도 겪지 않는 그리스 로맨스의 주인공처럼 환상과학 장르의 주인공 역시 플롯의 무수한 변화 속에서도 자기 인식의 본질적인 변화를 겪지 않으며 자기동일성을 유지한다. 그러나 유토피아의 주인공은 이와 유사한 플롯의 변화 속에서 자기동일성의 본질적인 변화를 경험한다. 로스 역시 유토피아 작품의 주인공처럼 이러한 인식의 도정을 거치면서 자기 인식의 본질적인 변화를 체험한다. 그는 행동하는 사람이 아니라 무엇보다도 생각하는 사람이다. 로스는 또 다른 주인공 구세프의 합목적적이고 소탈한 성격에 영향을 받기도 하지만 근본적으로 아엘리타에 대한 사랑으로 인해 변화하게 되는 것이다.

로스를 근본적으로 변화시키는 아엘리타와의 '사랑의 테마'는 소설에서 두 가지 주요 플롯의 한 축을 구성한다. 아엘리타와 로스는 이 플롯의 전개에서 전면에 위치한다. 로스에게 사랑은 자극제이며 모든 행동의 목적이자 삶의 의미다.

사랑의 비극을 잊고 견디어내기 위해 화성으로 떠나지만, 혁명의 뇌우가 온 행성을 뒤흔드는 그곳에서 또다시 그는 아엘리타와의 '사랑의 뇌우'를 겪게 된다. 사랑의 재생적 힘은 무(無)로부터 실체를 소생시키는 본질이다. 이 힘은 인간을 '얼음과 같은 고독'으로부터 해방시킨다.

로스는 아엘리타와의 사랑 속에서 행복과 삶의 의미를 보게 되지만 결국 행복을 찾지는 못한다. 다시금 비극으로 끝나버리는 두 번째 사랑의 뇌우를 겪고 난 후 그의 모습은 완전히 달라져버린다. 화성으로 떠나기 전 젊었던 그의 모습("그의 얼굴은 젊어 보였으며 말끔히 면도가 돼 있었다. 입은 큰 편이면서도 아름다웠고 깜빡거리지 않고 뚫어지게 쳐다보는 맑은 두 눈은 마치 얼굴 앞에서 날아오르기라도 할 것 같았다"(538쪽))*은 지구로 돌아온 후 완전히 늙은 모습이 되어버린다("백발의 주름투성이 늙은 몽상가"(681쪽)). 하지만 이 세부 묘사는 로스의 제 나이에 적합하지 않다. 왜냐하면 화성 여행은 불과 3년 반밖에 지속되지 않았기 때문이다. 따라서 로스의 늙어버린 모습은 그의 '정신적 충격과 내적인 이지러짐의 반영'인 것이다. 이러한 플롯의 분위기를 반영하는 소설의 톤은 애가적이다. 소설의 마지막 부분에서 울려 퍼지는 아엘리타의 고독한 사랑의 목소리("당신은 어디에 계신가요. 당신은 어디에, 내 사랑"(685쪽))는 이러한 분위기를 한층 더 고조시켜주며 영원한 이별이 주는 아련한 비운의 여운을 남긴다.

『아엘리타』에서 사랑의 문제는 주인공들의 삶의 이상의 문제와 밀접한 연관을 맺으며 특히 행복의 문제를 통해 굴절된다. 소설의 거의 모든 등장인물이 각자 행복에 대해 사유하고 꿈꾸고 언급한다. 먼저 아엘리타의 스승은 현명하고 무심한 관조로서의 행복을 주장한다("냉철한 지혜만이, 기름기와 색욕에 젖지 않은 육신만이—…—오로지 그것만이 행복을 가져다준단다"(613쪽)). 아엘리타의 아버지이며 화성의 독재자 투스쿠프 역시 본질적으로 이와 같은 개념에서 화성이 멸망하는 것을 조용히 지

* 인용문은 필자의 번역이다. 번역은 1958년 모스크바 국영문학출판사가 출간한 A. 톨스토이의 전집(총 10권) 중 『아엘리타』가 수록된 3권을 참고했다.

켜볼 것을 주장한다. 하지만 아엘리타는 이러한 이상에 반대한다. 그녀는 로스와의 대화 속에서 행복에 대한 새로운 의미를 인식하게 된다.

> "지구에서는 무엇을 행복이라고 하는가요?" …
>
> "아마 자기 자신을 잊어버리는 것이 우리 지구에서의 행복이겠지요. 완전무결하고 조화로운 생활과 기쁨을 주는 사람을 위하여, 그렇게 살고자 하는 염원을 지닌 자야말로 행복한 사람입니다." …
>
> "그러한 행복은 여자에 대한 사랑에서 옵니다" 하고 로스는 말했다. …
>
> "그러나 나는[아엘리타는] 행복이 무엇인지 몰라요." …
>
> "그러나 난 구름 떼와 폭우, 푸른 산과 거인들이 꿈에 보이던 그 어린 시절에만 행복했어요." (597~598쪽)

이렇게 사랑에 눈뜨면서 아엘리타는 지구의 아들 로스에게 자신의 마음을 내어줌으로써 새로운 삶을 탄생시키고 이를 통해 화성을 지배하고 있는 죽음을 극복하길 희망한다. '마지막으로 보이는 별빛'이라는 뜻의 이름을 가진, '별빛에서 태어난' 화성의 비너스인 아엘리타는 지혜를 소유한 영원한 여성을 상징한다. 그녀에게 사랑의 길은 '죽음에서 삶으로 향하는 길이자 차가워지는 화성으로부터 즐겁고 푸른 지구로 향하는 길이다.' 이들은 운명을 초월하는 사랑을 통해 자기동일성의 의미를 다시금 새롭게 되새겨주고 있다.

이 소설이 갖고 있는 다성악적 성격은 서로 다르면서 상관되는 목소리를 통해 화성과 소비에트 세계를 보여주고 있는 톨스토이의 서술 방식에서 잘 드러난다. 작가는 화성 체제의 방어자이자 통치자인 투스쿠프, 실패한 혁명의 프롤레타리아 지도자인 고르, 투스쿠프의 딸 아엘리타 등 이 세 사람을 통해 화성 사회를 조명한다. 여기서 작품의 또 다른 한 축인 '혁명의 테마'가 자연스럽게 제시된다.

작품에서 화성은 적대적인 두 진영으로 나눠진 사회로 묘사된다. '투스쿠프를 지도자로 하는, 오로지 선택된 자들만을 위한 문명'의 사상을 주장하는 권력층인 부유한 엘리트와 그와 반대로 힘겨운 노동에 고통받는 가난한 노동자가 그들이다. 노동자들은 독재 권력에 대항하여 혁명을 일으킨다. 화성 사회의 내밀한 본질은 구세프를 통해 처음 제시된다. 그는 아엘리타의 시녀 이호슈카로부터 '화면(screen)' 보는 법을 배워 화성 사회를 관찰한다. 그는 화성 사회의 화려한 겉모습 이면에 또 다른 삶이 감춰져 있음을 알게 된다. 흐릿한 거울 속에서 그는 벽돌로 지어진 공장들의 낮은 작업실과 그 안에서 절망감에 가득 찬 모습으로 일하고 있는 노동자들, 그리고 단조로운 노동자 주택 지구를 걷고 있는 희망 없는 우울한 모습의 사람들을 본다. 이와 달리 중앙 광장에서는 형형색색의 초목들과 햇빛에 반짝이는 유리창이 있는 집, 거리를 걸어가고 있는 잘 차려입은 사람들의 모습이 보인다.

이처럼 도시에 두 종류의 삶이 존재하고 있다는 사실을 알게 된 구세프는 자신의 풍부한 경험을 통해 또 다른 세 번째 생활, 즉 지하 생활이 존재한다는 것을 깨닫게 된다. 도시의 거리와 공원마다 지저분한 옷차림에 만취한 젊은 화성인들이 방황하고 있었다. 그들은 주머니에 손을 넣은 채 이곳저곳을 살피며 빈둥거렸다.

화면 속에서 우울하고 암담한 희망 없는 사람들의 모습과 선택된 자들의 밝고 화려한 생기 넘치는 모습이 서로 교차된다. 마치 도스토예프스키와 자먀찐의 반유토피아 세계('개미 같은 삶'과 '감시')를 연상시키는 몇 가지 이미지들이 화성 사회 속에서도 엿보인다. 이어지는 장(章)에서는 오직 선택된 자만을 위한 행복을 설파하는 투스쿠프가 인간적인 무절제의 제거와 '전 도시의 완전한 파괴'를 통해 도달되는 '화성 몰락'을 언급한다.

"우리는 세계의 멸망에 직면해 있습니다." … "세계의 질서를 파괴하는 힘인 무정부주의는 도시로부터 오는 것입니다." … "도시는 무정부주의적 인간을 양성합니다." … "우리는 도시를 파괴해야만 합니다." … "화성의 역사는 끝났습니다." … "화성인의 파멸을 멈추기에는 우리가 너무도 무력합니다. 우리는 엄격하고도 지혜로운 조치로 세계의 마지막 시기가 화려하고 행복하게 되도록 준비해야 하겠습니다. 그것을 위한 가장 시급하고 근본적인 일은 도시를 파괴하는 것입니다. 문명은 도시에서 모든 것을 다 달성했습니다. 이제는 도시가 문명을 와해시킵니다. 따라서 도시는 반드시 파멸되어야만 합니다." (630~632쪽)

투스쿠프를 조종하는 것은 탐욕도 저급한 열정도 아니다. 그는 오직 권력을 원할 뿐이다. 그는 꺼져가는 화성의 문명을 갱생시키려 하지 않는다. 재생 불가능 때문이 아니다. 그로 인해 자신의 권력이 흔들리고 그의 철학과 화려한 몰락의 '미학'이 파괴 위협을 받기 때문이다. 바로 여기에 그의 전제주의 도덕의 핵심이 있다. 그의 속셈을 간파하고 있는 노동자의 대표 고르가 지구에서 온 사람들을 통해 구원의 희망을 제기할 때, 투스쿠프는 또다시 화성 몰락의 미학과 도스토예프스키적인 '행복한 개미집의 논리'로 다음과 같이 응답한다.

"지구에서 온 이주민들에게 희망을 걸자고요? 늦었습니다." … "우리는 무정부주의와 무지한 희망의 소굴인 소아쩨라를 파괴할 겁니다." … "우리는 광장을 다 밭으로 만들 겁니다. 다만 생활에 반드시 필요한 시설과 기업들만 남겨둘 겁니다. 우리는 범죄자와 주정뱅이와 정신병자들, 그리고 실현 불가능한 것을 희망하는 모든 공상가들을 거기에서 일하게 할 겁니다. 우리는 그들을 쇠사슬에 매어둘 겁니다. 그들이 그렇게도 몹시 갈망하는 생명을 줄 겁니다. 그러나 우리에게 동의하고 우리 의지에 복종하는 자들에게는 농촌에 땅을 주고 생활과 안락함을 보장해줄 겁니다." … "문명의 마지막은 황금시대의 면류관으로 덮일 겁니다. 우리는 공통의 명절과 훌륭한 오락을 조직할 겁니다. 내가 지적한 그 생의 기간은 우리가 안락하게 살게 되기 때문에 연장될 수도 있을 겁

니다.” (633~634쪽)

하지만 환상과학의 시대에 다시 등장한 화성의 ‘대심문관’이 설파하는 황금시대는 모두를 위한 것이 아닌 오직 선택된 소수만이 누릴 수 있는 행복일 뿐이다. 이것은 고르의 말을 통해서 확인된다.

> 투스쿠프는 황금시대를 동경합니다. 화성의 마지막 시대, 황금시대를 염원합니다. 오로지 선발된 자들만이, 복을 받을 권리를 가진 자들만이 그 시대에 살 수 있습니다. 평등은 달성되지 못할 것입니다. 평등은 없습니다. … 과거로, 불공평으로, 불공정으로 되돌아가야 합니다! … 노예들에게 족쇄를 채우고 기계와 받침대에 쇠사슬로 묶어 땅속 광갱으로 내려 보내라고 합시다… 기막힌 비애라도 좋습니다. 복스러운 자들에게 완전한 행복이 있으라고 합시다… 그것이 바로 황금시대지요. 이빨 가는 소리와 암흑!…. (656~657쪽)

『아엘리타』는 반유토피아가 제시하는 것과 유사한 경고를 보여준다. 투스쿠프가 화성에 심어놓은 권력과 사회 조직은 각 개인의 개성적인 ‘나’가, 모든 것을 포괄하는 한 인간, 전권을 가진 독재자의 의지 속에 구현된 ‘우리’에게 완전히 종속되는 구조다.

고르의 독백 속에서 화성의 이미지는 알레고리적 성격을 획득하게 된다. 『아엘리타』에서 톨스토이는 소비에트의 미래를 주시함과 동시에 과거를 바라본다. 여기서 그의 예술 의식 속에 있는 세 가지 시간의 실제를 이해하는 것이 중요하다. 그가 암시적으로 화성을 유토피아로 제시하고 있지만 ‘화성은 발달된 과학기술을 갖고 있음에도 불구하고 과거일 뿐이다.’ 즉 화성의 유토피아는 부정적인 과거를 지향하는 유토피아인 것이다. 자신의 역사와 정치조직을 피할 수 없는 몰락의 결과로 간주하는 유토피아다. 이 유토피아는 또한 구세계, 즉 삐걱대는 사회적 모순을 갖고 있던 혁명 이전 러시아와 혁명의 열기가 식어버린 노쇠한 서구에 대한 역설적인 메타포이기도 하다. 따라서 서구가 소비에트의 현재(와 미래)의 반대이기 때문에 화성의 유토피아를 폭로하고 부정하는 것은 성공과 행복으로 가득 찬 미래에 대한 소비에트의 희망적 확신으로 작용하는 것이다. 이와 관련하여 작품에서 과거 시간의 벡터를 상징하고 있는 '황금시대'는 두 가지로 해석될 수 있다. 투스쿠프에게는 되돌릴 수 없는 역사의 환상에 불과하지만, 톨스토이에게는 작품 결말에서 제시되는 소비에트러시아의 밝은 미래 모습을 예견하는 시간 좌표로 간주된다. 따라서 '황금시대'의 모티프는 작품 속에서 환상과 현실의 서술 차원을 연결시켜주는 중요한 구성적 기능을 수행한다.

혁명의 테마와 관련하여 플롯을 주도하는 인물은 구세프다. 신중한 로스와 달리 그는 과장이 심하고 자만하기도 하지만 소탈하고 깨끗한 양심을 가진 사람이다. 그는 발생하는 상황에 대해 로스와는 전혀 다른 방식으로 대응한다. 로스가 생각하는 사람이라면 구세프는 무엇보다도 행동가다. 로스의 화성 여행 목적이 자기 망각이었다면 구세프의 여행 목적은, 비록 처음에는 단순한 흥미에 불과했었지만, 점차 화성을 러시아 연방 공화국에 가입시켜 소비에트의 유성으로 만들려는 공명심이었다. 후에 이것은 화성의 정의를 위한 투쟁으로 바뀌게 된다. 세계를 보다 낫게 개조하려는 낙천적 믿음과 투쟁이 바로 그의 세계관의 본질이다. 따라서 투스쿠프의 냉혹한 에고이즘과 희망 없는 비관주의에 대립되는 것은 구세프의 정열적인 프롤레타리아적 집단주의와 낙천성이다. 이러한 구세프의 이미지는 『아엘리타』를 결코 시대와 분리될 수 없는 유토피아 소설로 규정해주는 중요한 요소인 것이다.

소설 끝부분에서 구세프가 묘사되는 방식 역시 특징적이다. 톨스토이는 세부 묘사를 통해 늙어버린 로스와 달리 낙천적이고 강인한 모습의 구세프를 창조한다. 하지만 구세프의 이러한 젊음은 오히려 갑작스레 늙어버린 로스의 모습보다 훨씬 더 부자연스럽게 느껴진다. 구세프가 주인공으로 등장하는 플롯은 본질적으로 모험 플롯에 다름 아니다. 모험 플롯은 개인과 가족, 사회적 불변 상황 등에 좌우되지 않고 그와 반대로 발전된다. 모든 것은 적극적인 합법칙적 행동에 의해 결정된다. 구세프는 일상의 의무와 상황으로 인한 인력의 한계를 벗어나고 있다. 구세프에게는 아내 마샤가 있다. 그러나 그의 개인적 삶의 상황은 어떤 갈등도 일으키지 않으며 자유로운 플롯 진행도 방해하지 않는다. 마샤는 구세프의 화성 여행을 방해하지 않는다. 의고적(擬古的)이면 의고적일수록 그만큼 더 젊은 모험소설의 주인공처럼 구세프는 젊다. 이 점에서 그는 마법담의 주인공과 혈연관계를 맺고 있다. 따라서 페트로그라드로 되돌아온 로스가 이전의 고독했던 자기 존재를 거부하려고 노력하는 반면, 구세프는 네프 시기(신경제정책 시기, 1921~1928)의 소부르주아적 분위기에 적응하기 위해 최선을 다하는지도 모른다.

> 로스가 지구로 돌아온 지 반년이 지나갔다. … 구세프는 페트로그라드에서 마샤를 데려와 인형같이 화려한 옷을 사 입혔고 수백 번의 인터뷰를 했으며 오토바이를 장만했는가 하면 둥근 테 안경을 쓰기 시작했다. 그리고 반년 동안 미국과 유럽 각지를 돌아다니며 화성인들과 치른 싸움 … 등을 이야기했다. … 오후 여섯 시 무렵이면 로스는 보통 집으로 돌아와 외롭게 저녁을 들었다. 잠자기 전에 그는 책을 펼쳐 들곤 했는데 … 불을 끄고 그는 오랫동안 누워서 어둠 속을 응시했다. 외로운 상념들이 길게 이어졌다. (683쪽)

마지막으로 두 주인공의 지구 귀환 모티프와 결말 부분은 보다 중요한 의미를 갖는다. 로스와 구세프가 지구를 떠나던 때는 192○년 8월 18일로 정확한 연도는 파악할 수 없지만, 이후 이어지는 몇몇 장면을 통해 이 시기가 반(反)기아와 영락의 전시공산주의 시기임을 알 수 있다. 구세프가 로스를 찾아갔을 때 로스의 동료가 그를 '적군 병사'라고 칭하는 대목, 구세프가 로스를 처음 만나 자기 이력을 말하는 대목에서 언급하는 '붉은 군대', '부존느이 기병대' 등 이 모든 것을 종합해볼 때 이곳은 혁명과 내전, 기아로 황폐화된, 이제 막 네프가 시작된 1921년 8월의 페트로그라드다. 4년 가까운 시간이 흘러 발명가와 혁명 투사는 파괴로부터 건설로의 변화가 시작된 '혁명과 사회주의의 조국'으로 되돌아온다. 그들이 부재하는 동안 네프의 결과로 삶과 노동의 에너지가 가득 차고 집단 노동에 의해 성취된 집단적 행복과 건설의 이미지로 완전히 탈바꿈한 1925년 6월의 '페트로그라드'로.

여기서 우리는 로스와 구세프가 지구로 귀환한 1925년 6월이 톨스토이가 조국으로 돌아와 이 작품을 출간한 1923년보다 2년 후라는 것을 알 수 있다. 이것은 이 작품의 특징인 '예견(prospect)'적 유토피아를 보여주는 단서가 되고 있다. 수 세기 동안 유토피아문학은 '존재하지 않는 곳'에 위치한 추상적인 이상 또는 보다 나은 미래에 대한 예견을 그려왔다. 하지만 그러한 작품들의 구조가 주로 화자의 동시대로부터 머나먼 미래의 세계를 그렸다고 한다면, 톨스토이의 『아엘리타』는 그와 다른 특징을 갖고 있다. 그의 유토피아는 더 이상 존재하지 않는 곳에 위치하는 고립된 섬이 아니라 구체적인 사회적, 역사적 문맥 속에서 창작되고 읽혀지는 텍스트다. 화성을 통해 알레고리적으로 표현하고 있는 사회적, 정치적 시스템의 결점을 여과 없이 제시하기 위해 그가 실제 사회질서 혹은 무질서 등과 대비시키고 있는 이상적 모델은 머나먼 미래가 아닌 아주 가까운 미래의 모습이다. 현존하는 현실과 미래 사이의 시공간적 거리가 가깝기 때문에 유토피아적 미래상과 독자의 실제 세계 사이의 긴장은 증대되고, 기존 유토피아의 정적인 모델은 동적인 모델로 변화된다. 물론 작품에서 묘사되고 있는 가까운 미래인 1925년의 페트로그라드는 두말할 나위 없이 소비에트 미래에 대한 작가의 염원의 반영이다.

환상의 합리화가 주된 사건이며 현실의 대안적 모델 구성이 그 기능인, 환상적 플롯에 토대를 둔 작품을 환상과학 작품이라고 부를 수 있다면, 『아엘리타』 역시 환상과학 작품이라 말할 수 있겠다. 하지만 유토피아가 '존재하지 않는 장소(ou-topia)'뿐 아니라 '좋은 장소(eu-topia)'를 의미하며 그것의 기능이 현실의 가능한 변형들 중에서 단순한 대안이 아닌 보다 나은 변형을 형성하는 것이라고 한다면, 『아엘리타』는 무엇보다도 유토피아 작품이다.

『아엘리타』는 이전의 유토피아 작품들과 다른 새롭고 다양한 유토피아 장르의 특징을 보여주고 있다. 그러나 결코 간과해서는 안 될 점은 '1920년대'라는 소비에트문학 공간 속에서의 '유토피아'에 대한 고려다. 그 당시 유토피아는 수많은 문학 장르들 중 하나에 불과한 것이 아니었다. '미래라는 이름의 전쟁'과 '신구의 투쟁', '먼 미래를 향해 도약하는 가죽점퍼 차림의 볼셰비키'에 관해 썼던 당시 모든 문학작품에 스며들어 있다. 즉 유토피아는 모든 예술과 삶 자체의 불변적 특징을 구성하는 요소였다고 말할 수 있겠다. 천상의 유토피아를 이 지상에 건설한 소비에트문학은 『아엘리타』를 통해 다시금 지상의 유토피아를 우주 공간에 쏘아 올리고자 꿈꾸었던 것은 아니었을까.

『아엘리타』

두 주인공 로스와 구세프는 지구를 떠나 화성에 도착한다. 화성인과 만난 로스의 이야기를 통해 화성의 외부 모습과 발달된 과학기술이 소개된다. 화성의 내부 세계에 대한 소개는 화성의 최고 통치자 투스쿠프의 딸 아엘리타를 통해서 이루어진다. 그녀는 로스에게 화성의 역사와 통치 제도, 사회생활(대중오락회, 마약, 복권), 금지 사항 등에 대해 말해준다. 로스는 스크린으로 화성 시가지를 자세히 살피게 되고 이곳에 상반되는 두 가지 삶이 존재함을 알게 된다. 뒤이어 최고 통치자 투스쿠프와 노동자 대표 고르의 투쟁이 시작되며 혁명으로까지 발전하는 과정에서 구세프는 두드러진 활약을 펼친다. 그사이 로스는 아엘리타와 사랑에 빠져 번민하게 된다.

그러나 혁명은 실패로 돌아가고 로스와 구세프는 가까스로 화성을 탈출하여 지구로 귀환한다. 그들에 대한 한때의 호기심과 센세이션이 가라앉고 다시 일상으로 돌아갈 때쯤 우주 저편에서 들려오는, 로스를 찾는 아엘리타의 무선 신호로 작품은 끝을 맺는다.

알렉세이 톨스토이

귀족 가문 태생인 알렉세이 니콜라예비치 톨스토이(Alexei Nikolaevich Tolstoy, 1883~1945)는 재능 있는 다작의 작가였다. 상징주의의 강한 영향을 받아 작품 활동을 시작했다. 1917년 10월 혁명 후 서유럽으로 망명을 하였으나 러시아에 대한 깊은 향수로 인해 자신의 정치적 신념을 바꿔 1923년 가족과 함께 조국으로 되돌아왔다. 이후 주도적인 소비에트 작가로 자리매김하였으며 과학아카데미 회원으로 선출되었고 스탈린상도 두 차례 수상했다. 대표작으로는 『아엘리타』(1923)와 『표트르 1세』(1929~1945), 10월 혁명에 관한 3부작 『고뇌 속을 가다』(1920~1941) 등이 있다.

공정 무역과 유토피아:
허버트 웰스의 『모던 유토피아』

김상욱

2013년 4월 24일 방글라데시 수도 다카 외곽에 있는 8층짜리 건물이 붕괴되었다. 당시 건물에는 여러 봉제 업체가 입주해 있었고 이 붕괴 사고로 1,000여 명의 노동자들이 사망했다. 사고 전날 이 건물은 당국의 안전 진단에서 긴급 폐쇄 명령을 받았다고 한다. 왜 봉제 업체 업주들은 당국의 긴급 대피 명령을 무시하고 근로자들을 출근시켜 작업을 계속했을까? 붕괴된 건물의 잔해에서 근로자들이 봉제한 의류에 부착될 상표가 수거되었다. 스페인 의류 업체 브랜드 '망고', 영국 패션 브랜드 '프리마크'가 발견되었다. 세관 기록에 의하면 봉제 업체들은 이 밖에도 '월마트', 네덜란드 의류 판매 업체 '씨앤에이', 이탈리아 패션 업체 '베네통', 미국 여성 의류 및 액세서리 판매 업체 '카토' 등에 의류를 납품하고 있었다. 이들 업체에서 일하는 근로자들의 한 달 최저임금은 고작 4만 원이었다. 방글라데시는 전 세계에서 중국에 이어 두 번째로 큰 의류 생산 기지다. 5,000

개가 넘는 봉제 공장이 있고 320만 명 이상이 봉제업에 종사하고 있다고 전해진다. 노동자들 대부분은 여성이며 이들의 값싼 노동력은 더 많은 이윤을 확보하려는 유럽과 미국의 의류 판매 업체들에게는 큰 축복이 아닐 수 없다. 그러나 이들의 축복 이면에는 노동자들과 공장 업주들의 가혹한 현실이 있었다. 납품단가를 낮추고 납품 기일을 엄수해야 했던 공장주들은 공장을 이전하거나 폐쇄하는 데 드는 비용을 감당할 수 없었고, 이들에게 고용된 노동자들도 죽음을 무릅쓰고 노동에 임할 수밖에 없었다.

허버트 웰스(Herbert Wells)는 1905년 작 『모던 유토피아(A Modern Utopia)』에서 자본주의 체제하의 지구촌에 대한 대안적 지구 사회를 제시하면서 애덤 스미스를 구닥다리 정치경제 체제의 산물로 치부했다(62~63쪽). 『모던 유토피아』에서 웰스는 지구인인 주인공이자 화자가 또 다른 지구로 시간 여행을 한다는 상상력을 펼쳐 보이고 있다. 두 개의 지구이지만 하나의 지구이며, 내 속에 또 다른 내가 있는 것처럼 지구에 또 다른 지구가 있다. 상이한 문화와 역사를 갖고 있지만 서로 닮은꼴이며, 거울 속에 비친 나를 응시하듯이 지구가 지구 자신을 바라보는 것이다. 『모던 유토피아』에서 화자는 지구의 분신인 외계 행성으로서의 지구가 지구와 어떻게 다른지를 보여준다. 웰스의 화자는 자유주의 고전경제학의 거두 애덤 스미스를 비판의 대상으로 삼고 있다. 애덤 스미스는 『국부론』에서 교역과 거래를 통한 상품의 매매 차익에 따른 부의 축적을 정당화한다. 이러한 부의 축적을 결코 용인하지 않는 『모던 유토피아』의 반'국부론' 기조는 거래를 통해 이윤을 남기는 것이 인간의 사행심과 탐욕을 부채질하여 특정 개인, 특정 계층, 특정 국가가 더 많은 이익을 가져가는 경제적 불평등 구조를 심화시킨다는 판단에 기반을 두고 있다.

> [지구에서] 부의 척도는 교환이 얼마나 일어났는가에 따라 정해졌다. 사회는 서로 갑을 관계로 맺어진 사업적 협력 관계 이상의 의미를 지니지 못하는, 사

실상 수도 없이 많은 탐욕스러운 성인 집단들로 보였다. 경쟁을 유발하는 요인들은 끝도 없는 것처럼 보였다. (62~63쪽)*

웰스가 이름 없는 일인칭 주인공의 입을 빌려 자유주의 시장경제 체제를 신랄하게 비판하는 것은 『모던 유토피아』가 출간된 지 100여 년이 된 시점에 벌어진 방글라데시 봉제 공장 노동자들의 참사와 놀라울 정도로 명징하게 조응되고 있다. 방글라데시 노동자들을 죽음으로 내몬 미국과 유럽의 패션, 의류 판매 업체들은 중간 거래상들이다. 그들은 노동자(제조자, 생산자)와 소비자 사이에서 막대한 이윤을 챙기는 자들이다. 자유주의 시장경제는 노동자가 만든 하나의 물건이 최종 소비자의 손에 들어갈 때까지 중간상인들이 많은 이득을 챙기는 구조다. 요컨대 상거래는 근본적으로 시장에 대한 정보를 독점한 소수가 생산자 가격과 소비자가격 간 시세 차익을 통해 막대한 이득을 가져가는 불공정 행위인 것이다.

『모던 유토피아』에서 웰스가 상상한 외계 행성 지구에서는 더 이상 방글라데시 노동자들의 참상은 일어나지 않는다. 웰스가 기획한 새로운 지구촌은 국경이 없다. 지구촌 지역 언어들이 하나의 언어로 통합되면서 개인들의 생각과 느낌을 다른 언어로 통역하거나 번역할 필요성이 없어지게 된다. 이에 따라 전 세계인들은 내면의 감정적 울림을 의미의 굴절 없이 직접적으로 공유하게 되었다. 이 세계어는 동태적 상태의 언어로서 시대의 변화에 따른 새로운 시각, 새로운 관념을 반영하면서 끊임없이 수정되고 진화되어나가는 언어다. 또한 정착적, 토착적 삶이 파생시킨 지역성, 민족성, 국가주의에 매몰된 지구인들과는 달리 지구의 또 다른 지구에 사는 지구인들은 한곳에 정착하지 않는다. 유토피아의 지구인들은 끊임없이 다른 곳으로 이주하면서 명실상부한 세계인이 된다

* 인용문은 필자의 번역이다. 원본은 H. G. Wells, *A Modern Utopia* (New York: Penguin, 2005).

(38~39쪽). 웰스는 자신이 구상한 현대적 의미의 유토피아와 전통적 의미의 유토피아 간 차이점을 이주민적 삶과 정착민적 삶이 각기 지향하고 있는 전혀 다른 정치경제적 체계로 수렴하고 있다. 이주민적 삶의 경제는 더 이상 국가 간 교역이 일어나지 않는 구조를 체계화하고 있다.

> 지구의 어떤 경제학자들도 민족주의와 정치가 배제된 경제적 시스템을 제시할 수 없었다. 그리고 오로지 그들의 관심은 국가 간 교역이었다. 여기 유토피아의 세계국가는 국제무역을 발도 못 붙이게 만들었다. [외계 행성에서 떨어진] 운석 이외에 그 어떤 것의 수입도 수출도 일어나지 않는다. 무역은 지구의 경제학자들이 생각해낸 초기 개념이다. 그들의 출발점은 교환가치에 관한 수수께끼였는데 너무 복잡해서 알 수도 없거니와 풀 수도 없는 그러한 수수께끼였다. 이 수수께끼를 풀 수 없는 것은 모든 교역이 결국은 계량 불가능하고 비교 불가능한 개인적 선호를 반영하기 때문이다. (59쪽)

웰스의 유토피아가 제시한 '거꾸로 경제학'에서는 상품과 농산물, 물자가 이동하는 대신 사람이 이동한다.

웰스의 『모던 유토피아』는 소설이라는 허구의 형식을 차용한 유토피아 강설이다. 그는 『모던 유토피아』에서 플라톤의 '국가론', 모어의 '유토피아' 등과 같은 전통적 유토피아가 담고 있는 집단적 공산 체제를 비판하고, 개인주의를 공유 경제의 핵심으로 채택한 현대적 의미의 유토피아를 펼쳐 보이고 있다. 요컨대 웰스가 구상한 현대적 의미의 유토피아는 개인이 집단주의에 희생되는 전통적 유토피아를 극복한 것으로서 개인의 자유가 최대한 보장되는 가운데 공유적 이념과 공유적 가치가 존중되는 형태로 나타나고 있다. 『모던 유토피아』는 여전히 지구이지만 전혀 다른 지구를 경험하고 지구로 귀환한 주인공이 자신의 경험담을 이야기하는 것으로 시작된다. 화자가 또 다른 차원의 지구로 가게 된 것은 스위스의 루센드로 호수 주변을 산행하던 중 자신도 모르게 다른 차원의 지구에 진입하는 관문을 통과하게 되었기 때문이다. 『모던 유토피아』는 10년 앞서 출간된 웰스의 중편 공상과학소설 『타임머신』(1895)과 하나의 세트를 구성한다. 『모던 유토피아』는 전작 『타임머신』이 그린 절망적 인류 사회에서 유토피아적 희망을 꽃피우려는 시도다. 『타임머신』이 빅토리아 시대 노동자 계층과 부유층 간 양극화에 대한 디스토피아적 환멸을 보여주는 것이라면, 『모던 유토피아』는 물적 조건이 인간을 소외시키는 자유주의경제 체제를 극복하고 이상사회를 구축한 인류의 모습을 보여주고 있다. 웰스가 구상한 자유주의 시장경제 체제의 대안은 공유 경제이며, 이러한 연유로 토지는 국가에 귀속된다.

> 토지와 자연 그리고 자연에서 나는 모든 것들은 사유재산의 대상이 아니라고 보는 것이 현대사상의 대체적 흐름이며 [현대적 의미의] 유토피아에서 이러한 것들은 세계국가가 누구에게도 양도할 수 없는 국가의 자산이다. 모두에게 이주할 자유의 권리가 보장되어 있으므로 이주민들이 사용할 토지[공유지]는 개인이나 회사에 임대된다. 그러나 … 시한은 한 50년 정도, 50년 이상은 절대 안 된다. (70쪽)

웰스의 이러한 공유 경제 체제는 전통적 유토피아에서 나타나는 공유 경제 방식과는 다른 것이다.

플라톤은 『국가론』에서 아내와 자식, 가족으로부터 모든 형태의 동산, 부동산에 이르기까지 어떤 형태의 사적 소유도 허용하지 않는 완전한 공산 체제를 주장했고, 모어도 『유토피아』에서 완전한 공산제를 참다운 공유 경제 실현의 방식으로 제시했다.

> 참된 수호자란 앞에서 말한 조건과 방금 말한 조건, 즉 재산의 공동소유와

> 가족의 공동소유를 겸해야 한다는 말이네. 다시 말해서 이 양자에 있어서 똑같이 내 것과 내 것 아닌 것으로 구별하는 것을 방지하여 나라를 분열시키는 일, 즉 각자가 개별적인 처자와 개별적인 쾌락과 고통을 지니고 있는 개별적인 집에 각각 자기 소유를 갖고 감으로써 나라를 분열시키는 일이 없을 걸세.*

> 그리고 유토피아에서는 모든 것이 공공의 소유로 되어 있으므로 공공의 창고가 비지 않는 한 누구도 필수품 부족에 대해 걱정할 필요가 없습니다. … 어느 누구도 소유하는 바가 없으므로 모든 사람이 부자인 것입니다.**

> 유토피아에서는 돈을 없앴을 뿐 아니라 그와 함께 탐욕까지도 없애 사회문제들이 해결되었으며 수많은 범죄들이 사라졌습니다.***

이에 반해 『모던 유토피아』에서 나타나는 웰스식 공유 경제는 공산제와 사유제를 혼합한 형태다. 말하자면 토지를 제외한 모든 형태의 사유재산이 허용되는 체제다. 사업체를 개인적으로 소유하거나 타인과 공동으로 소유할 수도 있고 돈을 모아 좋아하는 사치품을 살 수도 있다. 웰스에게 있어 어떤 개인의 소유물은 곧 그 개인의 개성을 나타낸다. 개성이 존중된다는 것이야말로 웰스식 유토피아가 지향하는 자유주의적 개인주의의 요체다. 웰스의 공유 경제는 결국 토지와 자연만 국가가 소유하고 그 외의 것들에 대해서는 개인의 사적 소유를 허용하는 자유주의적이고 시장경제적인 공산제라고 할 수 있다.

웰스의 『모던 유토피아』는 전체의 행복이라는 기치 아래 개인이 선택할 자유

* 플라톤, 『플라톤의 국가론』, 최현 역, 집문당, 220~221쪽.

** 토머스 모어, '유토피아', 『유토피아/자유론/통치론』, 김현욱 역, 동서문화사, 111쪽.

*** 토머스 모어, 위의 글, 112쪽.

를 제한해온 전통적 유토피아가 유실한 개인의 자유를 건져 올리는 새로운 유토피아 만들기다. 공유를 통한 공동선의 실현을 꿈꾸는 유토피아 담론에서 공익의 정당성이야말로 늘 강조되어왔다. "모든 사람이 복리를 누리는 유일한 길은 재화의 완전한 균등 분배뿐"이다.**** 웰스의 눈에 비친 기존 유토피아는 정태적 유토피아다. 공익을 실현하기 위해 통치 기구가 제정한 법규, 규정, 규칙, 조례 등에 개인이 완벽히 부응하는 완전무결한 이상 사회를 상정한다. 정태적 유토피아는 국가와 개인이 하나의 완전체로 작동하는 무변 사회다. 가령 모어의 유토피아는 폭 24km의 바닷물 길을 인공적으로 조성해 대륙의 일부를 완전히 분리시켜 만든 곳으로 외부 세력과의 접촉이 사실상 단절된 공동체다. 집단 전체의 행복을 위해 개인의 허영심과 탐욕이 제거된 이 유토피아에서는 산아제한을 통해 가족 구성원 수를 열 명에서 열다섯 명 사이로 제한하고 있다. 또한 이곳에서는 모든 시민들이 의무적으로 2년 동안 농사를 지어야 하며, 같은 색깔의 외투를 입고, 저녁 8시에는 잠자리에 들어야 한다. 모어가 상상한 이상 사회에서 개인은 오로지 공공의 복리라는 명분이 만들어낸 법률과 관습, 제도에 철저히 희생된 이른바 몰개성화된 자다. 웰스는 이러한 유토피아가 "피와 온기가 사라지고 삶의 현실성이 결여된"(14쪽) 채 "개인성은 없어지고 오로지 일반화된 집단만"(14쪽) 남아 있는 이상향이라 비판한다. 이러한 고전 유토피아에 대한 대안으로 웰스가 제시한 신유토피아는 변화와 발전의 역동성을 견지하는 동태적 유토피아, 즉 "변화가 더 이상 일어나지 않는 모습이 아니라 한 단계 한 단계 우리가 소망하는 단계로 나아가는"(11쪽) 유토피아다.

웰스의 동태적 유토피아는 다윈의 진화론에서 영감을 받았다. 기존의 유토피아 담론을 다윈의 진화론적 관점에서 개작하는 웰스의 작업은 '개인과 국가' 간 관계를 새롭게 설정하는 것으로 시작된다. 우선 그는 절대적 개인주의와 절

**** 토머스 모어, 앞의 글, 40쪽.

대적 사회주의를 모두 배격한다. 사회주의(공산주의)는 국민을 "국가공무원의 노예"(64쪽)로 전락시킬 것이라는 이유로, 개인주의는 국민을 "광폭한 자들이나 부유한 자들"(64쪽)의 노예로 전락시킬 것이라는 이유로 웰스의 배척 대상이 되었다. 웰스는 "개인 대 국가 간 관계에서 국가는 절대적으로 종을 대표한다"(65쪽)고 했다. 여기서 '종'은 생물 종을 의미한다. 웰스가 생물학적 종의 개념을 자신의 유토피아론에 이식시킨 이유는 다윈의 종 개념이야말로 국가와 개인 간의 상보적 관계를 설명하는 데 안성맞춤이기 때문이다. 그는 국가와 개인 간 관계를 다음과 같이 설명한다.

> 세계국가를 하나의 발달 단계에서 다음 발달 단계로 계속해서 이끄는 요소는 다양한 개성을 가진 개인들 간의 상호작용이다. 목적론적으로 말하자면 세계는 [개인들의] 창조적 진취성을 위해, 그리고 창조적 진취성을 통해 존재한다. 그리고 개인성은 창조적 진취성을 이루는 방법이다. 남자와 여자는 각자의 개인성이 특성화되는 정도에 따라 관례가 되는 법을 따르지 않기도 하고, 일반적으로 받아들여진 공식을 따르지 않기도 하고, 생명력이 이끄는 대로 새로운 실험을 하기도 한다. 그러므로 평균[일반]을 대표하는, 그리고 평균[일반]만 따지는 국가가 효과적인 실험을 하고 지적인 혁신을 이룩하며 생명의 가장 중요한 물질을 공급하는 것은 불가능하다. … 개체는 종에서 나와 자신의 실험을 진행하고, 실패하여 죽고 끝나버리거나 혹은 성공해서 지적 결과물과 물질적 그리고 도덕적 결과물로 후손을 통해 자신을 세계에 각인시킨다. (64~65쪽)

웰스가 자신의 유토피아론을 전개하면서 다윈의 진화론을 가져온 것은 일차적으로는 1870년대 이후 영국 사회에 불어닥친 '사회진화론(Social Darwinism)'적 사고에 영향을 받은 것으로 볼 수 있다. 다윈의 '적자생존'과 '자연선택'의 개념을 사회학이나 경제학 또는 정치학에 응용한 사회진화론은 개인 간 무한 경쟁과 약육강식의 논리에 입각한 자유방임적 자본주의 설계의 초석이 되었고 우생학의 이론적 근거가 되어 인종주의를 부추기는 부작용을 초래하기도 했다.

웰스의 유토피아론은 이러한 기존의 사회진화론과는 전혀 다른 차원의 생태학적 접근을 펼치고 있다. 전체를 구성하는 부분에 대한 세밀한 분석에 치중했던 데카르트의 기계론적 세계관과는 달리 생태학적 세계관은 부분보다는 전체를 보는 개체생물학에서 영감을 얻었다. 세포가 모여 조직을 형성하고 조직이 모여 기관을 이루고 기관이 모여 생물 개체를 형성하는 부분과 전체의 유기적 상호 관계가 1930년대 이후 개체생물학의 주요 관심사였다. 개체생물학이 생태학적 관점에 제공한 단서는 전일적(holistic) 사유다. 이러한 전체적 시각은 "생물 개체군과 그 생물 개체군이 처한 물리적 환경 간의 상호작용"* 이라는 생태계 전체의 작동 방식에 대한 이해를 고취시켜왔다. 생태학적 시각은 특히 1960년대 이후 가속화된 시스템적 시각의 부상에 크게 기여했다. 시스템적 시각은 네트워크적 시각이다. "비록 어느 시스템에서 그 시스템을 구성하는 한 부분을 구별해낼 수는 있지만, 그 부분은 전체와 따로 떨어져서 존재하는 것이 아니며 전체의 특성은 단순히 부분들의 합이 아니다."** 어떤 생물 개체를 부분과 전체의 유기적 상호작용으로 파악하는 전일주의적 시각은 개방형 시스템에 대한 이해를 가져왔다. 모든 생물 개체는 개방형 시스템(open system)이다.*** 변화하는 환경에 맞춰 개체를 스스로 변화시켜나가고 개체의 변화에 따라 환경이 변화한다. 여기에서는 부분이 변하면 전체가 변하고 전체가 변하면 부분도 변하는 역동성이 발생한다. 즉 시스템과 시스템 사이에서 피드백을 주고받는 것으로, 하나의 시스템의 변화가 다른 시스템에 피드백을 주고 그 시스템이 변하면 이 변화치가

* Fritjof Capra, *The Web of Life* (New York: Anchor, 1996), p. 33.

** Ibid., p. 29.

*** 개방형 시스템의 반대개념은 폐쇄형 시스템(closed system)으로 폐쇄형 시스템 상에서는 외부와의 교류가 단절되어 있으므로 시간이 가도 변화는 일어나지 않는다.

피드백을 준 원래의 시스템에 다시 변화를 준다. 이 변화와 역동성이야말로 시스템적 사고가 아니면 이해할 수 없는 것이다.

웰스의 유토피아는 플라톤이 '국가론'에서 제시한 공산 사회나 모어의 '유토피아'와 같은 정태적 체제의 폐쇄형 시스템이 아닌 동태적 체제의 개방형 시스템이다. 웰스의 유토피아에서는 철저히 개인이 중심이다. 그가 구상한 이상 사회에서 국가는 개인을 위해 존재하고, 법령은 자유를 위해 존재하며, 세계는 "실험과 경험 그리고 변화"(66쪽)를 위해 존재한다. 웰스는 '실험'이라는 말로 개인성의 용출을 표현하고 있다. 개인의 가치를 세상에 드러내는 이러한 실험을 통해 국가는 변화의 동력을 확보한다. 개인과 국가와 세계가 서로 연결되어 있고, 개인의 유일무이한 가치를 발의하는 과정을 통해 국가가 변하고 세상이 변한다. 안정은 국가를 표상하는 말이 될 수 없으며, 국가는 개인과의 피드백을 통해 항상 변화한다. '모던 유토피아'의 개방형 시스템에서는 '완전한 이상 상태'가 존재하지 않는다. 그곳에는 '마찰'과 '갈등'이 상존하며, 좀 더 나은 경제체제와 정치체제를 창조하려는 부단한 노력이 있다. 웰스의 신국가론에서 세습적 의미의 계급 혹은 계층은 존재하지 않는다. 다만 개개인이 갖고 있는 창조적 상상력이 발현되는 개인적 기질에 따라 네 가지 부류의 인간형으로 분류될 뿐이다. '창조적 인간형', '역동적 인간형', '우매한 인간형' 그리고 '저열한 인간형'이 그것이다(179쪽). 웰스는 화자의 입을 빌려 네 가지 인간형의 구분이 이론적으로 기획된 것이며 실제 생활에서는 적용하기 힘든 하나의 가설이라 말한다. 이에 대한 웰스의 변은 어떤 인간은 창조적이면서도 역동적이고 또 어떤 인간은 저열하면서도 창조적이라는 것이다. 모든 국민은 국가가 정한 의무교육을 동등하게 받는다. 그러므로 인간형을 결정하는 것은 전적으로 개인의 노력이다. 네 가지 인간형 구분에서 눈에 띄는 것은 웰스가 '상상력'을 인간의 최상위 수준의 인지 활동이라 일컫고 있다는 점이다. 플라톤이 시인과 같은 수사학자들의 상상력이야말로 가장 저급한 지적 활동 중 하나라고 말한 것과 대조된다. 웰스는 시인의 상상력을 과학자의 상상력과 동일시함으로써 재능을 가진 개인이 세상에서 자신의 상상력을 실험하는 것이야말로 미래 사회의 진보를 담보해주는 가장 중요한 요소라고 보았다.

기존 유토피아 담론을 개작한 웰스의 신유토피아는 이러한 혁신적 구상을 담고 있음에도 불구하고 누가 유토피아를 통치할 것인가에 있어서는 기존 유토피아 담론을 계승하고 있다. 웰스는 자신이 구상한 유토피아 공화국의 통치자 집단을 사무라이 집단이라 지칭했다. 일본의 무사 계급인 사무라이가 통치 집단의 이름으로 정해진 이유는 분명치 않다. 일본도를 찬 사무라이의 이미지는 왕정을 폐지한 공화주의자 올리버 크롬웰의 호위 무사들이었던 의회기사단이나 플라톤의 『국가론』에 나오는 군인 계급을 떠올리게 한다. 사무라이 통치 집단을 내세운 것은 플라톤이 『국가론』에서 철학자들을 이상 국가의 수호자(통치자)로 설정한 것과 흡사하다. 플라톤의 수호자들과는 달리 웰스의 사무라이는 보통 사람들 중에서 선발된다. 사무라이 집단에 자원한 사람들은 정규 교육과정과 소정의 시험을 거쳐 사무라이가 된다. 자원자는 각종 문학적 저술이 수록된 사무라이서(The Book of the Samurai)를 읽어야 하며, 이 책을 읽음으로써 사무라이의 소양과 덕목을 갖추게 된다. 사무라이가 되고자 하는 자는 25세가 될 때까지 담배와 술, 마약류, 성행위를 할 수 없다. 사무라이가 되기 위해 교육을 받는 과정 자체가 자기 절제를 익히는 훈련의 일환이기 때문이다. 이윤을 남길 목적의 매매 행위도 엄격히 금지된다(192쪽).

『모던 유토피아』가 세상에 나온 지 100년이 넘었다. 웰스의 '유토피아'에는 전통과 혁신이 공존한다. 이전 유토피아 담론들과 달리 부분적 자유주의 시장경제를 도입하여 개인이 원하는 사업을 일으킬 수 있도록 신공화국을 설계한 것은 혁신이었다. 토지의 국유화를 추진하고, 개인의 고용 불안을 국가가 책임지며, 국가가 여성의 양육을 임금노동으로 환산하여 급여를 지불하는 것 또한 혁신이었다(129쪽). 그가 기존 유토피아 담론에서 혁신하지 않은 것은 '사무라이'라는 명칭의 엘리트 통치 계급이었다. 왜 그는 플라톤의 군인 계급을 연상시키는 사무라이 통치 계급을 자신의 신공화국에 존치시켰을까? 사무라이 엘리트 계급에게 웰스가 요구한 것은 '금욕'을 통한 '자기 절제'였다. 이 자기 절제는 청교도적 프로테스탄티즘이 요구하는 사치와 쾌락의 제어, 즉 청빈과 통한다. 어찌 보면 신공화국 통치 계급에게 웰스가 요구한 것은 이 청빈이었는지도 모른다. 그가 20세기 공정 사회를 구상하면서 화두로 잡은 것은 정치, 경제 시스템의 변혁을 통해 인간의 탐욕을 제한하고 지역성을 타파하여 지구의 북반구(서유럽과 미국)와 남반구의 경제적 불평등을 없애는 것이었다.

방글라데시 노동자들의 죽음을 막자는 운동은 이미 공정 무역 운동에서 시작되었다. 영국 국제개발부가 후원하는 '윤리적 상거래 발의위원회'가 1998년 설립되어 윤리적 상거래에 대한 전 지구적 차원의 대중운동으로 소비자들에게 윤리적 소비 의식을 고취시키고 있다. 이 기구는 개발도상국의 소외된 생산자(노동자)들이 만든 제품에 공정한 가격을 지불하자는 노력을 선도하고 있다. 이 밖에도 유럽 공정무역협회, 유럽 월드숍 네트워크, 국제공정무역, 세계공정무역기구 등의 국제 민간단체들이 공정 무역을 무역의 관행으로 정착시키기 위해 노력하고 있다. 아직 시장에서 공정 무역 제품의 인지도는 낮고 공정 무역이 상품의 시장가격을 교란하는 일종의 보조금에 불과하다는 비판적 목소리도 들리지만, 인터넷의 발달로 생산자(노동자)와 소비자가 서로 상생하는 공정 무역의 바람은 이미 불고 있다. 21세기에 접어든 지금, 웰스가 『모던 유토피아』에서 구상한 공정 사회 구현은 미력하나마 태동의 조짐을 보이고 있다. 웰스가 말했듯이 공정 사회 구현은 타인에 대한 긍휼심을 회복하여 탐욕을 억제하고 상생과 공존의 윤리를 되찾는 것에서 비롯된다.

『모던 유토피아』

『모던 유토피아』의 화자인 '나'는 스위스의 루센드로 호수 주변 알프스 산맥 자락을 산행하던 중 여느 지구인들과는 다른 옷차림을 한 생경한 모습의 사람들을 만나게 된다. 그는 자신이 발을 딛고 서 있는 땅이 지구가 아니라 지구로부터 수억 광년 떨어진 시리우스 자리 너머의 지구와 똑같은 행성이라는 사실을 깨닫게 된다. 루센드로 호수 주변의 어떤 지점에서 지구와 똑같지만 지구와 다른 지구(미래 유토피아 지구)로 시간 이동을 했던 것이다. 화자인 '나'와 동행하는 자는 또 다른 지구인인 식물학자다. 루센드로 호수 주변 여인숙에 묵은 그들은 숙박계에 지문 날인을 하게 된다. 나중에 화자인 '나'는 세계가 하나가 된 유토피아 지구에서는 개인의 고유 식별 생체 표식인 엄지 지문으로 세계시민 개개인의 인적 정보가 관리되고 있다는 사실을 알게 된다. 스위스 루선에서 화자인 '나'는 유토피아인들의 생활양식 중 세 가지에 주목한다. 첫째, 지구에서와 달리 유토피아 지구인들은 단독형보다는 공동생활형 주택단지에서 생활하고 둘째, 그들은 지구인들보다 훨씬 생기발랄하며 여성들의 의복도 15세기 이탈리아풍이기는 하지만 훨씬 세련되고 셋째, 각종 전염병을 막기 위해 애완동물을 없앴다는 점이다. 루선 우체국 관리는 화자인 '나'의 엄지 지문을 통해 인적 정보를 확인한 후 그가 런던에 주거지를 둔 런던 시민이라는 사실을 알려준다. 우체국 관리는 어떻게 동일한 지문을 가진 자가 런던에도 있고(유토피아 지구에 살고 있는 또 다른 '나') 루선에도 있는지(지구인으로서의 현재의 '나') 의아해하며 런던 신분조회국으로 가서 신분 확인을 해보라고 요청한다. 런던으로 간 화자인 '나'(미래 유토피아 지구를 상상한 '나', 미래의 '나')는 런던에 살고 있는 또 다른 '나'(지구인 '나', 과거 또는 현재의 '나')를 만나 미래의 '나'로서 현재(과거)의 '나'에게 미래 유토피아 지구에 대한 얘기(꿈)를 들려준다. 『모던 유토피아』의 종결부에서 화자인 '나'는 자신이 얘기한 유토피아 지구가 꿈꾼 자의 상상이며 현실과 부닥쳐 산산이 부서질지도 모를 꿈이라 말한다.

허버트 웰스

허버트 웰스(Herbert George Wells, 1866~1946)는 런던 남동쪽에 위치한 브롬리(Bromley)라는 도시에서 태어났다. 1890년 런던대학교에서 동물학으로 이학사 학위를 취득

했다. 생물학, 특히 다윈의 진화론에 관심이 많았고 공상과학소설의 아버지라 불린다. 『타임머신』(1895), 『모로 박사의 섬』(1896), 『투명인간』(1897) 등의 대표작을 남겼다.

U T O P I A

이야기 셋

무위와 자연

일상 속에 감춰진 유토피아

도연명의 『도화원기』

잃어버린 흔적을 찾아 떠나는 여행

알레호 까르뻰띠에르의 『잃어버린 발자취』

이룰 수 없는 꿈, 꾸지 않을 수 없는 꿈

거페이의 『복사꽃 피는 날들』

오지 마을에 구현된 유토피아

선총원의 『변성』

말 없는 세계, 비판 없는 세상

다자이 오사무의 『우라시마』

일상 속에 감춰진 유토피아: 도연명의 『도화원기』

김경석

무릉도원! 일반적으로 인생 세간의 고민과 갈등이 없는, 선경(仙境)과 같은 세상을 이야기할 때면 '무릉도원(武陵桃源)'을 떠올린다. 가끔 언론 매체에서 구약성서에 기록된 최초의 유토피아 '에덴동산'의 실제 위치에 대한 보도를 접하게 된다. 이와 마찬가지로 무릉도원의 실제 위치 고증에 대한 기사도 끊임없이 올라오는 것을 보면, 시간적으로 너무나 먼, 인류의 기억 너머에 존재하는 유토피아에 대한 호기심과 갈망은 오늘날까지 계속되는 것 같다. 그렇다면 무릉도원의 실제 위치는 어디일까? 중국 학자들은 대체로 중국의 호남(湖南)성 무릉(武陵)현 동정호(洞庭湖)의 서남쪽을 병풍처럼 가로지르는 무릉(武陵)산 기슭 원강(元江) 강변으로 추정하고 있다. 그 외에도 실제로 '무릉'이나 '도원'과 같은 지명을 가진 지역이 있다. 상덕(常德)시의 도원(桃源)현과 장가계(張家界)시의 무릉원(武陵源) 자연풍경구(自然風景區) 역시 과거 무릉도원의 실제 위치로 추정되고 있다. 우리에게 더욱 가까운 곳으로 강원도 두타산의 무릉계곡 등 한국에도 무릉이라는 지명이 존재한다. 무릉은 이미 특정 지역을 지칭하는 고유명사가 아닌, 동아시아에서 수려한 자연 풍경과 목가적이고 인후한 인심으로 유명한 지역을 비유하는 일반명사가 되어버렸다.

그렇다면 동아시아적 유토피아의 대명사로 알려진 무릉도원의 이미지는 어디에서 비롯된 것일까? 이와 같은 무릉도원은 모두 동진(東晉) 시대 문인이었던 도연명(陶淵明)의 산문 『도화원기(桃花源記)』에서 유래하였다. 『도화원기』는 진(晉)나라 때 무릉의 한 어부가 복숭아꽃이 아름답게 핀 숲 속의 물길을 따라갔다가 우연히 진(秦)나라 때의 난리를 피하여 세속과 단절된 삶을 사는 사람들의 거처를 방문하게 되고 그곳에서 융숭한 대접을 받고 돌아온 이야기를 담고 있다.

이처럼 동아시아적 유토피아를 상징하는 『도화원기』는 서양적 이상향을 보여주는 토머스 모어의 『유토피아』와 비교해볼 때 한 가지 분명한 차이점을 나타내고 있다. 서구의 이상향이 '어디에도 있을 수 없는 곳'이라는 뜻을 지닌 '유토피아'라는 말에서 나타나듯 실현하기 불가능한 사회임에 비해, 도연명의 무릉도원은 '어디에나 있을 수 있는' 사회라는 점이다. 모어의 유토피아가 정치경제적 제도의 완정성을 전제로 한 사회라면, 도연명의 도화원은 어느 나라에서나 볼 수 있는 목가적인 농촌공동체라고 할 수 있다. 그러나 도화원은 누구에게나 개방된 세상은 아니었고 분명 외부와 격리된 사회였다.

진(晉)나라 태원(太元) 연간 무릉에 한 어부가 있었다. 하루는 배를 타고 강물을 거슬러 오르다가 얼마나 왔는지 길을 잃고 말았는데 복숭아꽃이 만발한 숲을 만나게 되었다. 강가에는 수백 보 거리에 다른 나무는 보이지 않고 향기로운 풀들만 아름다웠고 꽃잎이 흩날리고 있었다. 어부는 매우 이상하게 생각하여 끝까지 가보았다. 그 숲의 끝에 강물의 시원이 나왔고 산 하나가 나타났다. 산에는 작은 동굴이 있었는데 그곳에서 빛이 새어 나오고 있었다. 어부는 배를 버리고 동굴로 들어갔다. 입구는 한 사람이 들어갈 수 있을 정도로 좁았는데 수십 보를 더 들어가니 앞이 환하게 탁 트였다.*

도연명은 어부가 강물을 거슬러 올라갔다고 쓰고 있다. 보통 흐르는 강물을 따라 하류로 가게 마련인데, 마치 시간을 거슬러 올라가듯이 어부는 상류로 향하다 도화원의 입구를 발견한다. 그곳은 강물의 발원지가 있고 복숭아나무만 가득한, 태초의 순수한 이미지를 떠올리는 곳이다. 도연명은 또한 어부는 '배를 버렸다(捨船)'라고 쓰고 있다. 상고시대(上古時代) 수인(燧人)은 인간에게 불의 사용과 배 만드는 법을 가르쳐주었다. 곧 도화원은 문명의 상징인 배를 버려야만 갈 수 있음을 암시한다. 배를 버리고 좁은 동굴로 들어가면 갈수록 넓어져 탁 트인 공간이 나타나는 것은 마치 인류의 모태(母胎)로의 회귀를 연상케 한다.

넓고 평탄한 토지가 펼쳐지고 아름다운 집들이 즐비하였다. 기름진 전답과 연못이 있고 뽕나무, 대나무 등이 빽빽하였다. 논밭은 사방팔방 잘 정돈되어 있었으며 개 짖는 소리와 닭 울음소리가 곳곳에서 들려왔다. 그 가운데 오고 가는 사람들, 밭을 매는 사람들, 남녀 모두 옷차림은 바깥세상 사람들과 같았다. 노인과 어린아이들은 모두 편안하고 즐거워 보였다.

『도화원기』는 비현실적인 것과 함께 누구에게나 낯익은 전원의 풍경화와 같은 현실 세계도 묘사하고 있다. 즉 도화원은 세상과 격리된 세계이면서도 그 생활상은 일상의 모습과 다를 바가 없다. 도연명이 추구하는 유토피아는 제도와 같은 형식의 완정성을 전제로 하는 세상이 아닌 것이다. 범속한 일상생활 속에

* 본문의 인용문은 필자의 번역이며 논지에 맞게 의역하였다. '桃花源記', '桃花源詩', '歸去來辭'의 원문은 『中國古代文學作品選』(鄧魁英 主編, 北京師範大學出版社, 2001)에서, '大同'의 원문은 『古代漢語』(王力 主編, 中華書局, 1992)에서 발췌 참고하였다.

서 노동을 즐기고 탐욕과 지배욕을 버린다면 어디서나 실현될 수 있는 세상으로 그려지고 있다.

> 그곳 사람 하나가 어부를 보고 깜짝 놀라 어디서 왔는지 물었다. 어부는 상세하게 대답해주었다. 그러자 어부를 집으로 초대했고, 술상을 차리고 닭을 잡아 음식을 만들어 대접하였다. 마을에서는 어부가 왔다는 소문을 듣고서 모두 몰려와 이것저것 물었다.

어부가 목격한 도화원의 모습은 전혀 새로울 것이 없는 일상의 풍경이었다. 그들이 농사짓는 모습부터 의복이나 손님을 대접하는 예절까지 그들의 삶은 어부에게 전혀 낯설지 않았다. 처음 보는 외지인에 대해 경계하는 태도조차 없고 오히려 어부를 극진히 대접할 뿐만 아니라 어부의 질문에 대해서도 꾸미거나 꺼리는 것 없이 있는 그대로 대답한다.

> 마을 사람이 말하길 "선대 조상들이 진(秦)나라 때의 전란을 피해 처자와 마을 사람들을 데리고 세상과 격리된 이곳으로 왔고 다시는 밖으로 나가지 않았습니다. 그래서 마침내 외부 세계와 단절되었습니다"라고 하였다. 그러면서 그들은 지금이 어느 시대냐고 물었는데 위(魏), 진(晉)은 물론 한(漢)나라가 있었다는 것조차 모르고 있었다. 어부는 자세하게 아는 것을 말해주었고 마을 사람 모두 감탄하며 놀라워했다. 다른 사람들도 각자 어부를 자기 집에 초대하였고 모두 술과 음식을 내어서 대접했다. 며칠간 머물다가 작별을 고하였는데 마을 사람 중 누군가가 말했다. "외부 사람들에게 이야기하지 마십시오."

여기서 알 수 있듯이 도화원이라는 유토피아는 새로운 제도나 통치 방식을 전제로 하는 곳이 아니었다. 또한 어부를 만난 사람들은 모두 평범한 마을 사람들이었다. 다만 외부 세계와 다른 점은 낯선 외지인을 경계하여 끌고 가거나 심문하는 관청도 없었고 마을의 수장도 없었다는 것이다. 이와는 대조적으로 도화원을 나선 어부는 가장 먼저 무릉의 태수(太守)를 찾아갔다.

> 어부는 그곳에서 나와 배를 타고 곧 이전에 왔던 길을 따라가며 곳곳에 표시를 해두었다. 그리고 군(郡)에 도착하자 태수를 찾아가 이와 같은 일이 있었노라고 알렸다. 태수는 곧장 사람을 파견하여 어부가 갔던 길을 따라가 이전에 표시해둔 곳을 찾게 했다. 그러나 끝내 길을 잃어 가는 길을 찾지 못했다. 남양(南陽) 땅 류자기(劉子驥)는 고상한 선비인데 이 이야기를 듣자 흔연히 찾아가 볼 계획을 세웠다. 그러나 그곳을 찾지 못하였고 오래지 않아 병으로 죽었다. 이후로 아무도 도화원에 대해 묻는 이가 없었다.

결국 이렇게 도화원은 세속 사람들의 기억에서 잊혀지는 것으로 이야기를 맺고 있다. 중국인의 유토피아에 대한 상상의 기록은 이미 『도화원기』 이전, 공자의 『대동(大同)』이나 『산해경(山海經)』 등에서도 찾아볼 수 있다. 그러나 사상적으로 공자의 '대동' 사회와 도연명의 도화원은 다른 면을 갖고 있다. 우선 공자의 대동 사회는 '덕치(德治)'의 제도화를 통해 실현하고자 했던 유가적 이상향을 그려내고 있다.

> 큰 도가 행해질 때 천하는 공유[공평]하였으며 현명하고 능력 있는 자를 등용하고 신의와 화목함을 중시하였다. 그러므로 백성들은 자신의 부모만을 공경하거나 자신의 자식만을 돌보지는 않았고, 노인은 죽을 때까지 편안하였으며, 장정은 쓰이는 바가 있었고, 어린이는 잘 자라도록 돌봤으며, 홀아비, 과부, 고아, 외롭고 병든 자들 모두 부양받는 바가 있었고, 남자는 역할이 있었으며, 여자는 시집갈 곳이 있었고, 재물이 땅에 버려지는 것을 꺼리지만 자기 것으로

저장하지 않았으며, 스스로 힘써 일하는 것을 꺼리지 않았으나 반드시 자기만을 위하여 힘쓰지는 않았다. 이런 까닭으로 잔꾀가 일어나지 아니했으니 도둑과 난적들이 생기지 않았다. 그러므로 문이 있어도 닫지 않는 세상이니 이를 일러 대동(大同)이라 한다.

공자는 '대동'이라는 개념을 사용하여 요임금에서 주나라 무왕에 이르는 이상적 통치 체제를 설명하고 이러한 이상 국가를 실현하고 확장시키고자 하였다. 그러나 공자 역시 대동 사회는 이미 먼 과거의 일이 되어버렸음을 한탄하며 현실은 소강(小康) 사회임을 애석해하고 있다. 『대동』과 비교한다면 도연명의 '도화원'은 사상적으로 노자의 소국과민(小國寡民)론에 기초하고 있다. 즉 이상적인 사회가 되기 위해서는 '나라는 작고 백성은 적어야 한다'는 것이다. 이는 춘추전국시대 이후 도연명이 살았던 동진 시대에 이르기까지 백성들의 삶을 피폐시킨, 국가를 확장하고자 하는 토지 겸병 전쟁에 대한 염증에서 비롯된 사유라고 볼 수 있다.

도연명은 중국 역사에서 가장 혼란했던 위진남북조(魏晉南北朝)의 동진(東晉) 말기부터 송(宋)대 초기까지 살다 간 문인이다. 이 시대는 끊임없는 전란에서 비롯되는 혼란과 궁핍, 귀족과 관리들의 전횡과 부패로 백성들의 생활이 극도로 피폐해진 상황이었다. 이처럼 혼란한 시대 상황 가운데서도 여전히 유가적 이상주의를 통치의 지향점으로 내세우는 위정자들의 위선과 전횡을 목도하면서 당시 지식인들은 현실에 환멸을 느끼고 자연에 은둔하며 현묘한 이치를 논하고 청담(淸談)을 즐겼다. 이들이 이상향으로 상상하던 사회는 바로 노자가 말한 소국과민의 세상이었다고 볼 수 있다. 이 당시 출현한 죽림칠현(竹林七賢)* 역시 은일

* 중국 진(晉)나라 초기에 노장(老莊)의 무위자연 사상을 숭상하며 죽림에 모여 청담으로 세월을 보낸 일곱 명의 선비. 혜강(嵇康), 산도(山濤), 왕융(王戎), 유영(劉伶), 완적(阮籍), 완함(阮咸), 상수(尙秀)를 지칭한다.

한 삶을 추구했던 지식인들이다. 죽림칠현은 자신들만의 무정부주의적 사유를 실현하고자 했던 문인 공동체로 볼 수 있다. 도연명이 『도화원기』와 함께 쓴 '도화원시(桃花源詩)'를 보면 제도적 통치를 거부하는 무정부주의적 성격이 묘사되고 있다.

> 봄누에로부터 긴 실을 얻고 가을에 수확을 해도 왕에게 바치는 세금은 없다.
>
> …
>
> 책력의 표시 없어도 사철은 저절로 한 해를 이룬다.
>
> 기쁘면서 즐거움이 넘치는데 무엇 때문에 지혜를 쓴다고 수고하리.

도화원은 이 시기 청담 사상과 마찬가지로 노장사상에 뿌리를 둔 무정부주의적 성격이 강한 유토피아라고 할 수 있다. 그러나 도연명은 죽림칠현처럼 은둔 생활을 하던 지식인들과는 다른 분명한 차이점을 나타내고 있는데, 그것은 바로 노동하는 삶을 중시한다는 것이다. 도연명의 많은 작품들은 안빈낙도(安貧樂道)의 즐거움을 노래하는 한편, 노동을 통해 평민들과 어우러지는 생활의 즐거움을 묘사하고 있다. 이러한 면모는 『도화원기』 외에 '귀거래사(歸去來辭)'에서도 나타난다.

> 친지들과 정담을 나누는 것이 내 기쁨이요,
>
> 거문고와 책, 이것만이 내 즐거움이라, 온갖 시름 다 실어 보내는데,
>
> 농사꾼이 내게 와 봄이 왔다 일러주니 나도 서쪽으로 밭갈이 가야겠네.
>
> …
>
> 청명한 날이면 홀로 산책을 하고, 지팡이 세워두고 밭일을 하여보자.
>
> 동녘 언덕에 올라 시도 읊어보고 냇가에서 시 한 수 지어보리라!

『도화원기』에 펼쳐진 세상은 '다스림(治)'이 존재하지 않는 세상이다. 이와는

달리 공자의 대동 세상은 '다스림'을 전제로 한 세상이다. 청나라 말기의 개혁적 관료이자 지식인이었던 강유위는 『대동서(大同書)』를 저술하여 대동 사회로 새로운 중국을 건설하고자 하였다. 그리고 유토피아는 문학에서 하나의 정전으로 자리매김했고, 신해혁명 이후 오늘날 중화인민공화국에 이르기까지 문학 속의 '상상'을 일상의 '현실'로 구현하고자 하는 실험은 계속되었다. 그러나 도연명의 도화원은 이상적인 제도의 완비를 전제로 하는 곳이 아니었다. 그곳은 무위자연(無爲自然)과 안분지족(安分知足)을 전제로 한다면 이 세상 어디에서나 실현 가능한 사회라는 것을 『도화원기』는 말해주고 있는 것이다.

『도화원기』

진(晉)나라 때 무릉(武陵) 지방의 한 어부가 어느 날 배를 타고 시내를 따라가다가 물길을 잃었는데, 시내 양안에 복숭아꽃이 만발한 곳이 나타났다. 이를 궁금히 여긴 어부가 시냇물이 시작되는 곳까지 계속 나아가니 작은 동굴이 있었다. 동굴 속으로 몇십 보 들어가자 시야가 훤하게 트였다. 그곳에는 아름다운 집들과 기름진 전답, 깨끗한 연못, 뽕나무와 대나무 숲이 펼쳐져 있었다. 사방에서 개 짖는 소리와 닭 우는 소리가 한가로이 들리는 가운데 사람들이 오가며 김을 매고 있었다. 남녀노소 모두 즐거움에 넘치는 모습들이었다. 그들은 어부를 보고 크게 놀랐다. 이 사람들은 선조들이 진시황의 폭정을 피해 처자와 마을 사람들을 이끌고 이곳에 온 이후 다시 밖으로 나가지 않고 외부와 단절된 삶을 살고 있었다. 사람들은 돌아가며 어부를 집으로 초대해 술과 음식을 대접하였다. 그렇게 며칠을 머문 후 어부가 마을을 떠날 때 사람들은 바깥세상에 알리지 말라고 부탁했다. 어부는 동굴을 나와 배를 타고 가면서 곳곳에 표식을 해두었다. 고을로 돌아와 태수에게 자초지종을 고했더니, 태수는 사람을 보내 물길을 찾아 나서게 했으나 다시는 그곳을 찾아내지 못하였다. 그 후로 그곳은 전설의 이상향(理想鄕)으로 전해지게 되었다.

도연명

도연명(陶淵明, 365~427)의 이름은 잠(潛), 호는 오류선생(五柳先生)이다. 국화와 술을 벗 삼았던 동진(東晉) 시기의 문인으로 중국 문학사에서 전원시(田園詩)와 은둔시(隱遁詩)의 시조로 평가받는다. 평생 전원생활을 동경했던 도연명이 41세에 관직을 사임하면서 쓴 '귀거래사(歸去來辭)'는 오늘날까지 회자되는 작품이다. 작품으로 '귀원전거(歸園田居)', 『도화원기』, 『오류선생전(五柳先生傳)』 등이 있으며, 그의 시가와 사부(詞賦) 및 문장은 왕야오(王瑤)가 편찬한 『도연명집(陶淵明集)』으로 전해진다.

잃어버린 흔적을 찾아 떠나는 여행: 알레호 까르뻰띠에르의 『잃어버린 발자취』

황수현

악연(惡緣)에서 선연(善緣)으로

알레호 까르뻰띠에르(Alejo Carpentier)의 『잃어버린 발자취(Los pasos perdidos)』는 개인적으로 질긴 인연을 가진 책이다. 학부 시절 교환학생으로 수학한 라틴아메리카 어느 대학의 수업에서 처음 만나 책도 읽지 못한 상태에서 관련 수업을 들었으며, 박사과정 입학시험에서도 다시 만나 뜻도 모르는 행간의 미로 속을 헤매었고, 결국 이 작품의 한국어 번역자로 다시 조우했기 때문이다. 솔직히 이 책을 처음 접했을 때의 난감했던 기억을 잊지 못한다. 음악과 건축 분야의 전문용어가 넘쳐나고 원주민 부족의 언어가 열대의 증기처럼 피어오르니 약간은 낯설고 기괴하여 마르케스의 『백년의 고독』의 도입부를 읽는 느낌이었다. 놀이공원 공포 체험장의 귀신만큼 자주 출몰하는 낯선 단어와 맞서기 위해 스페인 친구와 쿠바 출신 지인들을 수시로 괴롭혔던 책 『잃어버린 발자취』, 이렇듯 악연으로 시작한 『잃어버린 발자취』와의 관계가 아무쪼록 선연으로 끝나기를 바랄 뿐이다. 알레호 까르뻰띠에르의 『잃어버린 발자취』는 어찌 보면 우리의 원형인 '흔적' 혹은 '발자취' 찾기에 대한 이야기이며, 이는 유토피아 세계의 라틴아메리카 버전으로 해석할 수 있다. 이제 엘도라도(El Dorado)의 땅 라틴아메리카의 유토피아는 이 작품에서 어떻게 형상화되고 있는지 까르뻰띠에르식 유토피아 이야기를 들어보자.

알레호 까르뻰띠에르의 『잃어버린 발자취』

토머스 모어의 『유토피아』(1516) 발간 500주년을 맞아 유토피아의 당대적 의미를 다시 생각하는 일은 가치 있는 일일 것이다. 무엇보다 라틴아메리카 문학 전공자가 해당 문학작품을 통해 유토피아의 다른 색을 찾거나 형태를 그릴 수 있다면, 이는 상상의 캔버스에 담겨진 토포스(topos)를 현재로 불러들이는 일이 될 것이요, '마술적 사실주의'와 '경이로운 현실'로 덧칠된 라틴아메리카 문학의 환상성에 가려진 실제의 귀환을 추동하는 원형 찾기의 모색이 될 것이다. 알레호 까르뻰띠에르의 『잃어버린 발자취』는 이른바 '마술적 사실주의(realismo mágico)' 문학의 대표작인 마르케스의 『백년의 고독』과 비견되는 작품이다. 20세기 라틴아메리카 소설의 최고봉으로 간주되는 이 작품은 도시와 밀림, 문명과 야만이라는 도식적 구분을 넘어, 동시대에 다른 시간의 배경을 가진 라틴아메리카 특유의 시공간의 혼재를 문학적으로 형상화하는 데 성공하고 있다. 특히 그의 문학작품의 바로크적 요소와 초현실주의적 기법은 까르뻰띠에르 자신이 창조한 '경이로운 현실(lo real maravilloso)'이라는 용어에 걸맞게 진화하였고, 1960년대 붐 소설의 확산과 더불어 그의 문학은 '경이로운 현실주의'의 진원지에 위치하게 되었다. 이렇듯 라틴아메리카 문학은 물론 세계문학계의 주목을 받은 작가의 작품이 스페인어 문학 전공자 외에 다른 학계와 국내 독서 시장에 잘 알려지지 않은 이유는 그의 작품, 특히 대표작이라 할 수 있는 『잃어버린 발자취』가 아직 출판되지 않은 데 있다. 열대 야생의 정글을 공간적 배경으로 차용하고 원주민의 언어를 포착 흡인하며 서구 문화(음악, 건축)에 대한 해박한 지식을 풀어놓은 이 소설은, 난해하고 풍요로운 언어의 성찬이지만 이로 인해 언어의 미로, 즉 글 안에서 길 찾기가 쉽지 않다. 여하튼 소설의 특성을 살펴보기 전에 까르뻰띠에르 작품의 탄생 배경과 작가의 문화적 자양분을 알아봄으로써 작품에 배태된 난해함에 일종의 면죄부를 부여하고자 한다.

까르뻰띠에르는 스위스 로잔에서, 프랑스계 건축가인 아버지와 러시아 출신 언어 교사인 어머니 사이에서 태어났다. 갓난아이 때 가족이 쿠바의 수도 아바나로 이주하여 그곳에서 유년 시절을 보내게 되는데, 아버지에게서 문학을 어머니에게서 음악을 배우며 성장했다. 이후 중고 교육과정을 밟기 위해 건너간 파리에서 음악 이론과 피아노에 심취하였으며, 다시 쿠바로 돌아와서는 음악과 건축학에 대한 지식 지평을 확장하는 데 몰두한다. 1920~1930년대는 쿠바의 정치적 혼란기였고 조국의 현실을 방관할 수 없었던 청년 알레호는 다른 예술가들과 함께 독재 정부에 항거하는 조직에 가담한다. 결국 조국의 암울한 정치적 현실은 그로 하여금 자발적 망명의 길을 떠나게 하였고 까르뻰띠에르는 카리브해 건너의 베네수엘라로 향한다. 그는 1945년에서 1959년까지 카라카스에 거주하며 『지상의 왕국』, 『잃어버린 발자취』, 『시간의 전쟁』 등을 집필한다. 1947년 베네수엘라 내륙의 산까를로스 데 리오네그로 여행에서 라틴아메리카의 또 다른 세계인 밀림과 조우했으며 이를 통해 '라틴아메리카는 상이한 시기가 동시에 공존하는 유일한 대륙'임을 깨닫고 『잃어버린 발자취』 집필의 영감을 얻게 된다.

『잃어버린 발자취』와 유토피아

토머스 모어의 『유토피아』에는 윈드백이 유토피아라는 섬나라에 바치는 시 한 편이 있다.

> '노플라키아(NOPLACIA)', / 즉 '누구도 가지 않는 곳'이 한때 내 이름이었다. / 플라톤의 '국가'가 나와 필적하는 나라라고, / 혹은 내가 게임에서 이겨먹은 나라라고, 나는 이제 주장하겠다. / 그의 공화국은 그저 산문 속 신화에 불과했지만, / 나는 실제로 그가 그렸던 나라, / 사람들과 부와 굳건한 법률 체계를 지닌 나라가 되었기 때문이다. / 이제 '현명한 사람이라면 누구나 가는 곳', / '고플라키아(GOPLACIA)'가 내 이름이 되었다.*

유토피아는 '노플라키아', 즉 '어디에도 없는 곳' 혹은 '누구도 가지 않는 곳'이라는 뜻이지만 '고플라키아', 즉 '가고 싶은 곳' 혹은 '갈 수 있는 곳'이 되면 상상의 섬으로 변모한다. 섬은 일반적으로 고립된 곳, 외부와의 교류가 쉽지 않은 장소이고 인간 사회의 구차한 일상과는 거리가 있는 장소이니, 토머스 모어가 유토피아를 상상하며 떠올린 지구 상의 공간은 미지의 대륙 아메리카였을 것이다. 토머스 모어는 베스푸치의 여행기에서 영감을 얻어 작품의 공간적 배경으로 아메리카를 떠올렸을 것이고, "사유재산을 갖고 있지 않으며 모든 것들을 공유한다. 그들은 왕이나 정부 없이 공동생활을 하며 각자가 자기 자신의 주인이다. … 그들은 본성에 따라 생활하며 …"**라는 대목에서 깊은 감명을 받았을 것이다. 왜냐하면 베스푸치가 기술한 라틴아메리카는 토머스 모어가 언급한 유

* 토머스 모어, 『유토피아』, 류경희 역, 펭귄클래식 코리아, 2010, 37쪽.

** 베스푸치의 『신세계』(1505)에 나오는 내용이다. 토머스 모어, 위의 책, 246쪽에서 재인용.

토피아 사회와 여러 면(주택 등의 공동소유와 보석에 대한 경시 풍조 등)에서 닮아 있기 때문이다. 결국 서구 사회에서 '낙원의 상실과 회복'에 대한 강박관념이 새로운 이상향을 찾게 된 동력의 한 부분이었고, 라틴아메리카는 토머스 모어의 '유토피아'의 적절한 모델이었을지도 모른다. 이렇듯 서구인들이 이상향으로 꿈꾸던 땅 라틴아메리카. 그곳에는 엘도라도의 전설이 떠돌고 있었으며 수많은 이들이 황금의 땅이라는 매혹적인 허명을 좇아 배에 올랐고 길을 떠났다. 과연 그 땅은 그들에게도 유토피아였을까? 그들은 어떤 유토피아의 세계를 그리고 있었을까? 멕시코의 지성 카를로스 푸엔테스가 라틴아메리카의 전통을 "끝없는 반란과 배반 그리고 끝없이 유토피아를 갈망하는 전통"이라고 일찍이 설파했던 만큼 서구인들뿐만 아니라 라틴아메리카 사람들도 유토피아를 분명히 꿈꾸었을 것이다. 이제 라틴아메리카의 유토피아는 무슨 색일지, 알레호 까르뻰띠에르가 창조한 유토피아의 세계는 어떠한 것일지 그 길을 찾아 떠나고 싶어진다.

고전적 의미의 유토피아 소설이 주로 여행 이야기를 다루고 있는 것처럼 『잃어버린 발자취』도 여행 이야기의 구조를 지닌다. 하지만 까르뻰띠에르 작품의 시공간 개념의 차별성은 여행 서사의 구조를 달리하는 동인이 된다. 그는 라틴아메리카에는 서로 다른 시간(시대)이 혼재하는 만큼 형태의 차별성이 있다고 주장한다.

> 아메리카 대륙은 상이한 세기가 공존하는 유일한 지역이다. 그곳에서 20세기의 사람은 신생대 제4기의 사람, 또는 신문과 통신도 존재하지 않는, 중세와 유사한 지역의 주민과 만날 수 있으며 … 오리노코 강을 거슬러 올라간다는 것은 시간을 거슬러 올라가는 것이다.***

*** Gerald J. Langowski, *El surrealismo en la ficción hispanoamericana* (Madrid: Gredos, 1982), p. 93에서 재인용.

시간의 역전이 가능한 공간 혹은 동일한 시간에 상이한 세기가 공존하는 공간인 라틴아메리카는 경이로운 땅이었을 것이고, 작품의 공간적 배경으로 등장하는 산따모니까(Santa Mónica)는 『백년의 고독』의 마콘도(Macondo)처럼 원형적 세계이자 까르뻰띠에르가 바란 생명의 세계지도를 구현할 공간이었을 것이다. 이제 여행을 통한 공간의 이동은 배경만 바꾸는 것이 아니라 시간을 거슬러 올라가 콜럼버스가 아메리카에 도착한 시기로 인도한다. 황금 목걸이를 한 원주민과 성경에 십자가를 든 서구인의 첫 만남이 이루어진 15세기 후반과 16세기 초반의 역사를 작품에 소환한다. 이질적인 문화적 배경을 지닌 두 집단의 만남이 라틴아메리카라는 혼교(mestizaje)의 문명을 만들어낸 역사적 동인이었으나, 까르뻰띠에르는 라틴아메리카의 정체성을 콜럼버스 도착 전의 고대 문명으로부터 면면히 이어오는 전통에서 찾고 있는 만큼 마야인의 경전 『포폴 부』에 나오는 여러 구절을 삽입하며 서구 문명이 도착하기 전의 원형적 세계로의 여행을 권유하고 있다. 이는 그의 또 다른 작품의 제목이기도 한 '씨앗으로의 여행'을 의미하는 것일까. 결국 도시(문명)/밀림(야생)의 등식을 거부한 까르뻰띠에르에게 시원적(始原的) 세계는 시간의 세계를 거슬러 올라 만나는 야생의 민낯을 지닌 낙원의 형태를 띤다.

인간의 삶에 대한 근본적 질문을 던질 수 있는 세계, 그곳이 밀림(selva)이라면 이제 야생으로의 틈입은 두렵지 않다. 주지하다시피 레비스트로스는 『야생의 사고』를 통해 문화상대주의적 입장을 내세우면서 문명인/미개인, 과학적 사고/주술적, 신화적 사고의 이분법적 구별에 반대하고 야생의 사고를 인간의 본원적인 사고 형태로 간주했다. 이는 서구의 시선으로 재단된 문명의 기준을 바꿀 것을 제안하는 인류학적 해법이었다. 까르뻰띠에르도 '야생 세계의 가치'를 복원할 것을 제안한다. 즉 인간의 순수성을 회복할 수 있는 유일한 공간으로 밀림(산따모니까)을 제시한다. 주인공-화자는 유년 시절을 복원할 수 있는 곳으로 산따모니까를 상정하고 있으나 이미 문명인으로 성장한 그에게는 낯설기만 하다. 도시

공간이 교통 표지판과 점멸하는 신호등으로 코드화된 공간이라면 밀림으로 향하는 길은 숨겨진 낙원의 표식을 찾는 미로다. 길 찾기에 합리적 이성은 필요치 않고 주술적이며 본능적인 감각에 의존해야 하는데, 통과의례처럼 주어진 세 번의 시험은 숨겨진 도시의 건설자인 아델란따도만이 아는 암호와도 같았다. 세 번의 시험(밀림의 공포, 오리노코 강의 세찬 물살, 종이와 잉크로 대변되는 문명사회로의 회귀 욕망) 중 가장 힘들었던 것은 바로 작곡가인 주인공의 음악적 영감을 기록할 종이와 잉크의 유혹이었다. "그러나 이곳에 없는 물건들을 두 단어로 요약할 수 있다는 사실을 인정한다. 종이와 잉크." 마침 도시에 두고 온 아내 루스가 자신을 찾으려고 보낸 비행기의 소리가 들리고, 작곡에 대한 미련이 남은 그는 일단 도시로 귀환한다. 아내와의 이혼과 같은 현실적인 문제를 해결하고자 동분서주하면서 시간은 흐르고, 마침내 밀림의 연인 로사리오를 만나기 위해 다시 돌아오지만 자신의 사랑 로사리오는 이미 혼인하여 남의 아내가 되어 있다. 실망한 주인공은 이제 더 깊은 밀림 지역, 야만인이 산다는 곳을 향해 발길을 돌린다. 자신이 이상향으로 삼고 있는 밀림의 세계에 동화하려 노력하였으나 다시 도시로 귀환해 시간을 끌게 되고 결국 자신이 꿈꾸던 공간으로 회귀하는 것에 실패한 주인공은 문명 세계와 산따모니까를 버리고 더 깊은 밀림으로 향한다.

잃어버린 흔적을 찾아서

『잃어버린 발자취』에서 도시적 삶에 익숙한 주인공-화자는 라틴아메리카의 밀림에 들어가 생활하며 그들의 삶의 방식을 통해 '유토피아'적 삶을 향유한다. 유토피아라고 느꼈던 밀림 생활의 기쁨에도 불구하고 불현듯 찾아오는 문명에 대한 기억과 향수로 인해 야생의 공간을 버리고 문명사회로 틈입했다 다시 돌아오지만, 주인공을 기다리는 것은 사랑했던 인디오 여인 로사리오의 변심이었고 결국 이곳과 저곳에도 속하지 못하는 주변인이 되어 더 깊은 밀림으로 발길을 돌린다.

『잃어버린 발자취』는 도시인이 물질문명의 세계 혹은 자신의 문화적 배경과 살아온 공간을 쉽사리 버릴 수 없음을 인식하고 야생의 세계에서 이성 중심의 세계로 귀환하는 여정을 그리는 도식적 스토리가 아니다. 이 작품의 서사적 특징은 문명 세계를 표상하는 도시적 삶을 떠나 원형적 삶을 찾아 더 깊은 밀림으로 나아가는 과정에 있다. 까르뻰띠에르식 유토피아 찾기의 경계(한계)는 주인공의 동선과 일치한다. 즉 화자는 서구 정신사의 두 가지 기둥인 기독교 문화와 그리스적 사유의 세례를 받은 지식인이자 예술가로, 종이와 잉크의 유혹에서 자유롭지 않았다. 또한 비록 밀림이라는 야생의 세계를 탈신화화하는 데 성공하지만 로사리오의 결혼으로 돌아갈 곳이 사라지자 제3의 길을 떠나는 방랑자의 모습을 보인다. 이는 서구의 독법으로 읽혀진 라틴아메리카가 아닌 라틴아메리카인 스스로 체험하고 느끼는 실제의 라틴아메리카에 대한 발견을 위한 모색이며, 오늘의 민낯을 찾기 위해 혼융된 과거의 기억을 되살리는 원형 찾기의 작업이라 할 수 있을 것이다.

『잃어버린 발자취』

어느 날 음악가인 주인공은 라틴아메리카 원주민 음악을 연구하는 데 필요한 원주민 악기를 찾아달라는 제안을 받는다. 주저하다 떠난 여행은 베네수엘라의 밀림을 거슬러 올라가는 험한 여행이었고, 동반했던 연인은 열병으로 중도 포기하고 돌아간다. 여행을 계속하던 주인공은 원주민 여인 로사리오를 만나 원주민들의 삶을 이해하고 그녀와 사랑에 빠진다. 하지만 문명의 유혹, 즉 펜과 종이의 유혹을 뿌리치지 못하고 도시로 귀환한다. 그림자처럼 자신을 에워싼 밀림에 대한 향수와 로사리오에 대한 그리움 때문에 다시 밀림 속으로 떠나지만, 그가 다시 찾은 밀림은 또 다른 풍경이었으며 그곳에 틈입할 수 없는 자신의 처지를 깨닫고 제3의 공간으로 발길을 돌린다.

알레호 까르뻰띠에르

알레호 까르뻰띠에르(Alejo Carpentier, 1904~1980)는 스위스 로잔에서, 프랑스계 건축가인 아버지와 러시아 출신의 언어 교사인 어머니 사이에서 출생하였다. 출생 후 쿠바의 아바나로 이주하여 유년 시절의 대부분을 아바나 외곽의 시골에서 보냈으며 중고 과정은 파리에서 이수하였고 이때 음악 이론과 피아노에 심취하여 평생 음악에 대한 열정을 지니게 된다. 이후 쿠바로 돌아와 음악과 건축학을 계속 공부하였으며 청년기에는 다른 예술가들과 함께 독재에 항거하는 조직적인 활동에 참여한다. 결국 조국의 암울한 정치적 현실에 실망한 알레호는 카리브 해 너머의 베네수엘라로 건너가 1945년에서 1959년까지 거주하며 『지상의 왕국』(1949), 『잃어버린 발자취』(1953), 『시간의 전쟁』(1958) 등을 집필한다.

이룰 수 없는 꿈, 꾸지 않을 수 없는 꿈: 거페이의 『복사꽃 피는 날들』*

김순진

거페이(格非)의 『복사꽃 피는 날들(人面桃花)』(김순진 역, 창비)은 20세기 초 신해혁명 전후를 배경으로 한 유토피아 드림을 여주인공 루슈미의 인생을 통해 다루고 있는 작품이다. 이 작품의 원제목은 '인면도화'로 당나라 때의 시인 최호의 '제도성남장(题都城南庄)'이라는 시에서 따왔다. 최호는 이 시에서 "작년 오늘 이 문 안에서, 사람 얼굴과 복숭아꽃이 서로 붉게 비추었거늘. 사람은 어디로 갔는지 알 수 없지만, 복사꽃은 여전히 봄바람에게 웃음을 보내는구나(去年今日此门中. 人面桃花相映红. 人面不知何处去. 桃花依旧笑春风.)"라고 노래했다. '다시 만날 수 없는 아름다운 복숭아꽃처럼 어여쁜 얼굴'이라는 의미를 지닌 '인면도화'는 이 작품에서 '실현될 수

* 이 글은 2009년 2월 「외국문학연구」에 발표한 '거페이(格非)의 『인면도화(人面桃花)』 속 유토피아 드림'을 수정한 것이다.

없고 다시 꿀 수 없는 아름다운 꿈'을 의미한다.

이 작품에는 이상 사회를 꿈꾸는 네 사람의 주요 인물이 등장한다. 낭만적 공동체인 도화원을 염원한 슈미 아버지 루칸, 혁명으로 '대동 세계'를 실현하고자 했던 장지위안, 화자서(花家舍)라는 토비 마을에 유토피아 공동체를 세우려 한 왕꽌칭, 그리고 이들의 유토피아를 복합적으로 계승한 슈미가 그들이다. 그리고 『복사꽃 피는 날들』은 각 인물들의 유토피아 드림을 중심으로 해서 모두 4장으로 구성되어 있다. 1장은 루칸이 집을 나간 후 밝혀지는 루칸의 도화원 환상과 루칸의 가출 직후 그의 집으로 들어온 장지위안의 행적과 죽음으로 구성되어 있다. 2장에서는 장지위안의 일기장을 통해 그가 꿈꾼 혁명 유토피아의 모습을 보여주고 토비들의 소굴인 화자서를 묘사하고 있으며, 3장에서는 고향인 푸지(普济)로 돌아온 슈미가 행하는 다양한 개혁과 그녀가 세운 푸지 학당 및 그녀의 혁명 실패 과정을 묘사하고 있다. 그리고 마지막 4장에서는 감금에서 풀려난 슈미의 삶과 그녀의 죽음이 묘사되어 있다.

루칸과 장지위안과 왕꽌칭의 유토피아 드림은 모두 슈미의 탐색과 시선으로 그 모습을 드러낸다. 슈미가 사라진 아버지의 흔적을 찾으면서 아버지 루칸의 유토피아가 드러나고, 장지위안이 사망한 후 그의 일기를 통해 장지위안의 혁명 유토피아 드림이 밝혀진다. 그리고 화자서를 살피는 슈미의 시선을 통해 왕꽌칭이 이루려고 한 유토피아 드림이 나타난다. 이 세 사람의 유토피아는 슈미를 통해 푸지라는 마을에서 그 실현 가능성을 꿈꾼다.

이들의 유토피아 드림은 모두 평등한 대동 사회를 꿈꾸고 있다. 하지만 루칸과 왕꽌칭이 추구했던 유토피아 드림은 중국의 전통적인 유토피아 드림이고, 장지위안의 유토피아는 서구의 영향을 받은 혁명적이고 근대적인 유토피아 드림이다. 즉 전자에서 노장(老莊)의 영향을 받은 무릉도원의 흔적을 찾아볼 수 있다면, 후자에서는 중국 근대 혁명가들이 주장했던 무정부주의적 특성을 찾아볼 수 있다.

루칸은 자신이 살고 있는 마을 푸지가 도연명이 발견한 도화원이고 마을 앞에 있는 강이 바로 무릉원(武陵源)이라고 믿었다. 가가호호마다 집 앞에 복숭아나무를 심고 마을 전체를 잇는 긴 야외 복도인 풍우장랑을 만들어 마을 사람들이 햇빛도 피하고 비에도 젖지 않도록 하고 싶어 했다. 다소 낭만적이고 환상적인 아버지의 유토피아 드림은 그가 선물로 받았던 '도원도(桃園圖)'라는 그림과 밀접하게 연관되어 있다. 아버지의 이름이 도연명의 증조부 이름과 같은 '칸(侃)'이라는 점 역시 아버지의 유토피아 드림이 도연명과 연관된 중국의 전통적인 문화 사유 속에서 발생한 것임을 보여준다. 그리고 슈미가 토비들에게 잡혀가 감금된 곳인 화쟈서는 외부와 단절된 공간으로, 아버지의 이상이 완전히 허황된 망상만은 아니었음을 보여주고 있다.

슈미는 쟝지위안이 사망한 후 어머니가 시키는 대로 혼인을 치르기 위해 신랑 집으로 가는 도중 토비들에게 납치되어 화쟈서라는 곳으로 끌려간다. 그곳에서 슈미는 놀랍게도 아버지가 만들고자 했던 풍우장랑을 보게 된다. 그 장랑은 거미줄처럼 각 집의 정원과 연결되어 있고, 양쪽에는 물길이 파여 있어 모든 사람들이 같은 물줄기에서 내려오는 물을 마실 수 있었다. 심지어 집의 구조와 정원도 모두 똑같았고 창문의 방향과 모양마저 같았으며 사람들은 똑같은 옷차림에 같은 머리 모양을 하고 있었다. 왕꽌칭이 슈미의 꿈속에 나타나 했던 말은 화쟈서 유토피아가 아버지의 이상을, 그리고 중국의 전통적인 유토피아 상상을 그대로 담고 있음을 보여준다.

> 밖에서는 화쟈서가 토비의 소굴로 보이겠지. 그렇지만 이곳은 세상 밖에 있는 진정한 도화원이란다. 내가 이곳에서 심혈을 기울인 지 근 이십 년이 되었다. … 밤에 문을 닫지 않아도 물건을 잃어버리지 않으니 진실로 요순시대라고 할 수 있지. 심지어 집집마다 내리비치는 태양도 모두 똑같아. 봄기운은 따스하고 경치는 깨끗하며 이슬비는 부드럽고 복숭아꽃과 배꽃이 아름다움을 서

로 다툴 때면 벌들도 길을 잃곤 하지. (208~209쪽)

이외에도 “뽕나무와 대나무와 아름다운 호수가 있어 몇 걸음만 걸어도 흥취가 생기고, 흰머리 노인과 아이들 모두 즐거워하며, 봄빛은 아름다운 경치를 불러주고 가을 서리는 국화와 게를 가져다주고, 가벼운 바람에 쪽배가 흔들리고 옷깃은 바람에 날”려서 “천지가 융합”하는(209쪽) 곳으로 묘사된 화쟈서는 그야말로 도연명이 말한 도화원이고 중국인의 상상 속 낙원이다. 도연명의 『도화원기』를 보면 왕관청의 회상 속에 있는 화쟈서와 무릉도원이 얼마나 흡사한지 분명하게 알 수 있다. 『도화원기』의 ‘기(記)’에서 도연명은 무릉도원의 “토지는 평탄하고 넓었으며, 집들이 정연하게 들어서 있었고, 기름진 밭과 아름다운 못, 뽕나무와 대나무가 있었다”라고 묘사하고 있다. 또한 『도화원기』에 부수된 ‘시(詩)’에는 “어린이는 뛰놀며 노래하고, 머리가 희끗한 노인은 유유히 걸으며 즐기네. 풀이 무성하면 계절이 좋은 것을 알고, 나무가 시들면 바람이 거센 것을 아네. 달력을 적지 않아도 사계절이 바뀌면 저절로 한 해가 간다. 조용하고 담담한 즐거움이 넘치니 어디에 지혜를 부릴 것인가”라고 되어 있다.

반면 아버지가 실종된 다음 날 어머니를 찾아와 함께 있게 된 혁명 당원 쟝지위안은 일본에도 여러 번 다녀온 적이 있는 서구적인 인물로 매우 급진적인 대동 의식을 지니고 있다. 쟝지위안이 속한 조직으로 대동 천하 실천을 목적으로 하는 ‘조고회(蜩蛄會)’는 유럽에서 모제르총을 들여오기도 하는 등 매우 근대화된 단체다. 조고회 두목들이 연락을 주고받을 때 사용하는 신물이었던 금매미인 ‘조고’는 중국어로 ‘즈랴오(知了)’라고도 하는데, ‘즈랴오’는 ‘알다’의 의미를 지니고 있기도 하다. 그러므로 금매미로 상징되는 조고회는 역사의 보편적인 진리에 대한 깨달음과 각성에 대한 열망을 지니고 있으며, 구체적으로는 그들이 받아들인 현대 계몽주의에서 유래된 이상을 추구한다고 할 수 있다. 청나라 말기 무정부주의자들의 흔적도 찾아볼 수 있는 그들의 혁명 사상은 매우 극단적이다. 예를 들어 쟝지위안은 결혼에 대해 다음과 같은 주장을 펼치기도 한다.

> 앞으로의 사회는 모든 사람이 평등하고 자유로워서 혼인하고 싶은 사람과 혼인하게 돼. 만일 원한다면 심지어 자신의 친여동생과도 혼인할 수 있어. (79쪽)

또한 조고회는 다음과 같은 '십살령(十殺令)'을 마련하기도 했다. '1. 부동산이 사십 묘를 넘는 자는 죽인다. 2. 고리대금업자는 죽인다. 3. 조정 관원 중에 행적이 악랄한 자는 죽인다. 4. 기녀는 죽인다. 5. 도둑질한 자는 죽인다. 6. 문둥병이나 장티푸스 등 전염병 환자는 죽인다. 7. 여성과 아동, 노약자를 학대한 자는 죽인다. 8. 전족 한 자는 죽인다. 9. 사람을 매매한 자는 죽인다. 10. 매파, 무당, 중, 도사는 모두 죽인다.' 이는 이군이 『청의보(清議報)』에 쓴 '살인론(殺人論)'과 매우 흡사하다. '살인론'은 『청의보』 88기(期)에 쓰인 글로 "중국은 망했다, 중국은 망했다! 망했지만 살 수 있는 방법은 오로지 사람을 죽이는 것이다. 살인은 어쩔 수 없다"로 시작하여 매우 극단적인 주장을 펼치고 있다.

슈미는 쟝지위안의 혁명이라는 방법을 사용하지만 궁극적으로는 아버지 루칸과 왕꽌칭의 유토피아를 실현하고자 한다. 슈미가 푸지에 건설하고자 했던 사회는 루칸이 꿈꾸고 화쟈서에서 보여주었던, 차별뿐 아니라 차이마저 존재하지 않는 바로 이러한 사회였다.

> 그녀는 푸지 사람들을 모두 같은 색, 같은 모양의 옷을 입는 같은 사람으로 만들려고 해. 마을의 각 가구의 집은 크기와 양식이 모두 똑같아야 해. 마을의 모든 땅은 누구에게도 속하지 않지만 동시에 또 모든 사람에게 속한 것이기도 해. 마을 전체 사람들은 함께 땅을 갈고 일을 해서 함께 밥을 먹고 함께 등을 끄고 잠을 자며, 모든 사람들의 재산은 모두 똑같아. 집에 비치는 태양의 양도 같고 집집마다 지붕 위에 떨어지는 비와 눈의 양도 같아야 하며, 모든 사람의 옷

음도 똑같고 심지어 꾸는 꿈도 모두 같아야 하지. (417~418쪽)

네 사람의 유토피아는 모든 사람이 똑같게 변하는 것으로 강유위의 『대동서(大同書)』를 연상시킨다. 이들은 모든 사람이 같은 생활을 하고 같은 생각을 하고 공동의 권리와 행복을 누리기를 희망한다. 그러나 개개인의 차이와 특성을 없애는 이러한 유토피아 드림은 다른 사람들의 공감을 얻지 못하고 네 사람은 모두 광인으로 취급된다. 슈미를 가장 잘 이해하는 추이롄마저 "그건 모두 그녀 혼자 잠 못 잘 때 공상으로 만들어낸 것일 뿐이야. 평소에 사람들도 모두 그런 생각을 하지만, 생각일 뿐이지 조금 지나면 모두 잊어버려. 그러나 그녀는 정말로 그렇게 하려고 하니 미친 것이 아니면 뭐겠어?"(418쪽)라며 그녀의 유토피아 드림을 무시한다.

슈미가 보육원, 서점, 양로원을 만들고 거대한 수로를 건설했으며, 푸지의 모든 전답을 강에 연결시키고 커다란 식당을 열어 마을 전체가 함께 식사하도록 할 계획을 세웠지만 사람들은 완전히 그녀를 외면했다. 심지어 슈미의 어머니마저 슈미의 아들을 몰래 보육원에서 데리고 나간다. 양로원을 찾은 사람들은 각지를 유랑하는 걸인이거나 의지할 곳 없는 인근 마을의 과부와 홀아비들뿐이었다. 조정의 관병에게 혁명 당원들이 체포되고 있다는 소식이 들리자 슈미와 함께 혁명에 참여했던 대부분의 사람들은 챙길 수 있는 것을 챙겨서 도망을 가버렸다. 학당에 남아 있는 사람들은 대부분 안후이(安徽) 지방에서 피난 온 걸인들이었다. 그들이 도망가지 않은 이유는 단지 도망갈 곳이 없었기 때문이다. 그래도 학당에서는 죽이나 만두라도 먹을 수 있는데 그곳을 떠나 다른 곳으로 가면 그나마도 얻어먹을 수 없기 때문이다. 이들에게 슈미가 행하는 혁명이란 밥을 얻어먹을 수 있고 무료로 숙식을 해결할 수 있는 행위일 뿐이다.

작품 속 인물들의 유토피아 드림을 위한 모든 행동은 실패로 끝나고 만다. 아버지는 실성을 하여 집을 나가고, 슈미 역시 미친 사람 취급을 받았으며, 쟝지위안과 왕꽌칭은 각각 정부군과 수하에 의해 살해당한다. 여기서 중요한 것은 이 모든 실패의 원인은 결국 유토피아를 꿈꾸고 그것을 이루려고 하는 그 욕망 자체에 있었다는 사실이다.

아버지 루칸의 도화원 꿈은 어쩔 수 없이 관직에서 물러나면서 세상에 대해 원망의 마음을 품게 되었기 때문에 생겨났다. 그래서 슈미의 스승으로 루칸을 미워했던 딩수저는 "구름 속으로 홀연히 날아간 학, 재상집 위를 이리저리 날아다니네(翩然一只云中鹤. 飞来飞去宰相衙.)"라는 시를 통해, 호숫가 울타리 옆에서 들국화를 꺾고 차를 우리던 도연명을 흉내 내는 루칸의 마음은 양조우부(扬州府) 관아를 떠난 적이 없다고 비난하기도 했다. 결국 루칸이 도화원을 이루려던 꿈은 자신을 알아주지 않은 세상에 대한 울분에서 나왔다는 것이다. 그리고 그 울분은 세상의 권력 중심으로 들어가고 싶은 루칸의 욕망을 보여주고 있다.

혁명가였던 쟝지위안 역시 세상을 통제하고 세상의 중심에 서고자 했던 욕망을 지니고 있었다. 그리고 그 욕망은 세상에 대한 불만에서 초래되었다. 혁명이 성공된 후 어떠한 세상을 이룰까를 꿈꾸기에 앞서 쟝지위안은 누구를 먼저 죽여야 하는가를 정하기도 한다. 쟝지위안의 일기에 나온 '십살령'의 조항은 세상을 통제하고자 하는 그의 욕망을 강하게 반영하고 있다.

그리고 화쟈서를 만든 왕꽌칭도 이러한 욕망에서 자유로울 수 없었다. 그는 진사(進士)로 있다가 한림원에서 일하기도 하였지만 중년 이후 도를 좋아하게 되어 처와 자식을 버리고 사방을 떠돌며 자연에 의탁하여 살아가던 사람이다. 이후 그는 화쟈서를 모든 사람들이 의식주 걱정 없이 겸양의 예를 갖추며 밤에 문을 잠그지 않아도 잃어버리는 것이 없는 도화원으로 만들고자 하는 욕망을 갖게 되었다. 그러나 이러한 그의 행동 이면에는 죽어서도 오래도록 후세에 이름은 남기는 명예를 얻고자 하는 그의 욕망이 잠재되어 있었다.

결국 정치적 권력에 대한 욕망에서 비롯된 아버지의 도화원 환상, 혁명이라는 이름으로 세상에 대한 울분을 발산하고자 했던 쟝지위안의 유토피아, 죽은 후에까지 영원히 이름을 남기고 싶다는 명예욕에서 탄생된 화자서, 이렇게 사적인 욕망에서 잉태된 유토피아 드림은 '개인적'인 집념이 되었고 이로 인해 이들은 타인과 단절된다. 그리고 자신들의 환상을 실현시키기 위해 타인에게 폭력을 가하게 되는 아이러니가 발생하게 된다. 그래서 이들이 자신들의 유토피아 드림을 현실화하려고 하는 순간 이들은 모두 다른 사람들의 눈에 '광인'으로 비친다. 카를 만하임이 유토피아 드림은 일단 실천 양식이 되면 반드시 이데올로기로 굳어져버린다고 했듯이, 타인과 단절된 유토피아 드림은 이들을 폭력적으로 이끌고 내부적 모순을 일으켜 자기 파멸의 길로 갈 수밖에 없도록 했다. 개인의 욕망에서 분출된 이들의 유토피아에 대한 신념은 혁명 당원인 당나귀가 왕꽌청이 세운 화자서를 불태워 폐허로 만든 것처럼 서로를 파괴시키는 결과를 낳았다. 자신들만의 폐쇄적인 유토피아는 이를 실현시키기 위한 권력을 낳게 되고 이 권력은 자신의 유토피아와는 다른 세계의 파괴를 정당화시킨다.

작가 거페이는 이 작품을 통해 유토피아는 반드시 '개방적'인 개념이어야 함을 강조한다. 그가 이 작품에 대해 칭화대 학생들과 했던 인터뷰는 이러한 작가 의식을 분명하게 보여준다.

> 무엇을 유토피아라고 할까요? 유토피아는 꼭 '과학', '민주'와 같은 방대한 서사와 연관되어 있는 것이 아닙니다. 그것은 사람들의 마음속에 있는 이상 사회이고 우리의 마음속 깊은 곳에 숨어 있고 우리가 자주적으로 관리하는 작은 오아시스입니다. 한마디로 말하자면 유토피아는 개방적인 개념입니다. … 아도르노는 유토피아 그 자체가 현실 억압 밖에서 사람들이 합리적으로 상상한 산물이며, 만일 유토피아와 폭력이 서로 결합되면 그 산물은 비극적이라고 말했습니다.*

* 林韵然, '格非和他的《人面桃花》', 「新清華」, http://news.tsinghua.edu.cn/xqh/xqhnews/read.php?id=7285.

힘겨운 현실을 극복하기 위해 유토피아 드림은 상상력의 힘으로 끊임없이 재현될 것이다. 재현되었다가는 또다시 허물어지고 그 폐허 위에서 또다시 새로운 유토피아 드림이 시작된다. 슈미의 꿈에 나타난 왕꽌청의 말은 직접적으로 이러한 사실을 예언하고 있다.

> 화쟈서는 조만간 폐허로 변할 거야. 그렇지만 또 누군가 화쟈서를 세울 것이고 나의 전철을 밟아 육십 년 후에는 한창때의 모습을 재현하게 될 거야. 시간은 돌고 돌아 환영이 재생되지. 파도가 미처 가라앉지 않았는데 다른 파도가 올라와. 가련하고 한탄스럽구나, 어찌할까, 어찌할까. (209쪽)

작품 속 인물들의 유토피아 드림이 모두 실패로 끝났다고 해서 작가가 유토피아를 부정하는 것은 아니다. 작가는 역설적으로 인간의 삶에서 유토피아는 끊임없이 이야기되고 꿈꾸어져야 할 것이라고 보고 있다. 다만 그것은 소수에 의해 의도적으로 재현되고 만들어져서는 안 된다고 말할 뿐이다.

유토피아는 한 개인의 욕망 속에서 의식적으로 만들어지는 것이 아니라 힘겨운 시대의 요청에 의해 재현되는 것일지도 모른다. 그래서 거페이는 이 책의 주인공 슈미를 자각적인 혁명 당원이 아닌 시대의 물결과 혁명이라는 거대한 풍랑 속에 휩쓸린 작은 인물에 불과한 존재로 그려내고 있다. 그리고 그러한 슈미의 운명은 근대 시기를 겪은 중국의 운명과 동일한 궤적을 그리고 있다. 특히 거페이가 신해혁명 시기를 배경으로 한 유토피아 드림을 여성인 슈미를 통해 드러내고자 한 이유는 당시의 중국을 억압적 환경 속에 놓여 있는 여성 형상으로 보았기 때문이다.

작품은 "아버지가 위에서 내려오셨다"로 시작되며 아버지의 부재 순간을 서사의 시작으로 하고 있다. 그리고 아버지의 부재로 인해 슈미는 아버지가 미치게 된 원인을 찾으려 한다. 이전에는 대화조차 하지 않았고 실종되는 순간까지 심지어 '미치광이', '살아 있는 송장'이라고 불렀던 아버지의 광증을 이해하려고 한 것은 슈미의 내부에 숨어 있는 아버지에 대한 죄의식 때문일 것이다. 그 죄의식은 바로 아버지의 실종이 자신의 눈앞에서 발생하였다는 사실, 아버지의 가출을 막지 못했다는 사실에서 비롯된다. 그리고 이는 중국의 전통문화가 근대의 소용돌이 속에서 그 위치를 잃어갈 때 이를 막지 못한 것이 죄스러운 작가의 자기 반성으로 보인다. 슈미에게 정신적으로 부재했던 아버지는 그 육신의 부재함으로 말미암아 비로소 인정받고 정신적으로 부활한다.

이때 흥미로운 점은 아버지의 실종이 바로 슈미의 초경(정확히는 두 번째)이 시작된 순간 발생되었다는 것이다. 아버지의 실종은 슈미에게 딸의 위치를 상실했음을 의미한다. 전통적인 권위를 지닌 아버지에게서 벗어나 여성으로서 남성을 찾을 수 있는 위치에 서게 되었다. 그래서 거페이는 그 자리를 상징적인 아버지이자 슈미를 욕망하는 장지위안에게 내준다. 슈미가 아이에서 여성이 되는 순간 전통 질서 속에서 유토피아를 꿈꾸었던 아버지는 실종되고 현실적인 아버지의 부재 공간은 다음 날 어머니를 찾아온 근대화된 장지위안이 메꾸게 된다. 장지위안은 슈미의 집으로 와서 아버지가 거주하던 다락방을 차지함으로써 상징적인 아버지가 되더니 결국 딸(슈미)을 욕망하는 남성의 위치를 차지한다. 슈미는 장지위안의 욕망의 대상이 됨으로써 자연스럽게 그의 유토피아 욕망을 받아들인다. 이 작품이 배경으로 하고 있는 신해혁명을 감안하면, 이는 여성화된 중국이 근대 문화의 욕망 대상이 됨으로써 어쩔 수 없이 역사의 소용돌이 속으로 휩쓸리고 만 것을 상징하기도 한다.

비록 슈미는 장지위안이 걸었던 혁명의 길을 답습하지만 그녀의 마음속에 있는 진정한 유토피아는 아버지의 유토피아 드림을 재현하고 있다. 이러한 점은 신비한 그릇인 와부 안의 살얼음 속에서 평화로운 아버지의 형상을 보고 죽음을 맞이하는 작품의 결말 부분에서 분명하게 찾아볼 수 있다.

결국 아버지의 유토피아가 중국의 전통적 유토피아이고 장지위안의 혁명이 서구 계몽사상에 영향을 받은 유토피아 의식의 발로라면, 작가 거페이는 근대 중국의 모습을 하고 있는 슈미가 서구적 영향을 받은 장지위안의 길을 따라갔지만 그녀의 내면에 담겨져 있는 이상과 이후에 전개된 중국의 유토피아는 자신들의 전통에 깊이 뿌리내리고 있음을 강조하고 싶었던 것이라 여겨진다. 장지위안이 아버지의 위치를 차지하고 더 나아가서는 슈미가 자신을 사랑하도록 만들었지만 결국 슈미가 꿈꾼 유토피아는 아버지의 상상을 계승하고 있음에서 작가의 중국적 유토피아 상상이 드러난다. 혁명에 실패한 슈미가 마지막으로 갇힌 서양식 별장의 숨겨진 이야기 역시 이러한 작가의 상상을 엿볼 수 있도록 한다.

슈미가 갇힌 서양식 별장을 지은 영국 수녀는 불교도를 기독교로 개종시키기 위해 불교와 남방 소승불교의 경전에 쓰인 언어인 팔리어를 공부하다 결국은 자신이 불교도로 바뀐 인물이다. 그녀는 심지어 1887년 스코틀랜드 주교에게 보낸 서신에서 "불교가 여러 방면에서 기독교보다 우세합니다"라고 단언하기도 한다. 그곳에서 슈미는 외부 세계와 단절되어 하루하루를 보낸다. 자유를 잃은 후 비로소 그곳에서 자유로움을 느낀다. 중국의 정신(불교)을 서구의 것(기독교)으로 바꾸려 했지만 결국 중국의 문화에 동화되어버린, 외형은 서양식 집이지만 그 정신은 중국의 것인 장소에서 슈미는 진정한 자유를 느낀다. 밖에서는 여러 지방 세력들의 각축전이 벌어지고 있지만 그들이 슈미를 잊었기에 그녀는 비로소 자유로울 수 있었다.

슈미는 혁명의 유토피아 실현에는 실패하였지만 거페이는 결코 유토피아의 의미와 그 가능성을 부정하지 않는다. 그리고 그 가능성은 외부적인 힘이 아니라 인간 내부에서 자발적으로 생겨나게 됨을 강조한다. 감금 생활에서 풀려난 슈미의 삶을 묘사한 4장은 이러한 작가의 유토피아 상상을 보여주고 있다.

슈미는 별장에 감금되어 있을 때 농업과 양잠업에 많은 관심을 보이고 이후 감금에서 풀려나 푸지로 돌아가서는 꽃을 가꾸는 일에 전심을 다한다. 장지위안의 욕망에 사로잡혀 혁명의 광기 속에서 자신의 자식마저 죽음으로 몰아넣었던 스스로를 벌주기 위해 몇 년간 벙어리로 지낸다. 그 시간 동안 슈미는 꽃과 시간에 대한 기록, 별들에 대한 관찰 등을 적은 아버지의 유고를 접하며 평온한 내면의 유토피아 공간 속으로 들어간다. 그녀는 그토록 기다렸던 당나귀를 포함한 모든 사람들과의 만남도 거절하고 평온함과 고요함 속에서 오로지 꽃과 나무를 가꿀 뿐이다. 이러한 삶은 중국의 노장사상에서 말하는 무위하고 한적하게 은일하는 삶으로 중국의 전통적인 문인들의 영원한 꿈이라고도 할 수 있다.

그리고 이때 비로소 작가는 외부적 힘에 의해서가 아닌 자발적으로 이루어지는 유토피아 드림의 실현 가능성을 제시한다. 여름부터 푸지에 몰아닥친 가뭄과 메뚜기 떼로 인해 마을 사람들은 기근에 시달리고 결국 겨울이 되자 하나둘씩 죽어나갔다. 그때 누군가 가져다 놓은 쌀 한 포대를 슈미가 마을 사람들을 위해 내놓자 사람들도 자발적으로 집 안에 남겨놓은 먹을 것들을 가져온다. 이렇게 해서 모든 사람들은 함께 기근을 극복할 수 있게 된다. 그리고 그 광경을 보며 슈미는 아버지와 화쟈서 그리고 쟝지위안의 유토피아 드림을 떠올린다.

> 마을의 남녀노소가 질서 정연하게 멍 아주머니 집 앞에서 죽을 나누어 주기를 기다리는 모습을 보며 슈미의 마음은 슬픔과 기쁨이 교차하였다. 몰려들어 마구 빼앗으려 하지 않을까 하고 처음에 우려했던 상황은 발생하지 않았다. 심지어 어디서 왔는지 분명치 않은 몇몇 외지인과 걸인이 무리에 섞여 들어갔는데도 마을 사람들은 그들을 내쫓지 않았다. 한 사람에 한 국자씩, 한 사람도 빼놓지 않았다. 이러한 장면은 그녀로 하여금 얼마쯤은 쟝지위안과 그가 세우지 못했던 대동 세계를 떠올리도록 했다. 자신이 화쟈서에 있었던 날들과 중도에 실패했던 푸지 학당이 떠올랐고, 또 아버지가 떠날 때 가져갔던 도화몽(桃花夢)도 떠올랐다. (555쪽)

마음속에서 외부적 자극에 의한 혁명의 격정이 사라지고 아버지와 진정한 조우를 이루게 될 때 비로소 유토피아 드림의 실현 가능성을 보게 된다는 이러한 설정은 중국의 전통과 조우하여 현대의 유토피아를 꿈꾸고 싶은 작가의 소망이 아니었을까.

『복사꽃 피는 날들』

미치광이 아버지가 집을 떠난 후 쟝지위안이 아버지 방에서 한동안 기거하지만 얼마 후 시체로 발견된다. 이후 슈미는 이들의 유토피아 드림을 알게 되고, 토비들에게 납치된 화쟈서에서 아버지가 꿈꾼 유토피아의 흔적을 발견한다. 왕꽌청에 의해 세워진 화쟈서가 완전히 허물어진 후 슈미는 이름도 없는 두 살 난 사내아이를 데리고 일본을 거쳐 고향 푸지로 돌아간다. 이후 슈미는 아버지 방에 머물면서 푸지 학당을 세워 유토피아를 건설하고자 한다. 하지만 결국 푸지 학당은 관군에 의해 공격을 받고 그녀의 아들 꼬맹이는 총에 맞아 죽임을 당한다. 슈미는 감옥에서 사내아이를 하나 낳고 사형 집행일 전날 발생한 신해혁명으로 가까스로 목숨을 구한다. 스스로 벙어리가 되어 살던 슈미는 어느 해 마을에 닥친 기근을 극복하기 위해 자신의 쌀을 내놓는다. 그러자 마을 사람들 역시 자발적으로 동참해 위기를 극복한다. 12년 후 탄씨 성을 가진 새로운 현장이 부임하는데, 그는 바로 슈미가 감옥에서 낳은 아들이다.

거페이

1964년 쟝수(江蘇) 성에서 태어났고 본명은 류융(劉勇)이다. 거페이(格非, 1964~)는 1980년대 초 문단에 등장했다. 1985년 화둥(華東) 사범대학 중문과를 졸업한 후 동 대학의 교수가 되었다가 이후 칭화대(淸華大) 중문과로 옮겼다. 초기 작품은 철학적이고 현학적인 성격이 강했지만 『복사꽃 피는 날들』(2004)부터 내용적인 면을 더욱 중시하고 언어 역시 소박하게 변하였다. 이 작품을 포함한 '강남3부곡'은 2015년 제9회 마오둔 문학상을 받았다. 중국의 보르헤스 계승자로 불리기도 한다.

오지 마을에 구현된 유토피아: 선총원의 『변성』

김경석

프랑스로 망명한 중국인 작가 가오싱젠(高行健)이 2000년 노벨 문학상을 수상한 데 이어 2012년에는 모옌(莫言)이 중국 국적의 중국인으로서 노벨 문학상을 받았다. 이 밖에도 바진(巴金)을 비롯한 여러 중국 작가들이 노벨 문학상 후보로 거론된 바 있다. 그 가운데 가장 유력한 후보였던 인물이 바로 선총원(沈從文)이었다. 선총원은 1988년 스웨덴한림원의 노벨 문학상 선정위원회로부터 가장 유력한 후보로 평가되었지만 안타깝게도 그해 5월 10일 세상을 떠났다. 당시 노벨 문학상 심의 위원 고란 말름크비스트(Goran Malmkvist)와 선정위원회는 중국 현대 문학 탄생의 기점이 된 신문학 운동 이후 최고의 작가로 선총원을 평가하였다. 중국 문학 전공자인 말름크비스트는 스톡홀름대 교수로서 가오싱젠이 노벨 문학상을 수상하는 데 기여했으며 선총원의 소설을 번역 출판하기도 했다. 그는 2007년 10월 중국을 방문했을 때 "노벨 문학상 발표 5개월 전에 선총원이 세상을 떠난 것은 아직도 애석하다. 그러지 않았다면 1988년 10월의 노벨 문학상은 선총원이 받았을 것이다"라고 언급하며 아쉬운 마음을 표현하였다.* 1988년 선총원을 노벨 문학상 최종 후보에 오르게 한 작품은 바로 중편소설 『변성(邊城)』이었다.

1934년 1월부터 「국문주보(國聞週報)」에 연재된 『변성』은 1934년 10월 상하이 생활서점(上海生活書店)에서 출판되었다. 작품은 유토피아를 구성하는 인생 세태란 무엇인지 질문을 던지면서 그에 대한 해답을 풍경화처럼 펼쳐 보이고 있다. 줄거리만 놓고 보면 『변성』은 푸른 강물이 흐르는 오지 마을에서 청춘 남녀가 나눈 애틋한 사랑 이야기다. 하지만 그 애정 서사에는 선총원의 유토피아적 사유가 함의되어 있다.

서구 문명과 제국주의 세력이 대변하는 근대성으로 인해 유토피아의 가능성이 점차 사라짐에 따라 선총원은 목가적인 유토피아로 눈을 돌린다. 그의 기억에 '도화원(桃花源)'으로 남아 있는 샹시(湘西) 지방을 작품 속으로 소환해 중국의 전통적인 유토피아를 상상한다.

> 가장 친근하고 익숙한 것은 역시 나의 고향과 천 리를 도도히 흘러가는 위안 강(沅水), 그리고 각 지류에 위치한 현이나 마을에서 일어나는 인간사일 것이다. 그곳 인민들의 희로애락이나 생활양식은 모두 선명한 특징을 지니고 있다. 나의 생명은 그러한 환경 속에서 성장하였고, 그렇기 때문에 이 모든 것들과 떼어놓을 수가 없다.**

『변성』의 배경이 되는 샹시 지방은 선총원의 고향이기도 하다. 이 지방은 지

* 김명호, '중국인과 노벨상', 『중국인 이야기 3』, 한길사, 2014.

** '沈從文小說選集 · 題記', 『沈從文文集 11』, 花城出版社, 1992.

리적으로 후난(湖南) 성, 쓰촨(四川) 성, 구이저우(貴州) 성의 경계가 만나는 곳이며 먀오족, 투쟈족 등 문명에 오염되지 않은 다양한 소수민족의 문화와 풍속이 보존된 오지다. 선총원은 작품 속에서 샹시 농촌에 대한 애정과 향수를 한껏 표현하고 있다. 그는 다른 향토 소설들과는 다르게 샹시 농촌에 대한 묘사를 통해 유토피아를 이야기하고 있다. 선총원이 상상하는 유토피아는 정치경제적인 제도의 구비를 통한 평등 사회가 아니었다. 그것은 원시적인 인성의 순박함과 선량함을 바탕으로 문명과 거리를 두고 사는 농경 사회였다. 『변성』에서 묘사되는 유토피아적 세계는 공자가 『논어(論語)』의 '이인(里仁)편'에서 언급한 진정한 지혜의 삶을 떠오르게 한다.

> 풍속이 인후한 마을에 사는 것이 아름다운 삶이다. 인후함이 있는 곳을 택하여 살지 않는다면 어찌 지혜라고 할 수 있겠는가.

공자는 '택하여 살 만한 곳'의 조건으로 제도의 완정(完整)을 내세우지 않았다. 선총원 역시 『변성』에서 인간의 내면에 존재하는 순박함과 선량함이 유토피아를 만들어낸다고 말한다. 그가 유토피아로 상정한 샹시는 가상의 공간이 아니다. 전대미문의 이상 사회도 아니다. 기억의 편린을 재구성한 공간일 뿐이다. 선총원은 『변성』을 쓴 목적에 대하여 다음과 같이 말하고 있다.

> 이 작품은 원래부터 작은 집을 설계하는 것과 같았다. 많은 재료나 땅은 필요 없고 가장 간결하면서도 공기와 햇빛만은 충분하기를 바랐던 것이다. 내가 표현하려 했던 것은 원래 '인생의 형식', '아름답고 건강하며 자연스럽고 인성에 위배되지 않는 인생의 형식'이었다.***

*** '邊城 · 題記', 『沈從文文集 6』, 花城出版社, 1992.

작품의 줄거리를 요약해보면 다음과 같다. 중국 샹시의 차통(茶峒) 마을 인근 나루터에 사공 노인과 추이추이라는 손녀가 살아가고 있었다. 부유한 선주 순순의 아들들인 톈바오와 눠쑹도 같은 마을에 살고 있었다. 단오 축제 때 톈바오와 눠쑹 형제는 사공 노인과 추이추이를 알게 되고 이후 두 젊은이는 동시에 추이추이를 사랑하게 된다. 그러나 두 형제가 한 여인을 취할 수 없으므로 사공 노인은 추이추이의 배우자를 결정하는 방법으로 노래 부르기 시합을 제안한다. 시합에서 진 큰아들 톈바오는 낙담하여 배를 타고 떠났다가 사고로 죽는다. 아버지 순순은 톈바오의 죽음이 사공 노인 때문이라고 오해하여 그를 냉대하고, 작은아들 눠쑹은 부잣집 딸과 결혼하라는 아버지의 명을 거부하고 집을 나간다. 이러한 상황에 충격을 받고 절망한 사공 노인은 마음의 병을 앓다가 폭우가 쏟아지던 어느 날 밤에 숨을 거둔다. 사공 노인의 죽음 이후 모든 오해가 풀려 선주 순순은 홀로 남은 추이추이를 며느리로 받아들이고, 추이추이는 나루터에서 사공 일을 하며 고향을 떠난 눠쑹이 돌아오기를 기다린다.

『변성』에 등장하는 인물들은 모두 순수한 선과 미의 화신들이다. 선총원은 마치 고대 그리스인들이 예술의 가치라고 보았던 '칼로카가티아'(아름답고 선한 것)를 작품 속에서 구현하려는 것 같다. 한 여인을 놓고 연적 관계에 있는 형제라고 하면, 롤랑 조페 감독의 '미션'에서와 같은 형제 간의 결투를 떠올릴 수 있다. 그러나 톈바오와 눠쑹 형제는 서로 질투나 원한 같은 것을 품지 않는다. 이 마을에서 사랑의 갈등은 오히려 자연스러운 일로 받아들인다.

> 이런 일은 이 고장에서 그리 드문 일도 아니었다. 이곳 속담에 '불은 어디서든 타오를 수 있고 물은 어디서든 흐를 수 있으며 해와 달은 어디든 비출 수 있고 사랑은 어디에도 이를 수 있다'라는 말이 있다. 돈 많은 선주 아들이 가난한 사공의 손녀를 사랑하는 것도 이곳에서는 별로 희한한 소식이 되지 않았다.*

형제의 갈등 못지않게 추이추이의 출생에 얽힌 사연 역시 애잔하다. 추이추이의 어머니는 사공 노인의 무남독녀였다. 그녀는 차통에 주둔하던 군벌 부대의 군인과 밀애를 하다가 추이추이를 임신하게 된다. 군인은 추이추이의 어머니와 도망갈 궁리를 하지만 탈영하는 것은 불명예라고 생각했고, 그녀는 늙은 아버지를 두고 떠날 용기가 없었다. 결국 군인은 독약을 삼키고 자살한다. 사공 노인은 모든 사연을 알면서도 아무것도 모르는 듯 하루하루를 살아간다. 그녀는 죄책감으로 괴로워하다가 추이추이를 출산하고 나서 강물에 투신자살한다. 사공 노인은 홀로 남은 어린 손녀에게 추이추이(翠翠)라는 이름을 지어준다. 비취처럼 맑고 푸르다는 의미다. 그녀의 이름은 곧 그 지방의 자연환경과 순박한 인심을 상징한다.

> 바람과 햇빛 속에서 추이추이는 커갔다. 볕에 그을린 피부는 가무잡잡하고 푸른 산과 푸른 물만을 보아온 두 눈은 수정처럼 맑았다. 자연이 길러내고 가르쳤는지라 그녀는 순진하고 발랄하며 작고 귀여운 들짐승 같았다. 마냥 착하기만 해서 산마루에 서 있는 아기 사슴처럼 세상 잔인한 일들은 생각조차 해본 적 없고, 근심을 해본 적도 화를 내본 적도 없었다.

추이추이의 할아버지인 사공 노인은 아무리 가난해도 절대 돈을 모으기 위해 배를 젓지 않는다. 나루는 관가 소유이기 때문에 강을 건너는 사람은 뱃삯을 내지 않아도 된다. 그래도 어떤 이들은 노인에게 동전을 한 움큼 놓고 간다. 그럴 때면 노인은 그것을 마다하느라 실랑이를 벌인다.

* 본문의 『변성』 인용문은 필자의 번역이며 『沈從文文集 6』(花城出版社, 1992)에 수록된 '邊城'을 저본으로 삼았다. 이하 각주 표시가 없는 인용문은 『변성』에서 발췌한 것이다.

> 난 관가에서 식량을 타 먹는 사람이오. 쌀 서 말에 돈 700전이면 살 만하단 말이오. 이런 건 안 받아도 되오!

그래도 굳이 돈을 놓고 가는 이들에게는 찻잎과 잎담배를 챙겨준다. 이처럼 『변성』의 등장인물들은 에른스트 슈마허의 '자발적 가난'처럼 안분지족(安分知足)하는 삶의 전형을 보여준다. 마을에서 가장 부유한 순순의 삶에서도 탐욕은 찾을 수 없다. 제대군인으로 다리가 성치 않은 순순이 부자가 될 수 있었던 것은 탐욕이나 수완 때문이 아니었다. 성격이 대범하고 소탈하며 친구 사귀기를 좋아하고 어려운 사람을 헤아릴 줄 알았기 때문에 순순의 사업은 순조로웠다.

> 자신이 군대 생활을 해봤기에 집 떠난 사람들의 고충을 잘 알았고 뜻을 펴지 못한 사람들의 마음을 잘 헤아렸다. 그리하여 배가 사고를 당해 파산한 사람이나 이곳을 지나는 제대군인, 떠돌이 문인 같은 사람들이 소문 듣고 찾아와 도움을 청하면 그는 마다하지 않고 도와주었다. 한편으로는 강에서 돈을 벌고 한편으로는 그 돈을 시원하게 썼던 것이다.

이 마을에서는 소송과 같은 분쟁을 담당하는 관리가 필요 없다. 서로 손해를 입히는 일이 일어나면 덕망 높은 인물이 나서서 관례대로 해결하면 되는 것이다. 순순은 마을에서 이러한 역할을 맡고 있다. 그는 다리를 절뚝거리고 나이가 쉰 살이었지만 사리에 밝고 정직하며 재물에 욕심이 없어 누구나 그의 말을 따랐다. 선총원은 작품의 곳곳에서 유토피아란 고등교육이나 완벽한 제도를 필요로 하는 것이 아님을 강조하고 있다. 이러한 그의 작품관은 근대성과 혁명의 세례를 갈망하던 당시 중국 문단에서 배척을 받기도 하였다. 이에 대해 선총원은 『변성』의 머리말에서 다음과 같이 말하고 있다.

> 하지만 그들은 이미 일부 이론가, 비평가, 영악한 출판상(出版商) 및 거짓말과 유언비어를 날조하는 데 이골이 난 문단의 소식통들이 손을 맞잡고 만들어 낸 풍조에 통제되고 지배되어, 나의 작품이 보여주는 세상과는 너무나도 동떨어진 세상에 살고 있다. 그들은 이러한 작품을 원치 않으며 이 책 또한 그들을 얻고자 하지 않는다.*

이와 같은 선총원의 외침은 시간이 갈수록 그를 중국 문단에서 고립시키고 곤경에 처하게 하는 원인이 되었다. 1930년대 좌익 작가들과의 반목 이후 1980년대에 작가로서의 지위를 회복하기까지 그에게는 늘 '계급의식이 결여된 시대의 낙오자'라는 주홍글씨가 따라다녔다.

그렇다면 『변성』의 사상적 배경은 무엇일까? 작품 속에 묘사된 샹시의 자연환경과 그 안에서의 인생 세태는 도연명의 『도화원기』를 떠올리기에 충분하지 않을까? 그러나 선총원은 이에 대해 다음과 같이 말하고 있다.

> 나는 독자를 '도화원(桃花源)'으로 인도하여 여행을 시키는 데 목적을 두지 않았다. 단지 도화원과 같은 칠백 리 물길 유수(酉水) 유역의 한 작은 마을에 사는 몇 명의 촌부들의 삶에 주목하였다. 이들이 일상의 일들과 엮였을 때 각자 느끼는 희로애락이 있을 것이다. 이 모든 것에 인류의 '사랑'이라는 단어로써 적절한 설명을 부여해보고 싶었던 것이다.**

그렇다면 『변성』을 단순히 『도화원기』의 현대적 재현이라고 속단할 수는 없을 것이다. 작품의 사상적 연원으로 거슬러 올라가면 노자의 소국과민(小國寡民)

* '邊城 · 題記', 『沈從文文集 6』, 花城出版社, 1992.

** '沈從文小說習作選 · 代序', 『沈從文文集 11』, 花城出版社, 1992.

사상을 만나게 될 것이다. 선총원이 독자를 '도화원'으로 인도하여 여행을 시키는 데 목적을 두지 않았다는 점은 유토피아란 결코 상상에 그치는 세상이 아님을 의미하는 것이라고 봐야 할 것이다.

선총원은 『변성』을 통해 독자에게 묻는다. 우리가 상상하는 유토피아를 구현하기 위해서는 반드시 어떤 제도의 완벽함이 필요할까?

중국 역사 속에 등장했던 정치 사상가와 농민 봉기의 수령들은 인민들에게 유토피아의 구현을 제시했다. 유토피아를 현세에 구현하고자 했던 빈번하고 다양했던 시도는 시시포스의 신화처럼 원점으로 돌아오기를 반복하였다. 중국 역사에서 유가(儒家) 사상을 근간으로 지속되어온 제정(帝政) 체제는 수천 년 동안 어느 한 시기에도 유토피아를 실현하지 못한 채 1911년 신해혁명으로 종식된다. 1902년에 태어난 선총원 역시 이 마지막 시기를 지켜보았다.

> 시대가 변했다. 당연히 모든 것이 달라졌다. 황제도 더 이상 이 나라 주인이 아닌데 보통 사람이야 더 말해 무엇하랴!

태평천국운동, 무술(戊戌) 개혁, 신해혁명을 거쳐 중화인민공화국의 수립에 이르기까지 근대적 제도의 구축을 통해 유토피아를 실현하고자 했던 시도들은 계속 이어졌다. 새로운 유토피아를 추구하는 과정에서 중국이 겪는 성장통을 바라보며 선총원의 붓끝은 다른 세계를 그려내고 있었다.

『변성』은 인간에 내재된 선과 미의 인성을 통해 유토피아를 구현하고 있다. 중국 오지 소수민족 특유의 문화와 윤리 의식, 생활 방식 등을 세밀하게 그려내고 이들의 삶을 품어주고 있는 자연환경을 묘사함으로써 작가가 상상하는 유토피아를 잘 드러내고 있다. 문명의 관점에서 본다면 그들의 생활은 거칠고 야만적일 수도 있다. 그러나 이를 통해 선총원은 문명에서 찾을 수 없는 인성의 아름다움을 이야기하고 있다.

그러므로 선총원은 『변성』의 인물 형상이 지닌 원시적인 생명력과 순결한 영혼을 유토피아 실현의 근원적인 화두로 설정하고 있으며, 그 실현의 가능성을 문명이 닿지 않은 오지 샹시에서 찾고 있다. 선총원이 상상한 유토피아는 중국인들의 무의식 세계에 내재되어 있는 가장 중국적인 유토피아에 대한 기억일 것이다. 또한 그 기억은 '인위(人爲)'를 통한 유토피아가 아닌 '무위(無爲)'를 통해서 구현되는 도가(道家)적인 '무릉도원(武陵桃源)'이다. 『변성』에서는 인간이 지향해야 할 유토피아가 중국적인 세계관을 통해 제시되고 있는 것이다. 1988년 스웨덴한림원이 선총원의 『변성』을 중국 문학의 특징을 이해할 수 있는 대표 작품으로 선정한 이유가 바로 여기에 있다.

『변성』

중국 후난(湖南) 성 남부의 차통(茶峒) 마을 나루터에 사공 노인과 추이추이라는 손녀가 살고 있었다. 한마을에 사는 선주 순순의 두 아들 톈바오와 눠쑹은 둘 다 추이추이를 짝사랑한다. 사공 노인은 노래 부르기 시합으로 추이추이의 배우자를 정하자고 형제에게 제안한다. 노래 부르기 시합에서 동생 눠쑹이 이기자, 형 톈바오는 낙담하여 배를 탔다가 사고로 죽는다. 순순은 큰아들의 죽음이 사공 노인 때문이라고 오해한다. 형의 죽음에 충격을 받은 눠쑹은 부잣집 딸과 결혼하라는 아버지의 명을 거절하고 집을 나간다. 이러한 비극적인 상황에서 사공 노인은 마음의 병을 앓다가 폭우가 쏟아지던 어느 날 밤에 숨을 거둔다. 선량한 선주 순순은 홀로 남은 추이추이를 며느리로 받아들이고, 추이추이는 나루터에서 사공 일을 하며 눠쑹이 돌아오기를 기다린다.

선총원

선총원(沈從文, 1902~1988)은 산문집 『상행산기(湘行散記)』를 출판하면서 작가 생활을 시작하였다. 그의 고향인 샹시(湘西) 지방은 소수민족 먀오(苗)족의 자치 지역으로 후난(湖南) 성 남부의 오지다. 샹시 사람들의 순박하고 선량한 삶의 모습을 가슴속에 깊이 간직한 선총원은 이를 바탕으로 문명에 물들지 않은 인간의 원시적인 아름다움을 묘사하는 데 주력하였다. 대표작으로 『변성(邊城)』(1934), 『팔준도(八駿圖)』, 『월하소경(月下小景)』(1932) 등이 있다.

말 없는 세계, 비판 없는 세상: 다자이 오사무의 『우라시마』

한경자

우라시마의 일탈: 전통적 이계담을 넘어

일본 문학에서 이상향은 제법 이른 시기에 출현한다. 기록문학이 탄생한 8세기경부터 도코요노쿠니(常世の国), 봉래, 용궁 등이 풍요와 불로불사의 이상향으로 등장한다. 이들 이상향은 대부분 바다 '저편'이나 바다 '밑'에 존재한다고 상상된다. 이 가운데 가장 지속적으로 이야기되어온 이상향이 바로 '용궁'이다. 일본 문학에서 용궁 이야기는 우라시마(浦島) 전설에 처음 등장한다. 이 전설은 8세기의 『일본서기(日本書紀)』에 소개된 이후 여러 형태로 전해 내려오다가 『옛날이야기(御伽草子)』가 만들어진 무로마치 시대(室町時代, 14~16세기) 무렵부터 오늘날의 형태로 정착된다.

우라시마 전설의 대략적인 내용은 이러하다. 옛날 어느 마을에 마음씨 착한 어부 우라시마 다로가 살고 있었다. 어느 날 우라시마는 바다에 낚시를 하러 나갔다가 거북을 잡자 그 자리에서 풀어준다. 이 거북은 용궁의 공주인 용녀였다. 용녀는 자신을 살려준 보답으로 우라시마를 용궁으로 데려간다. 이후 둘은 결혼해서 행복하게 산다. 3년이 지나자 우라시마는 고향에 두고 온 어머니 생각에 용궁을 떠나기로 결심한다. 우라시마의 결심을 꺾을 수 없었던 용녀는 다마테바코(玉手箱)라는 상자를 주며 절대로 열어보지 말라고 당부한다. 지상으로 돌아온 우라시마는 완전히 변해버린 고향의 모습에 놀란다. 그가 용궁에 있는 동안 지상에서는 몇백 년이 흘렀던 것이다. 망연자실한 우라시마는 용녀에게서 받은 다마테바코를 열고 만다. 그 순간 상자에서 하얀 연기가 피어오르고 그는 백발의 노인이 된다. 이후 우라시마는 학으로, 용녀는 거북으로 변해 부부신이 된다.

20세기에 들어 아동 문학가 이와야 사자나미는 우라시마 전설을 어린이용 이야기로 재구성하였다. 이 동화가 1930년 초등 국정교과서에 실리면서 우라시마 전설은 일본인이면 누구나 아는 이야기로 자리 잡는다. 이 과정에서 다소 이야기의 변형이 일어난다. 동네 아이들에게 잡혀 괴롭힘을 당하던 거북을 우라시마가 돈을 주고 살려주며, 거북과 용녀도 별개의 존재로 등장한다. 또한 우라시마가 백발의 노인이 되면서 이야기는 끝난다. 이후에도 약간의 서사적 변화는 있지만 용궁 이미지는 이와야 사자나미의 묘사에서 크게 벗어나지 않는다.

이러한 우라시마 전설은 일본 문학의 한 특징인 패러디의 수법으로 여러 차례 재창작된다. 『인간 실격』으로 유명한 다자이 오사무(太宰治)도 이 전설에 주목한 작가 중 한 명이다. 다른 작가들과 달리 다자이 오사무는 독특한 상상을 덧입혀 용궁을 개성적으로 그려낸다.

> 그곳이 놀기 좋은 곳이라는 점만은 보증합니다. 믿어주세요. 그곳은 춤과 노래와 진미와 술의 나라예요. 당신들 풍류인들에게는 더할 나위 없는 곳입니다. 당신은 조금 전에 비판은 싫다며 정말로 개탄하지 않았습니까? 용궁에는 비판

이 없습니다. (362쪽)*

다자이가 그려낸 용궁의 특징은 '비판이 없는 나라'다. 이런 용궁의 모습은 전설 속 용궁과는 아주 다른 그만의 독특한 상상이다. 이 작품의 창작과 관련한 다자이의 고백에 따르면, 태평양전쟁 중인 1945년 방공호에서 작품을 썼기 때문에 이야기의 "고증이 불가능"했는데, 이것이 오히려 "자신만의 공상"을 펼치며 "생생하고 재미있는 이야기"를 만들어낼 수 있는 요인이었다고 한다. 다자이의 『우라시마』는 전해 내려온 이야기로부터 유연하게 일탈을 감행하고 그만의 파격적인 이야기를 덧입힌다.

다자이 오사무는 1945년 5월에 『우라시마』의 집필을 시작하여 패전 후인 그해 10월에 출판한다. 1944년과 그 이듬해인 1945년은 패전을 전후한 시기로 많은 작가들이 창작 활동을 접었던 문학의 공백기였다. 이런 상황에서 다자이는 창작 의욕을 불태우며 열정적으로 작품을 썼다. 그는 글쓰기를 작가의 의무로 생각했다. 사실 이 시절 다자이는 작품의 출판 금지처분을 받은 상태였다. 전쟁을 찬양하는 작품의 집필을 거부해 정부의 탄압을 받았고 출판사의 원고 청탁이 거의 들어오지 않았다. 이런 엄혹한 상황에서도 창작에 몰두하는 강한 작가 정신을 보여주었다. 오야마 기요시에게 보낸 편지에서 다자이는 어려운 시절이지만 창작에 전념하려는 강한 의지를 보여준다. "어제부터 『우라시마』를 쓰고 있습니다. 역시 일밖에 없네요. 생각만 하고 일을 하지 않고 있으면 불안과 후회 때문에 견딜 수가 없습니다."

『우라시마』는 다자이의 중기 작품인 『옛날이야기』에 수록된 단편이다. 『옛날이야기』에는 『우라시마』 외에도 『혹부리 영감』, 『부싯돌 산』, 『혀 잘린 참새』

* 소설 내용의 인용은 다음의 번역본을 참고했다. 다자이 오사무, 『쓰가루 · 석별 · 옛날이야기』, 서재곤 역, 문학동네, 2011. 필요에 따라 필자가 표현을 일부 변경했다.

등의 작품이 실려 있다. 이 단편들은 모두 일본 중세 시대의 전설, 설화, 민담을 패러디한 것이다. 작품 제목인 '옛날이야기'의 일본어 원제는 '오토기조시'다. 오토기조시는 무로마치 시대와 에도 시대에 생겨난 단편소설을 가리킨다. '오토기'는 말 상대가 되는 것, 무료함을 달래주는 것을 의미하고 '소시'는 소설을 뜻한다. 즉 오토기조시는 무료함을 달래기 위한 이야기다. 이 소설들은 방공호가 좁다고 투덜대는 아내와 답답하다고 밖으로 나가자는 아이를 달래는 이야기인 동시에 정신적으로 피폐해진 작가 스스로를 위로하는 이야기다.

실제로 다자이는 공습을 피해 도쿄에서 고후로, 다시 고후에서 아오모리로 옮겨 다니던 와중에 『옛날이야기』를 썼다. 이 작품은 "일본의 국난 타개를 위해 분투하고 있는 사람들이 잠시 숨을 돌릴 때 작으나마 위로"가 되기를 바라는 마음에서 집필되었다. 열악한 상황에서 창작되었지만 이 작품은 다자이의 중기 작품 중 최고 걸작으로 평가받고 있다.

소설은 공습경보로 인해 방공호 안에 숨은 한 가족의 이야기에서 시작된다. 아빠는 좁은 방공호가 답답해 밖으로 나가자고 조르는 다섯 살짜리 딸아이를 달래기 위해 그림책을 읽어준다. 아빠는 볼품없는 인물이지만 "이야기를 지어내는 정말로 기이한 기술을 체득한 남자"다. 그는 딸에게 그림책을 읽어주면서 자신의 마음속에서는 그림책과 완전히 다른 이야기를 펼쳐나간다. 『옛날이야기』 속 네 명의 남자 주인공들은 옛날이야기와 달리 술꾼(『혹부리 영감』), 명문가 출신 남자(『우라시마』), 37세의 남자(『부싯돌 산』), 대부호의 아들(『혀 잘린 참새』)로 등장한다. 그리고 이들 모두에 작가의 모습이 투영되어 있다. 『혹부리 영감』, 『우라시마』, 『혀 잘린 참새』 이야기는 평범해 보이는 사람들이 일반 세상과 다른 '이계(異界)'를 방문한 경험을 그리고 있다. 우라시마가 경험한 이계인 용궁은 고전적 이상향이 아니라 비판이 없는 나라, 그가 가장 듣기 싫은 가족의 비난과 잔소리가 사라진 세상이다.

용궁, 비판 없는 사회

도고 가쓰미는 『우라시마』를 '현실에서 살기 어려운 남자들이 가족에서 도망치는 이야기'로 읽어낸다. 도망치는 남자 이야기에서 유토피아란 무엇보다 '말이 필요 없는 곳'이다. 작중 주인공은 말을 불신하고 말이 없는 곳을 동경한다.

주인공은 가족들의 비판을 피해 집 밖으로 나가 용궁이라는 비일상적인 공간으로 탈출함으로써 자기 구제를 실현한다. 용궁은 일본인들에게 친숙한 유토피아였으므로 용궁으로의 탈출은 전통적 유토피아로의 회귀로 볼 수 있다. 하지만 이런 전통적 유토피아로의 탈출에는 서구 문학의 영향도 적지 않았던 것으로 보인다. 다자이가 이 작품을 쓰던 무렵 미국 작가 워싱턴 어빙의 단편소설 『립 밴 윙클(Rip Van Winkle)』이 이미 일본어로 번역되어 있었고, 쓰보우치 쇼요가 이 작품을 언급하기도 했다. 공처가인 립 밴 윙클이 아내의 구박에서 벗어나기 위해 집을 나섰다가 숲에서 잠든 후 깨어나 집에 돌아와보니 20년의 세월이 흘러 미국은 영국으로부터 독립하였고 아내는 죽었다는 내용이 서사의 골간이다. 다자이의 『우라시마』에서도 우라시마가 가족의 비난으로부터 벗어나기 위해 집을 나선다고 설정되어 있는데, 이는 원전에 없는 내용이 추가된 것이다. 따라서 다자이의 이야기는 일본의 전통적 이야기와 서양의 이야기가 결합되어 새롭게 창조된 근대적 소설로 보아야 할 것이다.

그렇다면 다자이가 그려낸 용궁은 어떤 곳일까? 앞서 언급한 바와 같이 『우라시마』의 용궁은 '비판이 없는 곳'이다. 주인공 우라시마는 가족 관계에 지쳐 있었고 거북은 그런 그의 심정을 알고 용궁으로 유혹한다.

우라시마는 유서 깊은 집안의 장남으로 풍류를 즐기고 인정을 받을 수 있으면 족했다. 그러나 동생들은 그가 "모험심이 없고" "깍쟁이"라고 비난한다. 우라시마는 동생들의 비판에도 아랑곳하지 않고 "사람에게는 숙명이란 것이 있다"며 혼자 집을 나와 바닷가를 산책하면서 다른 사람을 헐뜯지 않고는 살아가지 못하는 현실을 한탄한다. 자신은 남에게 폐를 끼치지 않고 고상하게 살고 있는데 왜 사람들로부터 비판을 받는지 도저히 이해하지 못한다. 부유한 집안에 태어나 풍류를 즐기며 살아가는 우라시마의 유일한 불만은 인간관계에서 피로감을 느끼게 하는 '비판'이다.

동생들의 비난을 피해 해변을 거닐던 우라시마 앞에 거북이 등장한다. 자세한 경위는 나오지 않지만 우라시마가 며칠 전 살려줬던 거북이다. 거북은 보답으로 용궁에 데려가려 하는데 우라시마는 용궁의 존재 자체를 믿지 않는다.

> 용궁이라는 것은 옛날부터 시가에서 읊어지거나 신선 이야기로 전해지고 있지만, 그것은 이 세상에는 없는 것이지. 알겠니? 그것은 옛날부터 내려온 우리 풍류인들의 아름다운 꿈, 동경이라 할 수 있지. (358쪽)

우라시마는 용궁이란 문학 속에나 등장하는 것으로 치부하고 용궁에 가는 모험을 숙명에 대한 인식이 없는 일이라며 거부한다. 거북은 용궁의 존재를 믿지 않고 모험심이 없는 우라시마에게 "모험은 존재를 믿는 것"이라고 반박한다. 이 수다스러운 거북의 등장이야말로 전설과 다른 독특한 설정이다. 이를 통해 우라시마와 우라시마가 사는 육지, 그리고 용궁에 대한 이미지는 배가된다.

> 그 나라에는 귀찮은 비난 따위는 없어요. 모두 느긋하게 지내고 있지요. 그러니 놀기에 아주 좋은 곳이지요. … 아무래도 육지 생활은 소란스럽지요. 서로 간에 비판이 너무 많아요. 육지 생활에서 나누는 대화는 전부 남을 험담하거나 자기를 선전하는 것뿐이에요. 진절머리가 나요. (362쪽)

거북은 용궁을 지상과 달리 자기선전과 상호 비방이 없는 느긋한 공간으로 설명한다. 우라시마는 이런 거북의 수다에 정신이 팔린다. 그는 용궁에 '비판이 없다'는 거북의 말에 끌려 "정말로 그런 나라가 있다면!"이라고 하면서 거북을 따라나선다.

용궁은 진수성찬과 술이 가득하고 가무를 즐길 수 있는 곳이었다. 또한 그곳은 상호 비방과 비난이 없는 조용한 곳이었다. 그런데 『우라시마』에 묘사된 용궁은 기존의 전설에서 보아왔던 화려하고 풍요로운 이미지와 달리 오싹하고 섬뜩한 느낌을 준다. 중세의 소설에는 '사방사계(四方四季)'라 하여 동서남북 사방의 정원에 각각 사계절의 경관을 배치하여 이상향(용궁)의 아름다움을 표현하는 특징이 있었다. 그런데 이러한 전통적 표현 기법이 다자이의 『우라시마』에서는 사라진다. 이 작품에서 바닷속은 연녹색이며 주변은 희미하고 한산하여 전설 속 용궁 이미지와는 확연히 대비된다. 용궁에 도착한 우라시마가 "조용하구나. 무서울 정도야. 설마 지옥은 아니겠지?"라고 물을 정도다. 거북은 당황한 우라시마에게 일 년 내내 잔치를 벌이는 화려한 곳이 용궁일 것이라는 진부한 상상을 버리라고 말한다. 그러곤 소박함과 고요함이 풍류의 극치라고 하면서 장식이 없는 검소한 용궁을 지옥 같다고 말하는 것은 잘못이라고 우라시마를 비난한다.

> "그 용녀님의 방이라는 곳은 어디에 있어? 눈에 보이는 것이라고는… 황천도 이렇지는 않을 거야. 쓸쓸하고 조용한 풍경이고 나무 한 그루, 풀 한 포기 없잖아." … 어디서 비치는지 나무 그늘 같은 녹색 빛으로 모호하고 흐릿하게 보이는 드넓은 광장에는 역시 싸라기눈과 같은 작은 구슬이 깔려 있고 군데군데 검은 바위가 무질서하게 놓여 있을 뿐이다. 지붕은 물론 기둥 하나 없고 눈에 보이는 것은 폐허라고 해도 좋을 정도로 황량한 대광장이다. … "그것이 오히려 쓸쓸함을 더해서 이것이 유현미의 극치일지도 모르겠지만 정말로 이런 불안한 곳에서 잘도 생활하고 있네!"라는 감탄 섞인 한숨이 나와 …. (370~377쪽)

우라시마의 눈에 비친 용궁은 '황천', '폐허', '황량', '불안', '무질서' 같은 단어가 환기하듯이 지옥의 이미지다. 실제로 용궁의 성은 지붕도 벽도 없는 드넓은 공간으로 거북의 설명이 없으면 "아무것도 보이지" 않았다. 거북은 용궁의 어두움이 오히려 편안함을 준다고 설명한다.

이러한 용궁은 '지옥', '저승'이라기보다 무덤 이미지에 가깝다고 할 수 있다. 이는 태내(胎內)를 나타낸다는 류큐(琉球)의 귀갑묘(龜甲墓)를 연상시킨다. 귀갑묘는 태내 회귀 사상을 담고 있다. 사람이 죽으면 다시 모태로 돌아가는 태내 회귀에는 재생을 기원하는 의미도 있었다. 귀갑묘의 형상은 방공호의 모습과 비슷하다. 실제로 전시에 귀갑묘는 방공호나 군사시설로 오인을 받아 미군의 폭격을 받기도 하였다. 이렇듯 『우라시마』에서 저승의 이미지를 지닌 용궁은 방공호이자 무덤이자 태내를 의미하는 것이 아닐까 싶다. 다자이가 이렇게 용궁을 그린 것은 방공호에서 나가 새롭게 태어나겠다는 기원을 용궁 이미지 속에 투영한 것으로 볼 수 있다.

물론 다자이가 그린 용궁에 지옥 이미지만 있는 것은 아니다. 『우라시마』 속의 용궁에도 기존의 전설과 같이 맛있는 술과 음식, 가무음곡이 있다. 다만 노골적인 접대용 화려함이 없을 뿐이다. 앵두꽃 잎으로 담근 술은 기분 좋게 취하게 하는 용궁의 술이며, 바위처럼 굳은 해초는 양갱처럼 부드럽고 지상의 어떤 음식보다 맛있다. 죽는 것보다 노추(老醜)가 더 싫다는 우라시마를 기쁘게 한 것은 먹으면 300년간 늙지 않는 묘약 바다 앵두다. 『우라시마』의 용궁은 암울한 느낌이 지배적이지만 이렇듯 전통적인 용궁의 이미지도 얼마간 갖추고 있다. 도고 가쓰미의 말을 빌리면 '용궁에는 쾌락과 허무, 즉 에로스와 타나토스가 동거'하고 있다.

용궁은 교양, 풍류, 권위, 고상함 등의 가치가 모두 전도되어 있다. 우라시마는 화려한 장식, 진수성찬에 소란스러운 술자리, 화사하게 차려입은 여자들의 춤이 있는 곳을 용궁으로 상상했다. 하지만 이곳에는 그런 화려함은 없다. 그에게 들려오는 것은 희미한 거문고 소리뿐이었다.

풍류가인 우라시마조차 전혀 감을 잡을 수 없는 가련하고 불안한 소리다. 그렇지만 육지에서는 들을 수 없는 고상한 쓸쓸함이 밑바닥에 흐르고 있다. … "신기한 곡이네. 곡이름은?" … "신성의 성(聖)에 포기할 제(諦)." "아아, 그래, 성제(聖諦)"라고 중얼거린 우라시마는 비로소 바다 밑 용궁 생활에서 자신의 취미와는 격이 다른 숭고함을 감득했다. (373쪽)

우라시마는 곡이름을 듣고 비로소 용궁의 가치를 깨달았다. 그것은 자신이 그렇게도 고집했던 전통적 풍류와는 차원이 다른 것이었다. '성제'라고 하는 것은 불교 용어로 성스러운 진리, 근본적인 진리라는 의미를 지닌다. 우라시마는 이상적인 경지를 '성제'라는 곡을 통해 깨달았다. 모험심이 없다는 동생들의 비난에 '사람에게는 숙명이라는 것'이 있고 자신은 '고급스러운 숙명을 타고난 사람'이라고 대응하던 우라시마는 삶을 '단순한 포기'가 아닌 '성제'로 재인식한다.

근대 이전 우라시마 전설에서 중요한 부분은 용녀와 우라시마가 결혼해서 사이좋게 지낸다는 것이었다. 하지만 다자이의 『우라시마』에서는 용녀가 우라시마와 결혼하지 않는다. 게다가 비판이 없는 용궁에서 말을 하지 않는 인물이다. 거북은 그 이유를 다음과 같이 설명한다.

말이라는 것은 살아 있다는 불안에서 생기는 것이 아닐까요? 썩은 땅에서 독버섯이 자라듯 생명의 불안이 언어를 발효시키고 있는 것이 아닐까요? 기쁨에 관한 말도 있지만 그조차 추잡하게 궁리되어 있지 않습니까? 인간은 기쁨 속에서조차 불안을 느끼고 있겠죠? 인간의 말은 모두 궁리된 것입니다. 점잔을 빼고 있습니다. 불안이 없는 곳에서는 그런 추잡한 궁리가 필요 없습니다. (382~383쪽)

『옛날이야기』의 주인공들은 가족과 소통이 안 되는 외로운 존재들이다. 말은 타인과 소통을 나누는 매개라기보다 불안의 산물이다. 따라서 말이 없는 곳은 불안이 사라진 세계다. 우라시마에게 아무 말도 표현도 제재도 없는 용궁은 심적 안정을 느낄 수 있는 이상향이라 할 수 있다.

원전의 이야기에서 거북에게 이끌려 용궁에 온 우라시마는 용녀한테서 융숭한 대접을 받는다. 그러나 다자이의 작품에서 용녀는 '무한한 허용'을 할 뿐이다. 우라시마는 용녀를 통해 비로소 자신을 꾸미고 규제하지 않아도 되는 자유를 만끽한다. 하지만 우라시마는 점차 그 생활에 질리게 된다.

> 우라시마는 마침내 싫증이 났다. 허용된다는 것에 싫증이 났는지도 모른다. 그는 지상의 가난한 생활이 그리워졌다. 서로 남의 비판에 신경 쓰고 울기도 화내기도 하고 검소하게 조용히 지내는 육지의 사람들이 못 견디게 가련하고 왠지 모르게 아름답게 느껴졌다. (384쪽)

사실 거북은 우라시마를 용궁으로 데려가면서 자신은 용궁에 질렸다고 말한다. 종종 육지로 올라오다 보니 비판하는 버릇이 생겼고 그러다가 비판이 없는 용궁 생활이 지루해졌다는 것이다. 거북은 비판하는 습관을 '문명병의 일종'이라 여겼지만 스스로는 그 습관을 버리지 못하고 용궁의 이단자가 되었다. 처음 거북이 말했듯 용궁은 놀기에는 좋은 곳이다. 하지만 양쪽 세계를 모두 알게 된 자에게 용궁은 지루한 곳이다. 비판을 혐오하던 우라시마도 용궁에서는 지상을 비판하고 있었다. 비판하는 버릇은 끊을 수 없는 습성이기도 한 것이었다.

용궁을 떠나면서 우라시마는 "저렇게 좋은 곳은 없어. 아아! 언제까지라도 그곳에 있을 걸"이라는 생각을 한다. 이처럼 용궁이 가장 이상적인 사회라 여기고 있음에도 불구하고 우라시마는 자신이 지상의 인간이기 때문에 지상으로 돌아가야 한다고 결심을 한다. 아무리 안락한 생활을 해도 '고향의 꿈'을 꾸지 않을 수 없었다. 우라시마에게는 지상에서 사는 것이 숙명이었던 것이다.

용녀의 선물, 세월과 망각

우라시마가 용녀에게 이별을 고하자 그녀는 아무 말 없이 조개를 준다. 우라시마 전설에서 용녀는 조개가 아니라 상자를 건네며 무슨 일이 있어도 열어보지 말라고 한다. 하지만 다자이의 『우라시마』에서 용녀는 아무 말이 없다. 대신 거북이 조개껍데기를 벌리지 않는 것이 좋을 거라고 조언한다. 우라시마는 용궁에서 겪은 일을 한시라도 빨리 지상의 식구들에게 말할 생각에 거북과 헤어져 집으로 향한다. 이야기는 일단 여기서 끝나고 화자가 "우라시마는 고민 끝에 벌려보는데"라고 운을 떼며 이후의 전개 과정을 설명한다.

오랜 기간 전승되어온 이 이야기의 결말은 많은 사람들이 이해하기 어려운 측면이 있다. 용녀는 왜 열면 안 되는 상자를 우라시마에게 주었고, 좋은 일을 한 우라시마는 왜 가족을 다시 만나지 못하고 한순간에 늙어버리는가? 다자이도 같은 의문을 가졌기 때문에 용녀가 준 "이 불가해한 선물에서 고귀한 의의를 발견하고 싶어" 했다. 화자가 "오래 생각한 결과 깨닫게 된 것"은 300세의 노인이 되어버린 우라시마를 불행하다고 생각하는 것은 잘못된 선입견이라는 점이다. 화자는 그는 결코 불행하지 않았다는 해석에 이르게 된다.

다자이는 "피어오르는 연기 그 자체로 구제받은 것이다. … 세월은 인간의 구원이다. 망각은 인간의 구원이다"라며 용궁에서의 고귀한 접대도 "이 멋진 선물로 인해 최고조에 달한 감이 있다"고 한다. 나이가 들어 많은 것들을 망각하는 것이야말로 인간을 구제하는 방법이라는 것이다. 여기서 화자는 더 이상의 설명을 하지 않는다. "일본의 옛날이야기에는 이러한 깊은 자비가 있다"고 하면서 "우라시마는 그 후로 10년 더 행복한 노인으로 살았다고 한다"라는 문장으로 이야기를 끝맺는다.

용궁에서 귀향한 우라시마는 10년을 행복하게 지냈으나, 아이러니하게도 작가 다자이는 방공호에서 나온 지 3년 만에 아내와 아이들을 남겨두고 물속에서 생을 마감하였다. 그는 '세월'과 '망각'으로 구원받지 못했던 것이다. 패전 후 일상으로 돌아간 다자이는 "소설 쓰기가 싫어져서 죽는 겁니다"라는 말을 남기고 세상을 떠났다. 그는 자신이 설 자리를 잃어버리고 영원한 유토피아를 죽음에서 찾았다. 마치 말이 없는 용궁으로 돌아가듯 말이다.

『우라시마』

『옛날이야기』에는 도입부와 『혹부리 영감』, 『우라시마』, 『부싯돌 산』, 『혀 잘린 참새』 등 네 이야기가 수록되어 있다. 도입부에서는 전시에 공습을 피해 들어간 방공호 안에서 아버지가 어린 딸을 달래주기 위해 옛날이야기를 들려주고 있는 모습이 그려진다. 두 번째 이야기인 『우라시마』의 줄거리는 다음과 같다. 지금의 교토(京都)인 단고(丹後) 지방 해안가에 우라시마 다로가 살고 있었다. 그는 명문가의 장남으로 풍류가임을 자부하고 있었다. 어느 날 그는 동생들이 하는 비판에 지쳐 바닷가를 산책하다 예전에 살려줬던 거북을 만나게 된다. 거북은 그 보답으로 우라시마를 비판이 없는 세계인 용궁으로 데려간다. 우라시마는 상상했던 용궁과는 너무나 다른 모습에 처음에는 당황하나 수다스러운 거북의 설명으로 인해 지상과는 상반된 가치관에 깊이 공감하게 된다. 그러나 비판이 없고 모든 것이 허용된 세계에 지루함을 느끼게 되어 지상으로 돌아간다. 헤어질 때 용녀가 준 조개를 벌리자 한순간에 노인이 되어버렸지만 그 후 10년 동안 행복하게 살았다고 한다.

다자이 오사무

다자이 오사무(太宰治, 1909~1948)는 아오모리 현(青森県)에서 대지주의 아들로 태어났다. 본명은 쓰시마 슈지(津島修治)다. 전후에 기존 문단의 문학관에 반발해서 자학적이고 퇴폐적인 태도로 작품을 쓴 작가들을 지칭하는 무뢰파(無頼派)의 대표 작가다. 자신이 동경한 아쿠타가와 류노스케로부터 많은 영향을 받았다. 도쿄제국대학 불문과에 입학한 그는 출석 미달로 대학을 중퇴하였는데 마르크스주의에 경도되어 좌익 운동에 가담하였기 때문이다. 전시에는 자학적이며 유머러스하게 인간의 위선을 고발하는 작품들을 집필하다가 전후에는 퇴폐적인 작풍으로 변화하였다. 약물중독과 자살, 정사를 반복적으로 시도하다 결국 1948년에 애인과 함께 다마가와(多摩川) 강에 투신하여 생을 마감하였다. 대표작으로는 첫 작품집 『만년』(1936)을 비롯하여 『달려라 메로스』(1940), 『옛날이야기』(1945), 『사양』(1947), 『인간 실격』(1948) 등이 있다.

U T O P I A

이야기 넷

감시와 자유

응답하라, 과거의 기억이여:
조지 오웰의 『1984』

전소영

몇 년째 계속 방영된 '응답하라' 시리즈의 하나인 '응답하라 1988'은 최근 많은 대중들의 호응을 받았다. 드라마의 시대적 배경이 된 1980년대로부터 거의 30여 년이 지난 지금 그 시대를 공유했던 사람들 사이에서 그토록 인기몰이를 한 이유는 무엇일까? 그것은 무엇보다도 과거에 대한 향수라고 할 수 있을 것이다. 통계 수치가 증명하는 경제적 성장, 자본주의의 결과인 물질적 풍요, 최첨단 과학기술의 발달 등으로 다양한 분야에서 풍요의 시대를 누리는 것처럼 보이는 21세기에 우리는 왜 그토록 과거를 그리워하는가? 우리가 현실의 삶에서 찾을 수 없는 무언가가 그곳에 그리고 그때에 있기 때문일 것이다. 그렇다면 그곳에는 있고 지금 이곳에 없는 것은 무엇인가? 이른바 '헬조선'이라 할 수 있는 디스토피아적 현실에 없는 유토피아적 요소가 분명 추억의 그때에는 있었다고 할 수 있다. 디스토피아 소설의 정전으로 잘 알려진 『1984』(정회성 역, 민음사)는 조지 오웰(George Orwell)이 죽기 바로 전해인 1949년 완성되었다. 그의 정치적 신념을 표현한 작품이지만 작품에서의 예언은 여러 가지 측면에서 적중하였고, 60여 년이 지난 지금 이곳에서도 다양한 현상과 사건들을 통해 현실이 되고 있다. 조지 오웰은 자신이 살고 있던 시대로부터 35년 뒤를 예측한 것처럼 보이나 그에게 1984는 단지 미래의 어떤 때를 상징하는 숫자에 불과했다. 그리고 1984년으로부터 또다시 30여 년이 지난 지금도 우리는 유토피아보다는 그가 우려했던 디스토피아적 상황에 가까운 듯하다.

오웰은 문학의 목적이 진실을 말하는 것이라고 확신했다. 그러나 문학을 맹목적 수단으로 생각하지는 않았다. 그는 사회주의자였지만 스탈린 공산주의를 비판했고, 미래에 닥칠지 모르는 과도한 전체주의의 폭력을 경고한 『1984』는 주인공 윈스턴 스미스의 일기 쓰기와 마찬가지로 자신의 목숨을 걸고 쓴 작품이었다. 오웰은 '나는 왜 글을 쓰는가'에서 자신의 모든 저작은 직접적으로든 간접적으로든 전체주의에 반대하고 민주사회주의를 지지하기 위한 것이라고 밝힌 바 있다. 그는 직접 참전한 스페인 내전에서 공산주의자들의 비인간성을 목격하였고 『1984』를 통해 스탈린주의를 비판하였다. 제2차 세계대전이 끝나고 냉전 시대가 시작되면서 오웰의 작품은 그가 살아 있을 때보다 더 큰 대중적 영향력을 발휘했다. 미국 해외정보국이 반공 의식을 고취시키기 위해 『1984』를 30개국 이상의 언어로 번역하였기 때문이다. 그의 작품이 그가 비난했던 정치적인 선전 도구로 이용되었던 것은 아이러니라 할 수 있다. 그러나 오웰이 『1984』를 통해 현재까지 끊임없이 회자되고 있는 것은 작품에 드러난 정치적 신념 때문만은 아니다. 그는 『1984』의 등장인물이자 자신의 분신이기도 한 윈스턴의 이야기를 통해 과연 동물과 구별되는 존엄한 인간성이라는 것이 존재하는지, 존재한다면 그것이 얼마나 파괴되기 쉬운 것인지 보여주고 있다. 또한 과거의 역사와 진실이 현재의 권력에 의해 끊임없이 조작되며 미래 역시 보이지 않는 디스토피아적 가상의 공간에서 사회로부터 소외된 주인공이 인간다운 삶을 위해 투쟁하는 모습을 그리고 있다.

프레드릭 제임슨은 오웰의 『1984』를 디스토피아가 아니라 반유토피아 소설로 보고 있다. 그러나 주인공 윈스턴이 과거의 상실에 대한 두려움 못지않게 미래의 상실에 대한 두려움 또한 가지고 있는 것은 유토피아적 충동의 표현이라 할 수 있다. 따라서 『1984』는 유토피아의 불가능성을 말하는 반유토피아 소설이 아니라 부정적 유토피아의 다른 형태인 '비판적 디스토피아(critical dystopia)'로 분류할 수 있다. 비판적 디스토피아는 말 그대로 디스토피아적 세계의 재현으로 현실을 비판하고 위험을 경고하므로 근본적으로는 유토피아를 소망한다. 오웰은 권력을 향한 끊임없는 욕망 같은 인간의 부정적 본성을 강조하지 않았다. 오히려 현실적 상황이 힘든 디스토피아라 하더라도 노동계급이 깨어나면 희망이 있다는 것을 주장하려 하였다.

『1984』의 공간적 배경이 되는 오세아니아는 전형적인 전체주의, 경찰국가 체제다. 평화부, 애정부, 풍부부, 진리부가 각각 군사, 사상, 물자, 선전을 담당하며 이들 기관을 당이 통괄한다. 당은 노동자들에 대해 다음과 같이 묘사한다.

> 그들의 마음을 차지하는 것은 힘든 육체노동, 가정과 아이에 대한 걱정, 이웃과의 사소한 말다툼, 영화, 축구, 맥주, 도박이다. 그들을 통제하기는 어렵지 않다. 몇 명의 사상경찰 정보원이 항상 그들 속에 섞여 활동하는 가운데 유언비어나 퍼뜨리면서 위험한 존재가 될 소지가 있는 사람들을 점찍어두었다가 없애버리면 되는 것이다. 그들에게는 당의 이데올로기를 가르칠 필요도 없다. 노동자들이 강한 정치의식을 갖는 것은 바람직하지 않다. 그들에게 요구되는 것은 노동시간을 늘리거나 배급량을 줄이는 데 대해서 그들이 자연스럽게 호응하도록 당이 필요할 때마다 이용해먹을 수 있는 원시적인 애국심뿐이다. 그들은 불만이 있어도 일반적인 사상이 결여되어 있기 때문에 달리 해소할 방법을 못 찾는다. (101쪽)

당에게 노동자는 이용하거나 통제해야 할 정치적 의식이 없는 대상일 뿐이다. 그럼에도 불구하고 주인공 윈스턴은 만약 미래의 희망이 있다면 그것은 권력을 가진 당이 아니라 무산계급으로부터 나올 수 있다고 생각한다. 일찌감치 버마에서의 말단 경찰 생활과 스페인 내전의 경험으로 영국 제국주의와 스탈린주의에 신물이 난 오웰에게 유토피아의 근원은 노동자계급이었기 때문이다. 자본주의사회에서 물화된 인간처럼 노동자의 유일한 가치는 상품으로서의 노동력이다. 오세아니아에서 인간은 곧 물건이고 그러한 사회에서 인간의 소외는 극에 달한다. 우연히 찾게 된 은신처라 할 수 있는 고물상 2층에서 윈스턴은 한 아낙네를 유심히 바라본다. 진리부가 작시기로 만든 쓰레기 같은 유행가를 부르며 기저귀를 널고 있는 중년의 노동자 아낙. 유행가는 그녀의 입을 통해 멋있는 가락으로 들려온다. 윈스턴은 황홀한 마음으로 그녀를 바라보며 아름답다고 느낀다. 30년 이상의 노동으로 고된 나날을 보내지만 그녀는 여전히 노래를 부르고 있기에 노동자들은 불멸의 존재이고 당원들은 죽은 사람이다.

그러나 권력의 핵심인 당원들은 그들 무산계급을 단지 억압의 대상으로만 생각하고 사적인 공간을 포함한 모든 곳에서 팬옵티콘과 같은 감시체계를 작동시킨다. 빅브라더가 그려진 포스터는 마치 신과 같은 존재처럼 모든 것을 보고 있다. 오세아니아는 '영국 사회주의(England Socialism)'의 약자인 '영사(INGSOC)'나 런던이라는 지명을 그대로 사용하여 영국을 연상시키지만 외부로부터 철저히 격리된 푸코의 헤테로토피아와 같은 공간이다. 주변국과의 전쟁은 승패 없이 적대국을 바꿔가며 계속 지속되는데 그 목적은 오직 전시체제의 불안과 공포를 이용해 현재의 사회구조를 그대로 유지시키는 데 있다. 흥미로운 사실은 오세아니아가 외부와의 소통이 전혀 없는 폐쇄된 공간인 동시에 시간적으로도 과거와 단절된 곳이라는 점이다. 인구의 13%만을 차지하는 외부 당원으로 진리부에 근무하는 윈스턴은 당이 완전무결하다는 것을 입증하기 위해 과거의 기록을 계속해서 고치고 당에게 불리한 기록들은 가차 없이 '기억 구멍'으로 제거한다. 그는 나머지 85%의 대중과는 접촉하지 않으며, 날조된 허위 사실을 진실로 믿는 '이중 사고(doublethink)'로 스스로를 철저히 통제하고, '영사'의 이념에 부응하는 행동과 말만 한다.

따라서 개인적 차이나 인간의 근원적인 감정들은 이미 사라진 지 오래다. 오세아니아에서는 모든 것을 당이 결정하며 국민들은 모두 그것을 무의식적으로 무조건적으로 따라야 한다. 인간의 육체 또한 공장의 감정 없는 기계나 마찬가지다. 개인의 정체성은 없고 빅브라더라는 우상만을 숭배할 뿐이다. 그러나 이러한 분위기에서도 주인공은 이중 사고로 위장하며 끊임없이 과거를 그리워하고 자신의 존재를 확인하기 위해 암시장에서 구한 노트에 금지된 일기를 쓴다. 헤어진 부인과의 섹스는 단지 아이를 생산하기 위한 기계적인 결합의 과정이었고 그들의 관계는 오래가지 못했다. 오세아니아에서는 성관계가 사랑의 감정을 나누기 위한 행위가 아니며 심지어 성욕 자체를 죄악시한다.

당은 새로운 언어 체계인 '신어(Newspeak)'를 통해 인간의 의식마저 단순화시키려 한다. 신어를 창조하는 작업은 새로운 언어를 창조하는 것이 아니라 기존 언어를 말살하고 단순화해 국민들을 우민화하는 것이다. 언어라는 것은 원래 자연스럽게 발전하고 변천하는 것이지만 신어는 인간의 창조성과 상상력을 없애기 위해 단어의 수를 최대한 줄이려고 한다. 따라서 단어의 파괴가 아름다운 것으로 여겨지는데 마치 요즘 현대인들이 단축어를 즐겨 사용하는 것과 같다. 단어를 합성하게 되면 발음은 더 편하지만 사고의 폭은 줄어들게 되고 신어의 목적 또한 인간의 의식을 축소시키는 것이다. '국제공산당(Communist International)'은 인류애, 붉은 깃발, 마르크스, 파리 코뮌을 연상시킨다. 그러나 '코민테른(Comintern)'은 조직, 기관, 강령만을 떠오르게 한다. 한편 동사나 형용사의 사용은 큰 낭비로 여겨져 '좋은(good)'의 반대인 '나쁜(bad)'은 '좋지 않은(ungood)'으로 대체된다.

또한 그들의 이중 사고는 어떤 주제에 대해서든 깊게 생각할 수 없도록 만든다. 이중 사고는 자신의 고유한 생각을 가질 수 없게 하고 인간의 의식마저 정해진 기준에 따라 획일화하기 위해 국가가 강요하는 사고 체계다. 한편 실체 없는 인물인 빅브라더가 주장하는 세계관은 '전쟁은 평화, 자유는 예속, 무지는 힘'이라는 반어법적인 표어에서 드러난다. 오세아니아의 국민들은 현재 사회의 안정과 질서를 위해 이와 같은 어처구니없는 거짓을 의문할 수 없는 진실로 받아들여야 한다. 그 진실에 대해 의문하는 것은 곧 죽음을 의미하기 때문이다. 당의 관심은 부, 행복, 불멸의 생명이 아니라 오직 권력이고 그 권력은 인간을 지배하고 통제하기 위한 것이다.

또 한 가지 특이한 오세아니아의 세계관은 시간과 관련되어 있다. 당의 표어에 따르면 "과거를 지배하는 자는 미래를 지배한다. 현재를 지배하는 자는 과거를 지배한다." 그렇다면 결국 현재를 지배하는 자가 과거와 미래를 모두 지배할 수 있다는 아이러니한 결론에 이르게 된다. 따라서 당은 계속해서 과거의 기록을 흔적도 없이 제거하거나 현재의 결과에 맞게 과거의 기록을 끊임없이 조작한다. 그들에게 미래는 없으며 주인공이 일기를 쓰는 1984년 4월 4일조차도 정확히 그것이 1983년인지 2003년인지 확신할 수 없다. 윈스턴이 자신의 목숨을 걸고 일기를 쓰는 이유는 미래의 세대에게 현재의 기록을 남겨주기 위한 것이 아니다. 왜냐하면 자신의 일기를 후세의 누군가가 발견할지라도 미래가 현재와 같이 억압적이라면 그것은 폐기될 것이며, 자유롭다면 아무 의미가 없어지기 때문이다. 윈스턴에게 일기를 쓰는 행위는 거짓이 진실이 되는 현실에 대한 저항의 몸짓이다. 어쩌면 오웰 또한 윈스턴과 마찬가지로 자신의 『1984』가 후대까지 읽히는 것을 기대하지 않았을지도 모른다. 오히려 공산주의와 전체주의에 저항하고 작가로서 자신의 정체성을 확인하고자 했을 것이다.

역사는 멈췄으며 영원한 현재만 존재한다고 말하는 윈스턴에게 그의 애인 줄리아는 그런 쓰레기 같은 소리에 아무도 신경 쓰지 않는다고 반박한다. 어느 날 갑자기 사랑을 고백하며 다가온 줄리아를 만나기 전까지 사회로부터 소외되어 외롭게 살았던 윈스턴. 줄리아와 육체적 사랑을 나누면서 새로운 감정이 생겨나고 인간으로 사는 것이 어떤 것인지 깨닫는다. 그녀는 그가 알고 있는 누구보다도 적극적이고 열정적이다. 창작국에 근무하며 소설 제작기를 다루는 그녀는 잼이나 신발처럼 책도 하나의 상품에 지나지 않는다고 생각한다. 그녀에게 문학은 무차별적으로 복사하거나 기계적으로 생산하는 인터넷상의 하이퍼픽션과도 같다. 줄리아는 현실의 안전과 평화를 위해 당에 대한 의무를 완벽하게 수행하지만 마음속은 윈스턴만큼이나 이중적이고 체제 전복적이다. 그녀에게 윈스턴과의 사랑은 사적인 감정을 초월한 당에 대한 전투적인 투쟁 행위다.

인간의 근원적 관계인 부모 자식 간에도 서로를 감시하는 오세아니아에서 윈스턴과 줄리아는 다른 사람들과 달리 인간다운 삶을 살고자 하는 욕망을 실행한다. 그러나 윈스턴은 과거를 그리워했고 줄리아는 과거나 미래보다는 현실에 충실했다. 윈스턴은 당의 지시대로 행동하고 이중적으로 사고하지만 빅브라더와 텔레스크린의 눈을 피해 끊임없이 과거를 그리워하고 과거의 실마리를 찾으려 한다. 오웰이 고물상에 가는 것을 좋아했던 것처럼 윈스턴은 위험을 무릅쓰고 고물상에 찾아가서 특이한 과거의 물건들을 구경하고 싶어 한다. 또한 오래전에 헤어진 어머니에 대한 추억에 잠기곤 한다. 반복해서 꾸는 어머니에 대한 꿈은 상실한 자신의 근원을 발견하고자 하는 무의식이고 과거에 대한 향수는 잃어버린 자신의 정체성을 찾고자 하는 욕망에서 비롯한다.

윈스턴과 줄리아는 자신들의 비밀스러운 만남이 언젠가는 들통나 둘 모두 죽음을 피할 수 없다는 것을 알고 있다. 그들에게 섹스는 단순한 남녀의 애정 관계를 넘어선 정치적 저항이었고 결국 그들은 사상경찰에 체포되어 잔인한 고문을 받게 된다. 윈스턴이 추호의 의심도 하지 않았던 두 인물, 고물상 노인 차링턴과 체제 전복을 도모하는 형제단의 일원으로 가장했던 내부 당원 오브라이언이 윈스턴을 속이고 감시했던 것이다. 차링턴이 부르던 옛날 노래의 끝부분인 "여기 그대 침실 밝혀줄 촛불이 오네, 여기 그대 목을 자를 도끼가 오네"는 바로 윈스턴의 비극적 운명을 예견한 것이었다. 윈스턴이 일기를 쓰고 문진이나 옛 노래를 좋아하며 줄리아와 은밀한 사랑을 나누는 것은 모두 반체제적인 행동이었고, 그들은 어쩌면 유일하게 남은 최후의 인간이었는지 모른다. 인간의 한계를 시험하는 지독한 고문 속에서도 윈스턴이 계속 의식하는 것은 시간의 변화다. 낮인지 밤인지 분간을 할 수 없으며 굶주림과 육체적 고통 속에서 며칠이 지났는지도 가늠할 수 없지만 그는 줄리아를 걱정한다. 그러나 고문으로 몸과 의식이 모두 쇠약해질 대로 쇠약해져 죽음이 눈앞에 보이는 결정적인 공포의 순간이 되자 윈스턴은 인간의 끝을 경험한다. 자기 대신 줄리아를 죽이라는 비겁한 고백을 하고 만다.

> 줄리아한테 하세요! 줄리아한테 하세요! 제게 하지 말고 줄리아한테 하세요! 그 여자한테는 무슨 짓을 하든 상관없어요! 얼굴을 갈기갈기 찢어도, 살갗을 벗겨 뼈를 발라내도 말예요. 저는 안 돼요! 줄리아한테 하세요! 저는 안 됩니다! (401~402쪽)

인간으로서의 영혼을 중요하게 생각하던 그였지만 육체의 극한 고통, 죽음의 공포 앞에서 그는 나약하고 비열하게 무너지고 만다. 외롭고도 위태로운 윈스턴의 삶을 동정하며 지켜보던 독자는 윈스턴의 갑작스런 배신에 놀라고 인간의 나약함을 확인하게 된다. 그러나 윈스턴은 보잘것없는 인간으로서 자신의 의지가 남아 있는 한, 끝까지 왜곡된 진실을 인정하지 않는다.

오브라이언이 쥐와 덫을 이용하여 윈스턴을 잔인하게 고문하는 것을 서술한 부분은 카프카의 『구덩이와 추』에서 주인공이 죽음의 순간을 맞이하는 장면을 연상시킨다. 윈스턴은 독자가 전혀 예상치 못한 탈출구를 선택하지만 그의 선택을 비난하기는 어렵다. 온갖 고문으로 이성을 상실하고 자신의 존재마저 희미한 극한 상황에서 인간은 사랑하는 이의 목숨보다는 자신의 삶을 선택하는 그런 존재인 것이다. 윈스턴은 이제 둘 더하기 둘은 다섯이고 하느님은 권력이라는 것을 진실로 인정한다. 죽다 살아난 윈스턴은 감옥에서 풀려나 줄리아를 우연히 만나게 되는데 이제 그녀는 더 이상 과거의 줄리아가 아니다. 윈스턴과 줄리아 모두 심한 고문으로 인해 이중 사고로 위장할 수 있는 정신력도, 진정한 사랑으로 자신들의 저항을 실행할 의지도 없다. 육체는 살아 있지만 그들은 서로에게 이미 죽은 사람이고 인간으로서의 삶을 포기한 몸에 불과하다. 서로를 배신하며 인간으로서의 마지막을 경험한 그들에게 이제 미래는 없다. "우거진 밤나무 아래에서 나 그대를 팔고, 그대 나를 팔았다네 …." 줄리아와 헤어진 후 어디선가 들려오는 노랫소리에 윈스턴은 눈물을 흘린다. 그것은 단순히 줄리아를 배신한 것에 대한 회한이라기보다는 최후의 인류로서의 죄책감이었으리라.

윈스턴은 지옥 같은 현실만이 끝없이 되풀이될 것이며 예기치 못한 순간에 죽음을 맞이할 것도 이미 알고 있다. 그가 오랫동안 기다렸던 총알이 머리에 박히는 순간 또다시 두 줄기 눈물이 그의 코 양옆으로 흘러내렸다. 하지만 오웰은 "그러나 잘되었다. 모든 것이 잘되었다. 투쟁은 끝이 났다. 그는 자신과의 투쟁에서 승리했다. 그는 빅브라더를 사랑했다"라고 소설을 마무리한다. 이러한 결말에 따르면 윈스턴이 결국은 전체주의에 굴복했다고 해석할 수 있다. 또한 오웰 역시 유토피아의 가능성을 부인한 것으로 판단할 수도 있다. 하지만 당시 사회체제에 대한 일종의 경고라는 점을 생각한다면 그리 비관적이지만은 않다. 마지막 인간으로서 윈스턴은 할 수 있는 한, 자신과 끝까지 투쟁했다. 그럼에도 불구하고 노동자계급이 아무런 정치적 실천을 하지 않는 사회에서는 그의 묘비에 "빅브라더를 사랑했다"라는 문구가 새겨질 것이다. 『1984』의 결말은 비록 비극적이지만 오웰은 윈스턴이 자신과의 투쟁에서 승리했다고 말함으로써 그의 유토피아적 충동을 기리고 있다.

『1984』

윈스턴 스미스는 진리부에서 역사를 다시 쓰며 왜곡하는 일을 담당하고 있는 외부 당원이다. 윈스턴이 살고 있는 오세아니아는 유라시아, 이스트아시아와 함께 3대 강대국이며 완전한 전체주의 사회로서 행정부를 통괄하는 '당'이 모든 것을 결정한다. 개인적 자유는 없으며 텔레스크린, 송수신기, 헬리콥터와 같은 기계로 화장실까지 감시하는 사회다. 항상 노동자들을 지켜보고 있는 빅브라더는 존재가 불분명한 골드스타인이라는 반역자를 만들어내 사람들의 증오심을 불러일으키며 인간의 기본적인 욕구인 성욕조차 죄로 간주한다. 이중 사고를 통해 거짓은 진실이 되고, 과거의 기록은 끊임없이 현재에 맞추어 조작되거나 삭제된다. 언어 또한 구어는 버리고 신어를 사용하여 인간의 의식조차 축소하려 한다. 하지만 윈스턴은 목숨을 걸고 몰래 암시장에서 구한 노트에 금지된 일기를 쓴다. 그러던 어느 날 자신을 감시한다고 생각했던 검은 머리의 여성인 줄리아로부터 사랑을 고백하는 쪽지를 받고 그녀와 비밀리에 만나기 시작한다. 개인적인 감정 또한 모두 금지되어 있지만 그들은 고물상의 비밀 장소에서 사랑을 나눈다. 윈스턴과 줄리아는 당의 반대 세력인 형제단의 일원으로 보이는 오브라이언에게 자신들의 생각을 고백하고 형제단의 일원이 되겠다고 다짐한다. 그러나 오브라이언은 지난 7년 동안 윈스턴을 감시해왔던 내부 당원이었고 윈스턴과 줄리아의 밀회 장소를 제공했던 고물상 주인 또한 사상경찰이었다. 결국 윈스턴과 줄리아는 끔찍한 고문을 받게 된다. 윈스턴은 죽음의 두려움 앞에서 줄리아를 배신하고 감옥에서 풀려나지만 어느 날 갑자기 총살당하고 만다.

조지 오웰

조지 오웰(George Orwell, 1903~1950)은 본명이 에릭 블레어(Eric Arthur Blair)이며 인도에서 태어났다. 영국의 명문 이튼에서 교육을 받았고 버마에서 영국 제국주의 정치체제의 경찰관으로 근무한다. 영국과 버마 원주민들 사이에서 갈등했던 자신의 양가적 감정을 수필 '코끼리를 쏘다'에서 드러냈으며, 『버마의 나날들』과 『위건 부두로 가는 길』(1937)에서 제국주의와 자본주의의 모순점을 비판하였다. 경찰관직을 그만두고 여러 가지 직업을 전전하면서도 작가의 꿈을 위해 계속 글을 썼고, 1934년 발표한 『버마의 나날들』에서 작가로서의 가능성을 확인한다. 1936년 아나키스트로서 스페인 내전에 참전하였고 생명의 위협을 느껴 1937년 다시 영국으로 돌아온다. 공산주의와 전체주의에 반대하고 민주적 사회주의를 옹호하는 글을 쓰겠다고 밝혔고 사회주의자를 자처하면서도 항상 사회주의의 약점을 지적하였다. 『카탈로니아 찬가』(1938), 『공기를 찾아서』(1939), 평론집 『고래 속에서』(1940) 등 여러 작품이 있지만 가장 유명한 작품은 러시아 혁명과 권력의 본질을 다룬 『동물농장』(1945)과 『1984』(1949)이다. 오웰은 항상 자신의 직접적인 경험을 토대로 정치적 신념을 문학으로 승화시켰다. 『1984』는 러시아 작가 자먀찐의 『우리들』, 헉슬리의 『멋진 신세계』와 함께 근대의 대표적인 디스토피아 소설로 꼽힌다.

궁전보다 닭장에서 비를 피하리: 표도르 도스토예프스키의 『지하생활자의 수기』

안지영

거듭 도스토예프스키(Fyodor Mikhailovich Dostoyevsky)에게로 돌아와 그의 작품을 읽을 때마다, 현대 작가의 작품이라 해도 놀라울 것 없어 보이는 도스토예프스키 작품의 날 선 현대성에 놀라곤 한다. 특히, 일기나 수기 형식으로 쓰여진 작품에 등장하는 일인칭 화자의 사변을 따라 엉킨 실타래 같은 인간 내면의 심연 속으로 끌려 들어가다 보면, 마주하고 싶지 않은 내 속을 들킨 것 같은 기시감에 당혹스러운 기분마저 든다.

지독한 악의와 사악한 열정, 병적인 열등감과 우월감, 구원을 향한 갈망과 자기 파괴적 절망감을 폭포수처럼 쏟아내는 『지하생활자의 수기(Zapiski iz podpol'ya)』(『지하로부터의 수기』, 김연경 역, 민음사)의 화자가 우리에게 낯설지 않은 것도 이 작품이 시대를 초월한 인간 내면의 풍경을 집요하게 그리고 있기 때문일 것이다. 이 짤막한 작품은 선과 악, 신앙과 자유의지, 이성과 정념, 고통과 행복, 그리고 이 모든 양가적 문제들을 담아내는 대화적 의식 등 도스토예프스키 후기 작품들의 중심 주제들의 문을 연 작품으로 평가받는다.

흥미로운 것은 이 추레한 '지하생활자'*의 끝없는 주절거림 속에 당대의 이상적 유토피아론에 대한 대항 담론이 매우 정교하게 내장되어 있다는 점이다. 도스토예프스키의 『지하생활자의 수기』는 일정 부분 공상적 사회주의 유토피아 소설로 분류될 수 있을 니콜라이 체르니셰프스키의 장편소설 『무엇을 할 것인가』에 대한 비판적 응답으로 쓰였다. 도스토예프스키는 한때 그 자신도 매료되었던 사회주의 유토피아론의 허상을 집요하게 공격하며 작품 곳곳에 『무엇을 할 것인가』에 대한 구체적인 반론과 패러디들을 심어두었다.

그렇다고 해서 『지하생활자의 수기』가 전형적인 안티유토피아 소설들의 경우처럼 안티유토피아론 자체를 작품의 주제로 삼고 있는 것은 아니다. 그보다 『지하생활자의 수기』는 '인간이란 과연 어떤 존재인가'라는 가장 근원적인 한 가지 질문을 끝없이 던진다. 그리고 이 질문에 대한 집요한 천착은 자연스레 '도대체 인간은 무엇을 원하는 존재인가, 무엇이 그를 행복하게 하는가, 무엇이 그를 움직이는가, 그가 진정으로 꿈꾸는 사회는 어떤 사회인가'라는 문제의식으로 이어진다. 그리하여 『지하생활자의 수기』를 읽다 보면, 결국 유토피아, 안티유토피아, 디스토피아, 헤테로토피아 등 다양한 담론의 기저에는 시대를 초월한 동일한 질문, '인간이란 도대체 어떤 존재인가'가 흐르고 있다는, 어찌 보면 너무도 당연한 사실을 자각하게 된다.

이 글에서 우리는 일말의 화해나 타협을 허락하지 않는 도스토예프스키의

* 작품의 제목에 사용된 '지하생활자'라는 표현은 러시아어 원어를 고려한다면 정확한 번역이 아니다. 최근 출판되는 번역본들의 제목인 '지하로부터의 수기'가 'Zapiski iz podpol'ya'라는 원어 제목을 보다 정확하게 옮긴 것이다. 그럼에도 '지하생활자의 수기'라는 번역을 선택하여 작품을 소개하는 이유는 이 제목이 국내에 더 널리 알려져 있기 때문이다. 또 비대화된 자의식을 지닌 폐쇄적이고 공격적인 인간 유형을 지칭하는 '지하생활자'라는 단어가 이미 하나의 용어처럼 사용되고 있기에 엄밀한 의미에서는 오역이라 볼 수도 있을 이 번역을 택했다.

지독한 질문을 좇아, 궁전 대신 닭장을, 모든 것을 약속하는 수정궁 대신 초라한 지하실을 선택하겠노라고 외치는 미친 사내의 지하실 안으로 들어가보고자 한다.

나는 병든 인간이다…

많은 평자들이 지적하듯이, 『지하생활자의 수기』는 작품을 가득 채운 대화적 자의식을 집약적으로 보여주는 세 개의 문장으로 시작된다.

> 나는 병든 인간이다… 나는 심술궂은 인간이다. 나라는 인간은 통 매력이 없다. (9쪽)

"나는 병든 인간이다"라는 첫 고백을 마치자마자 '나'는 '나'를 병든 인간으로 여겨 경멸하고 얕보는 상대의 응답에 맞서기라도 하듯, "나는 심술궂은 인간이다"라며 위협적인 몸짓을 해 보인다. 하지만 그 말을 내뱉기가 무섭게, 경계하며 물러서는 상대의 옷자락을 붙잡기라도 하듯 자신을 매력 없는 인간이라며 낮추고 비하한다. '형식상' 독백적으로 쓴 수기는 실상은 병적으로 커진 화자의 자의식이 만들어내는 끝없는 대화로 이루어져 있다. 탁구를 치듯 팽팽하게 이어지는 이 자의식의 대화를 듣다 보면, 『지하생활자의 수기』가 어디서도 듣기 힘든 강렬한 대화, 끝없는 시비와 변명, 협박과 회유, 괴로움을 호소하는 비명과 울음으로 이루어진 대화록이라는 것을 알게 된다.

> 나는 심술궂은 관리였다. 거칠게 굴었고 거기서 만족을 찾곤 했다. 사실 난 뇌물도 받지 않았으니까, 이런 걸로라도 마땅히 보수를 받아야 했다(형편없는 말장난이지만, 그래도 이 부분을 지우지는 않겠다. 이 부분을 쓸 때는 아주

예리한 말장난이 될 것이라고 생각했다. 한데 이제 와서 보니 그냥 추악하게 젠체하고 싶었을 따름임을 내가 더 잘 알겠다—그래도 일부러라도 지우지 않겠다!). (10쪽)

그는 끊임없이 '나'의 이야기를 듣고 있는 타자를 의식하며 공격하고, 변명하며 조소한다. 그런 그의 사변의 중심에는 '나도 내가 왜 나를 파괴하려 하는지 모르겠지만, 이것은 나의 선택이다!'라는 조소와 절규가 배어 있다. '나'는 간이 아픈 것 같지만 절대 병원에는 가지 않을 거다. 의사들을 인정하지 않기 때문이다! 이런 악의로 손해를 입는 것은 고결하신 의사 선생들이 아니라 형편없이 한심한 '나'밖에 없다는 것을 알고 있지만, 결코 이 심술을 멈추지 않을 테다! '나'는 고상하고 아름다운 것을 사랑하지만 사실 가장 고상한 것 앞에서 저속한 진창으로 내달리며 가장 추잡한 죄들을 저지른다. 왜? 그건 '나'도 알 수 없다. 저속한 것을 즐기는 '나'의 내면이 너무나 괴롭고 절망스럽지만 '나'는 그런 인간이다. 그래 봤자 고통스러운 것은 '나'뿐이지만, '나'는 계속해서 고통스러울 테다! 치통에조차 쾌감이 있는 것을 너희가 아느냐!

이러한 위악적 자기 폭로 사이에 흩어져 있는 산발적인 단서들로 파악할 수 있는 '나'의 전기적 사실은 다음과 같다. 고아였던 '나'는 외톨이에 왕따로 지독히도 불행한 학창 시절을 보내며 비뚤고 괴팍한 인간이 되었다. 친구들의 경멸과 조소를 이겨내려고 우수한 성적을 거두며 학교를 다녔지만, 그들과 함께 근무하는 것이 싫어 근무지를 옮겨가며 하급 관리 생활을 했고, 직장에서도 사회 부적응자로 끔찍한 생활을 이어가다가 우연히 먼 친척의 유산을 물려받고 페테르부르크 지하 방에 칩거하게 된다. 수기를 쓰고 있는 현재의 '나'는 다 떨어진 실내복을 입고 가난하고 비루한 삶을 살고 있다.

『지하생활자의 수기』는 1부 '지하실'과 2부 '진눈깨비에 관하여'로 구성된 중편소설이다. 시간순으로 보자면, 마흔 살의 '내'가 내리는 진눈깨비를 바라보다

스물넷 시절에 있었던 몇 가지 사건을 회상하는 2부의 내용이 1부보다 16년 앞서 있다. 1부에서 화자의 기이한 '폭풍' 사변을 듣고 나서 사후적으로 그가 어떻게 이런 인간이 되었는지, 그의 내면에 도대체 무엇이 자라고 있었는지 이해할 수 있게 되는 소설의 구성은 언제 봐도 매력적이다(2부를 읽고 나서 다시 1부를 읽고 싶어질 법도 하지만, 결국은 모든 것을 어지러운 혼란 속에 둘 수밖에 없다).

사실 상당히 오랜 기간 동안 필자에게 '지하생활자'는 (관념과 정념을 중심에 두고 탄생하는 도스토예프스키의 인물들 중에서도 가장) 관념 그 자체인 인물로, 피와 살을 가진 인물이라기보다는 강렬한 관념, 사변과 등가를 이루는 형상으로 이해되었다. 그러다가 2000년대 초 페테르부르크 유학 시절, 피와 살을 가진 '지하생활자'를 만나는 흥미로운 경험을 한 일이 있다. 『지하생활자의 수기』를 연극 무대에 올린 독특한 일인극이 있다기에 지인들과 함께 공연을 보려고 했다. 그런데 관람을 하려면 극장이 아니라 어느 지하철역 출구 앞으로 모여야 한다는 것이었다. 시간에 맞춰 약속 장소에 모인 일행을 향해 안내인이 다가왔고, 우리는 그를 좇아 좁고 지저분한 페테르부르크의 뒷골목을 따라 걷기 시작했다. 한참을 걷다 드디어 안내인이 멈추어 선 곳에는 낡고 쇠락한 19세기 건물이 흉물스러운 모습을 드러내고 있었다. 마치 다른 세기로 이동하듯 조심스레 낯선 건물 안으로 들어가 삐걱거리는 계단을 한 계단 한 계단 밟아 올라갈 때(안타깝게도 공연은 지하가 아닌 건물 2층에서 진행되었다) 문득 일종의 '관념'으로 기억하고 있는 '그'가 실은 구체적인 시대에 구체적인 공간을 차지하고 밥을 먹고 잠을 자며 하루하루를 살아야 했던 피와 살을 가진 인간이었을지도 모른다는 생각이 밀려들었다. 그리고 낡은 집의 문을 열었을 때, 그 예감이 틀리지 않았음을 알게 되었다. 열린 문 뒤에서 지저분하기 짝이 없는 실내복을 입고 혐오스러운 누런 이를 드러내며 비열한 웃음을 짓고 있는 '그'가 정수리에 눌어붙은 성긴 아마빛 머리를 쓸어 넘기며 필자를 향해 몸을 돌렸다. 혐오감에 한 걸음 뒤로 물러섰던 그 순간, 관념이었던 '지하생활자'가 가장 실제적인 육체성을 입었다.

분명 19세기 러시아 문학의 잉여 인간 계보의 곁가지의 곁가지 그 아래 어딘가에 둥지를 틀고 있을 법한 이 기이한 인물은, 그저 어떤 이념을 전하기 위해 만들어낸 '관념'이라기보다는 구체적인 사회와 시대가 낳은 어떤 유형의 인간을 대변하는 인물이다. 도스토예프스키는 작품의 모두에 달아둔 주석을 통해 '지하생활자'를 다음과 같이 소개한다.

> 이 수기의 저자도 '수기' 자체도 물론 지어낸 것이다. 그럼에도 불구하고 대체로 우리 사회를 형성하는 여러 상황을 고려한다면 이 수기의 작가와 같은 인물은 우리 사회에 얼마든지 존재할 수 있을뿐더러 심지어 존재할 수밖에 없다. 나는 그다지 멀지 않은 과거에 속하는 성격 중 하나를 좀 더 또렷하게 뭇사람들 앞에 내보이고 싶었다. (7쪽)

그는 분명 암울한 반동 정치와 빈부 격차, 관료 사회의 모순과 억압의 기운으로 가득했던 19세기 후반 러시아의 상황 속에서 잉태된 인물이다. 정신없이 쏟아지는 발작적인 사변 속에서 도스토예프스키가 '지하생활자'의 개인사를 비교적 상세히 형상화해낸 것은 우연이 아니다. 예민하고 섬세한 지성을 타고났으나 고아로 자라며 단 한 번도 제대로 된 보호나 사랑을 받아보지 못한 '나'의 비뚤어진 자의식과 공격성, 열등감과 병적인 우월감은 분명 '내'가 살았던 시대와 '나'의 개인사적 불행에 기인한 것이다. 더욱이 2부에 등장하는 창녀 리자의 지적처럼 '마치 책을 읽는 것같이' 살아가는 그의 삶은 수기의 마지막 부분에 적힌 고백에서 알 수 있듯이 실제 삶과 유리된 19세기의 무력한 인텔리겐치아의 형상과도 닮아 있다.

이렇듯 구체적으로 형상화된 불행한 아웃사이더의 사변은 작품 속에서 보편적인 인간론의 토대가 된다(이는 병적이고 극단적인 인물들 속에서 가장 근원적인 인간 내면의 본성을 추출해내는, 매우 도스토예프스키적인 해법이다). 이 한심하고 보잘것없고 무능하기 짝이 없는 '루저'는 그의 표현을 빌자면 '2×2=4'의 세상, 모든 것이 설명되고 규정되고 계산되고 약속될 수 있다고 믿는 세상으로 결코 들어가지 않겠다는 병적인 다짐에 인생을 건다. 그는 인간을 도표와 숫자와 논리로 규정지어 무엇이 가장 이롭고 훌륭한 답인지 결정하고자 하는 모든 시도와 맞서 싸운다. 그는 자신의 지하실에 가장 초라하고 추한 모습으로 쭈그리고 앉아 세상이 건설하기 원하는 완벽한 유토피아, 수정궁의 이상을 노려보고 비웃으며 혀를 내민다. 왜냐하면 인간은 결코 그렇게 설명되거나 만족시킬 수 있는 존재가 아니기 때문이다.

> 이 모든 것이 황금빛 몽상이다. 오, 말해달라. 누가 처음으로 이런 의견을 내놓았는가. 인간이 추잡한 짓을 하는 것은 오직 자신의 진짜 이득을 모르기 때문이라고 맨 처음 선언한 자 과연 누구인가. 즉 인간을 계몽해주고 진짜, 또 정상적인 자신의 이득을 보도록 눈뜨게 해준다면 그는 즉시 추잡한 짓을 멈추고 즉시 선량하고 고결한 인간이 될 것이다. 왜냐하면 계몽되어 자신의 진짜 이익을 이해함으로써 선 속에서 자신의 이익을 꼭 발견하게 될 것이기 때문이다. … 오, 정녕 젖먹이나 다름없도다! … 그래, 대체 언제, 첫째, 저 수천 년의 세월 동안 인간이 오직 자신의 이익 하나만을 위해서 행동했던 적이 있었던가? 사람들이 뻔히 알면서도, 즉 자신의 진짜 이익이 뭔지 완전히 이해했으면서도 그걸 옆으로 제쳐놓고 … 다른 길로 돌진했음을 … 증명해주는 수백만 개의 사실들은 대체 어떻게 할 것인가? … 이익이라니! 이익이란 무엇인가? 그래, 여러분은 인간의 이익이 대관절 어디에 있는지 완전히 정확하게 정의할 자신이 있는가? … 다들 비웃는군. 비웃어도 좋지만, 단, 여러분 다음 질문에는 대답을 해주시길. 즉 인간의 이익이라는 것이 완전히 정확하게 계산된 것일까? (36~37쪽)

스스로 지하실로 기어든 것인지, 아니면 어쩔 수 없이 그곳에 갇혀버린 불쌍한 존재인지조차 구분하기 힘든 형편없이 가련한 사내의 입술을 통해 도스토예프스키는 당대의 지식인들을 사로잡았던 사회주의 유토피아의 이상을 그 근간에서부터 흔들고자 한다.

수정궁 밖으로! '2×2=4'의 세상 밖으로!

19세기 후반 러시아의 진보적 지식인들을 사로잡았던 유토피아적 사회주의는 젊은 시절 도스토예프스키의 신념이기도 했다. 반동 정치와 불합리한 사회구조의 억압 속에서 신음하던 젊은이들은 푸리에주의*로 대변되던 유토피아적 사회주의, '합리적 이기주의' 사상에 매료되었다. 인간이 무엇이 진정으로 자신에게 이익이 되는지 깨닫기만 하면, 비이성적이고 불합리한 폭력과 욕심, 악덕에서 벗어나 모두가 함께 잘 사는 세상을 세울 수 있다는 '합리적 이성주의'의 논리는 불합리한 사회구조를 근본부터 개혁할 수 있는 실제적인 해법으로 받아들여졌다. 계몽과 교육을 통해 더불어 사는 삶이 모두에게 이익이 된다는 것을 가르친다면, 사회경제 구조의 치명적인 모순을 타개할 수 있고, 빈부의 격차, 신분의 억압이 없는 유토피아적 이상 사회를 세울 수 있으리라는 기대가 이들을 사로잡았다. 『지하생활자의 수기』가 비판하고 있는 소설 『무엇을 할 것인가』는 바로 '합리적 이기주의'에 입각한 유토피아 사회 건설의 가능성을 제시하고 도전하는 작품이다. 이 작품은 당대의 젊은이들뿐 아니라 레닌을 비롯한 수많은 후대의 사회주의 혁명가들에게도 지대한 영향을 미쳤다.

청년 도스토예프스키도 페트라셰프스키 서클에 출입하며 동시대 젊은이들을 사로잡았던 유토피아적 사회주의의 비전에 짧게나마 매혹되었다. 하지만 이 짧

* 프랑수아 마리 샤를 푸리에(François Marie Charles Fourier, 1772~1837)는 19세기 초 프랑스의 공상적 사회주의자로 생산자 협동조합인 '팔랑주(phalange)'에 기반한 사회 건설을 주장했다. 그는 상업을 사회악의 근원으로 여겼고, 팔랑주를 중심으로 상업이 존재하지 않는 자유로운 협동 사회를 실현해야 한다고 제안하였다.

은 매혹의 대가는 혹독했다. 고골에게 보내는 벨린스키의 '불온한' 편지를 낭독했다는 죄목으로 도스토예프스키는 사형을 언도받았다 사면되었고, 이후 4년을 옴스크의 감옥에서, 이어지는 4년을 시베리아에서 사병으로 복무하며 보내야 했다. 그리고 30대의 거의 전부라 할 이 8년의 시간 동안 그는 자신이 믿었던 그 어떤 이론이나 공식으로도 설명하거나 변화시킬 수 없는 인간 본성의 카오스와 악, 부조리를 목도한다. 그는 인간의 내면에 선과 악이 얼마나 무질서하고 혼란스럽게 공존하는지, 인간의 욕망이란 얼마나 비이성적이고 파괴적인지, 상황에 따라 약자에서 폭군으로 순식간에 탈바꿈하는 인간 본성의 폭력성과 비굴함은 얼마나 측량 불가능한 것인지, 종횡무진 얼굴을 바꾸는 인간 내면의 그 종잡을 수 없는 욕망의 흐름을 논리로 설명하려는 것이 얼마나 무력한 시도인지 깨닫게 된다.

앞서 인용한 지하생활자의 냉소는 정확히 체르니셰프스키의 『무엇을 할 것인가』를 가득 채운 '합리적 이기주의' 사상, 유토피아 사회 건설의 비전에 대한 냉소다. 다 떨어진 가운을 입고 만성 치통에 시달리는 그는 완전하고 견고한 세상, 유토피아의 세상을 향해 주먹을 휘두르고 혀를 날름거린다. 『지하생활자의 수기』에서 유토피아 세상은 때로는 '2×2=4'의 세상으로, 때로는 체르니셰프스키의 소설에 등장하는 무쇠와 수정으로 만들어진 '수정궁'(주지하다시피 이는 1851년 런던에서 열렸던 만국박람회 때 하이드파크에 세워진 수정궁에서 이름을 따온 것이다)의 세상으로, 때로는 어떠한 틈과 자유도 허락하지 않는 막강한 '돌벽'의 세상으로 그려진다. 그리고 그 이상적인 세상은 자유의지도, 내면의 모순과 역설도, 그리고 고통마저도 허용하지 않기에 '나'는 완전히 아귀가 맞는 그 세상을 거부한다. 그는 "여러분은 왜 그렇게 확고하게, 그렇게 의기양양하게, 오직 정상적이고 긍정적인 것 하나만이, 한마디로 말해서 오직 안락 하나만이 인간에게 이롭다고 확신하는가?"(57쪽)라고 묻는다.

내가 옹호하는 것은… 나 자신의 변덕이요, 또한 필요할 때마다 내가 마음껏 변덕을 부리는 것이 보장되었으면 하는 것이다. 고통은 예컨대 보드빌에서는 허용되지 않는다. 이 점을 나는 알고 있다. 수정궁에서라면 생각조차 할 수 없는 일이다. 무릇 고통은 의심이요 부정인데, 의심할 수 있는 공간이라면 그게 무슨 수정궁인가? 그래도 나는 인간이 이따금씩은 진짜 고통, 즉 파괴와 혼돈을 거부하지 않으리라고 확신한다. 고통이야말로 실상 의식의 유일한 원인이니까. 처음에는 의식이란 것이 내 생각으론 인간에게 있어 크나큰 불행이라고 말했지만, 인간이 그것을 사랑하여 그 어떤 만족과도 바꾸지 않으리라는 것을 나는 알고 있다. 의식은 예컨대 2×2보다는 무한히 더 높은 것이다. 2×2 이후엔 할 일이 전혀 없어질 뿐 아니라 알아내야 할 것도 전혀 없어질 것이다. … 여러분은 영원토록 허물어지지 않는 수정 건물을, 즉 몰래 혀를 내밀 수도, 호주머니 속에서 손가락을 겹쳐 엿 먹으라는 시늉을 해줄 수도 없는 건물의 존재를 믿고 있다. 글쎄, 내가 이 건물이 무서운 이유는 그것이 수정으로 되어 있어서 영원토록 허물어지지 않기 때문, 그놈한테는 혀를 몰래 내밀 수도 없기 때문인지도 모르겠다. (58쪽)

그는 끊임없이 인간을 전혀 이해하지 못한 채 완벽함을 가장하는 수정궁의 허상을 거부한다. 결국 "2×2=4는 삶이 아니라 죽음의 시작"(56쪽)이기에 그는 비가 내린다면 궁전이 아닌 닭장에서 비를 피하겠노라고, "나에게는 지하실이 있다"(61쪽)고 외친다.

그런데 말이다, 만약 궁전 대신 닭장이 있고, 마침 비가 온다면 나도 비에 젖지 않으려고 닭장으로 기어 들어갈지 모르겠지만, 어쨌거나 비를 피하게 해주었다는 고마움 때문에 닭장을 수정궁으로 받아들이지는 않을 것이다. (59쪽)

그렇다면 도스토예프스키의 세상에서 인간이 살 곳은 궁전 대신 닭장, 수정궁 대신 지하실일 수밖에 없는 것일까? 그렇다면 우리에게는 변화, 더 나은 삶, 구원이란 불가능한 이상인 것일까?

비록 불발된 것이긴 하지만 『지하생활자의 수기』에도 구원과 변화를 향해 타올랐던 작은 불꽃이 있었다. 학창 시절 친구들의 모임에 억지로 끼어들어 온갖 모욕과 경멸을 받고 발작적인 광기를 부리다가 창녀촌으로까지 흘러들어 리자라는 창녀를 만나게 된 '나'는 갑자기 그녀를 구원하고 싶다는 열망에 들떠 그녀를 계도하려 한다. 그러다가 "당신은… 당신은 꼭 책을 따라 하는 것 같아요"(153쪽)라는 그녀의 악의 없는 지적에 분노를 느끼기도 하고, 그녀의 영혼을 건드리고 변화시키고 싶다는 설명할 수 없는 갈망에 자기도 알 수 없는 말을 끝없이 지껄이기도 한다. 결국 '나'의 말에 마음이 움직인 그녀는 새로운 삶을 꿈꾸기 시작한다. '나'를 만나러 집까지 찾아온 그녀 앞에서 자신의 불행한 영혼을 열어 보이는 듯했던 '나'는 결국 그녀와 성관계를 가지고 돈을 지불하여 그녀를 더 깊은 나락으로 떨어뜨리고, 그 자신도 더 깊은 나락 속으로 떨어진다. 『무엇을 할 것인가』에 등장하는 키르사노프와 창녀 크류코바의 이상적 사랑 이야기에 대한 패러디이기도 한 리자와의 사건은 이 병적인 인간과 불쌍한 한 여인의 구원에 대한 갈망이 얼마나 철저하게 무너지는지, 리자가 떠안은 현실의 무게와 지하생활자의 내면에 자리한 '지하실'의 장력이 얼마나 무시무시하고 실제적인 것인지 보여주는 가장 비극적인 에피소드다.

그렇다면 구원은?

주지하다시피 도스토예프스키는 복음서의 예수를 만나는 것, 이성과 논리 중심의 서구주의를 떠나 슬라브적 뿌리로 돌아가는 것에서 유일한 구원의 가능성을 보았다. 하지만 『지하생활자의 수기』에서 그러한 구원의 가능성을 찾기란 쉽지 않다.

1864년 3월, 형에게 쓴 편지에서 도스토예프스키는 『지하생활자의 수기』의 검열에 대한 불만을 다음과 같이 토로한다.

> 마지막 바로 전 장이 지금 출판된 것처럼, 즉 문장들이 서로 모순되고 함부로 팽개쳐져 있는 것보다는 차라리 출판되지 않는 편이 좋았을 것입니다. 그러나 어쩌겠습니까! 돼지 같은 검열관들은 일부러 내가 모든 것을 조롱하고 불경스럽게 묘사했던 부분들은 통과시켰고, 이 모든 것에서 믿음과 예수에 대한 필요성을 도출했던 부분들은 금지했습니다. 정녕 이 검열관들은 누구란 말입니까!

또 작품을 쓴 지 10여 년이 지난 1874년에는 다시 이 작품을 쓰게 된다면 훨씬 밝게, 더 타협적인 성향으로 쓸 수 있을 것 같다고 한탄하기도 한다.

하지만 동시에 도스토예프스키는 자신이 이 작품을 통해 아무도 가보려 하지 않았던 인간 내면의 지하실 끝까지 도달했음을 인식하고 있었다. 검열관이 구원의 비전을 삭제했다고 불평을 늘어놓았지만, 후일 삭제된 부분을 복구하거나 수정하려는 시도를 하지 않았다. 또 『지하생활자의 수기』가 현실에 대해 완전히 무지한 작품으로 그저 독자를 지하실의 지독한 악취 속에 가둘 뿐이라는 비난을 받았을 때 수첩에 다음과 같은 메모를 남겼다.

> 나는 내가 러시아의 다수를 대표하는 진짜 인간을 묘사한 첫 번째 사람이라는 데, 그리고 이 인간의 추악하고 비극적인 측면을 처음으로 드러낸 사람이라는 데 긍지를 느낀다. 비극은 추악함을 의식하는 데 있다… 고통, 자기 처벌, 더 나은 것을 의식하지만 그것을 성취할 수 없다는 불가능성….

도스토예프스키는 '지하생활자'로 하여금 자유의지의 문제를 가장 극단적이고 병적인 방식으로 논하게 하고 그를 통해 인간 내면의 가장 깊은 곳을 통찰한다. 무엇이 인간을 움직이게 하는가, 그는 무엇을 원하는가, 그가 만들고자 하는 세상은 어떤 세상인가.

그리고 그 자신은 『지하생활자의 수기』를 지나 『카라마조프 가의 형제들』까지 이르며 고통을 끌어안은 채로 점점 더 신에게로, 예수에게로, 그리고 슬라브적인 뿌리로, 새로운 구원을 향하여 나아간다.

『지하생활자의 수기』

『지하생활자의 수기』는 1부 '지하실'과 2부 '진눈깨비에 관하여'로 구성된 중편소설이다. 지하실에 살고 있는 화자는 1부에서 병적이고 위악적인 자기 폭로를 늘어놓다가, 2부에서는 16년 전 자기 인생에 있었던 몇 가지 사건들을 회상한다. 그의 수기는 완결되지 못하고 이를 전하는 작품 속 작가에 의해 중단된다. 고아였던 화자는 외톨이에 왕따로 불행한 학창 시절을 보내며 비뚤고 괴팍한 인간이 되었다. 친구들의 경멸과 조소를 이겨내려고 우수한 성적을 거두며 학교를 다녔지만 그들과 함께 근무하는 것이 싫어 근무지를 옮겨가며 하급 관리 생활을 했고, 직장에서도 사회 부적응자로 끔찍한 생활을 이어가다가 우연히 먼 친척의 유산을 물려받고 페테르부르크 지하 방에 칩거하게 된다. 수기를 쓰고 있는 현재의 '나'는 다 떨어진 실내복을 입고 가난하고 비루한 삶을 살며 수정궁으로 대변되는 유토피아의 세상을 비웃고 조롱한다.

표도르 도스토예프스키

1821년 군의관의 둘째 아들로 태어난 도스토예프스키(Fyodor Mikhailovich Dostoyevsky, 1821~1881)는 1845년 발표한 『가난한 사람들』로 평단의 거두인 벨린스키의 찬사를 받으며 러시아 문학계에 혜성처럼 등장했다. 이후 벨린스키가 고골에게 보낸 편지를 읽었다는 죄목으로 체포되어 8년간의 감옥 및 유형 생활을 했다. 유형 후 그의 후기 작품 세계를 여는 이정표가 된

『지하생활자의 수기』(1864)를 발표했고 『죄와 벌』(1866), 『백치』(1868), 『악령』(1871~1872), 『미성년』(1875), 『카라마조프 가의 형제들』(1880) 등 대표적 장편들을 출간했다. 1881년 자택에서 폐출혈로 사망했다.

환멸의 역사에서 정치적 유토피아로:
최인훈의 『회색인』

김종수

한국인에게 유토피아는 '낙원'이나 '이상향'을 의미했다. 그곳은 인간의 행복을 실현하는 이상적인 조건을 갖춘 곳이다. 전통적으로 『구운몽』과 같은 소설에 등장하는 선계(仙界)와 선경(仙境)은 착한 사람만이 살 수 있고 생로병사도 없는 완벽한 공간으로 제시된다. 또 『홍길동전』에서 묘사되는 율도국은 지배 계층의 부조리와 불합리한 요소를 제거하려는 활빈당의 의지로 건설되는 이상 세계다. 도교의 신선 사상에 영향을 받은 무릉도원형 유토피아나 유교의 대동사상(大同思想)에 입각한 유토피아는 한국 고전 작품에서 찾을 수 있는 대표적인 유토피아의 모습이다. 무릉도원형이 개인적이고 소극적인 차원의 유토피아 공간으로 이해될 수 있다면, 대동 사회형은 집단적이고 적극적인 의지를 실현하고자 하는 공간으로 규정할 수 있다.*

그런데 근대 이전 고전소설에서 전개된 이와 같은 유토피아 형상과는 달리 한국 근대소설에서 유토피아의 구상화는 그리 많지 않다. 사실주의가 지배해온 한국의 근대소설 풍토에서 유토피아 서사가 요구하는 초월적이며 이상적인 공간의 형상화가 '객관적 관찰과 사실적 재현의 기교'와는 호응되지 않았기 때문이다. 반면에 시적 자아의 초월적 정서를 통해 구현되는 시 세계에서는 유토피아가 자주 등장하였다. 백석이나 윤동주의 시에서는 시인의 몽상 속에 살아 있는 공간으로서의 유토피아를 탐색하거나 낙원으로서의 고향이 환기되었다. 또한 과학에 대한 신념과 근대를 향한 낙관적 의식을 보여준 김기림의 시에서도 유토피아가 거론되었다. 한국 현대 시의 유토피아는 낙원의 상실로 이해되는 현실 속에서 원초적인 황금시대를 기억하려고 한다는 점에서 근대 이전 시대가 꿈꾼 유토피아와 유사하고, 과학과 근대를 무비판적으로 낙관한다는 점에서 근대 이전의 낭만적인 상상과 크게 다르지 않다.

사실 토머스 모어의 『유토피아』 이래로 근대인이 꿈꾸는 이상향은 상실된 낙원이 아니라 새롭게 구축하고 싶은 이상태로서의 유토피아다. 유토피아를 염원하는 인간 의지의 도저한 모색은 문학작품으로 형상화되면서 그 시대의 결핍을 목도하게 하고 더 좋은 세상에 대한 염원을 구체화한다. 특히 이성의 합리성으로 무장한 근대인의 유토피아 의식은 '지금-여기'라는 시공간성에 대한 구체적인 분석을 전제로 한다. 근대인이 유토피아 의식을 환기할 수밖에 없도록 만든 역사적 조건과 정치적 상황을 조명하는 일은 지금도 빈번하게 이루어진다. 그러므로 근대인이 사유하는 유토피아란 시간성이 부재하며 현실과 유리된 폐쇄적 영역이 아니라, 비록 그 실현이 불확실하지만 끊임없이 실현 가능하다고 믿는 의지적 의식으로 이해할 필요가 있다. 유토피아 건설을 위한 노력만큼이나 예술을 통한 유토피아 의식의 형상화가 근대인에게는 중요했다. 예술적 형상화를 통해 근대인의 유토피아 의식은 시도되고 보완되며 새롭게 창조될 수 있기

* 이종은 외, '한국문학에 나타난 유토피아 의식 연구', 「동아시아문화연구」 28, 1996, 125쪽 참고.

때문이다.**

한국에서 이러한 근대인의 유토피아 의식을 가지고 있는 소설가가 최인훈(崔仁勳)이다. 한국의 근대를 휩쓸고 간 식민주의와 탈식민주의에 대한 분석적 성찰과 핍진한 응시를 보여주는 최인훈은 지금 이곳에는 없지만 이상 사회가 미래에 실현될 수 있다는 신념을 가지고 이성의 합리성을 통해 역사와 현재를 분석하고 있다. 특히 그가 구현하는 문학과 정치의 관계에 대한 성찰과 사유는 유토피아 의식을 소설적 소재이자 주제로 설정하여 현대 한국 소설의 형식을 확장하기도 했다.

새로운 세계를 갈망하는 근대인의 유토피아 의식을 드러낸 그의 소설로 『회색인』(문학과지성사)을 꼽을 수 있다. 한국의 근대사에서 처음으로 정치적 의사 표현을 집단적으로 제시했던 1960년 4·19 혁명을 전후로 젊은이들이 지니고 있었던 새로운 세계에 대한 사유와 고뇌가 이 소설에 다채롭게 등장한다. 또한 그 사유를 가능하게 한 한국 근대사의 질곡과 세계사의 정황이 다각적으로 분석되며 역사의 질곡을 경험한 젊은이들의 복잡한 욕망이 유토피아 의식을 둘러싸고 펼쳐진다.

> 만일 우리나라가 식민지를 가졌다면 참 좋을 것이다. 먼저 그 많은 대학 졸업생들을 식민지 벼슬아치로 내보낼 수 있으니, 젊은 세대의 초조와 불안이 훨씬 누그러지고 따라서 사회의 무드가 느긋해질 것이다. … 여야가 아무리 치고받는 국회라 할지라도, 일이 식민지 통치에 관한 한 쉬쉬하면서 아무래도 민족은 이해 공동체라는 본을 훌륭하게 드러내 보일 것이다. … 노동자들도 인터내셔널이니 만국의 노동자니 하는 말에 그닥 입맛을 돋우지 않을 것이며, 그보다는 값싼 식민지 노동군의 내지 이동을 막으라고 요구하는 온건한 파업을 할 것

** T. W. 아도르노, 『미학 이론』, 홍승용 역, 문학과지성사, 1987, 61~62쪽 참고.

> 이다. 경제 사정은 나쁘지 않을 것이다. … 대학에서는 국학의 연구가 성하고 허균은 조나단 스위프트의 큰 선배며 토머스 모어의 선생이라고 밝혀질 것이며, … 우리들의 식민지를 가령 나빠유(NAPAJ)라고 부른다면 "정송강과 나빠유를 바꾸지 않겠노라" 이런 소리를 탕탕 할 것이다. (8~9쪽)

『회색인』의 주인공인 독고준은 일본을 식민지로 삼은 조선을 가정해보는 가상 역사를 그려본다. 여기에서 조선은 정치와 경제, 학문과 문화의 모든 면에서 여유롭고 평화로운 삶을 누리는 '태평천하'다. 그것이 가능한 이유는 식민지를 거느렸기 때문이다. 일제의 식민 지배 탓에 뒤틀려버린 한국의 근대적 삶을 상상적 재구성으로나마 교정해보고자 하는 독고준은 친구인 정치학도 김학과 함께 '지금의 한국(인)을 넘어 새로운 한국(인)은 가능할 것인가'를 고민한다. 이들이 보기에 지금의 근본적인 문제는 불평등한 출발에서 비롯된다. 한국이 서구와 동등하게 근대를 시작할 수 없었다는 것이다. 이는 '근대'가 가지고 있는 서구 중심적 역사 전개에서 기인한다. 『회색인』에서 정치학도 김학과 소설가 지망생 독고준의 독백으로 설명되는 한국 근대사와 세계 문명사의 관계를 요약하자면 다음과 같다.

'서양에서 완성된 근대는 신을 부정하고 개인이 그 자리를 차지하면서 시작되었고 보편 제국이 아닌 민족주의를 주장하는 과정에서 유혈혁명을 치러냈다. 서양은 제국주의로 동양을 짓밟았고 특히 한국은 아시아에서 서양 역할을 담당한 일본에 의해 희생되었다. 근대의 민주주의와 민족주의를 제대로 정립하지 못한 한국은 부정한 정권에 의해 지배되고 있을 뿐이다. 한국에서는 근대의 이념을 실감으로 받아들일 수 없는 상황이 계속되고 있다. 특히 서양의 공통된 사상적 기반인 기독교처럼 작용하는 한국의 신화를 시급히 찾아내야 한다.'

독고준과 김학이 공통적으로 인식하는 한국의 근대사는 환멸적인 역사에 다름 아니다. 새로운 한국의 가능성을 모색하는 두 사람은 '지금-여기'의 현실을 분석하면서 필연적으로 한국 근대사의 질곡을 직시한다. 특히 한국 근대사의 부정적인 문제들은 다른 무엇보다도 정치 현실의 왜곡에서 비롯된다. 서구의 역사가 쟁취하고 확립한 근대의 보편적 이념인 자유와 민주주의가 제대로 정착되지 못한 결과다.

> 우리는 엄밀한 의미에서 역사상 민주주의에 대한 의사표시를 한 적이 없다고 할 수 있어. 어떤 사회를 지배하는 사상이, 그 사회가 역사적 결단(즉 혁명이지)에 의해서 채택한 것이 아니라면 그 얼마나 취약한 건가. 한국 민주주의의 취약성은 바로 여기 있어. (165쪽)

독고준과 김학이 보기에, 서구에서 이식된 이념으로서의 '자유'와 '민주주의'는 전근대적인 사회의 근본 모순을 해결하고 새로운 세계를 건설하기 위해 확립되어야 할 유토피아의 조건이었다. 모두가 자유롭고 누구나 정치에 참여하는 제도적 조건을 이룩함으로써 인간다운 삶을 구현할 수 있기 때문이다. 근대의 세계에서는 바로 '자유'와 '민주주의'가 유토피아를 보장하는 기본 이념으로 강조된다. 북쪽이 고향인 독고준은 월남하기 전에 가족들과 함께 골방에서 남쪽 대북 방송을 몰래 청취했다. 그는 "자유로운 조국, 민주주의의 나라, 유토피아"(22쪽)라는 방송의 메시지를 "오색 무지개에 싸여서 꽃이 피고 털빛이 고운 새들이 지저귀는 남쪽"(22쪽)으로 이상화하여 마음에 깊이 새겼다. 독고준에게 '자유'와 '민주주의'는 유토피아의 전제였던 것이다. 그런데 한국인은 자유와 민주주의를 주장하지만 그에 대한 경험은 전혀 없었다. 역사를 통해 쟁취해내지 못했기 때문이다. 바로 이것이 근본적인 문제점이었다.

『회색인』에서 독고준의 매부 현호성 같은 인물은 한국의 정치 현실을 보여주는 사례다. "지난날의 노동당원이 천하의 여당이라는 자유당의 유력 당원이고, 고액 헌금자다. 그는 애당초 주의도 주장도 없는 사람이다. 그는 편리한 대로 강한 편에 붙어서 몸을 지켜왔다"(153쪽). 김학의 「갇힌 세대」 동인들이 주장하듯이 친일파 척결이 이루어지지 못한 남한 정부의 근본적인 한계는 한국전쟁이 끝나고 나서도 변함이 없다. 자유와 민주주의라는 이념에 대한 열정에도 불구하고 유토피아는 부정을 은폐하고자 준동하는 세력들 때문에 실현되지 못하고 마는 것이다.

> 앵무새처럼 한 가지 말만 하라. 이것이 정부의 요구야. 인생과 정치를 좀 다원적으로 보는 것은 우리 사회에서는 여전히 터부에 속해. 이른바 대통령이 산다는 집은 구중궁궐인 것처럼 신비의 안개에 싸여 있고, 국민들에게는 그 속에 사는 인물의 모습은 종잡을 수 없는 풍문처럼 밖에는 전해지지 않는다. (75쪽)

김학은 한국의 정치 상황이 절망적이라고 판단한다. 유토피아의 조건인 민주주의와 자유가 한국인들의 역사적 삶 속에서 체화되지 못했기 때문에 유토피아란 실현될 수 없는 불가능의 영역일지도 모른다. 그럼에도 불구하고 민주주의와 자유라는 이데올로기가 유토피아를 가능하게 하는 최선의 방법임을 인정하지 않을 수 없다는 점에 김학의 딜레마가 있다. 그래서 정치학도 김학은 '혁명'의 명제를 택한다. 김학은 "혁명이 가능했던 시대라는 건 어디에도 없었다. 그래서 혁명이 일어났다"(18쪽)는 신념을 가지고 있다. "우리들의 현실이 아무리 괴기하고, 따라서 반응하기가 어려운 것일지라도, 그것은 노력을 포기하는 이유는 되지 않는"(79쪽) 투철한 혁명 의지는 진정한 자유와 민주주의를 구현하는 유토피아의 미래를 상정하고 있다.

근대 이후 세계사의 전개 과정에서 혁명이 이루어진 구체적인 사례는 주지하듯이 20세기 초의 사회주의혁명이다. 빈부의 갈등이 해소된 인간다운 삶에 대한 열망이 혁명이라는 이름으로 결실을 맺은 사회주의혁명은 유토피아적 상상력의 근대적 결정판이라고 할 수 있다. 하지만 자유, 민주, 평등의 기치로 건설하려 한 사회주의 유토피아는 독고준이 보기에 서구 역사의 일부분이라는 점에서 한국의 유토피아가 될 수 없다. 그래서 김학과 다르게 독고준은 "한국의 상황에서는 혁명도 불가능하다"(17쪽)고 주장한다. 독고준에게 중요한 것은 '에고'다. 남쪽으로 넘어와 대학에 들어간 지 얼마 안 되었을 무렵 독고준은 "민족의 일원도 국가의 일원도 그리고 가족의 일원이기도 전인 '자기'"를 발견하고는 "몸이 으스스하도록 감격했다"(34쪽). 저자의 자전적인 요소이며 주인공의 원체험으로 소설 전반부에 등장하는 '폭격당하는 W시의 여인'은 '에고'의 발견이자 최초로 경험한 생의 희열이다.

> 그때 부드러운 팔이 그의 몸을 강하게 안았다. 그의 뺨에 와 닿는 뜨거운 뺨을 느꼈다. 준은 놀라움과 흥분으로 숨이 막혔다. 살냄새. 멀어졌던 폭음은 다시 들려왔다. 준의 고막에 그 소리는 어렴풋했다. 뺨에 닿은 뜨거운 살. 그의 몸을 끌어안은 팔의 힘. 가슴과 어깨로 밀려드는 뭉클한 감촉이 그를 걷잡을 수 없이 헝클어지게 만들었다. 폭격은 계속되었다. 폭탄이 떨어져 오는 그 쏴 소리와 쿵 하는 기동 소리는 한결 더한 것 같았다. 준은 금방 까무러칠 듯한 정신 속에서 점점 심해가는 폭음과 그럴수록 그의 몸을 덮어 누르는 따뜻한 살의 압력 속에서 허덕였다. 폭음. 더운 공기. 더운 뺨. 더운 살. 폭음. (50쪽)

성에 대한 최초의 자각과 연결된 이 체험은 독고준의 자아가 완전히 인정되었던 놀라운 순간을 간직하고 있다. 이것은 독고준이 처음으로 소외와 좌절이 아닌 희열의 기쁨을 얻은 경험, 그의 에고가 승리한 최초의 경험이었다.* 중학교 2학년 시절에 경험했던 이 순간을 성인이 된 독고준은 강렬하게 희구한다. 과거

* 권보드래, '최인훈의 『회색인』 연구', 「민족문학사연구」 10, 1997, 228~239쪽 참고.

를 그리워하는 혈혈단신 실향민의 단순한 퇴행적 심리 때문이 아니라 정치적 이념의 갈등에서 비롯된 분단 상황이 '에고'의 희열을 억압하기 때문이다.

독고준이 꿈꾸는 유토피아는 "보편과 에고의 황홀한 일치"(213쪽)가 이루어질 때 가능하다. 독고준은 보편적인 이념을 내세워야 하는 혁명을 신뢰하지 않는다. 그가 보기에 현대사회에서 존재가 위협받는 것이 에고이기 때문에 혁명의 위험은 더욱 크다. 그는 "어느 날 이천만 민중이 홀연 인간적 모욕을 실감하고 일제히 동시에 폭동을 일으키"기(293쪽) 전에는 어떤 구원의 길도 있을 수 없다고 믿는다. 소수의 힘으로는 한국 사회의 근본적인 모순을 뚫을 수 없을 뿐만 아니라 "저마다 신"인 개인을 보편이라는 이름으로 억압하는 것은 용납할 수 없기 때문이다. 모든 개별적 존재가 동의하는 이념, 개별의 총합으로서의 보편이 아니라면 어떤 보편 이념도 허구인 것이다.*

독고준의 유토피아인 '보편과 에고의 황홀한 일치'란 현실에서 실현 불가능한 이상이다. 아도르노가 말하듯이 이것은 언젠가 이루어질 역사의 차원이 아니라 불확실한 실현과 관계되는 것이다. 그러므로 유토피아의 기능은 현실 속에서 구체적인 이상 사회를 실현하는 데 있는 것이 아니라, 의식 속에서 끊임없이 이상적 순간을 향해 나아가는 움직임을 이끌어내는 데 있다. 최인훈의 『회색인』은 이 같은 유토피아의 정신을 매혹적인 사유의 향연으로 그려내고 있다.

『회색인』

1958년 가을 국문과 대학생 독고준의 하숙방에 정치학도 김학이 찾아온다. 김학은 독고준의 글이 실린 「갇힌 세대」라는 동인지를 건네주기 위해 왔다. 둘은 한국의 왜곡된 정치 상황을 논

* 권보드래, 앞의 글, 244쪽.

하며 술을 마신다. 김학이 돌아간 뒤 독고준은 상념에 잠긴다. 독고준은 북쪽의 고향 W시에서 중학교 2학년 때 자아비판을 하던 모습을 기억한다. 또 지도원 선생의 부름을 받고 학교에 갔다가 폭격을 당했을 때 자신의 목숨을 구해준 여자를 떠올린다. 월남 후 유일한 혈육이던 아버지가 사망하고 홀로 가난하게 살아가는 독고준은 자신의 하숙집에 드나들며 전도를 하는 김순임에게 호감을 갖게 된다. 학비를 벌지 못해 난감해하던 독고준은 과거 누나의 애인이었던 현호성을 찾아가 도움을 청하지만 매정하게 거절당한다. 현호성은 남쪽에 내려와 자유당의 유력 당원이자 고액 헌금자로 행세하는 인물이다. 독고준은 자신의 노트에 끼여 있던 현호성의 옛 노동당원증을 발견하고 그와 거래를 하여 그의 집에서 기숙하게 된다. 그곳에서 현호성의 처제인 화가 이유정을 알게 되고 그녀와 예술에 대해 이야기를 나누며 친해진다. 한편 김학은 고향인 경주에서 자신의 친형 김 소위와 이야기를 나누던 중 한국 문화에 조예가 깊은 황 선생을 소개받고 그를 찾아가 당대 한국 사회의 문제와 해결 방안에 대해 조언을 듣는다. 1959년 여름 독고준은 현호성의 집에 찾아온 김학과 소주를 마시며 새로운 한국의 가능성에 대해 의견을 나눈다. 김학은 돌아가고 술에 취한 독고준은 이유정의 방문을 열고 들어간다.

최인훈

최인훈(崔仁勳, 1936～)은 함북 회령에서 태어나 1959년 『그레이 구락부 전말기』와 『라울전』을 발표하며 등단하였다. 그의 소설에서 제시되는 관념적 사유는 직접적으로 한국의 분단 현실에 초점을 맞추고 있으나, 그 사유의 진폭은 한국 문화사와 세계의 근대사, 인간존재의 본질 규명과 같은 역사와 문명 전반을 아우르고 있다. 한국 분단 상황의 냉철한 분석을 보여준 대표작 『광장』(1960)을 비롯하여 『구운몽』(1962), 『회색인』(1963～1964), 『소설가 구보씨의 일일』(1969～1972), 『화두』(1994) 등의 소설과 희곡집 『옛날 옛적에 훠어이 훠이』(1979), 산문집 『유토피아의 꿈』(1980) 등을 썼다.

우리들, 나의 상실, 그리고 지상에 구현된 낙원: 예브게니 자먀찐의 『우리들』

문준일

"비극은 행진으로부터 시작된다." 어느 다큐멘터리의 첫 장면에서 내레이션은 이렇게 시작되었다. 그 화면에는 2차 대전 동맹국 측 병사들의 일사불란한 행진과 깃발들이 가득했다. 행진에 숨겨져 있는 상징 작용과 본질을 이렇게 꿰뚫은 말이 있을까 싶었다. 집단 속에서 나를 잊고 집단과 동일시되는 최면 작용을 행진은 만들어낸다. 그래서일까 전체주의국가일수록 행진에 대한 애착이 매우 강하다.

러시아 작가 예브게니 자먀찐(Yevgeny Zamyatin)의 소설 『우리들(My)』(석영중 역, 중앙일보사)의 첫머리에서 주인공 D-503은 산책 시간에 다른 번호들과 함께 대열을 이루어 행진한다. "번호들은 네 명씩, 일사불란하게 대오를 지어 열광적으로 박자를 맞춰가며 걸어갔다. 수백, 수천의 번호들. 푸르스름한 제복을 입고, 가슴에는 남성과 여성의 국민번호가 새겨진 황금빛 번호판을 달고. 그리고 나는 이 위대한 흐름의 무수한 물결 중의 하나"(18쪽).

미래의 유토피아인 '단일제국'에서 주민들은 알파벳과 숫자로 호칭된다. 그래서 '번호들'이다. 자음은 남성, 모음은 여성이다. 주인공이 살고 있는 단일제국은 '너'와 '나'가 사라진 '우리들'의 세계다. "그 누구도 '개인'이 아닌 '~ 중의 한 개인'이다"(20쪽). 옷도 '유니파'라고 부르는 제복으로 통일되어 있다. 그리고 대열 속에서 주인공은 행복하다. 집단 속의 한 구성원으로 주인공은 '몰아(沒我)'가 주는 도취감에 빠진다. 이것은 종교적 도취감과 흡사해 보인다.

종교적 도취감과 비슷하다면 무엇에 대한 믿음일까? 단일제국은 혁명에 의해 세워졌다. 오랜 '200년 전쟁' 이후 단일제국의 건설자들은 혁명을 이루어내었다. 이 혁명은 '마지막 혁명'이다. 이후의 혁명은 없다. 왜냐하면 그들은 '인류 역사의 정점'에 서 있기 때문이다. 주인공은 말한다. "우리는 끝까지 다 날아왔거든요. 우리는 원하는 걸 찾았어요"(84쪽).

그렇다, 인간은 그들이 원하는 걸 드디어 찾았다. 인간의 오랜 꿈이었던 잃어버린 낙원 에덴동산이 지상에 실현된 것이다. 역사시대 이후 인간을 괴롭히던 모든 고통과 괴로움은 사라지고 이제 오직 '수학적으로 오류가 없는 행복'만이 있을 뿐이다. 마지막 혁명으로 세워진 이상 사회, 유토피아가 이 소설의 배경인 단일제국이다. 과학과 기술의 발전이 그것을 만들었다. 단일제국의 충실한 번호인 D-503은 인간의 힘으로 만들어낸 이 진보를 신앙처럼 믿는다. 단일제국의 선은 그래서 직선이다. "위대한, 훌륭한, 정확한, 현명한 직선—선 중에서 가장 현명한 선…"(16쪽). 직선은 자연계에 존재하지 않는, 존재할 수도 없는 선이다. 사회는 인간이 가진 가장 강력한 무기인 이성과 그 이성이 만들어내는 과학과 기술에 의해 점차 진보하고 완전해진다는 낙관적 믿음을 단일제국의 선인 직선은 상징하고 있다. 단일제국은 이러한 믿음의 산물이다. 과학기술의 발전은 영원한 진보를 담보하고 결국 인류가 잃어버린 낙원 에덴을 인간의 힘으로 건설할 수 있다는 그러한 믿음. 그리고 그 믿음대로 낙원은 건설되었다. 주인공 D-503

은 "마치 내가, 과거의 수 세대가 아닌 바로 내가 구시대의 신과 구시대의 삶을 정복한 듯이 느꼈다. 바로 나 자신이 이 모든 것을 창조한 것처럼 느꼈다. 그리고 스스로 탑처럼 느낀다"(18~19쪽). 여기서 '탑'은 바벨탑이다. 하늘에 닿으려는 인간의 꿈은 실현되었다. 그리고 주인공은 그 완성의 정점에서 그들이 이룬 성과에 도취되어 있는 것이다.

무궁한 과학과 기술의 발전은 인간만이 가진 최고의 무기 '이성'이 이룬다. 이 대목에서 단일제국의 공간적 유한성이 큰 상징을 가지게 된다. 단일제국은 '녹색의 벽'에 의해 자연과 분리된 한정된 공간이다. 200년 전쟁 이후 단일제국의 주민들은 아무도 녹색의 벽 너머에 가보지 못했다. 그곳은 인공적이고 조직적인 단일제국과 달리 거친 자연의 세계다. 이 '벽'을 사이에 두고 극단적 대립 구조가 형성된다. 인공과 자연, 이성과 감성, 행복과 자유, 유한과 무한이 대립한다. 그리고 에덴동산의 신화는 이 녹색의 벽과 만나 새로운 해석을 얻는다. 아담과 이브는 금기를 어기고 선악과를 먹어 눈이 밝아진다. 이로 인해 자신들이 나신임을 알게 된 후 에덴동산에서 추방을 당하게 된다. 에리히 프롬이 말하듯 에덴, 즉 낙원에서의 인간은 '자연과의 원시적 합일 상태'였다. 낙원에서 추방된 인간은 그 원시적 합일을 잃어버리게 된다. 이제 인간에게 남은 길은 하나뿐이다. 다시 에덴으로 돌아갈 수는 없다. 불길이 훨훨 타오르는 칼을 가진 케루빔 천사가 에덴으로 가는 길을 막고 서 있기 때문이다. 인간은 잃어버린 전인간적인 조화 대신에 인간적인 새로운 조화, 즉 자신의 '이성'으로 자신의 역사를 만들어 앞으로 나아가는 길만 남아 있다.

그래서 아담의 아들 카인은 첫 번째 '도시' 하녹을 건설하고 인류의 첫 문화영웅이 된다. 인간에게 부여된 주거지의 모습은 정원과 도시로 대별된다. 신이 부여한 낙원은 동산, 정원의 모습으로 나타나며, 인간이 스스로의 힘으로 만든 주거지는 '도시'다. 인간의 문명의 역사는 도시의 역사다. 도시는 인간이 만들어나가는 스스로의 역사다. 신의 지배에서 벗어나 스스로 헤쳐 나가야 되는 인간은 자신만이 지니고 있는 이성으로 모든 것을 일구어나가야만 한다. 그 이성의 위력은 실로 대단하였다. 인간은 자연과 우주, 철학과 과학에서 엄청난 진보를 이루어낸다. 그리고 자연의 종속에서 벗어난다. 자연은 이제 합일의 대상이 아니라 정복하고 이용하는 대상이 된다. 이성에 의한 진보는 인간에게 신을 대체하는 새로운 믿음이 된다. 역사의 각 단계는 이전의 단계보다 진보하며 완성의 방향으로 향한다는 믿음이 정착되었고, 역사는 결코 신의 뜻이나 절대정신의 전개과정이 아니라 인간의 노력에 의해 창조되는 것이다. 그래서 이성이 인간을 완전하게 해방시켜주리라는 기대는 인간을 매혹한다. 앞서 보았듯이 『우리들』의 주인공 D-503 역시 산책을 하면서 단일제국의 모습을 황홀한 눈으로 바라본다.

도시는 벽을 쌓아야만 건설된다. 벽은 물리적 공간을 한정시킨다. 그렇게 생겨난 유한은 인간 문명의 생성 조건이다. 이성은 유한의 공간에서만 작동하기 때문이다. 자연과의 합일이 깨어진 인간에게 무한은 참을 수 없고 이해할 수 없는 것이다. 유한성은 단일제국의 이념적 기초이자 존재의 근거가 된다. 그래서 단일제국의 벽은 '모든 인간적인 것의 기초'다. 수학자인 주인공 D-503에게 친구인 시인 R-13은 시인이 되어보라고 권한다. 그때 그는 이렇게 말한다. "나는 여태껏도 그래왔지만 앞으로도 지식을 위해 봉사할 결세"(45쪽). 그렇지만 R-13은 그 말을 비웃는다. "지식이라! 자네의 그 지식이란 것이야말로 비겁함일세. 정말이라고. 자네는 단지 무한에 벽을 둘러치려 하고 있을 뿐이야. 그러나 벽 너머로 시선을 던지기를 두려워하고 있어. 바로 그거라고! 시선을 던져보게. 눈이 부셔 실눈을 뜰 걸세. 아무렴!"(46쪽).

그런데 그렇게 만들어진 인공의 낙원, 인간이 지상에 구현한 낙원은 모든 것이 통제되어 있는 사회다. '시간 율법표'에 의해 24시간이 통제를 받으며, '번호들'은 모두 정해진 시간에 기상하고 식사하고 노동한다.

"시간 율법표는 우리 모두를 현실에서 위대한 서사시에 등장하는 육륜의 강철 영웅으로 변신시켜준다. 매일 아침, 육륜의 정확성으로, 동일한 시간, 동일한 분에, 우리, 수백만의 우리는 마치 한 사람처럼 기상한다. 동일한 시간에 우리는 수백만이 한 사람처럼 일을 시작하고, 수백만이 한 사람처럼 일을 끝낸다"(23~24쪽).

'모든 번호에게는 다른 어떤 번호라도 성적 산물로 이용할 권리가 있다'는 성법전(Lex Sexualis)으로 사랑과 감정의 영역도 통제하고 있다. 그리고 '나'라는 개인이 사라진 곳에 '번호'가 있을 뿐이고 '집단'의 논리가 있을 뿐이다. 번호들은 단일제국이라는 거대한 하나의 기계를 이루는 부속이며, 혹시 못 쓰게 된 '나사'는 당연히 폐기되어야 한다. 번호들은 유리로 만들어진 똑같은 집에 살며 똑같은 제복을 입고, 같은 시간에 화학 음식을 먹고 같은 시간에 일을 한다. 또한 만장일치로 영원히 선출되는 '은혜로운 분'의 통치를 받고 있다.

인간은 '자유라고 하는 미개한 상태'에서 벗어나 '수학적으로 오류가 없는 행복'의 상태로 접어들었다. 충동도 사건도 에너지도 없는 완벽한 행복의 사회다. 하지만 D-503은 반란 그룹의 리더인 여주인공 I-330을 만나 개인의 '나'가 형성되고 새로운 세계에 눈을 뜬다. D-503이 새로운 시각을 획득하는 과정은 아담이 이브의 유혹에 빠져 선악과를 먹고 타락하는 과정과 맥을 같이한다. '눈을 뜬 아담'은 자신이 살고 있는 단일제국이 완벽한 유토피아가 아니라 의혹과 공포의 디스토피아임을 알게 된다. 이렇게 디스토피아 문학의 시초는 탄생한다.

『우리들』은 이후 올더스 헉슬리의 『멋진 신세계』와 조지 오웰의 『1984』 같은 디스토피아 문학의 효시가 된다. 헉슬리는 『우리들』을 『멋진 신세계』를 쓰고 난 후에 알았지만 조지 오웰은 작품을 쓰기 전에 『우리들』을 접했다고 한다.

하지만 『우리들』을 단순히 디스토피아 문학, SF 문학의 효시로만 볼 수는 없다. 자먀찐은 19세기 러시아 문학을 관통했던 큰 논쟁, 도스토예프스키와 체르니셰프스키의 논쟁을 자신의 작품 속에서 이어나갔다. 체르니셰프스키가 『무엇을 할 것인가』에서 사회주의사상에 기반을 둔 이상적 사회 건설의 꿈을 보여주자, 도스토예프스키는 『지하생활자의 수기』에서 그 이상의 허구를 보여주었다.

『우리들』은 이러한 19세기 러시아 문학의 화두를 이은 하나의 철학소설로 보아야 할 것이다. 『우리들』이 쓰고 있는 유토피아와 SF의 장르 틀은 자신의 메시지를 포장하기 위한 하나의 마스크일 뿐이다.

러시아 혁명으로 인류사 최초의 사회주의 실험을 시작하게 되었을 때 혁명을 기다리고 완수한 사람들의 눈앞에 펼쳐진 것은 순백의 도화지 같은 신생 소비에트 국가였다. 이제 이 빈 공백을 어떻게 채울까 하는 문제가 사람들을 흥분시켰다. 인류의 간절한 소원, '어린아이의 눈물'이 없는 평등과 행복의 세계가 이제 눈앞에 와 있는 것이다. 저마다 미래의 소비에트 국가는 이렇게 건설되어야 한다고 주장하며 선언문들을 쏟아내었다. 그래서 사회주의혁명을 성공시킨 소비에트에서 유토피아는 문학 장르가 아니라 사회적 현상이었다. '새로운 세계' 건설에 대한 낭만적 혁명의 기운이 가득했던 당시 자먀찐은 미래 유토피아의 모습을 그리면서 인간의 이성에 근거한 기술 문명이 집단주의와 결합할 때 나아갈 수밖에 없는 방향을 보여주었다. 그것은 이상 사회를 인간의 손으로 건설하겠다는 거대한 이념들과의 도발적 논쟁이었다. 이런 의미에서 디스토피아와 SF의 장르 틀은 그가 제기하는 문제를 가장 잘 부각시켜주는 문학적 장치가 되었다.

1920년에 쓰인 이 작품은 이후 소련이 보여준 전체주의의 많은 모습들을 놀랍도록 예시하고 있다. 공개투표, 강력한 일인 독재 체제, 비밀경찰의 감시망, 주민들의 상호 감시, 문학의 사회 종속 등. 그래서 얼핏 보면 공산주의 소비에트 체제에 대한 신랄한 풍자라는 평가를 벗어날 길이 없어 보인다. 하지만 이 작품에는 공포가 스며 있다. 그것은 인류와 인류의 문명 그리고 인류의 살아 있는 영혼에 대한 염려에서 비롯된 공포다. 비대해진 국가의 통제 권력과 기술 문명이 전 인류에게 가하는 위험에 대한 경고였다. 이성 만능의 기술 문명과 그 문명의 이념적 조건인 집단주의, 그리고 집단주의에 수반되는 개인의 소멸 등은 인간존재의 근본적인 문제와 연결되기 때문이다. 이와 관련하여 러시아 사상가 니콜라이 베르자예프의 말은 매우 의미심장하다.

"유토피아는 지금까지 인간들이 생각했던 것보다 훨씬 더 실현 가능성이 높다고 생각된다. 그리고 실제로 우리들은 전혀 별개의 의미에서 우리들을 불안하게 하는 문제 앞에 서 있다. 즉 유토피아의 궁극적인 실현을 어떻게 피할 것인가 하는 문제다."

시대와의 이단적 논쟁이었던 『우리들』은 소비에트러시아에서 결국 출판되지 못했다. 소비에트 문단에서 자먀찐은 영원한 이단자였다. 1960년대 해빙기 시절에 많은 작가들이 복권되고 금지되었던 작품들이 재출간되었지만 그는 그 대열에 들어갈 수 없었다. '페레스트로이카'로 대변되는 개혁의 시기가 오고서야, 1988년 「깃발」지에 소설 전문이 게재되었다. 하지만 긴 시간 끝에 러시아로 돌아왔을 때 이미 많은 사람들이 그를 기억하지 못하거나 알지 못했다.

『우리들』은 자먀찐의 대표작이자 그의 지난한 인생의 항로를 결정지은 작품이다. '흐름을 거슬러 가는 것'에 익숙한 그의 성격에서 이 작품의 시원을 찾아볼 수도 있을 것 같다. 젊은 자먀찐은 격동의 러시아 역사와 함께한다. 1905년 제1차 러시아 혁명, 페테르부르크 '피의 일요일 사건'의 아프고 힘든 기억들, 오데사 반란 진압의 목격 등. 그리고 그것은 그의 인생을 결정짓는 요인이 된다. 1916년 훗날의 아내에게 보내는 편지에 이렇게 쓴다. "갑자기 혁명이 송두리째 나를 흔들어놓았소. 강력하고 거대한 어떤 것, 마치 회오리바람처럼 하늘을 향해 머리를 쳐든 어떤 것을 느꼈소. 그것을 위해서 나는 살 것이오." 영원한 이단자이자 탐구자로서의 그의 삶은 이렇게 시작되었다.

예브게니 자먀찐은 1884년 1월 20일 러시아 중부 탐보프 현의 레베쟌에서 러시아 정교 사제의 아들로 태어났다. 그가 말하듯이 레베쟌은 노름꾼, 집시, 말시장과 가장 억센 러시아어를 쓰는 지역으로 유명했고, 톨스토이와 투르게네프, 부닌 등 많은 유명한 러시아 작가들이 자신의 작품들에서 이 지방을 다루곤 했다. 이러한 환경은 그의 작품들인 『어느 시골 이야기』나 『알라트리』에 투영된다. 자연적 환경 이외에도 가정에서의 교육이 그의 어린 시절에 가장 큰 영향을 주었다. "피아노 아래서 자라났다. 엄마는 훌륭한 음악가였고, 4권짜리 고골 전집은 이미 다 읽었다. 유년 시절 친구는 거의 없었다. 유일한 친구는 책이었다"라고 그는 자서전에서 쓰고 있다.

인근 도시인 보로네시에서 금메달을 받으며 김나지움을 졸업하였고 1902년 페테르부르크 종합공과대학 조선학부에 입학한다. 김나지움 수석 졸업의 상징인 금메달은 곧 페테르부르크의 전당포에 맡겨졌고 다시는 찾지 못했다고 자먀찐은 말한다. 그는 조선학부의 여름 실습에 참가하여 러시아 전역을 여행하였고 콘스탄티노플, 베이루트, 예루살렘 등 근동에도 다녀온다. 1905년 오데사에서는 포템킨 호의 반란을 목격하기도 한다. 그 경험은 단편 『3일간』에 반영된다. 그의 학창 시절에 러시아는 격동의 소용돌이에 휘말려 있었다. 그는 볼셰비키가 되어 혁명운동에 가담한다. "당시에 볼셰비키가 된다는 것은 가장 험난한 저항의 길을 가는 것을 뜻했다. 그리고 그때 나는 볼셰비키였다"라고 그는 자서전에 쓴다. 1905년 체포되어 독방에서 몇 개월을 지낸 뒤 고향 레베쟌으로 보내진다. 하지만 법을 어기고 페테르부르크로 돌아온 그는 1908년 학교를 졸업하고 1911년부터는 학교에서 조선공학을 강의하게 된다. 그의 책상엔 배 설계도와 첫 단편의 초고가 뒤섞여 있었고, 그 원고가 1908년 「교육」지에 실리면서 문학계에 데뷔한다. 하지만 작가로서 이름을 얻은 것은 『어느 시골 이야기』가 「교훈」지에 게재되고 나서다. 이 작품에서 그는 러시아 시골 마을의 낙후되고 구습에 사로잡힌 생활을 그려내었다. 『어느 시골 이야기』는 동시대인에게서 높은 평가를 받았고, 그가 잡지 「교훈」을 중심으로 한 네오리얼리즘 작가 그룹에 합류하는 계기가 된다. 그 후 중부 시베리아의 황폐한 도시에 주둔한 군 수비대에서의 무시무시한 사건을 다룬 『변방에서』는 상세한 묘사가 너무 사실적이어서 자먀찐이 군 복무를 한 적이 없다는 것을 아무도 믿지 않을 정도였다. 결국 이 작품이 실렸던 「교훈」지는 몰수되고 그는 법정에 서게 된다.

1916년 영국으로 보내진 자먀찐은 뉴캐슬과 글래스고의 조선소에서 러시아 쇄빙선을 건조하게 된다. 그가 수석 조선 기사로 참가해 제작한 '성 알렉산드르 넵스키 호'는 러시아의 첫 쇄빙선이었다. 이 시절 영국에서의 인상은 『섬사람들』과 『인간 사냥꾼』에서 표현된다. 이 작품들에서는 인습적인 규칙들과 위선에 대한 풍자가 상징적 이미지와 제유적 기법에 의해 극적 표현을 얻는다. '영국의 테마들'은 이후 『우리들』의 주요한 모티프들과 주제로 다시 태어난다.

영국에서 자먀찐은 러시아 혁명에 대한 소식을 접하게 된다. 이 시기를 러시아에서 보내지 않으면 더 이상 '러시아 작가'가 될 수 없을 것 같다는 느낌에 1917년 9월 낡은 배 한 척에 몸을 싣고 러시아로 돌아온다. 그의 표현에 의하면 "1917년과 1918년의 즐겁고도 끔찍한 겨울"이었다. 모든 것이 불확실한 미지의 어딘가로 유영하는 듯한 시기였다. 새로운 시대에 대한 기대는 즐거웠지만 삶의 조건들은 끔찍했다. 추위와 굶주림에 작가들은 죽어갔다. 1919년 고리키는 그들을 보호하기 위해 '예술의 집(Dom iskusstv)'을 만들었고 이곳에서 예술인들은 자신의 활동을 이어나간다. '예술의 집'을 중심으로 한 문화적 활동과 10월 혁명 이후의 문화적 복구에서 자먀찐은 중심적 위치를 차지한다. '세계문학' 출판사에서 주도한 세계문학 번역에도 참가하고, '예술의 집' 스튜디오에서 젊은 작가들에게 문학 강의도 하였으며, 그와 창작 기법이 유사한 '세라피온 형제들' 그룹에게 많은 영향을 미쳤다.

혁명 직후 전시공산주의 시기의 혹독한 경험은 당시 페테르부르크를 배경으로 한 세 단편 『마마이』, 『동굴』, 『용』에서 극적으로 표현되어 있다. 자먀찐은 전시공산주의 시기를 동굴에서 인류가 거주하던 선사시대로의 후퇴로 그리고 있다.

이전에 볼셰비키였던 자먀찐은 혁명을 환영하였다. 하지만 혁명이 도그마화되는 과정에서 전체주의 사회로의 이행이 일어나자 플라토노프라는 필명으로 좌파 사회주의 신문들과 논쟁을 벌이기 시작한다. 제정 러시아 시기엔 볼셰비키였고, 혁명이 이루어진 소비에트러시아에선 혁명의 도그마와 싸웠던 것이다. 자신의 말대로 그는 영원한 '이단자'였다.

당시 좌파 이데올로기에 대한 풍자와 시대적 분위기에 대한 답변이 『우리들』이었다. 자먀찐이 베를린으로 보낸 『우리들』의 원고는 1924년 영어로 번역되어 뉴욕에서 출판된다. 1927년에는 유명한 언어학자 로만 야콥슨 덕택에 프라하의 잡지 「러시아의 의지」에 체코어로 소개되었다. 아직 소비에트에서는 출간되지도 않은 상황에서 『우리들』은 초고를 읽어본 소비에트 비평가들에게 엄청난 공격을 당한다. '공산주의에 대한 풍자, 소비에트 체제에 대한 비방', '사회주의의 미래에 대한 저속한 비방', '용인할 수 없는 현상' 등 여러 비판이 쏟아졌다. 자먀찐은 더 이상 어느 곳에도 글을 게재할 수 없게 되었다. 1929년에는 그가 쓴 희곡 『벼룩』이 모스크바 예술극장 상연목록에서 제외되었고, 비극 『아틸라』는 연출 자체가 금지되었다. 1931년 그는 소비에트에서 살아갈 수 없음을 깨닫고 스탈린에게 편지를 쓴다. 편지에서 그는 "글을 쓸 수 있는 기회를 상실하는 것은 작가에게 사형선고나 마찬가지다"라고 이야기한다. 그리고 해외로 나가게 해줄 것을 요청한다. 허가는 쉽게 떨어지지 않았다. 당시 문화 권력이었던 고리키의 주선으로 1932년 자먀찐은 프랑스로 떠난다. 하지만 프랑스에서 자먀찐은 다른 망명 작가들과 별반 교류를 가지지 않았다. 정신적 지향점이 그들과 달랐던 것이다. 그는 러시아 여권을 여전히 갖고 있었다. 다시 러시아로 돌아가길 기대했던 것이다. 1937년 3월 10일 그 꿈을 이루지 못하고 '러시아 작가' 자먀찐은 숨을 거두었고 파리 교외의 묘지에 묻혔다.

『우리들』

'단일제국'은 녹색의 벽에 의해 자연과 격리된 인공적인 폐쇄 공간이다. 그곳은 지상에 구현된 낙원이다. 이곳의 주민들, 즉 번호들은 모든 미지수가 제거된 투명하고 소독된 공간인 단일제국에서 절대적 행복을 느끼며 살아간다. 의식주가 완벽하게 보장되고 결혼과 육아는 아동 공장과 집단 육아로 해결되고 어떠한 감정적 충동이나 괴로움도 제거된 곳이다. 이 모든 것은 과학기술의 발전으로 가능해졌다. 오래전 잃어버린 아담과 이브의 에덴동산이 인간들의 손으로 다시 지상에 구현된 것이다. 이곳은 토머스 모어가 묘사한 '유토피아'와 너무 흡사하다. 구성원들은 너무나 행복하다. 하지만 이곳은 모든 것이 체계화되어 있다. '시간 율법표'는 모든 구성원들의 행동과 시간을 구속한다. 심지어 성행위조차 성법전에 따라 허가를 받아야 한다. 그들의 행복은 자유의 희생으로 이루어진 것이었다.

『우리들』은 일기 형식으로 되어 있다. 단일제국이 그들의 행복을 우주로 전파하기 위해 건조하는 우주선 인테그랄 호의 조선 기사인 D-503의 일기다. 그는 단일제국이라는 에덴에서의 아담이다. 그는 단일제국의 규범에 너무나 충실한 번호다. 단일제국의 통치자인 '은혜로운 분'을 신처럼 신봉하고 '강제적인 행복'에 대한 신념이 확고하다. 욕망은 고통을 주는 것이고 행복은 그러한 고통을 주는 욕망이 제거된 상태라고 그는 쓴다. 하지만 이러한 확고한 신념은 여주인공 I-330을 만나면서 서서히 무너지기 시작한다. 치명적 매력의 그녀는 그를 단일제국의 궤도에서 이탈시킨다. 그녀에 대한 집착과 정념으로 D-503은 새로운 가치관에 눈을 뜨고, '우리들'에서 떨어져 나와 '나'라는 개인이 되어간다. '번호'에서 '인간'이 되어간다. '영혼'이 형성되면서 '사고'하기 시작하고, 가슴으로 아픔을 느끼면서 감성이 싹트기 시작한다. 녹색의 벽을 넘어 자연으로 가서 그곳의 털북숭이 사람들을 만나고 다른 세계가 있음을 보게 된다. I-330은 단일제국의 전복을 꿈꾸는 비밀 조직 '메피'의 지도자였다. 인테그랄 호를 탈취하려는 그들의 계획에 D-503은 동참한다. 하지만 그 계획은 실패로 돌아간다. 메피 조직은 '만장일치의 날' 반란에 이어 단일제국의 존재근거가 되는 녹색의 벽을 파괴한다. 그러나 메피의 공격을 단일제국은 물리치고 번호들의 머릿속에 싹트는 환상을 제거하기 위해 모든 번호들을 대상으로 수술을 실시한다. 단일제국에 '나'를 꿈꾸는 번호들, 머릿속에 '영혼'이 형성되는 번호들이 전염병처럼 퍼졌던 것이다. 주인공 D-503도 수술 증명서가 없는 다른 번호들과 마찬가지로 체포되어 수술을 받고 '절대적으로 건강'해진다. 영혼이라는 '치유 불가능한 병'이 마침내 치유된 것이다. 그의 머릿속은 가볍고 텅 비게 된다. I-330이 눈앞에서 고문을 받아도 그는 아무렇지 않다. 소설의 마지막에 그는 기록한다. 이성에 대한 그의 확신을. "유감스럽게도 이성을 배신한 인간의 수는 상당히 많다. 그러나 우리는 40번가의 횡단면에 고압 전류가 흐르는 임시 벽을 건축하는 데에 성공했다. 나는 우리가 승리하길 희망한다. 아니, 그보다, 나는 우리가 승리할 것을 확신한다. 이성은 반드시 승리하기 때문이다."

예브게니 자먀찐

예브게니 자먀찐(Yevgeny Zamyatin, 1884~1937)은 러시아의 소설가, 비평가다. 대학에서 조선공학을 전공하여 조선 기사로 일하였다. 혁명 전에는 볼셰비키였고 투옥되거나 추방되기도 했었다. 추방되어 살던 라흐타에서 쓴 『어느 시골 이야기』(1912)가 높은 평가를 받으며 문단에 등장한다. 창작 전반기에는 러시아적인 모습과 풍속을 압축적 문체로 담아냈고, 혁명 후 영국에서 돌아와서는 당시의 모습을 그로테스크하게 상징적으로 그려냈다. 압축된 문체, 상징과 이미저리의 사용으로 네오리얼리즘이라 불리는 문학 형식의 혁명을 이루어냈고, 당시 문단에서 큰 영향력을 발휘하였다. 대표작으로 『어느 시골 이야기』, 『변방에서』(1913), 『우리들』, 『동굴』(1921), 『홍수』(1929) 등이 있다.

U T O P I A

이야기 다섯

몸과 욕망

전쟁 없는 사회, 성 없는 사회

어슐러 르 귄의 『어둠의 왼손』

가까이, 더 가까이에서 다르게 보기

베르나르 베르베르의 『나무』

인류의 형이상학적 돌연변이에 새겨진 유토피아

미셸 우엘벡의 『소립자』

전쟁 없는 사회, 성 없는 사회:
어슐러 르 귄의 『어둠의 왼손』

이명호

"왕은 임신했다." 이 문장을 읽는 순간 오타가 아닐까 고개를 갸웃거릴 독자들이 적지 않을 것이다. 남자가 임신을? 그것도 과학기술을 통해 인위적으로 몸을 바꾼 게 아니라 생래적으로 임신을 할 수 있는 남자가 있다고? 아니, 남자였다가 여자가 되고 여자였다가 남자가 되어 언제든 임신 가능성에 열려 있는 존재, 그런 자웅동체적 존재가 지상에 생존한다고?

미국 여성 작가 어슐러 K. 르 귄(Ursula K. Le Guin)이 1968년에 쓴 『어둠의 왼손(The Left Hand of Darkness)』(최용준 역, 시공사)은 이 터무니없는 상상을 소설로 실현시켜 본 SF다. 앞에서 인용한 문장은 이 소설에 나오는 한 대목이다. 이 짧은 한 문장은 "영문학사에서 가장 위대한 문장 중 하나"(D. R. 화이트)라는 찬사를 받을 정도로 혁명적이다. SF 소설로서는 어울리지 않게 시적 뉘앙스를 물씬 풍기는 제목을 가진 『어둠의 왼손』은 1960년대 미국 사회를 휩쓴 성 혁명과 페미니즘 혁명의 소용돌이 속에서 성과 젠더에 대한 기존 관념들에 급진적으로 의문부호를 단 작품이다. 2009년 발간 40주년을 기념하여 쓴 서문에서 르 귄은 자신이 왜 이런 불가능한 상상을 소설화하게 되었는지 이렇게 회고하고 있다.

> 전쟁이 없는 세계를 상상하려던 내 마음은 남자가 없는 세상에 도달하게 되었다. 남자 자체가 없는 세상, 늘 남자인 존재, 자신을 증명하려는 존재가 없는 그런 세상에….
>
> 그렇다면, 그 사람들은 어떤 때는 여자가 될 수 있을까?
>
> 그리고 그 반대도 가능할까?
>
> 이게 내가 거쳤던 과정이라 할 수 있다. 나는 내가 한동안 성의 본질을 변화시키길 거부한 것을 안다. 그것이 내 이야기의 본질적 요소이자 구동점임을 인정하기 꺼려 한 것을 안다.
>
> 뭐니 뭐니 해도, 1968년 당시 그것은 무척이나 낯선 개념이었다.
>
> 그 개념은 소설가인 나조차 움찔할 만큼 파격적이었다. 대부분의 시간은 성이 없다가 한 달에 한 번 잠시 열기에 빠졌을 때만 성이 생기며 또한 어떤 때는 여자였다가 어떤 때는 남자가 되는 존재의 성적 특성에 대해 단순히 고찰만 하는 것이 아니라 그러한 사람들에 대한 이야기를 쓴다? 그렇게 낯선 존재의 핵심을 알고 또한 그런 존재를 소설에 등장시키려면 꽤 능력이 있어야 했다. 뻔뻔해야 함은 말할 필요도 없었다. (13쪽)

르 귄은 『어둠의 왼손』을 출간함으로써 정신의 '뻔뻔함'과 '능력'을 두루 갖춘 뛰어난 SF 작가로 자신을 증명해 보였지만, 이 소설이 던진 급진적 문제 제기는 40년이 지난 오늘날에도 여전히 '문제적'이다. 전쟁 없는 사회는 인류의 오랜 꿈이다. 어떻게 이 유토피아적 꿈을 실현할 수 있을지 알려면 그것을 가로막는 장애에 대한 이해가 선행되어야 한다. 르 귄의 상상 속에서 남자라는 존재와 전쟁은 떼려야 뗄 수 없이 연결되어 있다. 전쟁 없는 세상이 되려면 무엇보다 먼저 남자 없는 세상이 되어야 한다.

그런데 이 불가능한 세계를 상상하며 르 귄이 따라간 길은 당시 많은 페미니스트들이 걸어갔던 길과는 사뭇 다르다. 르 귄은 여자들만 존재하는 분리주의적 세계나 남성 지배를 뒤집어놓은 여성 지배 사회를 상상하는 것이 아니라, 남자와 여자의 구분 자체가 흔들리거나 무너지는 세계, 그리고 인간의 유적 본질을 구성한다고 믿는 '성욕(sexuality)' 자체가 줄어든 세계를 상상한다. 이런 상상은 비단 남성들뿐 아니라 여성적 차이를 새로이 복원하고자 했던 당시 많은 페미니스트들로부터도 호응을 얻지 못할 성질의 것이었고, 실제로 상당한 비판에 직면했다. 젠더가 얼마든지 바뀔 수 있는 세계를 그리고 있다는 점에서 『어둠의 왼손』은 소녀 시절 그녀를 매혹시켰던 버지니아 울프의 소설 『올란도』를 상속하고 있다. 그러나 자웅동체적 존재에 대한 상상을 레즈비어니즘과 결합시킨 『올란도』와 달리, 『어둠의 왼손』은 인간의 성욕 자체가 동물적 수준으로 재조정된 세계를 상상한다. 르 귄의 상상 속 세상은 젠더 구분이 사라진 세계인 동시에 '섹스리스(sexless)' 세계다. 이곳에서 인간의 성욕은 다른 동물들처럼 발정기라는 짧은 기간 동안만 지속되고 나머지 대부분의 시간은 성적 욕망에서 벗어난다. 인간은 지상에 존재하는 다른 많은 동물들과 달리 일 년 내내 성욕을 충족시키려고 갖은 노력을 다하는 극히 예외적인 생물 종이다. 사시사철 부풀어 오르기를 기다리는 성기, 이것이 프로이트 정신분석학이 그려준 인간의 초상이다. 인간이라는 종에게 성적 쾌락의 추구는 단순히 종의 번식을 위한 자연의 간계(奸計)가 아니라 그 자체가 목적인 행위다. 그것도 평생에 걸쳐 지속되는 필생의 과업이다. 더욱이 인간의 성욕은 생명체의 '결합'만이 아니라 '해체'를 통해서도 쾌락을 즐길 만큼 아주 파괴적이고 공격적이며, 죽음을 불사할 정도로 맹목적이다. 이 맹목적 충동을 일정 범위 안에 묶어놓아 공격성을 누그러뜨려야만 전쟁 없는 세상에 다가갈 수 있다. 이것이 『어둠의 왼손』을 쓸 당시 르 귄의 머릿속에 떠오른 '뻔뻔한' 상상이다.

다른 글에서 르 귄은 이 '뻔뻔한' 상상을 '사고 실험(thought experiment)'이라 부르며 SF의 장르적 특성과 연결시키고 있다. 본격문학에서 흔히 B급 장르로 치부되는 SF는 과학기술의 힘을 빌려 미래를 예측하는 문학이 아니다. 예측과 예언은 미래학자나 예언자의 몫이다. SF는 우리가 당연시하는 현실을 괄호 속에 집어넣고 다른 사회를 그려봄으로써 '지금-여기'와는 전혀 다른 세계를 실험해보는 것이다. 프레드릭 제임슨은 '만일'이라는 가정법을 써서 우리가 현실이라고 합의하는 것들을 체계적으로 줄이거나 삭제하는 것을 '세계의 축소(reduction of the world)'라 부른다. SF가 '세계의 축소'를 통해 도달하려는 것은 경험적 현실과 다른 세계를 구축할 수 있는 상상의 공간이다. 이런 점에서 SF는 다른 모든 소설과 마찬가지로 일종의 '은유'다. 사고 실험은 이 은유를 가리키는 다른 이름이다. SF가 기존 소설과 다른 것은 우리 시대의 삶에 막대한 영향력을 행사하는 '과학'에서 새로운 은유를 가져오기 때문이다. 피타고라스가 말했듯이 "신은 꿈의 형태뿐 아니라 기하학의 형태로, 소리의 화음뿐 아니라 순수한 사고의 화음으로, 언어뿐 아니라 수의 형태로 말할 수도 있다." SF는 '순수한 사고의 화음'이라 할 수 있는 과학의 은유를 통해 신의 언어를 해석하려는 문학 형식이다. 르 귄은 SF를 미래 예측 소설로 보는 통념에 맞서 SF의 세계를 확장하고자 한다. 그의 표현을 빌리면, SF는 과학적 사유를 빌려 와 다른 세계를 상상해보는 은유인 한에서 "현대 소설 고유의 윤리적 복합성을 희생할 필요가 없으며 판에 박힌 진부한 결론을 꾸며낼 필요도 없다. 사고와 직관은 실험 조건에 의해서만 제한된, 실로 광범위할 수도 있는 경계 내에서 자유로이 움직일 수 있다"(24쪽).

SF에 인문적 상상력과 윤리적 사유를 복원하는 이런 생각은 르 귄의 SF 소설을 과학기술주의에 의해 추동된 대다수 남성 작가들의 그것과 결정적으로 구분 짓는다. 르 귄이 SF에 뛰어들던 1960년대 후반 SF는 남성의 전유물이었다. 여성은 연애소설과 심리소설을 쓰고 남성은 SF를 쓴다는 젠더 구획이 강고하게 자리 잡고 있던 시절, 르 귄은 남성의 영토인 SF에 과감하게 뛰어들어 이 장르를 탈남성화한다. 그는 과학기술주의가 지배하던 SF에 신화와 종교와 민담을 가져오고, 전투적 영웅과 얼굴 없는 대중들이 있던 곳에 피와 살을 지닌 보통 사람들을 데려온다. 또한 그는 20세기 들어 디스토피아에 자리를 넘겨준 유토피아문학의 불씨를 되살린다. 그러나 그가 복원한 유토피아는 어떤 모순이나 갈등도 없는 완벽한 사회의 청사진이 아니라, 그 자체 한계와 결함을 안고 있지만 '지금-여기'와는 급진적으로 다른 가치, 규범, 문화에 따라 운용되는 사회다. 탈남성적, 탈기술주의적 SF를 유토피아문학과 접속시키고, 이를 도가 사상의 영향이 짙게 깔린 무정부주의적 페미니즘 문학으로 발전시킨 것에 르 귄의 문학적 공로가 있다. 르 귄은 앞서 언급한 『어둠의 왼손』 40주년 기념판 서문에서 "나는 언제나 페미니스트였지만 언제나 배우는 게 느렸다"고 고백하며, 이 소설을 쓸 무렵 미국 사회를 휩쓴 페미니즘 열기 속에서 '성'과 '젠더'의 의미를 다시 생각해보았다고 말한다. 이런 생각을 품고 그는 게센 행성으로 갔다.

게센은 르 귄이 창조한 헤인 우주의 한 행성이다. 헤인은 한때 고도로 발전된 문명을 지녔던 행성으로 다른 행성에 사절을 파견하여 우주 연맹을 결성했다. 그러나 은하에 흩어진 헤인인들은 통신수단을 발명하지 못해 연결이 끊어지고 결국 고립된다. 르 귄의 헤인 연작 시리즈는 그 시절을 다루고 있다. 수만 년의 세월이 흘러 에큐멘은 수십 광년을 뛰어넘어 실시간으로 교신하는 통신기계 앤서블을 발명함으로써 우주 연맹의 기획을 재시도한다. 『어둠의 왼손』은 에큐멘 우주 시대에 게센 행성을 방문한 지구인 겐리 아이의 현지 체험담이자 인류학적 보고서이며, 그가 게센인 에스트라벤과 나누는 사랑과 우정의 이야기다.

소설의 서사를 끌고 가는 중심인물은 겐리 아이이다. 그는 게센 행성의 두 국가 카르히데와 오르고레인을 에큐멘에 가입시키기 위해 이곳에 파견된 지구인 남성이다. 출신 민족은 알 수 없지만 검은 피부색으로 보아 흑인임은 분명하다. 그는 게센 행성의 낯선 환경과 문화를 걸러내는 여과지로 기능하며 독자들의 이해를 돕고 있다. 에큐멘은 인간들 사이의 친선과 사상 및 무역의 자유로운 교류를 도모하는 자율적 우주 연합체로 산하에 83개 행성과 3,000개 국가를 거느리고 있다. 그런데 2년이 흐르도록 아이는 게센에 온 목적을 이루지 못하고 있다. 작품이 시작되는 현재 시점 그는 카르히데에 머물고 있는데, 이곳에서 그를 지지하는 유일한 인물은 에스트라벤이다. 하지만 그는 권력투쟁에 휘말려 왕의 신임을 잃고 이웃 나라를 돕는 배신자로 낙인이 찍혀 오르고레인으로의 망명을 준비 중이다. 아이 역시 그의 진정성을 의심하고 있다. 작품은 카르히데에서 오르고레인으로 건너간 아이가 정치적 음모에 빠져 강제수용소에 갇히게 되고, 에스트라벤이 그의 탈출을 도와 마침내 카르히데가 에큐멘에 가입하게 되는 과정을 그리고 있다. 이런 행복한 결말에 이르기 전에 아이와 에스트라벤은 북극의 빙원을 횡단하는 대모험을 감행한다. 이 위험천만한 여정을 완수하여 카르히데에 도착한 후 에스트라벤은 쏟아지는 총탄 속으로 걸어 들어간다. 아이의 정치적 시도가 성공하여 카르히데가 에큐멘에 가입하도록 만들기 위한 희생적 결단이다. 아이와 에스트라벤이 고브린 빙원을 횡단하며 만들어가는 사랑과 우정의 드라마는 멜빌의 『모비 딕』에서 인종이 다른 이슈마엘과 퀴퀘이 한 이불을 덮으며 만들어낸 우정을 연상시킨다. 추위와 배고픔이라는 절대 조건하에서 두 사람은 함께 썰매를 끌고, 좁은 텐트에서 몸을 포개고, 절벽 아래로 떨어질 것 같은 위기를 가까스로 넘기면서 서로를 갈라놓았던 불신과 몰이해의 장벽을 넘어선다. 빙원을 횡단하는 어느 시점에서 에스트라벤은 이렇게 말한다.

> 여기 빙원에서 우리는 외톨이이고 격리되어 있으며, 나는 나와 같은 이들로부터, 내 사회와 규범으로부터 단절되어 있고, 아이 역시 자신의 동료, 사회, 규범으로부터 단절되어 있다. 내 존재를 설명하고 지지해줄 게센인이 충만한 세계는 이곳에 없다. 우리는 마침내 평등해졌고, 동등하고, 외계인이고, 혼자다. (319쪽)

이에 응답하듯 아이는 또 이렇게 말한다.

> 추방된 우리에게 우정은 절실했으며, 그간의 험난한 여행의 밤과 낮을 견디며 잘 확인된 우정을 이제는 사랑이라 불러도 좋았다. 하지만 사랑은 우리 사이의 차이점에서 생긴 것이지 유사점이나 닮은 점에서 싹튼 것이 아니었다. 그리고 사랑은 갈라진 우리를 이어주는 다리, 유일한 다리였다. (338쪽)

한 개인의 정체성을 규정하는 사회적 규범과 문화, 종교적 가치와 성적 관습의 차이를 인정하면서 서로가 서로에게 평등한 개인으로 만나 감정적 교류를 이뤄내는 일을 '사랑'이라 부른다면, 아이와 에스트라벤은, 마침내, 사랑을 했다! 작가는 이런 사랑의 관계를 유대 신학자 마르틴 부버의 언어를 빌려 '나-너'의 관계라 부른다. 그것은 상대를 사물로 객체화하는 '나-그것'의 관계나 개인이 집단 속에 숨어버리는 '우리-그들'의 관계를 넘어 단독적 개체들 간의 '만남'을 이뤄낼 수 있는 윤리적 관계를 가리킨다. 여기서 나와 너, 주체와 타자는 빛과 어둠, 삶과 죽음, 양과 음처럼 서로를 보완하는 전체, 둘로 나뉘어 있긴 하지만 하나가 다른 하나를 배제하지 않고 조화롭게 어우러진 상태를 말한다. 그리하여 마침내 작품 제목이 함축하는 어떤 세계에 도달한다.

> 빛은 어둠의 왼손
> 그리고 어둠은 빛의 오른손
> 둘은 하나, 삶과 죽음은 함께 있다.
> 케메르를 맹세한 연인처럼
> 마주 잡은 두 손처럼,
> 목적과 과정처럼. (321쪽)

마지막 행에 '과정'으로 번역된 원어는 'the way'다. 이는 노자가 『도덕경』에서 말한 '도(道)'의 영어 번역어다.* 인간을 포함한 자연의 원리이자 궁극의 지향점이기도 한 '도'는 상반되는 양극이 오른손과 왼손처럼 서로 맞잡을 때 도달할 수 있다. 두 손이 놓인 자리는 '위아래'가 아니라 '양옆'이다. 그것은 '포갬'과 '잇댐'이 가능한 위치다. 인간과 세계는 맞잡은 두 손처럼 수평적 교류와 연대를 통해 서로 연결될 때 '도'에 이를 수 있다.

작품은 지구인 겐리 아이가 게센인 에스트라벤을 만나는 과정을 그리고 있다. 그런데 참다운 의미에서 '만남'이 이루어지려면 여러 장애를 넘어야 한다. 두 사람의 만남을 가로막는 요인들 중에는 게센 행성의 독특한 자연환경과 그로부터 비롯되는 사회문화적 차이, 그리고 무엇보다 성과 젠더의 차이가 있다. 속도와 효율성에 익숙하고 솔직하며 진취적이고 양성이 분리된 세계에서 '남성'으로 살아온 아이는, 느리고 비효율적이며 속내를 드러내지 않고 순종적이며 위신과 체면을 중시하는 게센인들의 삶의 방식에 적응하지 못한다. 무엇보다 '여성적'으로 보이는 그들의 독특한 태도는 번번이 소통의 장애를 일으킨다.

'겨울 행성'이라 불리기도 하는 게센은 인간이 "자신보다 더 잔인한 적"(146쪽)을 갖고 있는 곳, 사람들이 모든 에너지를 혹독한 추위를 막는 데 소모하느라 전

* 르 귄은 『도덕경』을 영어로 번역할 정도로 노자 사상에 정통했을 뿐 아니라 인도철학을 비롯한 여러 비서구 문화와 종교에도 조예가 깊었다. 「파리 리뷰」와 가진 인터뷰에서 르 귄은 "청년 시절 세상을 이해해야 했을 때 도교가 신의 세계로 쓸려 들어가지 않고 세상을 바라보고 살아갈 핸들"을 건네주었다고 말한다. 어린 시절부터 르 귄은 북미 인디언 연구로 명성을 얻는 인류학자 아버지에게서 타 문화에 대한 감수성을 몸으로 익혔다. 르 귄 가족은 여름이면 나타 밸리에 있는 농장에 가서 인디언 '삼촌'들과 함께 생활하며 인디언 신화와 전설을 듣곤 했다. 비록 짧은 기간이었지만 그곳엔 세계 각지에서 모여든 유수의 인류학자들이 인디언들과 함께 다인종 공동체를 형성하며 살았다. 르 귄의 어머니는 북부 캘리포니아에서 발견된 야히족 인디언 '이시'의 삶을 응시한 전기 『두 세계의 이시(Ishi in Two Worlds)』를 쓰기도 했다. 이 전기는 가족을 잃고 박물관에서 유배자처럼 생을 마감한 마지막 인디언 이시의 삶을 기록한 것이다. 르 귄이 사라지는 소수 문화의 생존자들과 함께 살아본 경험은 인종적 타자를 관념이 아니라 몸으로 만난 기억으로 남아 있다. 그의 작품에 수많은 소수민족 신화와 전설, 종교 이야기가 풍요롭게 섞여 든 것은 이런 어린 시절의 체험과 무관하지 않을 것이다.

사(戰士)가 되지 못하는 곳이다. 전사가 없는 곳에 전쟁은 존재하지 않는다. 아이와 에스트라벤이 횡단하는 고브린 빙원은 이 추위를 극단적으로 상징한다. 또한 이곳 사람들은 독특한 성적 특성을 지니고 있다. 앞서 언급했듯이 게센인들은 성이 정해져 있지 않고 대부분의 시간 동안 성욕을 느끼지 않는다. 게센인들의 성의 주기는 26~28일이다. 그중 21~22일은 성욕이 잠재되어 있는 섹스리스 상태이고 불과 5~6일만 성욕이 활성화된다. 성욕이 다시 살아나는 이 짧은 시기를 '케메르'라 부르는데, 이 시기 동안 상대의 성에 따라 여성이 될 수도 남성이 될 수도 있다. 따라서 누구든 임신을 할 수 있으며 아버지가 될 수도 어머니가 될 수도 있다. 성적 유혹은 있지만 상대의 동의 없는 성교나 강간은 없다. 성적 이원론에 나타나는 경향들은 이런 사회에 존재하지 않는다. 앞서 게센 행성에 파견된 에큐멘 대원이 가장 이해하기 어려웠던 것이 게센인의 독특한 성이다. 그의 보고서에 따르면, 게센인들은 "전 생애의 5분의 4 기간 동안 성적으로 전혀 자극되지 않으며" 게센 사회는 "그 일상적 기능에 있어서나 지속성에 있어 성이 없다"(142쪽). 보고서는 이런 무성적 특성이 게센 행성에서 전쟁을 없애는 데 일조했을 것이라고 추측한다. "게센인들은 서로 한두 명씩 죽이는 일은 있지만 열 명, 스무 명씩 죽이는 일은 드물다. 수백, 수천 명을 살육하는 일은 한 번도 일어난 적이 없다. 왜일까?"(142쪽). 이 질문에 대한 보고서 작성자의 대답은 두 가지, 혹독한 추위와 지속적인 성적 능력의 부재가 그것이다. 추위가 투쟁 정신을 불태워버렸다면, 장기간의 섹스리스 상태는 사회적 공격성과 조직화된 폭력을 만들지 않았을 것이라고 그는 해석한다.

실상 '일어난 일'보다 '일어나지 않은 일'을 상상하는 것이 이 작품에서 르 귄이 시도하는 '사고 실험'의 특징이다. 게센 행성에서는 이미 3,000년 전에 전기와 기계를 발명했지만 지구에서 산업 문명이 일으킨 것 같은 비약적 기술 발전은 일어나지 않았다. 추위를 막기 위한 중앙난방은 도입했지만 빠른 운송 수단은 개발하지 않았다. 날짐승과 몸집이 큰 들짐승이 없는 이곳에는 빨리 달린다는 관념 자체가 없다. 사람들은 대부분 걸어 다닌다. 탈것의 속도는 시속 40km를 넘지 않는다. 물건의 교환은 이루어지지만 사적 소유에 기초한 이윤 추구는 없다. 게센인들은 글을 읽는 것보다 듣는 것을 더 좋아해서 라디오는 널리 보급되어 있지만 신문은 존재하지 않는다. 게센은 종교의 영향이 짙게 깔린 사회다. 카르히데의 종교인 한다라교는 어둠을 숭상하고, 오르고레인의 종교 요메시교는 빛을 숭상한다. 한다라교의 가장 큰 가르침은 물어서는 안 될 질문을 묻지 않는 것, 삶의 불확실성과 무지를 견디는 것이다. 불확실성을 견디지 못할 때 인간은 잘못된 질문을 던지고, 이는 파멸에 이르는 가장 확실한 길이다. 사회경제적 형태로 볼 때 게센은 발전 없는 저성장 사회, 중세가 자본주의로 이행하지 않고 제퍼슨식 농본주의적 이상을 간직하고 있는 봉건사회에 가깝다. 권력 형태로 볼 때 카르히데는 군주제를, 오르고레인은 관료제를 택하고 있지만 아이가 지구에서 본 것 같은 중앙집권식 국가는 아니다. 그러나 사회적 평등과 원시적 권력 형태를 취하고 있는 이곳에도 문제는 있다. 작품의 현재 시점에서 카르히데는 왕의 친척인 티베가 국민들의 원초적 공포 감정을 자극하여 이웃 나라와 전쟁을 벌이려 하고 있으며, 오르고레인에서는 강제 노동 수용소를 만들어 주민들의 자유와 권리를 억압하는 공포정치를 실시하고 있다. 두 나라는 각기 권위적 봉건주의와 억압적 관료주의에서 벗어나야 할 단계에 이르렀다.

게센 행성에서 이 필요성을 공감하는 유일한 인물은 에스트라벤이다. 그는 아이가 제안하는 에큐멘의 이상이 두 나라가 억압적 상황에서 벗어나 보편적 선으로 나아갈 수 있는 길이라 믿는다. 하지만 아이와 에스트라벤 사이엔 아직까지 신뢰가 형성되어 있지 않다. 성별 이분법이 지배하는 지구에서 '남성'으로 살아온 아이는 게센인들의 모호한 성적 행동 양태를 이해하기 힘들다. 특히 '시프그레서'로 불리는 이들의 독특한 행동 양식, 다시 말해 "위신과 체면, 지위와 자존심이 복합적으로 얽힌, 말로 옮길 수 없는 카르히데의 사회적 권위와 게센 문명의 가장 중요한 원칙"은 '여성적' 특성과 긴밀히 얽혀 있다. 아이는 자신의 생각을 잘 드러내지 않고 조심스러운 에스트라벤이 마음에 들지 않는다. 부드러워 보이지만 무언가 비밀을 숨기는 것 같은 불쾌한 느낌을 지울 수 없다. 반면 에스트라벤은 좀체 우는 모습을 보이지 않는 아이의 이상한 습속을 이해하기 힘들다. 모순적이게도 겐리 아이(Genly Ai)라는 그의 이름은 '고통의 울음'을 뜻하지만, 통증을 견디지 못해 흐느낄 때에도 그는 얼굴을 감춘다. 남자가 우는 모습을 보이는 것은 수치스러운 일이라는 문화적 코드가 그를 감정 교류에 극히 둔감한 특이한 존재로 만든 것이다. 더욱이 1년 내내 케메르 상태이면서 한 성만 유지하는 지구인의 욕망이 에스트라벤에겐 매우 낯설고 저급하게 느껴진다. 빙원을 횡단하는 어느 시점에 아이는 에스트라벤과 자신 사이에 놓인 거대한 벽에 부딪친다.

> 그리고 나는 그토록 보게 될까 두려워했던 것, 에스트라벤에게서 보고도 애써 못 본 척해왔던 것을 다시금 보고야 말았다. 그가 남자인 동시에 여자라는 사실이었다. 그 두려움의 근원에 대해 설명해야 할 필요성은 두려움과 함께 사라졌다. 이제 남은 것은 마침내 그를 있는 그대로 받아들이는 것이었다. 그 전까지 나는 에스트라벤을, 그의 진정한 실체를 인정하지 않았다. … 나는 여자인 남자, 남자인 여자 에스트라벤에게 신뢰와 우정을 주고 싶지 않았다. (337~338쪽)

아이가 이런 감정적 장벽을 넘어선 것은 좁은 텐트 안에서 케메르 상태에 들어선 에스트라벤을 직접 지켜보면서다. 이제 아이는 성적 황홀경에 들어서는 그의 모습을 바라보며 '있는 그대로의 그'를 받아들인다. 하지만 그들은 서로에게 끌리긴 했지만 성적 교류를 하지는 않는다. 성적으로 만난다는 것은 다시 한 번 서로에게 외계인이 되는 일이라는 것을 잘 알고 있기 때문이다. 그래서 그들은 "거기에서 멈췄다."

하지만 이들이 멈춰 선 자리는 이 작품에 쏟아지는 여러 비판들이 시작되는 지점이기도 하다. 발표 직후부터 『어둠의 왼손』은 수많은 찬사를 받은 만큼이나 격렬한 비판에 직면했다. 이 작품은 남성 독자들로부터는 비교적 호의적인 반응을 얻었지만 여성 독자들에게서는 혹독한 비판을 받았다. 일차적으로 이런 비판은 작가가 에스트라벤을 가리키는 대명사를 'he'로 쓴 데서 비롯됐다. 에스트라벤은 남녀 양성을 지닌 인물이지만 남성대명사로 호명됨으로써 여성적 측면이 지워졌다는 것이다. 이런 비판은 비단 인칭대명사의 사용에 국한되지 않았다. 작가가 에스트라벤을 양성인이 아니라 남성으로 그리고 있다는 주장도 제기되었다. 르 귄과 함께 페미니즘 유토피아 소설의 선두 주자로 호명되는 조애나 러스는 "이 소설엔 단 한 명의 여성도 없다"고 단언하며 "여성 없는 유토피아"가 어떻게 가능한지 묻고 있다.

르 귄은 처음엔 이런 비판에 강력 반발했지만 나중엔 어느 정도 수용한다. 게센인을 그리는 자신의 시각에 여성적 측면이 부족했으며 이성애의 틀을 벗어나지도 못했음을 인정한다. 그는 '느리게 배우는 사람'이라는 말로 한계를 인정하며, 자신은 변화가 시작되는 시점에 변화와 함께했었다고 고백한다. 이 작품에서 여성적 측면이 충분히 드러나지 않고 이성애적 편견이 작동하고 있다는 지적은 옳다. 그러나 남성을 제거한 여성만의 세계나 성별 위계질서를 단순히 뒤집어놓은 세계를 상상함으로써 여전히 '동일성'의 회로를 벗어나지 못한 여러 소설들에 비해, 이 작품은 남성과 여성의 공생 가능성을 넓은 시야에서 조명하고 있다.

"걷기 위해서는 그림자가 필요하다." 작품에 나오는 한 문장이다. 온전한 전체로 살아가기 위해 남성과 여성은 빛과 그림자처럼 함께 가야 한다. 이는 비단 성별 관계만이 아니다. 작품에서 에스트라벤이 아이에게 말하듯 우리가 이원론을 피할 수는 없다. 그러나 하나가 다른 하나를 배제하는 방식일 필요는 없다. 작품의 서두에 카르히데 왕국에서 아치 준공식이 열린다. 두 개로 벌어진 다리 사이로 쐐기돌이 놓이면서 무지개처럼 둥근 아치가 완성된다. 이 장면은 주체와 타자, 남성과 여성, 삶과 죽음이 만나 하나로 결합하는 것을 상징한다. 무지개는 지상과 하늘을 잇는 다리다. 둘이 하나가 되는 이 신비로운 결합을 유토피아적 꿈으로 간직하고 있는 한, 이 작품이 들려주는 먼 행성의 이야기는 매혹적이다. 둘이 만나는 과정이 늘 조화롭지만은 않다는 지적을 굳이 덧붙일 필요는 없을 것이다. 그러나 '둘'은, 아니 무수히 많은 '여럿들'은 만나야 한다. 소란스럽고 시끄러울지라도. 그 끝 어딘가에서 무지개는 떠오를 테니까.

『어둠의 왼손』

작중 주인공 겐리 아이는 게센 행성을 에큐멘에 가입시키기 위해 그곳에 파견된 지구인 출신 남성이다. 게센 행성은 겨울 행성이라 불릴 정도로 혹독한 추위에 시달리는 곳이다. 이곳 사람들은 케메르라는 짧은 발정 기간 동안만 성욕을 느끼고 나머지 시간은 섹스리스 상태로 지낸다. 케메르 기간에는 여성이 될 수도 남성이 될 수도 있어서 성별 이분법이 존재하지 않는다. 에큐멘은 인간들 사이의 친선과 사상 및 무역의 자유로운 교류를 도모하는 우주 연합체로 산하에 83개 행성과 3,000개 국가를 두고 있다. 그러나 2년이 흐르도록 아이는 게센에 온 목적을 이루지 못하고 있다. 작품이 시작되는 현재 시점 그는 카르히데에 머물고 있는데, 이곳에서 그를 지지하는 유일한 인물은 에스트라벤이다. 하지만 에스트라벤은 권력투쟁에 휘말려 왕의 신임을 잃고 이웃 나라를 돕는 배신자로 낙인이 찍혀 오르고레인으로의 망명을 준비 중이다. 아이 역시 그의 진정성을 의심하고 있다. 작품은 카르히데에서 오르고레인으로 건너간 아이가 정치적 음모에 빠져 강제수용소에 갇히게 되고, 에스트라벤이 그의 탈출을 도와 마침내 카르히데가 에큐멘에 가입하게 되는 과정을 그리고 있다. 이런 행복한 결말에 이르기 전에 아이와 에스트라벤은 북극의 빙원을 횡단하는 대모험을 감행한다. 이 위험천만한 여정을 완수하여 카르히데에 도착한 후 에스트라벤은 자발적으로 총탄 속으로 걸어 들어감으로써 아이의 정치적 시도가 성공할 수 있도록 희생한다.

어슐러 르 귄

어슐러 K. 르 귄(Ursula K. Le Guin, 1929~)은 미국의 대표적인 SF 및 판타지 소설가다. 1962년 시간 여행을 다룬 단편소설 『파리의 4월』을 발표하면서 작품 활동을 시작하여 현재까지도 왕성한 활동을 펼치고 있다. 1969년 『어둠의 왼손』(1969)으로 휴고상과 네뷸러상을 동시에 수상했고 1974년 『빼앗긴 자들』(1974)로 다시 한 번 두 상을 동시 수상함으로써 미국 SF 문학의 거장의 반열에 올라섰다. 『어스시 마법사』 시리즈는 『반지의 제왕』, 『나니아 연대기』와 더불어 세계 3대 판타지 소설로 꼽힌다. SF와 판타지뿐 아니라 에세이, 문학비평, 어린이책, 시에 이르는 여러 분야를 두루 아우르고 있는 전방위 문필가다. "SF계에서 노벨상이 나온다면 첫 번째 후보는 르 귄"이라는 말이 있을 정도로 문학성을 갖춘 SF 작가로 인정받고 있다.

가까이, 더 가까이에서 다르게 보기: 베르나르 베르베르의 『나무』

박규현

베르나르 베르베르(Bernard Werber)는 무엇보다 『개미』의 저자로 잘 알려져 있다. 이 소설은 『상대적이며 절대적인 지식의 백과사전』이라는 책을 쓴 천재 곤충학자 에드몽 웰즈의 의문스러운 죽음과 더불어 이야기가 전개된다. 그의 지하 연구실에서는 사람들이 실종되는 사건이 일어나고, 이 실종된 사람들을 통해 인간 세계와 개미 세계가 얽히며 펼쳐지는 사회가 드러난다. 베르베르는 실제로 12년간 개미들을 관찰하였다고 한다. 아마도 베르베르는 어린아이의 호기심처럼 개미 관찰을 시작했다가 서서히 그 속에서 개미들의 세계와 인간 세계의 공통점을 발견해나간 것으로 보인다. 거대한 공룡을 좋아하는 어린아이가 어른들은 이미 아무 관심 없는 트라이아스기, 쥐라기, 백악기와 같이 먼 시대, 즉 시간을 하염없이 거슬러 올라간 선사시대로 상상을 달려 공룡이 어떻게 사라지고 지구가 어떻게 변화되었는가를 알게 되듯이, 아주 작은 개미 세계를 관찰하였던 베르베르는 개미 세계로 상상을 달려 마침내는 개미의 시선을 통해 인간 사회의 정치(精緻)한 측면과 더불어 그 한계를 깨달은 것 같다. 베르베르는 『나무(L'Arbre des possibles)』(이세욱 역, 열린책들)에서도 아주 가까이에 있는 것을 통해 다르게 보기를 시도한다. 그는 가전제품들, 몸 없이 뇌만 있는 인간, 나무 등의 시선으로 다르게 보기를 시도하며 인간의 뇌, 피부, 늙음, 자연과의 내적 관계, 폭력성 등 인간의 본질적 측면을 얘기한다. 그러고 나서는 인간의 본질적 측면에 뒤이어 유토피아를 그려낸다.

베르베르는 유토피아를 멀리서 찾아내지 않는다. 유토피아는 그에게 기존의 추상적 개념처럼 규정된 그 무엇이 아니라 너무나 가까이 있는, 시선을 달리하면 항상 지금 여기에서 우리 자신의 삶과 연결되어 있는 무엇이다. 인간이 어떠한 방식으로 바라보고 어떻게 사느냐에 따라 이 세상은 디스토피아가 되기도 하고 유토피아가 되기도 한다. 우리가 사는 세상이 바로 유토피아이자 디스토피아의 장이다. 그러한 베르베르의 생각을 잘 보여주는 작품 중의 하나가 『나무』다.

베르베르는 첫 장편소설 『개미』를 발표한 뒤에 이야기를 빠르게 지어내는 능력을 유지하고 싶어 매일 저녁 한 시간을 할애하여 단편소설을 썼고, 그것을 모아놓은 것이 『나무』라고 밝힌다. 그렇게 조금씩 규칙적으로 빠르게 써 내려간 여러 단편들에는 다양한 방향으로의 상상이 담겨 있다. 하지만 그 내용을 찬찬히 살펴보면 주제는 현재의 인간 세계에서 예견되는 미래의 디스토피아로 귀결된다. 다시 말해 이 소설에는 기계화, 동물 복제, 3차 대전, 유전자조작, 폭력, 자연과의 단절 등 현재 혹은 미래의 디스토피아 문제가 골고루 나타난다. 소설 내용이 매우 극단적으로 묘사된 듯 보이지만 읽는 데 생경하지 않고 친근한 까닭은 누구나 생각할 수 있고 상상해봤을 법한 이야기이고 우리 자신의 현실과 본질 문제를 유쾌하고 재치 있게 풀어나가고 있기 때문이다. 책 제목과도 연관된 '가능성의 나무'라는 글만이 거의 유일하게 유토피아를 그리고 있는데, 그것은 비폭력의 미래에 대한 구상을 담고 있다.

서둘러 얘기하면 베르베르의 소설은 어떻게 평화로운 세계를 지속적으로 순환시킬 것인가를 핵심 문제로 다루고 있고, 그것이 그가 그리는 유토피아라고 할 수 있다. 평범함이 가장 어려울 수도 있다는 말처럼, 두렵고 끔찍한 미래의 디스토피아를 엿본 후에야 그 같은 평범하고 당연한 결론에 도달한다. 그의 상상은 극단적 디스토피아를 말하고 있지만 독자는 결국 자기 자신의 현실로 혹은 실존 문제로 돌아온다. 베르베르는 인간의 피부, 뇌, 가전제품, 나무 한 그루, 10까지의 수, 시니피앙과 시니피에의 결합으로 이루어진 기호, 노인 등 매우 단순한 소재를 통해 상상하기도 싫은, 하지만 다가오고 있는 것만 같은 다른 세상을 보여주고, 독자는 그의 소설을 읽고 난 후 현재의 상황이 행복하다는 것을 깨닫기라도 하는 듯 '바로 지금 여기 있는 나'로 돌아오는 것이다.

잃어버린 몸과 디스토피아

베르베르의 소설 『개미』는 개미의 조그만 몸들을 통해 인간의 몸과 인간 사회를 더 잘 이해하게 해준다. 소설 속에서 개미들은 지구의 주인이 자신들이라고 생각하며, 그들에게 인간은 그들을 파괴하는 거대한 존재다. 이는 각각의 생명체는 자신들의 몸이 허락하는 범위 내에서만 인지하고 행동할 수 있다는 점을 보여준다. 개미 대신 인간을 대입시키면 인간 역시 자신이 지닌 몸의 한계로 인해 우주를 완전히 알지 못한다는 말이 된다. 한계를 지닌 몸은 여러 방식으로 통제되며 사회를 이루어온 것이다. 베르베르는 이처럼 시선을 개미 혹은 다른 무엇의 시선으로 대체시키지만 그것은 결국 우리 자신의 몸, 몸들로 이루어진 사회를 보게 하려는 의도를 가지고 있다.

『나무』에서도 베르베르가 가장 많이 얘기하는 대상은 인간의 몸이다. 책에서 첫 번째로 소개되는 '내겐 너무 좋은 세상'이란 글에는 정밀전자공학의 발달로 가전제품이나 가구들이 사람처럼 말을 하고 행동하는 세상이 그려져 있다. 인간이 몸의 많은 기능들을 기계에 내주었을 때의 극단적인 상황을 묘사하고 있다. 자명종이 일어나라고 말로 깨우고, 실내화를 신으면 저절로 가고, 주방 쪽으로 가면 문이 저절로 열리며 안녕이라고 인사를 건네고, 주방 가구들도 인사말을 합창한다. 의자가 알아서 다가와 앉게 해주고 커피와 마멀레이드를 바른 토스트를 먹으라고 권한다. 이제 주인공 뤽은 소박하고 말 없는 옛날 물건들을 그리워한다. 옛날 물건들을 그리워함은 뤽 자신의 몸을 되찾고 싶은 욕구와, 그리고 이것은 몸에 이어진 감정을 되찾고 싶은 욕구와 맞물려 있다.

뤽은 아침에 자신의 집 물건을 훔치고는 그에게 키스를 하고 가버린 여자를 길거리에서 발견한다. 그에게 중요한 것은 도둑맞은 물건들이 아니라 키스라는 감각적 사건과 그로 인한 감정의 문제였다. 뤽이 그녀에게 아침에 도둑맞은 물건이 아닌 키스 얘기를 꺼내자 그녀는 손을 그의 가슴 속으로 집어넣어 인공 심장을 끄집어내며 말한다. "이런 것을 달고 있는 주제에 사랑을 할 수 있을 거라 생각해? 어쩌면 그렇게 뻔뻔할 수가 있지? 내 앞에 있는 당신은 한낱 기계일 뿐이면서 감히 다른 기계들을 심판하고 있어! 나는 아침에 당신 집에서 '살아 움직일 수 없는 물건들이여, 그대들에게 영혼이 있는가?'라고 혼잣말처럼 물었어. 하지만 내가 진짜 묻고 싶은 건 이거야. 살아 움직이는 인간들이여, 그대들에게 진정 영혼이 있는가?"(28쪽). 일순간 되찾았던 감각과 감정을 돌이켜보는 뤽에게 이처럼 가차 없이 잔인한 말을 퍼부은 그녀는 그렇다면 영혼이 있는 자인가? 아니다. 그녀도 뤽과 같음을 다음과 같이 고백한다. "나 역시 당신 심장과 똑같은 것을 내 가슴 속에 감추고 있어. 지구 상에 진정으로 살아 있는 유기체가 존재하지 않게 된 것은 이미 오래전의 일이야. 우리는 모두 기계야. 그럼에도 우리 자신이 살아 있다고 생각하지. 그런 환상을 품도록 우리 뇌가 프로그래밍되어 있기 때문이야. 땅콩 자동판매기와 당신 사이에 차이점이 있다면, 그건 당신이 꿈을 꾸고 있다는 것뿐이야. 꿈에서 깨어나야 해"(29쪽). 인간이 감정도 사랑도 영혼도 없이 기계가 되어버린 세상, 그것이야말로 가장 끔찍한 디스토피아가 아닐까.

인류학자이자 문화학자인 에드워드 홀은 '연장의 전이'라는 개념을 통해 인간이 점점 자신의 삶을 편리하게 하려고 만든 도구들에게 몸을 내주어 점차 몸이 소외되고 무의식 속으로 들어감을 얘기한 바 있다. 이러한 몸의 소외는 미래로 갈수록 자명한 일이기에 베르베르는 몸의 소외가 인간을 장차 어떤 존재로 만들 수 있는가를 상상했던 것이다. 찰리 채플린의 '모던 타임스'가 기계화된 인간에게 있어서 정신의 소외를 보여주었다면, 베르베르는 거기에 더해 몸의 소외, 감정의 소외까지 보여주고 있다.

베르베르는 또 다른 단편 '투명 피부'에서 몸을 더욱더 기괴하게 만들어버린다. '나'는 자신 스스로를 실험 대상으로 삼아 투명한 인간으로 만든다. 남에게 안 보이는 것이 아니라 피부가 투명해져 핏줄이며 근육이며 신경이며 피부 속의 모든 것이 보이는 것이다. '나'는 차마 남들에게 모습을 드러내지 못하고 코트 속에 자신을 숨기고 다니다가 서커스 공연단에 들어간다. 사람들은 그를 새로운 마술사로 여기며 흥미로워한다. 앞선 몸의 소외는 어쩌면 몸을 바로 보고 바로 사용하는 것을 거부하는 현대사회를 다룬 것일 수 있다. 베르베르는 '투명 피부'에서 몸을 똑바로 보고 몸에 관심을 가지라는 메시지를 던진다. "인간이 진정으로 자신의 몸에 관심을 갖고 있다고 볼 수 있을까? 인간이 진정으로 자기 자신을 바라보고 싶어 한다고 말할 수 있을까? 만일 인류 전체가 살갗이 투명해지는 쪽으로 돌연변이를 일으킨다면, 자신들의 몸에 더욱 진지한 관심을 보이게 되지 않을까?"(64쪽). 그에게 처음으로 입을 맞춘 여자는 말해준다. "정체와 거짓이 훨씬 더 나쁘죠." 몸의 정체와 거짓이란 무엇이고, 몸의 역동과 참이란 무엇일까? 베르베르는 인간이 스스로의 몸도 제대로 보지도 돌보지도 못하는 세상이야말로 거짓되고 정체된 세상, 즉 디스토피아라고 간주한다.

디스토피아의 다양한 모습들

베르나르 베르베르는 몸 외에도 폭력, 전체주의, 노인 문제 등 다양한 소재들을 통해 디스토피아를 얘기한다. 그는 10까지의 수를 셀 줄 아는 아이들과 그 이상의 수를 셀 줄 아는 아이들 사이에 서열이 존재한다는 얘기를 조카로부터 듣고 '수의 신비'라는 글을 착상해낸다. 이 글은 사람들이 수를 하나씩 알아가면서 조직을 만드는 모습이 인간 사회가 점점 어떤 틀과 권력 속에 가두어져 전체주의가 형성되는 모습과 같음을 얘기하고 있다. 일종의 틀과 권력 속에 갇혀 자유로운 개인에게 폭력을 행사할 수밖에 없는 전체주의에 대한 베르베르의 부정적 시각은 또 다른 단편 '달착지근한 전체주의'에서 다른 방식으로 묘사된다.

주인공의 자유분방한 여성 편력을 그린 『내 여자들』이란 작품을 대성공시킨 보나시외는 작가이자 작가의 아들이고 작가의 손자다. 또한 그는 일간지 「라프레스」의 논설위원이고, '첫 소설 대상'이라는 문학상의 심사 위원이고, 탈레랑 출판사의 총서를 관장하는 책임 편집위원이다. 온갖 부와 명성, 권력을 누리는 보나시외와 달리 베르트랑 아제미앙은 자신의 과학소설 『하얀 가운을 입은 바보들의 결탁』을 출간해주는 출판사가 없는 것을 비관하여 자살한다. 100년이 지난 후에 보나시외의 작품을 아는 이는 아무도 없고 아제미앙의 소설이 위대한 작품으로 평가받는다. 자신이 살던 시대를 제대로 이해하고 유전공학이 우리의 일상생활에 가져올 문제들을 정확하게 예견한 사람이 아제미앙이었던 것이다. 아이로니컬하게도 보나시외의 손자인 전기 작가 알렉상드르 드 보나시외가 아제미앙의 전기를 쓴다. 한 문학 대담에서 다음과 같은 얘기가 흘러나온다. "베르트랑 아제미앙의 삶과 작품에 관해 더 많은 것을 알고 싶으신 분들은 보나시외의 빛나는 전기 『바보들의 시대를 살았던 예언가, 아제미앙』을 꼭 사서 읽어보시기 바랍니다. 탈레랑 출판사에서 나왔고, 가격은 110유로입니다"(214쪽). 아제미앙의 『하얀 가운을 입은 바보들의 결탁』이 아니라 보나시외의 손자가 쓴

전기가 읽히고 팔리는 상황은 보나시외의 『내 여자들』이 성공했던 시대와 별반 달라지지 않은 똑같은 '바보들의 시대'인 것이다. 베르베르는 이러한 상황을 '달착지근한 전체주의'라 표현했다.

또 다른 단편 '황혼의 반란'은 노인 문제를 담고 있다. 자식들이 소식을 끊고 얼마 지나지 않아 들어오는 대형 버스는 '휴식/평화/안락센터'의 버스였다. 프레드와 뤼세트의 자식들도 부모를 버려 버스가 집 앞으로 온다. 노년의 이미지는 사회의 모든 부정적인 요소와 결합되어 인구 과밀, 실업, 세금 등이 모두 노인들의 탓이 된다. 프레드는 스무 명의 노인들과 함께 버스를 탈출하여 산속으로 달아난다. 거기서 공동체를 형성하여 기존 사회에 저항한다. 다른 센터에서도 노인들이 하나둘 탈출하여 프레드의 공동체로 찾아온다. 그들은 곧 100여 명에 달한다. 이들은 모든 센터의 노인들을 해방시키기 위해 도시게릴라 운동을 전개하기로 결정한다. 보건복지부 장관은 이에 대처하기 위해 헬리콥터로 독감 바이러스를 숲에 살포함과 동시에 백신들을 모두 폐기 처분해버린다. 뤼세트와 다른 여러 사람들이 죽고 살아남은 자들은 체포된다. 프레드는 죽기 전 자신에게 주사를 놓은 자의 눈을 차갑게 쏘아보면서 이렇게 말했다고 한다. "너도 언젠가는 늙은이가 될 게다"(95쪽). 이것은 모든 인간의 마지막 모습이 아닌가.

베르베르는 상상을 극단까지 밀고 가지만 인간에 대한 애정을 잃지 않는다. 극단까지 밀고 가 인간존재와 본성의 한계가 어디인가를 보여주면서 어떻게 하면 그것을 잃지 않을 수 있을까를 깨우치게 만드는 것이 그의 작품이다.

나무를 통해 들려주는 유토피아

베르베르의 『나무』에서 나무를 소재로 한 글로는 '말 없는 친구'와 '가능성의 나무'가 있다. 그는 이 두 단편에서 비폭력의 시대를 꿈꾼다.

우선 '말 없는 친구'는 아나이스란 여자를 죽인 범인을 그녀의 오랜 벗인 '조르주'란 나무가 찾게 해주는 이야기다. 베르베르는 인간이 아닌 조르주라는 나무의 관점에서 이야기를 풀어간다. 소설의 많은 부분이 조르주의 독백이다. "옛날에 사람들은 먹을 것을 얻기 위해 살생을 했어. 요즘 사람들은 무엇 때문에 살생을 하고 무엇 때문에 서로 죽이는지 모르겠어. 아마도 습관 때문일 거야"(285쪽). 자연에도 폭력이 있지만 그것은 살아남기 위한 폭력이라고 조르주는 말한다. 하지만 인간의 폭력은 이기심으로 인한 것이다. 그 이기심은 자연환경에 대한 배려심도 없애버린다. "수 세기 전부터 인간은 우리를 땔감이나 종이의 원료로만 생각해왔어. 하지만 우리는 죽어 있는 물건이 아니야. 지구 상에 있는 모든 것이 그렇듯이 우리는 살아 있고 세계에서 벌어지고 있는 일을 지각하고 있어. 우리도 우리 나름대로 고통을 받고 기쁨을 느껴. 나는 당신들과 이야기를 나누고 싶어. 언젠가는 우리가 서로 소통할 수 있는 날이 올지도 몰라… 당신들이 그걸 원한다면 말이야"(285쪽). 소설에서 진정한 소통을 바라며 대화를 건네는 당사자는 우리 인간이 아니라 나무다. 말 없는 친구 나무의 말에 귀를 기울이면, 나무는 이기심에 기반을 둔 폭력성을 제거하고 함께 유토피아를 건설하자고 우리 인간에게 말한다.

또 다른 글 '가능성의 나무'는 소설 『나무』에서 유일하게 유토피아에 대한 구상을 그리고 있다. 주인공 '나'는 꿈속에서 나무 한 그루를 본다. 하늘을 향해 가지가 쭉쭉 뻗어나가고, 줄기가 굵어지고, 나뭇잎이 무성해지다가 떨어지고 다시 새잎이 나는 나무. 그가 나무 가까이로 가보니 까만 점들이 보이는데 그것은 바로 사람들이었다. 아기가 어른이 되고 어른이 노인이 되고 사람들의 무리가 갈수록 불어나면서 거목의 껍질은 온통 까만 점으로 뒤덮였다. 나무는 다름 아닌 인간 세상이었던 것이다. 잎이 떨어질 때 사람들도 함께 떨어졌다. 주인공은 꿈속의 나무를 통해 역사의 순환성에 대해 생각한다. "아마도 우리는 과거를 연구함으로써 미래의 재난을 피하게 될 것이다"(128쪽). 사람들이 수형도를 만들어 미래에 일어날 수 있는 일들을 보여주는데, 바로 베르베르가 꿈꾸는 유토피아다.

"그 나무를 통해서 사람들은 내가 '최소 폭력의 길'이라고 부르는 것을 찾아내게 될 것이다"(130쪽). 가능성의 나무는 최소 폭력의 길을 찾아내게 해줄 뿐만 아니라, 다가올 세대에게 살기 좋은 지구를 물려주기 위해 사람들과 정치적 협정을 맺게 해줄 것이다. "오늘 아침에 나는 어떤 섬에 있는 거대한 건물을 상상했다. 건물 한복판에는 컴퓨터가 있고, 거기에 가능성의 나무라는 프로그램이 설치되어 있다. 각 분야의 전문가들이 거기에 와서 며칠씩 머물며 자기들의 지식으로 가능성의 나무에 물을 주게 될 것이다. 그들은 그 일에서 크나큰 기쁨을 얻게 되리라. 미래에 일어날지도 모를 폭력을 방지하고 다음 세대의 행복을 보장하는 일에서 기쁨을 느끼지 않을 연구자가 누가 있으랴"(133쪽).

신의 웃음은 'Amor fati'를 의미할까?

소설의 맨 마지막 글 '어린 신들의 학교'에 가서는 천사의 관점에서 인간 역사를 얘기한다. 어린 신인 '나'는 학교에서 여러 단계의 수업을 받는다. "제4단계 반에 이르러 개미나 쥐, 인간처럼 사회의식을 가진 동물들의 관리 방법을 배우게 된다"(286쪽). 인간 역사는 전쟁 역사의 연속으로 그려진다. 어린 신인 '나'는 전쟁은 문명을 유지하는 수단이 될 수 없고 호전적인 문명은 결국 사라진다는 것을 통찰한다. 앞서의 '가능성의 나무'에서처럼 전쟁이 없는, 즉 폭력이 없는 세계를 구상하는 '나'에게 비슈누가 다음과 같이 말한다. "우리가 하는 일은 참 재밌어. 하지만 혹시 이런 생각을 해본 적 없니? 어딘가에서 우리보다 높은 차원의 신들이 우리를 가지고 장난을 치는 게 아닐까? 마치 우리가 인간을 가지고 장난을 치듯이 말이야." 자신이 자유의지대로 행동하는 것이 아니라 어떤 모르는 존재의 조종을 받는 꼭두각시라는 생각에 고민하던 '내'가 "그건 불가능해. 신들 위에는 아무것도 없어"라고 말하자 그는 껄껄거리며 웃었다. "신의 웃음이었다"(301쪽).

신의 웃음을 언급하며 소설 전체는 막을 내린다. 베르베르가 소설 속에서 상상하고 그려낸 여러 디스토피아와 유토피아에 있어 마지막 한계는 그러한 구상마저 조종을 당한 것이 아닐까라는 의심이었다. 베르베르가 말한 신의 웃음은 인간의 어떠한 구상이나 희망과 관계없이 겪을 것을 겪어야 하고 대처할 것은 대처해야 하는 미래, 모든 가능한 일들이 펼쳐지는 미래를 그대로 받아들여야 하는 인간의 운명 혹은 우주의 섭리를 얘기하는 것이 아닐까 싶다. 그리고 기독교적 신에 대한 열망, 인간의 합리적 이성과 의지, 무의식과 비이성 등을 얘기하며 유토피아를 찾아 나선 서구 사유의 끝에서 다른 길로 들어섬을 의미하는 것이 아닐까 싶다.

다시 한 번 물음을 던져본다. '가능성의 나무'는 어디에 있을까? 그것은 바로 우리의 일상적 삶 그 자체를 말한다. 베르베르의 책을 많은 독자들이 즐겨 읽는 것은 그 상상력의 기발함 때문만은 아니다. 재기 발랄한 상상의 세계의 출렁임 속에서 우리의 일상적 삶과 나 자신의 본연의 모습을 되돌아보게 하는 것도 그의 책의 매력이다. 그의 유토피아는 너무도 가까이에 있다. 소크라테스가 "너 자신을 알라"라고 했듯이 그는 "너 자신을 살아가라"라고 말한다. '산다'는 것은 그냥 시간을 보내는 것이 아니다. '산다'는 것은 일상생활 속에서 몸과 마음을 온전히 느끼며 향유하는 것이다. 그러한 일상적 삶은 자연과 타인들과 미래와 과거와 평화롭게 연결되어 있는 생명의 나무, 가능성의 나무이며 유토피아다.

『나무』

베르나르 베르베르의 『나무』는 단편 모음집으로 현재의 인간 세계에서 예견되는 기계화, 동물 복제, 3차 대전, 유전자조작, 폭력, 자연과의 단절 등 현재 혹은 미래의 디스토피아 문제를 다루고 있다. 베르베르는 무엇보다 인간의 몸을 통해 많은 이야기를 한다. 첫 글 '내겐 너무 좋은 세상'에는 정밀전자공학의 발달로 가전제품이나 가구들이 사람처럼 말을 하고 행동하는 세상이 그려져 있다. 작가는 인간이 몸의 많은 기능들을 기계에 내주었을 때의 극단적인 상황을 묘사하고 있다. 또 다른 글 '투명 피부'에는 더욱더 기괴한 몸이 그려져 있다. '나'는 자신 스스로를 실험 대상으로 삼아 투명한 인간으로 만든다. 남에게 안 보이는 것이 아니라 피부가 투명해져 핏줄이며 근육이며 신경이며 피부 속의 모든 것이 보이는 것이다. 베르베르는 이 글에서 몸을 똑바로 보고 몸에 관심을 가지라는 메시지를 던진다. 다음으로 '완전한 은둔자'에서 작가는 몸의 죽음, 몸의 사라짐이 결국 인간의 죽음과 맞닿아 있음을 얘기한다. 귀스타브 루블레 박사는 '모든 것이 이미 자기 안에 있다'란 생각에 집착하여 뇌만을 따로 떼어내 영양액 속에 보존하는 수술을 받는다. 하지만 나중에 사람들은 그의 뇌를 던지고 놀다 쓰레기통에 처넣어버리고 마침내 뇌는 개의 먹이가 된다. 베르베르는 몸 외에도 폭력, 전체주의, 노인 문제 등 다양한 소재들을 통해 디스토피아를 얘기한다. 이 소설에서 나무를 소재로 한 글로는 '말 없는 친구'와 '가능성의 나무'가 있다. 그는 이 두 단편을 통해 비폭력의 시대를 꿈꾼다. '말 없는 친구'에서 우리에게 먼저 대화를 건네는 당사자는 바로 나무, 말 없는 친구다. 나무는 이기심에 기반을 둔 폭력성을 제거하고 함께 유토피아를 건설하자고 우리 인간에게 말한다. '가능성의 나무'는 소설 『나무』에서 유일하게 유토피아에 대한 구상을 담고 있다. 소설은 '어린 신들의 학교'에서 신의 웃음을 언급하며 막을 내린다.

베르나르 베르베르

베르나르 베르베르(Bernard Werber, 1961~)는 프랑스 소설가다. 툴루즈에서 태어난 그는 어린 시절 만화 그리기에 재능을 보였고 커서는 법학을 전공하고 저널리즘을 공부했다. 대학 졸업 후에는 과학 저널리스트로 활동한 바 있다. 첫 소설 『개미』(1991~1996)부터 전 세계에 커다란 반향을 불러일으켰으며 이후 『타나토노트』(1994), 『천사들의 제국』(2000), 『신』(2004~2007), 『제3인류』(2012~2014) 등 대부분의 소설이 큰 성공을 거두었다. 최근에는 『잠』(2015)이라는 작품을 발표하였다. 그의 작품들은 35개 국어로 번역되었고 전 세계적으로 1,500만 부가 팔렸으니, 현재 세계에서 작품이 가장 많이 읽히고 있는 작가 중 한 명이라 볼 수 있다.

인류의 형이상학적 돌연변이에 새겨진 유토피아: 미셸 우엘벡의 『소립자』

김영임

몸, 작은 유토피아적 알갱이

Utopia. 그리스어의 '없는(ou-)' 또는 '좋은(eu-)'이라는 뜻을 연상시키는 단어의 첫머리, 그리고 이와 결합된 '장소(topos).' 여기에 없는, 그러나 여기보다 좋은 공간. 사람들은 예전부터 그런 꿈을 꾸어왔다. 설령 그 명칭은 꿈을 꾸는 이들이 속한 시공간에 따라 다르게 불렸을 수도 있지만, 고단한 현실 너머의 공간에 관한 이야기는 오랫동안 우리 곁에서 반복적으로 서사화되어왔다. 유토피아의 어원이 불러일으키는 상상은 일차적으로는 '토포스', 즉 공간에서 구체화된다. 그래서 많은 유토피아 이야기들은 세상과 단절되어 있는 '섬', '산'과 같은 '다른 공간들'을 상정하고 있다. 반대로 어떤 이야기들은 동일한 공간에 '다른 시간'의 층위를 투사하면서 유토피아를 그려내기도 한다. 과거의 시간이나 미래의 시간

안에서 자신들이 속해 있는 공간의 변형을 꿈꾸는 것이다. 그래서 유토피아는 '대부분' 공간과 시간이라는 두 개의 축으로 엮이게 된다.

여기에 비해 다소 예외적인 유토피아의 출발점이 있다. 그것은 푸코가 "모든 유토피아의 주연배우"라고 말하는 '몸'이다.* 푸코에 따르면 "내가 유토피아이기 위해서는 내가 몸이기만 하면 된다." 푸코가 예로 든 '가면 쓰기, 문신하기, 분 바르기' 등은 다른 몸을 얻는 일은 아니지만, 몸을 또 다른 공간에 위치시키면서 이 세상에 장소를 갖지 않는 하나의 장소 안으로 들어가게 한다. 또한 수많은 전설 속의 거인들이 거대한 몸으로 공간을 집어삼키고 세계를 정복하는 것은 인간이 이야기하는 가장 오래된 유토피아 중 하나로 볼 수 있다. 따라서 '몸'은 '작은 유토피아적 알갱이'다. 그렇다면 피안(彼岸)의 다른 공간이 아닌, 하지만 섬처럼 고립된 인간 내부에서 유토피아를 꿈꿀 수도 있지 않을까. 이런 가정이 가능하다면 인류를 대신하는 새로운 종(種)을 탄생시킨 미셸 우엘벡(Michel Houellebecq)의 『소립자(Les Particules élémentaires)』(이세욱 역, 열린책들)는 다소 급진적인 유토피아 이야기다.

쾌락 다루기: 과잉이거나 불감이거나

에른스트 블로흐가 『희망의 원리』에서 연대기적으로 예시하고 있는 유토피아적 공간들은 쾌락을 어떤 방식으로 통제하는가를 통해 설명될 수 있다. 삶을 여위게 만듦으로써 행복해질 수 있다고 믿은 디오게네스의 '극기'이거나 쾌락의 윤리학자라고 불린 아리스티포스**의 '향락제일주의'이거나 혹은 플라톤의 『국

* 미셸 푸코, '유토피아적인 몸', 『헤테로토피아』, 이상길 역, 문학과지성사, 2014, 33쪽.

** 아리스티포스(Aristippos, B.C. 435~B.C. 366)는 소크라테스의 제자로, 인간의 가치 중에서 '쾌락이 가장 거룩하고 고통이 가장 저열하다'고 믿을 정도로 쾌락을 중시하나 선한 판단과 자기통제 역시 역설하였다(에른스트 블로흐, 『희망의 원리 2』, 박설호 역, 열린책들, 2004, 979쪽 각주에서 인용).

가』에서 강조된 '질서'이거나 이 모든 것들의 출발점은 쾌락에 대한 관점의 차이다. 개인의 쾌락을 무한정 인정하는 것은 타인의 쾌락을 훼손하는 결과를 가져오고, 다수의 쾌락을 위한 개인의 규제와 억제는 유토피아의 목적성에 위배된다. 개인의 쾌락 추구는 십중팔구 타인의 쾌락과 상충하게 되는 것이다. 그래서 유토피아 공간을 책임지는 주체가 존재한다면 그 사람은 쾌락의 운용에 관한 원칙을 가지고 있어야 한다. 1998년 발표된 미셸 우엘벡의 『소립자』에 대한 상반된 평가의 한가운데 바로 이 '쾌락'의 문제가 놓여 있다. 그래서 어쩌면 소설 전체를 연결시키고 있는 쾌락에 관한 우엘벡의 길 찾기는 유토피아로 가는 길 찾기로 읽을 수 있지 않을까. 또한 저 블로흐의 유토피아 서사 연보의 마지막쯤에 추가해도 무방하지 않을까.

우엘벡의 두 번째 소설인 『소립자』는 출판과 동시에 격렬한 논쟁을 불러일으킨 작품으로 호불호가 극명하게 갈라진다. 전반적으로 『소립자』가 세기말의 시대 분위기를 반영하는 중요한 소설이라는 점에 대해서는 이의가 없는 편이지만, 포르노그래피를 능가하는 성적 묘사에 대해서 상당수의 독자들은 직설적인 혐오감을 드러내기도 하였다. 많은 교사들이 노골적인 성적 묘사에 대해 항의하였으며 우엘벡 자신은 소설이 담고 있는 메시지로 인해 그가 속해 있던 단체에서 제명되었다. 프랑스의 권위 있는 문학상인 콩쿠르(Le Prix de Goncourt)가 우엘벡을 외면한 것에 반해, 『소립자』를 1998년 수상작으로 선정한 'the Prix Novembre'의 심사 위원 중 한 사람이었던 줄리언 반스는 "지성과 에로티시즘의 혼합물이라는 점에서 『소립자』가 매우 프랑스적"이라는 평가를 내렸다.*** 『소립자』를 읽은 사람이라면 줄리언 반스가 쓴 글의 제목인 '증오와 쾌락주의'가 얼마나 이 책을 간명하게 잘 설명하고 있는지 느낄 수 있다. 이 두 단어 중 '쾌락주의'에 집중해서 『소립자』 안의 유토피아를 상상해보자.

*** Julian Barnes, "Hate and Hedonism," *the New Yorker*, July 7, 2003.

소설의 주인공인 미셸과 브뤼노는 아버지가 다른 형제다. 자유분방한 성 가치관을 가진 어머니에게서 버림받은 두 형제는 각기 외할머니와 친할머니 밑에서 성장하게 되고, 청소년기에 들어선 후 같은 고등학교에 진학하면서 만나게 된다. 두 인물의 성격은 천양지차인 것 같지만 정상적인 인간관계를 맺을 수 없을 만큼 고립되어 있다는 점에서는 마치 쌍둥이와도 같다. 쾌락에 대한 입장은? 형인 브뤼노가 쾌락 중독이라면 동생인 미셸은 쾌락 불감이다. 브뤼노는 어린 시절 기숙사 생활에서 받은 끔찍한 학대와 모욕, 또래 여자아이들의 거절, 첫사랑이었던 여자 친구의 자살과 같은 아픈 경험으로 인해 욕구불만에 휩싸인 불행한 어른으로 성장한다. 일상적인 인간관계에서 욕망을 충족시킬 수 없는 그는 자신의 쾌락을 이루어줄 유토피아, 푸코가 헤테로토피아라 부른, 현실 속에 실현된 유토피아*를 찾아다니는 인물이다. 아들에게 성적(性的)으로 문제가 있다고 판단한 어머니가 브뤼노에게 권한, 디 메올라가 운영하는 공동체나 68 세대들이 설립한 '변화의 장' 같은 곳이 그의 헤테로토피아들이다.

> 그들은 그 땅에 '변화의 장'이라는 캠프장을 만들었다. 그들의 계획은 1970년대 초에 한창 유행하던 절대 자유주의 사상의 영향을 강하게 받은 것으로서, 일종의 유토피아를 구체적으로 실현하자는 것이었다. 다시 말하자면 '지금 여기에서' 자율과 개인 자유 존중과 직접민주주의의 원리에 따라 살려고 노력하는 장소를 만들자는 것이었다. 하지만 그들이 생각한 건 새로운 공동체가 아니

* 푸코는 세상의 온갖 장소들과 절대적으로 다른 장소들이 위치하며, 이것들은 자기 이외의 모든 장소들에 맞서서 어떤 의미에서 그것들을 지우고 중화시키고 혹은 정화시키는 역할을 한다고 한다. 그는 이러한 장소들을 반(反)공간(contre-espaces), 위치를 가지는 유토피아, 즉 헤테로토피아라고 명명한다. 푸코의 헤테로토피아는 자기만의 반공간, 자리매김한 유토피아, 모든 장소 바깥의 실제 장소들로 정원, 묘지, 감호소, 사창가, 감옥, 휴양촌과 같은 형태로 나타나는데, 이 개념은 '여기보다 더 나은 장소의 유토피아'보다는 좀 더 넓은 공간의 위상학 개념으로 볼 수 있다(미셸 푸코, 앞의 책, 12~16쪽 참고).

라 그보다 한결 소박한 바캉스 촌이었다. 말하자면, 그들이 생각하는 '변화의 장'은 그들의 취지에 찬동하는 사람들이 여름휴가 동안에 모여 새로운 원리들을 자기들의 삶에 실제로 적용해보는 장소였고, 휴머니즘과 공화주의 정신을 바탕으로 공동 작업과 창조적인 만남을 촉진하는 장소였으며, 한 설립자의 말마따나 '화끈하게 섹스를 할 수 있는' 장소였다. (105~106쪽)

그러나 이 '성적 해방의 공간'은 알려진 것처럼 공동체주의가 실현된 유토피아가 아니라 단지 개인주의의 발전 과정에서 나타난 하나의 새로운 단계일 뿐이다. 브뤼노의 말처럼 "성적인 자유는 개인을 시장 원리로부터 지켜주는 그 마지막 공동체(부부와 가족)를 파괴하는 결과"를 가져오면서 개인을 섹슈얼리티의 장에서 무한 경쟁 체제로 밀어 넣는다. 젊었을 때부터 매력적이지 못한 이 중년의 사내는 유혹에 적합한 경쟁력을 갖추지 못했기에 성적 해방 공동체 속에서도 쾌락을 느끼게 해줄 짝을 찾지 못하고 캠프 내내 자위행위에 몰두한다. 분명 일상적 삶의 질서를 벗어난 헤테로토피아에 있음에도 불구하고 그는 쾌락의 근처에도 가지 못하고 쾌락의 노예 상태를 벗어나지 못한다. 브뤼노는 동생과의 논쟁 속에서 "유물론과 근대과학이 낳은 형이상학적 돌연변이"인 합리주의가 의도치 않게 생식과 섹스를 분리시킨 성적 해방을 가져왔지만, 여기에 또 다른 형이상학적 돌연변이의 결과물인 개인주의가 개입한 것을 강하게 비난한다. 브뤼노는 성적 해방이 쾌락의 원리로서 존속하지 못하고 자기도취적인 차별화의 원리로 변질된 것이 바로 개인주의 탓이며, 그래서 욕망은 그 자체로 인간을 고통과 증오와 불행의 원천에 떨어지게 만든다고 본다. 유물론과 근대과학의 결합으로 태어난 형이상학적 돌연변이가 개인주의와 허영과 증오와 욕망을 낳았기 때문에 인간의 삶은 쾌락 안에서도 황폐해질 수밖에 없다는 것이다.

그런 브뤼노에게 진정한 욕망에서의 해방을 가져다주는 여성이 나타난다. 브뤼노는 '변화의 장' 캠프에서 우연히 보게 된 미하일 바쿠닌의 '남의 자유는 나의 자유를 무한히 확대한다'라는 구호를 그의 삶에 실현해준 크리스티안을 만나면서 "마음에 아무 갈등이 없이 성적인 문제로부터 이미 벗어났다고 느끼"게 된다. 그는 "남에게 즐거움을 주기 위해 저마다 자기 나름대로 노력하고 있고 앞으로도 그러하리라는 것을 안다는 건 정말 기분 좋은 일이"라는 걸 깨달으면서 진정한 사랑에 빠진다. 결국 크리스티안의 죽음을 겪으며 자발적으로 정신병원을 찾아가게 되지만, 브뤼노는 쾌락의 극한을 만드는 과정에서 느끼게 된 크리스티안의 이타주의 덕분에 자기 내부에서 쾌락을 다루는 방법을 찾게 된다. 그는 그렇게 잠시지만 자기 안에서 유토피아를 경험한다.

브뤼노와 비교하면 동생 미셸은 쾌락 자체에 무감(無感)한 사람이다. 중학교 때부터 미셸만을 바라보고 사랑한 아름다운 아나벨의 성적(性的) 구애는 그에게 전혀 통하지 않는다. 그렇다고 두 사람이 사랑하지 않는 것은 아니다. 학교에서 돌아오는 저녁, 마중 나온 아나벨과 나눈 포옹은 그때나 아나벨이 세상을 떠날 무렵에나 미셸에게 가슴 아리고 행복한 기억으로 남아 있다. 하지만 거기까지다. 두 사람의 관계에 뭔가 문제가 있다고 눈치를 챈 브뤼노는 관계 개선에 도움을 줄 요량으로 그들을 디 메올라의 '성적 해방 공동체'로 데려간다. 그러나 미셸은 그곳에서도 아나벨을 외면한다. 결국 아나벨은 디 메올라의 아들인 다비드의 텐트로 가버리고 미셸은 그길로 대학 기숙사로 떠나면서 25년간의 이별이 시작된다.

그러다 미셸은 할머니의 이장(移葬)으로 고향을 찾게 되고 아나벨과 재회한 후 둘의 관계를 다시 시작한다. 하지만 그때의 감정 역시 사랑이 아니라고 미셸은 말한다. 그것은 "그녀에 대해서, 그녀가 품고 있는 무량한 사랑에 대해서, 인생의 우여곡절이 망쳐버린 그 사랑에 대해서" 느끼는 연민이다. "그 밖의 감정을 마주하면 그는 온몸에 찬 기운이 돌 정도로 신중한 태도"를 보이고 만다. 하지만 그들의 순간순간은 애절했으며 소중했다. 관계가 진전되면서 미셸의 아이를 갖길 원했던 아나벨은 소원을 이루지 못하고 자궁암으로 죽는다.

형의 아픔, 어머니의 죽음, 아나벨과의 추억 등을 통해서 미셸은 줄곧 자신을 사로잡던 인간의 고통을 구원할 수 있는 방법에 대해 고민하게 되고, 이 문제를 해결할 수 있는 과학적 가설의 연구에 몰두한다. 그리고 2009년 그간의 연구를 담은 논문을 파리의 과학아카데미와 영국의 「네이처」지에 보내고는 세상에서 사라지고 만다. 그렇다면 그가 인간을 구원할 수 있다고 믿은 것은 무엇일까? 책의 말미에 실려 있는 시가 실마리를 던져준다.

> 그와 마찬가지로, 우리는 오늘날
> 물질주의 시대에 관한 이야기를
> 한낱 옛날이야기로 들을 수 있다.
> 그건 슬픈 이야기지만,
> 우리는 슬픔을 느끼지 못할 것이다.
> 우리는 이제 그 사람들과 다르기 때문이다.
> 우리는 그들의 육신과 욕망에서 태어났으나,
> 그들의 범주와 속성을 거부하였다.
> 우리는 그들의 기쁨도 알지 못하고
> 그들의 괴로움도 알지 못한다.
> 우리는 무심하게 힘들이지 않고
> 죽음이 지배하는 그들의 세계에서 벗어났다. (319쪽)

시의 화자는 프롤로그부터 등장해서 소설 전체의 시선을 제공하고 있는 새로운 종(種)의 목소리다. 시에서 이야기하는 것처럼 이들은 인류의 범주에 속하지 않는 별종이다. 그들은 기쁨과 괴로움을 초월하고 죽음을 넘어선 존재다. 이와 같이 미셸은 세상의 문제들에 대한 해답으로 새로운 종(種)의 개념을 내놓았다. 이 새로운 존재들은 "사람이 사람답기 위해 꼭 필요한 성차"가 없으며, 성적 쾌감과 관련된 크라우체 소체들이 피부 전체에 퍼지게 되면서 "일찍이 경험해본 적이 없는 새로운 성적 쾌감"을 느낄 수 있는 개체들이다. 인간이 그토록 자랑스러워하는 유전자의 개별성은 실제로 불행의 원인이기 때문에 새로운 종은 동일한 유전자 암호를 갖게 된다. 이러한 변화를 통해 미셸은 인류에게 육체적인 불멸을 가져다줌으로써 종족 보존으로 필멸의 한계를 극복해나간 기존 인류의 시간 관념을 근본적으로 변화시켰다. 유토피아의 두 가지 축 중 하나를 해결한 셈이다.

유토피아의 다른 한 축을 이루는 공간 문제에서도 근본적 변화가 이루어진다. 미셸은 공간에 관한 새로운 철학을 도입하면서 공간의 분리와 단절에서 오는 인간의 공포와 슬픔을 극복한다. 미셸의 설명에 따르면 자연에 나타난 형상들은 모두 인간이 지어낸 것들이다. 우리는 인간적인 공간 속에서 측량을 하고 그 측량을 통해 우리의 도구들 사이에 공간을 창조한다. 인간은 자신들이 상상한 공간 안에서 3차원의 무게에 짓눌려 겁을 먹고 웅송그린다. 하지만 이 공간은 인간의 내면에 있는 것이고 인간의 정신이 지어낸 것일 뿐이다. 인간은 자신이 지어낸 공간 속에서 역시 분리와 거리와 고통을 만들어낸다. 하지만 이것에 제한되지 않는 존재들의 결합은 가능하다. 사랑하는 이의 목소리를 듣는 연인이 그러하고 아이의 목소리를 듣는 어머니가 그러하다. 이렇듯 미셸은 시간과 공간에 대한 인간의 관념을 지배하고 있던 양자역학의 가설들을 대담하게 재해석함으로써 사랑을 가능하게 하는 조건들을 되살려낸다. 기독교, 유물론과 근대과학에 이은 제3의 형이상학적 돌연변이는 이렇게 일어났다.

소립자 안의 유토피아

브뤼노와 미셸은 자신들만을 생각하는 개인주의에 빠진 부모들에게서 버림받은 아이들이다. 보통의 아이들이 가정에서 누리는 일상적 유년의 경험이 탈각된 성장 과정을 보낸 두 아이들은 자신을 숨겨줄 유토피아적 공간을 가져본 기억이 없다. 푸코가 말하는 아이들의 반(反)공간, 예를 들면 정원의 깊숙한 곳, 다락방, 인디언 텐트, 부모의 커다란 침대와 같은 공간에 대한 경험이 그들에겐 없다. 투르니에가 로빈슨 크루소를 위해 만들어낸 지하 굴* 같은 곳이 이들에게는 존재하지 않는다. 그래서 브뤼노가 평생 자신을 위한 유토피아를 찾아서 헤매는 남자라면, 미셸은 우연적 확률에 의해 결정되는 유토피아의 변수를 직접 제거하고 모두가 평등한 쾌락의 세상을 꿈꾼다.

하지만 그것은 기존에 유토피아를 꿈꾸었던 방식이 아니다. 시간의 축을 거슬러 올라가서 '황금시대'를 노래하지도 않고 아직 오지 않은 미래의 가능성을 이야기하지도 않는다. 또는 저 경계 너머의 고립된 공간을 설계하지도 않는다. 새로운 세계에 관한 미셸의 구상은 더 나은 세상이 어떤 정치나 윤리적 실천에 의해 이루어지는 것이 아니라는 작가 우엘벡의 생각을 담고 있다. 우엘벡은 소설의 한 독백을 통해, '근대적 사고'가 인간을 지배하면서 생겨났던 '개인의 자유', '인간의 존엄성', '진보'라는 개념들이 당시에는 형이상학적 돌연변이로 일컬어질 만큼 엄청난 의미를 가졌지만 실제로 오랫동안 인류의 역사는 분리와 해체의 방향으로 흘렀다고 말한다. 이러한 근대적 관념들은 인간의 문제를 본질적으로 해결할 수 없다. 미셸의 방법은 푸코의 유토피아적 몸처럼 그저 몸이기만 하면 된다. 다만 이제 그 몸은 쾌락의 극대화를 통한 쾌락의 소멸, 소멸의 상태에서 오는 궁극적 쾌락의 향유, 그러고 나서 개인적 욕망에서 벗어나게 되는 길을 제시한다.

* 프랑스 현대문학의 거장 미셸 투르니에는 18세기 고전으로 꼽히는 대니얼 디포의 『로빈슨 크루소』를 방드르디(프라이데이)의 관점을 반영해서 개작한 『Vendredi ou les limbes du Pacifique』를 1967년에 발표했다. 이 소설에서 투르니에는 무인도 삶에 지친 로빈슨 크루소가 위안을 되찾을 수 있는, 어머니의 자궁과도 같은 '지하 굴'이라는 공간을 창조해낸다. '섬' 속의 '섬'과 같은 장소 안에서 로빈슨은 자신을 위로하는 시간을 가질 수 있었다(미셸 투르니에, 『방드르디, 야생의 삶』, 고봉만 역, 문학과지성사, 2014).

우엘벡의 포르노그래피는 '근대적 사고'라는 형이상학적 돌연변이의 산물인 개인주의를 비판하기 위해 동원된 소설 전략이다. 포르노그래피적 묘사를 통해 우엘벡은 방탕한 성(性)이 숨기고 있는 극단적 개인주의를 드러낸다. 그래서 크리스티안의 죽음이나 브뤼노의 정신병원행을 방탕한 성생활에 대한 우엘벡의 복수로 읽는 일부 해석들은 지나치게 윤리적인 독서의 관성에 지배받는 독법이다. 브뤼노가 정신병원을 찾는 것은 방탕한 성생활을 끝내기 위해서가 아니라 자신을 무조건적 사랑으로 이끌어주던 여자 친구의 죽음과 그녀의 불구를 끌어안을 수 없었던 자신에 대한 죄책감 때문이다. 쾌락을 추구하는 인간에게 최우선 순위는 타자가 아닌 자기 자신이다. 브뤼노에 관한 하드코어적 방식의 서사는 개인주의의 극단인 '쾌락주의' 안에 타인의 쾌락에 대한 배려를 결합시키면서 그간의 좌절을 보상하려고 한다.

하지만 우리가 배려와 이타주의를 세상에서 만날 가능성은 여전히 불확실한 확률의 세계다. 이에 반해 미셸의 유토피아적 구상은 확률에 기대지 않고 종(種)의 변형을 통해 자기 안에서 유토피아를 완성시키는 것, 극단의 고립으로 들어가 모든 확률을 배제한 환경에서 쾌락의 최대치를 경험하며 쾌락으로부터 벗어나는 것이다. 이러한 결말은 인간에 대한 절망인 동시에 희망이기도 하다. 유발 하라리가 그려내고 있는 "영원히 젊은 사이보그, 번식도 하지 않고 성별도 없으며, 다른 존재들과 생각을 직접 공유할 수 있는, 집중하고 기억하는 능력은 인간의 수천 배에 이르며, 화를 내거나 슬퍼하지 않는 대신 우리가 상상조차 할 수 없는 감정과 욕망을 가지고 있는 우리의 후계자들"* 이 우엘벡의 새로운 종(種)과 놀라울 만큼 유사한 것을 보면 누가 알겠는가? 『소립자』의 미래인 2060년에 이르면 우리도 우리 몸 안에 유토피아를 갖게 될지.

『소립자』는 포르노그래피적 서사라는 형식을 빌려 근대사회의 모순들에서

* 유발 하라리, 『사피엔스』, 조현욱 역, 김영사, 2015, 581쪽.

비롯된 파국의 형상을 적나라하게 비웃고 있는 소설이지만, 그 상상이 현실에 대한 반성 없이는 불가능하다는 점에서 반유토피아 소설인 동시에 정치적인 유토피아 소설이다.

『소립자』

미셸 우엘벡의 소설 『소립자』는 68 성 혁명의 세례를 받고 '가족해체'와 성 해방을 몸으로 실천한 선구자인 자닌이라는 여성이 각기 다른 남자와 낳은 브뤼노와 미셸이라는 이부형제의 이야기다. 형인 브뤼노는 어린 시절 주변의 여자아이들로부터 겪은 여러 번의 거절로 인해 자신이 동물사회에서 경쟁력이 별로 없는 '오메가 수컷'과 같다는 열등감 속에서 성장한다. 그의 성적인 욕망은 대상을 직접 겨냥하지 못하고 관음증이나 노출증과 같은 도착적인 형태를 띠고 나타나게 된다. 한편 미셸은 어릴 적 텔레비전에서 방송되는 '동물의 왕국'을 보면서 약육강식의 잔혹한 세계에 강한 혐오감을 느끼고 인간 세계도 그와 같은 야생의 자연과 다를 바 없다는 확신을 가진다. 이 세계에서 그는 모든 성적인 욕망을 거세한 식물적 삶을 살아가게 된다. "그의 성기는 그저 오줌을 누는 데에만 쓸모" 있으며, 사랑하는 여자에게 키스조차 못 하는 심각한 성행동 장애를 보인다. 브뤼노는 성에 대한 탐닉에서 보상을 얻지 못하고 끝없는 방탕으로 나아가지만 크리스티안을 만나게 되면서 사랑을 알게 된다. 하지만 크리스티안은 부상으로 불구가 된 자신의 육체를 감당하지 못해 자살하고 브뤼노는 그 충격으로 제 발로 정신병원에 들어간다. 고독과 권태, 인간의 욕망에 대한 혐오감을 간직한 채 성장한 미셸은 그러한 문제들을 극복하기 위해 복제 인간이라는 과학기술의 유토피아를 구상한다. 그리고 그 안에서 인간을 부정함으로써 쾌락 자체를 파괴하는 쪽으로 나아간다. 어린 시절의 여자 친구 아나벨이 사망한 후 아일랜드에 있는 연구소에 은신하면서 양자역학 가설들에 대한 다른 해석을 시도하고 2009년 복제 인간에 관한 연구 논문을 「네이처」를 비롯한 여러 학술지에 투고한 뒤 실종된다.

미셸 우엘벡

현대 프랑스 문단에서 가장 주목받는 작가 중 한 명인 미셸 우엘벡(Michel Houellebecq, 1958~)은 1958년 프랑스 라레위니옹에서 태어났다. 프랑스 국립농업학교에서 농업경제학과 정보학을 공부했고 컴퓨터 관련 업종에서 일을 하다 1985년에 시인으로 문단에 데뷔했다. 1991년 미국의 고딕 작가 H. P. 러브크래프트의 전기 『세계에 맞서, 인생에 맞서』와 평론집 『계속 살아 있기』를 발표했으며 이듬해 첫 시집 『행복의 추구』를 펴냈다. 1994년에는 첫 번째 장편소설 『투쟁 영역의 확장』을 출간했고 4년 후인 1998년 평론집 『발언』과 두 번째 소설 『소립자』를 발표했다. 1998년 우엘벡은 그의 전 작품에 대해 문화부에서 수여하는 '젊은 문학인 국가 대상'을 받았으며, 『소립자』는 「리르」지와 「타임스 리터러리 서플리먼트」에 의해 올해의 책으로 선정되면서 그를 베스트셀러 작가의 반열에 올려놓았다. 2001년에 발표한 그의 세 번째 소설 『플랫폼』 역시 큰 성공을 거두지만 이슬람에 대한 독설과 인터뷰에서 행한 논평으로 인해 소송에 휘말리게 된다. 우엘벡의 다른 작품들로는 그가 자신의 시를 낭송한 음반 '인간의 현존'(2000)과 직접 찍은 사진과 함께 펴낸 영상 수필집 『란사로테』(2000), 네 번째 소설 『어느 섬의 가능성』(2005)이 있다.

U T O P I A

이야기 여섯

폭력과 공존

유토피아와 디스토피아 혹은 폭력과 사랑: 무라카미 하루키의 『1Q84』

남상욱

디스토피아로서의 '1984', 유토피아로서의 '1984'

세계문학에서 1984년은 매우 특별한 위치를 점하고 있다. 이는 단순히 위대한 문학자의 출생과 죽음 혹은 문학작품의 탄생과 관련되어 있기 때문만은 아니다. 우리들에게 이미 지나가버린 과거에 지나지 않는 1984년은 영원히 도래하지 않을 혹은 도래해서는 안 될 미래의 대명사로서 세계문학에 각인되어 있기도 하다.

그 시작은 주지하듯이 1949년 조지 오웰이 발표한 『1984』였다. 전쟁의 소용돌이가 휘몰아치는 유럽에서 파란만장한 삶을 살았던 조지 오웰은 숨을 거두기 1년 전 자신이 떠나가게 될 이 지구의 미래를 '1984'라는 숫자에 각인시켰다. 조지 오웰의 눈에 비친 1984년은 그렇게 낙관적이지는 않았다. 그 세계 속의 인간들은 빅브라더에 의해 가장 내밀한 영역까지 감시당하는 존재로 축소되어 있었다. 미래에 대한 어두운 전망은 사실 그가 살았던 시대를 조금만 살펴본다면 나름대로 일리가 있다고 할 수 있다. 인류가 공들여 만들어왔던 정치제도와 테크놀로지가 인간의 대량 학살로 이어지게 된 1, 2차 세계대전의 경험은, 이제부터의 인류 역사가 19세기 유럽인들이 꿈꿔온 장밋빛 미래는 아닐 것임을 뼛속 깊숙이 각인시켰으니까. 다시 말해 유럽 문명이 개발해왔던 관료제와 테크놀로지의 진화는 단순히 인간을 행복하게 만들어주는 데 그치지 않고 '행복'이라는 미명하에 인간의, 인간으로서의 주체성을 소거하고 말지도 모른다고 경고했으므로.

실제로 조지 오웰의 예언은 상당수 맞아떨어졌다. 하지만 그의 미래에 아시아가 부재하고 있다는 점은 지적해둘 필요가 있겠다. 이는 당시 그의 세계관 속에서 아시아가 유럽을 위협할 가능성은 거의 제로에 가까웠음을 의미한다. 사실 제1차 세계대전에서 제2차 세계대전에 이르는 동안 아시아의 미래는 더할 나위 없이 불투명했다. 특히 2개의 원자폭탄을 맞고 마침내 패전해 미국에 의해서 점령된 일본은 두말할 나위가 없었다.

따라서 그런 일본이 1980년대 초반 세계의 '유토피아'로서 인식될 줄은 아무도 예측할 수 없었을 것이다. 『Japan as No.1』이라는 베스트셀러 책의 제목이 시사하듯 1980년대의 일본은 '경제'로 세계를 제패했다. 도요타의 자동차와 소니의 전자 제품으로 대표되는 일제 상품들은 날개 돋친 듯이 팔려나가며 세계 자본을 일본으로 집중시켰고, 이는 1985년 플라자 합의를 통해 거의 강제로 달러 대비 엔화의 가치를 격상하기 전까지는 멈출 기세를 보이지 않았다. 1984년의 일본이라는 존재는 20세기의 서구적 역사관을 대표하는 『1984』의 한계를 지적했을 뿐만 아니라 일종의 살아 있는 지구의 유토피아로서 이미지화되고 있었다.

물론 이러한 일본의 이미지는 오래가지 못했다. 1980년대 후반 일본의 자산

가치가 정점을 찍은 이후 버블이 붕괴되기 시작해 1990년대부터는 만성적인 불황에 빠지게 되었다. 인구는 노령화되고 젊은이들의 실업률은 점점 높아졌다. 주변국들의 경제성장은 곧 일본의 경쟁력 약화로 이어졌다. 이대로 가면 일본의 미래는 누구도 장담할 수 없었다. 무라카미 하루키(村上春樹)의 『1Q84』가 출간된 것은 바로 이러한 분위기 속에서였다. 이 책이 출간된 2009년의 관점에서 봤을 때 버블의 정점을 향해 줄기차게 내달리고 있던 1984년의 일본은 그야말로 그들이 상실한 유토피아에 다름 아니었다.

유토피아와 근대 일본의 문학

그렇다면 2009년의 하루키가 1984년의 일본에 대해서 쓴 것은 다른 일본인들처럼 '강했던 일본'에 대한 향수를 버리지 못했기 때문일까?

하루키의 독자들이 볼 때 그의 과거로의 시선은 그리 특별하지는 않을 것이다. 『상실의 시대』(원제는 『노르웨이의 숲』)처럼 하루키의 작품은 이전부터 '상실된 것'에 주목해왔기 때문이다.

물론 하루키는 1980년대 일본에 도래한 이른바 후기 자본주의사회를 긍정한 작가로 비치곤 한다. 재즈와 자동차, 온갖 종류의 의류 메이커, 심지어 스포츠 활동에 이르기까지 그의 작품 세계는 일본이 생산하는 나라에서 소비하는 나라로 변모해가는 과정을 매우 상세하게 드러내고 있기 때문이다. 그렇다고 하루키가 무조건적으로 동시대의 '소비문화'를 마냥 긍정하고 있는 것은 아니다. 『양을 둘러싼 모험』과 『댄스 댄스 댄스』 등에서 하루키는 '돌고래 호텔'이 '돌핀스 호텔'로 변해가는 이른바 세계화 속에서 자신의 친구 '쥐' 역시 인간과 동물의 경계가 상실된 '양남'으로 변해갔음을 보여줌으로써, 궁극적으로는 후기 자본주의라는 시스템에 대한 부정적 인식을 드러냈다.

마침내 일본이 버블의 정점에 도달한 1987년, 하루키는 아직 자본주의가 뻗

속까지 스며들지 못했던 1960년대 후반의 일본을 회고하는 『노르웨이의 숲』을 발표해 일약 스타 작가가 된다. 자본이 사방으로 흘러넘쳐 그 낙수 효과만으로도 얼마든지 도처에 널린 쾌락을 손에 넣을 수 있었던 1980년대, 갑자기 하루키는 폭력적인 학생 시위로 인해 학교가 폐쇄되었던 1960년대 일본의 대학가로 시계추를 돌려, 사랑하는 연인의 죽음을 계기로 불감증에 빠진 나오코라는 여성과 그녀와 관계를 맺지 못해 안절부절못하는 젊은이의 사랑 얘기를 쓴 것이다.

물론 이미 지나가버린 젊은 시절을 아름답게 회상했다는 이유만으로 『노르웨이의 숲』을 유토피아 소설로 분류할 수는 없다. 과거에 대한 강한 향수를 느끼며 이에 정념을 불어넣는 것은 실은 노화할 운명의 인간이라면 누구나 늘 해오고 있는 일이기 때문이다. 서구의 문학 텍스트가 아직 도래하지 않은 미래를 유토피아나 디스토피아로 의미화하는 것은 바로 이러한 습성으로부터 거리를 두고자 하기 위함이다. 반면 『노르웨이의 숲』에서는 미래에 대한 어떤 전망도 보이지 않는다. 소설 속에 등장하는 수많은 요소들은 '지금 여기에 없다'는 이유에서 특권적으로 미화될 뿐인 것이다. 하지만 1980년대의 일본에서는 어디서도 찾을 수 없는 '다른' 시공을 집요하게 탐색하며 '미화'하고 있다는 점에서 『노르웨이의 숲』은 유토피아문학이라는 장르에 매우 친화적인 작품이라고 할 수 있지 않을까.

1980년대부터 하루키는 동시대 일본의 문화적 변동을 따라가기보다는 '지금 여기에 없는' 것들을 집요하게 탐색해왔다고 해도 과언은 아니다. 실은 1980년대 일본의 문화계는 냉전기 서방세계의 보편적 문화 형태로서의 팝과 재즈에서 일본 가요로, 세계문학보다는 만화를 중심으로 하는 서브컬처와 게임으로 가파르게 이동하고 있었다. 그런 의미에서 『노르웨이의 숲』은 더 이상 비틀스에 열광하지 않게 된 일본을 전경화하는 작품으로 볼 수 있다. 그런데 1990년대 초반 한국에서는 하루키의 소설이 매우 세련되고 현대적인 것으로 인식되었다. 일본의 문화적 변동이 한국에 실시간으로 소개되지 않았기 때문이다. 사실 일본에서 하루키의 매력이란 이미 한물간 '문학'과 '올드 팝'을 마치 반짝거리는 신세계처럼 보이게 만든 점이었다. 하루키의 눈에 비친 1980년대 이후의 일본은, 일본에 대한 전 세계의 호의적인 평가와는 반대로, 좋았던 그 무엇을, 특히 '보편적인 감수성'을 상실해가고 있었다. 적어도 『노르웨이의 숲』을 통해 하루키는 자신에게 있어서는 '일본이 유토피아가 아님'을 증명하고자 한 것은 아니었을까.

이렇게 현재를 부정하고 과거의 삶의 의미를 복원하고자 하는 경향은 하루키에게만 나타나는 것은 아니다. 돌이켜보면 일본이 아시아에서 유일하게 근대화되어 명실상부한 제국으로 각광받기 시작한 이후 나쓰메 소세키나 모리 오가이, 아쿠타가와 류노스케 같은 문학자들은 '근대'라는 시공 속에서 무엇인가 상실되어가고 있음을 자각했다. 근대가 가져다주는 것보다는 근대로 인해 상실되는 것이 더욱 크게 보였던 그들에게, 미래는 앞당겨야 할 유토피아가 아니라 결코 오지 말아야 할 디스토피아였다. 문제는 근대가 가져다주는 기술적, 문명적 진화가 파국적인 종말에 대한 불온한 이미지로 그려지면 그려질수록 지나간 과거가 '옛날 좋았을 때'로서 이상화되고 만다는 점이다.

지나간 과거를 이상화하는 일본 특유의 분위기는 일본의 근대화가 '혁명'이 아니라 '유신'이라는 방식으로 진행되었다는 것과 깊은 관련을 맺는다. 이미 수백 년 전에 정치적 권력을 상실하고 조용히 재야에 묻혀 있던 천황을 호출하면서 근대화의 막을 연 일본은 근대화가 진행될수록 정신사적 시간은 과거로 흘러가는 역설적인 구조를 만들고 말았던 것이다. 실제로 근대 천황제의 뒤틀린 시간적 구조는 근대문학사에서도 확인된다. 서구의 문예사조를 착실하게 이식해오던 근대문학의 흐름은 1930년대 프롤레타리아문학 진영에 대한 정치적인 탄압을 계기로 갑작스럽게 천황제 이데올로기의 근간이 되는 고전을 찾아 재해석하는 문예부흥 운동으로 전환하고 말았던 것이다.

요컨대 일본의 근대문학은 서구 문학작품 속의 유토피아와 디스토피아라는 개념에 강하게 매혹되면서도, 그 자체가 함의하고 있는 시간성, 즉 '미래를 직시하는 자세'를 근본적으로 받아들이지 못하고 있었다. 이는 결국 일본 문학이 다가올 미래가 아니라 이미 상실된 '과거'에서 유토피아를 찾게 되는 중요한 원인이었다고 할 수 있다. 과거로 시선을 돌리는 것은 그들이 '근대'로부터 탈출할 수 있는 유일한 방법이었다.

하루키 역시 현재와 미래보다는 과거에 더 많은 관심을 가지고 있지만 그가 탐닉하는 과거가 '근대'의 외부가 아니라는 점에서 앞서 언급한 일본인 작가들과 일선을 그을 수 있다. 즉 서구의 근대적 가치 체계에 의해 상실된 일본 특유의 그 어떤 것이 아니라 일본을 보편적인 가치와 이어주고 있었던 끈을 찾기 위해 과거로 간다. 하루키가 1984년을 호명한 것은 이해가 바로 세계문학의 걸작인 『1984』라는 보편성과 이어지고 있기 때문이다.

폭력과 유토피아

그렇다면 『1Q84』가 그리는 1984년의 일본은 유토피아인가 디스토피아인가?

이 문제는 그렇게 단순하지 않다. 『1Q84』와 조지 오웰의 『1984』의 관계성을 어떻게 볼 것인가에 좌우되기 때문이다. 주지하다시피 『1Q84』와 『1984』는 그 작품명의 유사성은 말할 것도 없이 최대의 수수께끼인 리틀 피플의 존재가 『1984』의 빅브라더와 대비되는 형태로 이야기되고 있다는 점에서 깊은 관련을 가진다. 하지만 하루키가 그리는 1984년의 도쿄에서는 빅브라더처럼 절대적 권력을 가진 국가나 정치권력이 보이지 않는다. 오히려 반대로 국가권력은 사적 공간과 명확한 거리를 유지한다. 이를 잘 나타내는 소설적 표식이 개인의 현관문을 두드리기만 하는 NHK 수납원의 존재다. 전후 일본국은 국가의 정치적 개입을 방지하기 위해서 NHK의 수신료 징수 시 국가에 의한 강제집행을 허용하지 않았다. 국가의 목소리를 듣지 않을 수 있는 권리를 부여한 것이다. 이러한 설정은 1984년의 도쿄가, 빅브라더가 공적 영역과 사적 영역의 경계를 함부로 허문 세상과 근본적으로 다른 공간임을 보여주기 위함이다.

그렇다고 하루키가 당시 세계인들과 일본인들의 생각처럼 1984년의 일본에 '유토피아'적 요소가 많았다고 주장하는 것은 결코 아니다. 하루키의 문제의식은 빅브라더가 존재하지 않는 곳에서도 폭력이 존재한다는 것을 환기시키는 데 있는 것처럼 보인다. 실제로 『1Q84』 속의 폭력은 빅브라더의 감시가 미치지 않는 부부의 침실에서, 가족의 휴일에, 종교 단체의 사유지에서 벌어진다. 소설의 주인공인 아오마메와 덴고는 바로 이런 폭력에 노출되어 어린 시절을 보냈고, 바로 그런 이유로 서로에게 강하게 끌린다. 그리고 마침내 나름대로의 방식으로 폭력에 저항하는 길을 걷게 된다.

물론 하루키가 가시화하는 이러한 폭력은 전쟁, 아우슈비츠, 테러, 난민 학살 등 최근 인문학에서 주로 다루는 폭력에 비한다면 매우 하찮은 것처럼 보일 수 있다. 지젝의 말을 빌리자면 하루키가 다루는 폭력은 그야말로 '주관적 폭력' 수준에 지나지 않기 때문이다. 또한 공권력이 미치지 않는 곳에서 벌어지는 개인의 폭력에 대한 개인의 응수는 대중 영화 속에 단골 메뉴로 등장하고 있고, 이러한 정념과 행동의 정당화가 결국 국가의 감시체계와 공권력의 강화를 뒷받침하는 데 전용되는 것은 익히 알려진 사실이다. 즉 사적 공간에서 벌어지는 하나의 폭력을 근거로 어떤 세계의 불완전성을 전경화하는 것은 종종 사적 공간에 대한 권력의 개입을 정당화하는 데 이용될 가능성을 내포한다는 점에서 매우 위험하다. 이것이야말로 빅브라더의 출현을 앞당기는 필수 조건이기도 하다.

하지만 빅브라더의 이미지로 대표되는 전체주의와 사회주의를 일종의 절대적 폭력 공간으로 간주하는 것은 지젝의 지적처럼 자신이 살고 있는 '지금-여기'를 마치 낙원인 양 무한 긍정하게 만들고 만다. 예컨대 이는 북한 체제의 폭력성에 대한 비판이 종종 남한 체제의 폭력을 대수롭지 않은 것처럼 만들고 마는 것과 마찬가지다. 그런 의미에서 본다면 일본 정부의 통제가 미치지 않는 곳에서 벌어지는 폭력을 가시화해 심각한 문제로 다루는 『1Q84』를 반드시 통속적인 작품이라고 할 수만은 없다.

이 소설은 유토피아적인 기획이 어떻게 폭력적인 형태로 전회하면서 세계를 디스토피아로 변모시키는가를 1960년대 전공투 학생운동의 후일담에 근거하여 보여주고 있다. 폭력적인 학생운동을 거부하고 '평화적'인 종교 단체로 거듭난 '선구'의 이미지가 1995년 일본을 떠들썩하게 만든 옴진리교를 모델로 한 것임은 많은 사람들에 의해서 지적된 바 있다. 피를 흘리는 폭력을 지양하고 세계평화를 지향하는 종교적 활동이 폭력적인 메시아의 등장으로 이어진다는 역설. 이는 비단 옴진리교의 문제만은 아닐 것이다.

이런 의미에서 『1Q84』는 발터 벤야민의 유명한 에세이 '폭력비판론'으로부터 촉발된 폭력 담론들 속에서 읽을 수도 있다. 주지하다시피 벤야민은 폭력을 법제정적, 유지적 폭력과 법 파괴적 폭력, 신화적 폭력과 신적 폭력, 피를 흘리는 폭력과 피를 흘리지 않는 폭력으로 나눈 바 있다. 『1Q84』는 법의 보호 속에서 평화적으로 성장해간 종교 단체의 폭력성(신화적 폭력)과 법을 따르기를 거부하고 자신이 겨냥하는 타깃을 정확하게 저세상으로 보내는 아오마메라는 킬러의 폭력성(신적 폭력)을 대비시키면서, 과연 어떤 것이 더욱 폭력적인가를 묻는 것처럼 보일지도 모른다. 법으로서의 국가와 이기적인 유전자의 소유자인 개인, 유토피아적 사고와 디스토피아적 현실 인식 중 어떤 것이 더욱 폭력적인가에 대한 질문이자 궁극적으로는 과연 '폭력'을 통해서 이 양자를 구별해도 괜찮은가에 대한 질문이다.

하지만 『1Q84』에서 하루키가 피를 흘리는 폭력의 대안으로서 신적 폭력의 가능성을 제시하는 벤야민을 그대로 답습한다고 볼 수는 없다. 인간적인 분노에서 촉발된 아오마메의 폭력적 행위를 신적 폭력으로 보기는 매우 힘들기 때문이다. 무엇보다도 리틀 피플의 폭력을 어디에 위치시켜야 하는지 매우 불투명하다.

리틀 피플은 죽은 산양의 입에서 하나둘씩 나와 후카에리라는 매력적인 소녀의 복제를 만들고 그 복제물을 통해서 자신의 말을 이 세계에 전달한다. 그리고 후카에리의 아버지를 초월적인 힘을 가진 폭력적인 종교 지도자로 만들어버린다. 그런데 하루키 스스로가 말했고 많은 연구자들이 지적한 것처럼 텍스트 속 리틀 피플의 존재는 여전히 많은 수수께끼를 가지고 있다. 그들이 이 세계에 전하고자 하는 메시지가 무엇인지 소설 속에서 명확하게 드러나고 있지 않기 때문이다.

그럼에도 후카에리의 아버지인 '선구'의 리더를 통해 우리는 다음과 같은 사실을 알 수 있다. 빅브라더가 매우 체계적으로 폭력을 관리하고 독점함으로써 '폭력적'인 존재가 되었다면, 리틀 피플은 스스로 폭력을 행사하기보다는 폭력을 독특한 방식으로 인간에게 전달하고 분배하는 역할을 한다. 전자의 목적이 공동체 구성원들이 행사할 수 있는 폭력의 가능성을 완전히 소거함으로써 스스로의 권력을 유지하는 데 있다면, 후자는 폭력의 독점보다는 선과 악, 빛과 그림자라는 이원론적인 세계의 '균형 유지'를 위해 폭력을 배분하는 데 그 목적이 있다.

요컨대 『1984』 속 빅브라더의 폭력이 유토피아와 디스토피아, 평화와 폭력, 허구와 사실, 공적 공간과 사적 공간이라는 이원성을 붕괴시키고 일원화하는 과정 속에서 유발된다면, 『1Q84』 속 리틀 피플의 폭력은 일원론적 세계를 이원론적 세계로 분열시키는 과정에서 가해진다. 『1984』에서 각기 다른 인간들이 빅브라더의 감시와 통제 아래 개별성을 상실한 채 거죽만 남은 인간으로 통합되어 간다면, 리틀 피플이 있는 『1Q84』에서는 하나의 달이 두 개의 달로, 하나의 신체를 가진 인간이 마더와 도터로 분열되고 국가 폭력 대신 종교 단체의 폭력이 개인의 폭력과 충돌한다. 그렇다면 어느 쪽이 더 나은가.

우리가 알 수 있는 것은 양쪽 세계 모두 폭력은 사라지지 않는다는 점뿐이다. 『법의 힘』에서 "폭력을 수반하지 않는 순수성이란 불가능"하다고 말하며 '세계의 외부'를 상정하는 유토피아적 행위 속에 감춰진 폭력성을 경고한 자크 데리다처럼, 『1Q84』 역시 폭력 없는 세계를 설정하지 않는다. 그런 의미에서 하루키의 문제의식은 빅브라더가 없는 공간을 실현하면 폭력 없는 세계가 도래할 수 있다는 식의 믿음, 다시 말해 허구가 만들어내는 디스토피아를 반면교사로 삼아 현실 세계 속에서 유토피아를 구현할 수 있다는 믿음이 과연 타당한 것인지 진지하게 묻는 데 있었던 것일까.

유토피아에서 사랑을 구출하기

그렇다면 과연 유토피아 혹은 디스토피아와 관련해 어떤 가능성이 우리들에게 남아 있을까. 그리고 『1Q84』는 이 문제에 대해서 어떤 시사점을 우리들에게 던져주는 것일까.

이 소설은 어떻게 이 세계에서 폭력을 추방할 수 있는지 묻지 않는다. 폭력을 피할 수 없는 이 잔혹한 세계 속에서 우리 자신의 폭력을 멈출 수 있는 길을 모색한다. 소설에서는 "이야기 속에 권총이 나왔다면 그건 반드시 발사되어야만 한다"는 체호프의 말이 나온다. 우리들의 세계 속에는 이미 총이 주어져 있다. 우리에게는 폭력 행사가 이미 하나의 잠재적 선택으로 주어져 있는 것이다. 하루키는 이러한 상황을 받아들이는 동시에 내 손에 쥔 총을 어떻게 사용하지 않을 수 있는지 모색한다.

『1Q84』에서 하루키는 폭력 중지의 가능성을 오직 '사랑'에서 찾는다. 폭력에 대항하기 위해 스스로 폭력의 화신이 된 아오마메가 폭력의 연쇄를 끊는 길은 스스로에게 방아쇠를 당기는 것밖에 없었다. 하지만 그러지 못하는 것은 오직 덴고에 대한 사랑 때문이었다. 이를 깨달은 아오마메가 덴고와 해후하기까지의 긴 종반은 이 소설이 근본적으로 유토피아와 디스토피아 중 그 어느 쪽에도 속하지 않고 그저 하나의 로맨스임을 증명하는 듯하다. 유토피아적 기획이 디스토피아적 현실을 낳고 디스토피아적 미래에 대한 절망이 더 강력한 유토피아를 부르는 악순환으로부터의 탈출은 오직 '사랑'밖에 없는 것이다.

그런데 이렇게 사랑을 유토피아적 사고의 외부에 두고 싶어 하는 하루키의 관점은 조금만 생각해보면 사랑을 통해 유토피아를 만들려고 하는 여러 시도들과 별 차이가 없는 것 같다. 예컨대 사랑을 통한 공동체의 결속이야말로 서구 기독교가 오랫동안 주장해온 것이지 않은가. 뿐만 아니라 근대 이후 그것은 국가에서 기업에 이르기까지 다양한 형태로 광범위하게 확장되고 있다. 이런 의미에서 사랑을 통한, 사랑에 의한 존재의 확인은 근대적인 유토피아의 방식을 답습하는 데 지나지 않는 것이 아닐까.

사실 그렇다. 그럼에도 불구하고 여전히 사랑은 우리에게 남아 있는 몇 안 되는 카드임은 분명하다. 예컨대 『사랑예찬』이라는 에세이에서 알랭 바디우는 늘 정체성의 문제를 부각해가며 차이를 말살하는 '세계화한 자본주의' 앞에서는 사랑도 위협받게 됨을 지적하면서 "법을 위반하고 법에 이질적인 것들 안에서 사랑을 보호"할 필요성을 역설한 바 있다. 평화와 안전을 미끼로 나와 다른 존재를 경계선 밖으로 추방하는 것을 당연시하는 오늘날의 풍조 속에서 사랑의 소임이 여전히 남아 있음을 상기시킨 이 말은 『1Q84』에도 고스란히 적용된다. 이미 법을 위반하고 스스로의 손에 '피'를 묻힌 아오마메를 구원할 수 있는 유일한 방법은 덴고의 사랑밖에 없다.

결국 『1Q84』를 통해 하루키는 폭력의 외부를 지향하는 어떠한 유토피아도 거부하고 오히려 잠재적 폭력성을 사랑으로 잠재우길 제안한다. 그러한 사랑 안에서만 비로소 진정한 평화와 안식이 찾아온다고 하면서. 이는 마치 비틀스나 존 레논의 노래 가사처럼 우리를 훈훈하게 할지는 모르지만 그 실효성에서 봤을 때는 그야말로 '유토피아'적이라고 할 수 있다. 이것이 바로 하루키 문학의 한계로 지적되는 대목이다. 그럼에도 불구하고 이러한 하루키의 세계관이 지난 세기 유토피아적 기획이 낳은 비극의 후유증 속에 살고 있는 많은 이들에게 일종의 위안을 제공해주는 것만은 사실인 것 같다.

『1Q84』

청소년 시절 유일하게 의지했던 친구가 남편의 폭력으로 인해 자살했다는 것을 알게 된 아오마메는 자신만의 방법으로 그 남편에게 복수를 감행한다. 이후 스포츠 인스트럭터로 일하고 있던 그녀는 가정 폭력을 피해 달아난 여성을 돕는 노부인으로부터 의뢰를 받는다. 법의 허점을 이용해 여성들에게 폭력을 행사하는 남성들을 제거하는 일이었다. 1984년 4월 암살을 마친 후부터 두 개의 달이 보이게 된다. 한편 보습 학원에서 수학 강사를 하면서 틈틈이 소설을 쓰고 있던 덴고는 잡지 편집인의 권유로 소설을 대필하게 된다. 후카에리라는 소녀가 잡지에 투고한 '공기번데기'란 소설이었다. 이 소설의 이야기와 관련 있는 종교 단체 '선구'의 위협을 받게 되면서 덴고는 달이 두 개가 되어 있는 것을 깨닫는다. 초등학교 시절 서로에게 강하게 끌렸음에도 각자의 인생을 살아왔던 아오마메와 덴고는 '두 개의 달'이 떠 있는 1Q84라는 세계 속으로 들어가게 되면서 종교 단체 '선구'와 얽히게 되지만 그 과정에서 서로에 대한 사랑을 확인하고 마침내 재회한다.

무라카미 하루키

무라카미 하루키(村上春樹, 1949~)는 일본의 소설가이자 미국 문학 번역가다. 20세기 영미문학과 팝컬처를 통해 배양된 교양과 스타일을 바탕으로 현대 소비문화의 한계를 드러내며 이원론적 세계의 삶의 신비를 구축해가는 그의 작품 세계는 대중성과 문학성을 동시에 겸비해 전 세계적으로 높은 평가를 받고 있다. 1979년 『바람의 노래를 들어라』로 데뷔한 이래 전업 작가 및 번역가로 활동하다 1987년에 발표한 장편 『노르웨이의 숲』이 베스트셀러가 되면서 국내외적으로 명성을 얻었다. 『해변의 카프카』(2002)로 2006년 카프카상을 받은 이후 국제적인 문학상을 차례로 수상하고 있으며 매년 유력한 노벨 문학상 후보로 거론되고 있다. 한편 1990년대부터 꾸준히 피츠제럴드, 레이먼드 카버, 샐린저, 레이먼드 챈들러의 작품들을 일본어로 번역했고, 이들 작품들은 일본 번역문학계에서도 높은 평가를 받고 있다.

뫼비우스의 띠처럼 반복되는 삶의 모습: 알베르트 산체스 피뇰의 『차가운 피부』

권미선

삶과 죽음, 사랑과 증오, 자유와 억압, 희망과 고통, 천당과 지옥, 유토피아와 디스토피아…. 서로 극과 극을 이루는 대칭 개념 같지만 야누스의 두 얼굴처럼 양면성을 지닌 인간의 삶을 상징하는 개념들이라 할 수 있다. 우리 인간은 같은 일이라도 바라보는 시선에 따라 느낌이 얼마나 다른지 뼈저리게 경험하면서도 그 상반된 느낌이 결코 다르지 않음을 깨닫게 된다. 그런 가운데 우리 인간은 언제나 다가설 수 없고 소유할 수 없는 것을 강렬하게 욕망하며 불멸을 꿈꾸고, 우리네 인생은 끝없는 욕망의 유보 속에서 허무하게 끝이 난다. 그리고 우리네 인생이 덧없이 한 줌 흙이 되어 끝나도 계절은 계속 반복되고 세상은 여전히 돌아간다는 아이러니가 우리네 입맛을 씁쓸하게 한다.

이러한 우리네 사는 모습은 각기 다른 방식으로 거의 모든 문학작품들에 녹아들어 있다. 유토피아적 환상으로 가득할 수도, 디스토피아적 절망으로 가득할 수도…. 유럽 문학에서는 이러한 유토피아와 디스토피아의 이미지가 끊임없이 반복되며 이어져 내려오고 있다. 그리스의 '아르카디아'부터 시작된 유토피아의 이미지는 토머스 모어의 '유토피아'를 거쳐 현대의 '사이언스 픽션'에 이르기까지 다양한 모습을 제공한다. 그리고 동전의 앞뒷면과 같이 유토피아의 또 다른 모습인 디스토피아 역시 현재가 나아가야 할 미래를 제시하고 묘사함으로써 '지금-여기'를 살아가고 있는 우리 현대인에게 자신의 모습을 돌아볼 수 있는 성찰의 기회를 제공한다.

"우리는 우리가 증오하는 사람들과 결코 멀리 떨어질 수 없다. 그래서 사랑하는 사람들에게 진정 가까이 다가가지 못한다." 이같이 아이러니한 문장으로 시작하는 스페인 작가 알베르트 산체스 피뇰(Albert Sánchez Piñol)의 『차가운 피부(La pell freda)』(유혜경 역, 들녘)는 뫼비우스의 띠처럼 안팎의 구분 없이 반복되는 우리네 삶의 모습을 디스토피아적 관점에서 무섭고도 서글프게 그려낸 변주곡이다. 뱃사람을 유혹해 배를 좌초시키는 사이렌의 치명적인 노랫가락처럼 너무나도 위험하고 끔찍해 귀를 틀어막고 듣지 않으려 하지만 너무나도 아름답고 처절해 듣지 않을 수 없는 작품과도 같다.

『차가운 피부』는 상상을 초월한 악몽과도 같은 현실 속에서 그로테스크한 디스토피아적 이미지를 연출한다. 정체 모를 낯선 존재의 공격에서 느끼게 되는 극한의 공포와 욕망의 위험을 그린 이 소설은 언뜻 보면 대중적인 B급 공포 영화를 연상시킨다. 하지만 그 속에는 고립과 단절을 의미하는 '섬'의 상징성과 함께 끊임없이 유보되는 인간 욕망의 본질과 인간존재에 대한 철학적 성찰을 담아내고 있다. 섬이라는 한정된 공간 속에서 생존을 위해 처절하게 싸워야 하는 두 남자(주인공 '나'와 바티스 카포)는 광기로 인해 무너지는 이성과 본능의 경계를 보여준다. 그렇게 그들은 생지옥을 방불케 하는 섬뜩한 공포 속에서 인간 삶에 대한 존재의 의미를 묻는다.

영국 제국과 전쟁을 벌이는 식민지 아일랜드의 공화국군에 가담한 '나'는 열심히 투쟁한 끝에 그토록 갈망하던 아일랜드의 해방을 맞이하게 된다. 하지만 행복했던 날은 영국군이 철수한 그날 하루뿐, 그 후로는 더욱 황폐한 세상이 펼쳐진다. 권력을 장악한 아일랜드 지도자들도 영국인들과 다를 바 없이 포악하고 비인간적인 기준으로 권력을 휘두르며 영국인들 못지않은 전제정치를 행한 것이다. 아일랜드인들이 영국인들보다 더 숭고한 양심을 가졌다고 생각했지만 그것은 착각일 뿐이었다. 몇십 년 동안 영국과 전쟁을 치르고 나서 처음으로 얻은 자유를 아일랜드인들은 서로가 서로를 죽이는 기회로 삼았다. 주인공 '나'는 가장 기본적인 원칙을 배반하는 인간의 그 무지막지한 폭력성과 권력을 향한 폭주에 회의를 느끼며 지구 최남단 남극의 낯선 섬으로 떠난다. '고립'과 '단절'을 택한 것이다. 인간의 불행을 영속시키는 폭력의 악순환이 난무하는 세상을 떠나 사람이 없는 세상으로 도피하지만 막상 그곳에서 맞닥뜨린 것은 상상조차 할 수 없는 폭력과 죽음의 공포다.

주인공이 도착한 남극의 외딴섬은 '고립'과 '소통 불가'라는 두 가지 특성을 동시에 지닌 공간이다. 주인공에게 그 섬은 완벽한 도피의 공간이자 죽음의 공간이다. 외딴섬으로의 도피는 유럽 대륙에서 스스로를 격리시켜 위협의 조건들로부터 벗어나는 것이다. 주인공은 이를 통해 생명을 보존하고 자유를 보장받고자 했다.

> 그때부터 내게 남은 것은 한 가지 의문뿐이었다. 인간의 불행을 영속시키는 폭력의 악순환이 난무하는 이 세상에 그대로 남아 있을 것인가? 나는 남지 않기로 했다. 절대로 남고 싶지 않았다. 그렇다면 사람이 없는 세상으로 도피하는 수밖에 없었다. 나는 단순히 법을 피해 도주하는 도망자가 아니었다. 그보다 더 위대한 것, 훨씬 더 위대한 것으로부터 도망치고 있었다. (40쪽)

절망의 시대에 '섬'은 구원의 공간을 상징했다. 주인공은 자신의 필요에 의해 섬을 완벽한 공간으로 상상하고 그 공간에 다가서기를 끊임없이 욕망했다. 그러나 막상 그 섬은 돌이킬 수 없는 상실감과 문명에 대한 그리움, 유배되었다는 위기감, 막연한 두려움으로 다가왔다. 그러다가 본격적인 생명의 위협과 함께 섬은 이제 완벽한 공간에서 고립된 공간으로, 욕망의 대상에서 두려움의 대상으로 돌변하게 된다. 주인공은 무(無)의 평화를 추구해 섬에 왔지만 침묵 대신 괴물들이 우글거리는 생지옥을 경험하게 된 것이다.

그 외딴섬에서는 잉카의 성벽을 방불케 하는 난공불락의 등대에 거주하며 괴기한 분위기를 풍기는 독일인 등대지기 바티스 카포가 주인공 이외의 유일한 생명체로 등장한다. 그리고 도착한 첫날 밤 '나'는 평생 듣도 보도 못한 식인 괴생명체의 습격을 받고 그 순간부터 생존을 위한 처절한 싸움을 벌이게 된다. 양서류의 얼굴에 눈썹 없는 눈, 달걀 같은 눈알과 바늘처럼 가느다란 동공, 구멍만 뚫린 코, 입술이 없는 큰 입을 지니고 피가 파란 그 수중 생명체들은 해가 저물면 무리를 지어 바닷속에서 기어 나와 기상관인 주인공과 등대지기를 습격한다. 과거도 미래도 없이 모든 것에서 멀리 떨어져 세상 끝에 도착한 주인공은 상실감과 허무의 한복판에서 죽음과 마주하게 된 것이다. 장차 어떤 일이 일어날지도 모르고 자신을 습격하는 괴물들의 정체도 모르는 불확실한 상황에서 그는 유경험자인 바티스 카포만을 의지한다. 하지만 바티스 카포는 수중 괴물체들보다 더 끔찍한 적이었다. 실상 주인공의 유일한 적은 정체 미상의 괴물들이 아닌 바티스 카포인 셈이다. 괴물들은 증오할 만한 대상이 아니다. 그들은 자연에 속해 있다. 그런데도 주인공과 바티스 카포는 잔인한 본성을 드러내며 강력한 무기를 들고 피비린내 나는 싸움에만 몰두한다. 특히 야만적인 본성을 더욱 적나라하게 드러내는 바티스 카포는 사투를 벌인 절망적인 밤을 보낼수록 낮 동안에는 더욱 행복해하고 전투에 도취되어 유아적인 파괴 본능을 벗어나지 못한다.

세 번째 다이너마이트를 터뜨린 것이다. 숲의 절반이 공중으로 날아갔다. 암홍색의 불길이 25m, 아니 50m 허공으로 치솟았다. 눈을 뒤집어쓰고 있던 나무들은 성냥에 불이 붙듯 순식간에 불길에 휩싸였다. 많은 나무들이 허공으로 날아올라 뿌리를 축으로 돌다가 우리 머리 위로 떨어져 내렸다. 괴물들의 찢겨진 살점이 말뚝에 들러붙었다. 그것은 총알이 퍼붓듯 우리 위로도 쏟아져 내렸다. 폭발의 파장이 느껴지는 바로 그 순간, 두개골 하나가 발코니의 차단벽을 맞고 튕겨져 나갔다… 괴물들은 출구 없는 함정에 갇혀 우왕좌왕하고 있었다. 그들은 바다로 가는 길을 찾았지만 사방은 온통 불길이었다. 많은 괴물들이 산 채로 불길 사이를 뛰어다녔다. 섬의 절반 이상이 불타고 있었다. 어둠과 두려움에 사로잡힌 괴물들과 번쩍거리는 시뻘건 불빛이 한데 뒤섞여 그야말로 아수라장이었다. (197쪽)

불타는 지옥을 방불케 하는 묵시록적 상황에서 바티스 카포는 자신에게 생포되어 시중을 들며 괴물들의 공격을 노래로 알려주는 양서류 괴물인 '아네리스'를 상대로 성행위를 하면서 점차 광기로 물들어간다. 주인공 '나'는 그들의 육체적 관계를 보며 역겨움과 수치심을 느끼지만 그 역시 아네리스와 관계를 맺으며 새로운 사랑에 눈뜨게 된다.

눈이라는 것은 보는 것이지만 관찰하는 눈은 드물고, 보고 깨닫는 눈은 더더욱 드물다. (213쪽)

작품 중반부터 반복되는 이 문장은 『차가운 피부』를 이해하는 데 결정적인 역할을 한다. 삶에 회의를 느낀 주인공은 고립된 공간을 찾아 섬으로 왔다. 그런데 '고립'이라는 말은 어디로부터의 고립인가라는 질문을 전제한다. 육지에서 보면 섬은 멀리 떨어진 고립된 곳이 맞지만, 섬이 시선의 주체가 된다면 섬의 속성으로서 고립을 논한다는 것 자체가 아이러니다. 시선은 지배 관계를 상정하며 선입관을 불러일으킨다. 그러나 점차 이러한 편견에서 벗어나 시선을 돌려 주위를 돌아보면 사물에 눈을 뜨게 된다. 주인공과 바티스 카포의 애완동물처럼 지내면서 괴물들의 공격을 노래로 알려주는 수중 생명체의 이름 '아네리스', 아네리스가 괴물들을 지칭할 때 사용하는 이름인 '시타우카', 그리고 등대지기의 이름 '바티스 카포'는 작품의 시선을 환기해주는 데 결정적인 역할을 한다. 아네리스(Aneris)는 스페인어로 '사이렌'을 의미하는 Sirena를 거꾸로 뒤집은 것이고, 시타우카(Citauca)는 수중 생명체를 의미하는 acuatic을 뒤집은 것이다. 그리고 바티스 카포(Batis Cafo)는 띄워 읽지 않고 붙여 읽으면 심해잠수정을 뜻하는 batiscafo가 된다. 이는 수중 생명체를 몰살시키고자 하는 폭력성을 상징한다. 그렇다면 섬을 향한 그들의 욕망의 실체는 무엇인가? 아네리스와 시타우카들의 대화로 유추해보면 그 욕망의 실체는 죽음 본능과 결합되어 있다. 역설적이게도 인물들의 삶에서는 절대 충족될 수 없는 욕망이다. 작품의 후반부로 가면서 아네리스는 끝없이 유보되는 욕망의 모습으로 등장한다.

> 한참을 그렇게 서 있었다. 시타우카들은 움직이지 않았다. 뭘 기다리고 있는 걸까? 아네리스를 넘겨주기를 기다리는 걸까? 그들이 내게 유일하게 원하는 것은, 내가 유일하게 줄 수 없는 것이었다. 아네리스와 그들 사이에 어떤 것이 있었다 해도 그것은 결코 내가 해소할 수 있는 것이 아니었다. 내 목숨마저도 내놓을 수 있었다. 하지만 아네리스가 없는 삶은 무의미하다. 필요하다면 영원히 사랑 없이 살 수 있지만, 아네리스 없이는 살 수 없었다. 그녀를 잃는다면 내 운명은 어떻게 될까? 삶이 없는 죽음, 죽음 없는 삶? 어느 편이 더 견디기 힘들까? 얼음이 어는 여름, 아니면 불타는 겨울? 이런 식으로 시간의 끝까지 가는 것일까? 그녀는 등대의 빛에 가려져 있던 것을 보게 해주었다. 이 섬에서는 짐승이 아니라 다른 어느 것도 적이 될 수 있다. 다른 곳에서는 절대로 적이 될

> 수 없는 것도 이 섬에서는 얼마든지 적이 될 수 있다. 아네리스와 함께 진실을 향해 가는 동안 어쩔 수 없이 그녀를 사랑하게 됐다. 조난자들이 목숨에 매달리듯 미치도록 그녀를 사랑할 수밖에 없었다. 너무 슬펐다. 진실이 삶에 아무런 변화도 주지 않는다는 것을 등대가 가르쳐주었다. (274~275쪽)

그리스 신화에 등장하는 반인반수의 여성 괴물인 사이렌은 근처를 지나가는 뱃사람들을 아름다운 노래로 유혹해 배를 좌초시킨다. 정신분석학에서 여성의 원형을 상징하는 사이렌은 '충족될 수 없는 욕망'이다. 상반신은 사랑할 수 있는 아름다운 여성의 모습이지만 하반신은 육체적 관계가 불가능한 물고기의 모습이기 때문이다. 남성에게는 끊임없는 성적 갈망의 대상이지만 그 목마름을 결코 해소해줄 수 없다. 소설에서는 이러한 측면이 은유적으로 표현되어 있다.

주인공 '나'는 사랑에 눈떠 아네리스를 주의 깊게 관찰한다. 그녀가 괴물이 아닌 이성을 지닌 생명체임을 깨닫고 괴물들에 대한 인식이 바뀌게 된다. 그리고 이와 함께 '섬'이라는 공간에 대한 시선도 바뀌어 괴물들과의 대립 관계가 아닌 공생 관계를 꿈꾸게 된다. 그동안 스스로 눈을 가려 보지 못했던 그들의 진정한 모습이 보이기 시작한 것이다. 동료가 부상당하면 달려드는 행동이 잡아먹기 위해서가 아니라 다친 동료를 구하기 위해서였다는 사실을 알게 되었다. 그리고 그들이 단지 자기네 땅을 지키기 위해 싸우고 있다는 것도 깨달았다. 새로운 진실에 눈을 뜨게 된 것이다.

> 생각을 좀 해봐요… 저들 입장에서는 우리가 백번 잘못한 것입니다. 입장을 바꿔 생각해보라고요. 우리가 침입자잖아요. 여긴 저들의 유일한 땅이고요. 우리는 요새와 무기를 가지고 이 땅을 점령한 겁니다. 그 정도면 저들이 우리를 공격할 만한 충분한 이유가 되지 않나요? (219쪽)

아일랜드 해방 투쟁 후 세상에 염증을 느낀 남자가 지도에도 나와 있지 않은 남극 근처의 외딴섬에 기상관으로 도착해 미지의 생명체인 양서류 괴물들과 사투를 벌이며 대학살을 저지르게 된다는 소설의 줄거리. 언뜻 보면 '문명'과 '야만'의 대립에서 식민주의 시대 제국주의의 승리를 그린 대니얼 디포의 『로빈슨 크루소』와 조지프 콘래드의 『어둠의 심연』이 연상되기도 한다. 작가 이전에 인류학자이기도 했던 알베르트 산체스 피뇰은 인류학자 레비스트로스의 영향하에 문명의 야만성을 고발하며 '야만'의 문명에 새로이 눈을 뜨는 인간형을 보여준다.

> 나의 후견인은 좋은 식물과 잡초를 구분하라고 말했다. 나는 풀에 대해선 문외한이었으므로 잡초를 뽑기 전에 그에게 물어보았다. "이건 잡초가 아니란다. 이파리를 푹 고아서 약으로 달여 먹을 수 있는 풀이지." 어떤 풀을 놓고는 이렇게 말했다. "이것도 잡초가 아냐. 야생 시금치거든. 그러니까 먹을 수 있는 거지. 얼마나 맛있는데. 당연히 이것도 잡초가 아니지. 5월이면 아름다운 꽃이 피는데 어떻게 잡초일 수 있겠니?" 결국 남은 풀은 한 가지뿐이었다. 그 풀은 아무짝에도 쓸모가 없었다. 누가 봐도 잡초가 분명했다. 끝이 뾰족하고 독이 있는 시커먼 이파리와 뻣뻣하고 못생긴 줄기. 그는 한숨을 내쉬었다. "그래, 극악무도한 풀이구나. 그렇지만 이걸 뽑아버리고 나면 나머지 풀들은 무슨 의미가 있을까?" 아무 의미도 없어요, 내가 대답했다. "그럼 결론이 뭘까?" 잡초는 존재하지 않습니다, 내가 대답했다. (34쪽)

하지만 이 또한 자기만의 시선에 사로잡힌 선입견이자 편견이다. 그 전에 주인공은 다음의 질문과 마주했어야 했다. 자신이 가상의 현실에서 실재의 그림자를 찾기 위해 부단히 노력했던 것은 아닌가? '진실'을 지켜내겠다는 욕망, 시타우카들을 지켜주고자 하는 의도는 과연 어디에서 비롯된 것인가? 주인공은 '나'

와 '내'게 주어진 '현실' 사이의 화해할 수 없는 간극으로 인해 현실을 경험하고 있으면서도 그 내면으로 절대 스며들지 못했다. 그러면서 현실로부터, 자신으로부터 고립되고 소외되어 주변에 눈을 돌리지 못한 채 스스로의 감옥에 갇혀 있었던 것이다. 현실이 더 이상 '나'의 '현실'이 아닌 이 비극적 상황에서 '나'의 꿈은 어둠에 묻히고 '나'는 늪에 빠져 허우적대며 눈을 뜬 채 눈을 감고 있었던 것이다.

그렇게 그 섬은 구원과 위로의 공간이 아닌 죽음과 맞닿아 있는 절망의 공간이 된다. 아무도 살아서 빠져나갈 수 없다는 존재론적인 두려움이 섬을 휩싸고 있는 것이다. 인간들의 폭력성과 권력욕을 피해 도피의 공간이자 고립의 공간인 섬에 도착했지만, 역설적이게도 주인공은 불안과 두려움에 시달리며 야만적이고 폭력적인 바티스 카포에게 동화되어 폭력적으로 변해간다.

단 두 사람만이 거주하고 있는 섬에서 주인공은 요새와도 같은 등대에 입주하기 위해 바티스 카포와 암묵적인 지배 체제를 구축하고 서로 합의된 규범 속에서 생활하게 된다. 그들의 공동체에 평화가 지속되는 동안에는 외부의 위협으로부터 안전하지만, 합의된 규범에 문제가 생기면 지배 체제가 균열되어 공동체는 바로 와해되고 죽음에 이르게 된다. 인물들의 죽음 본능과 죽음에 대한 두려움은 동전의 양면과 같다. 죽음 본능을 가진 인간들은 역설적으로 두려움과 폭력을 통해 그 죽음을 유보함으로써 존재를 지속시켜나가고자 한다. 바티스 카포는 적을 야만인으로 치부하고 싸움을 잔학 행위로 바꿔버렸다. 그렇게 바티스 카포는 목숨을 건 싸움에 맹목적으로 열중할 수 있었다. 시타우카에 대한 공포가 그에게는 진정한 힘이었다. 시타우카들의 공격이 거칠어질수록 바티스 카포는 지신의 악행을 합리화했다. 그러나 살아남기 위해 지금껏 선명한 흑백논리만으로 버텼던 바티스 카포의 단순한 세계는 결국 산산이 부서지고 만다. 그는 오로지 개머리판을 몽둥이처럼 휘둘렀을 뿐이다. 증오가 아니라 두려움 때문에. 그는 두꺼비 얼굴들이 어떻게 보면 우리 인간과 닮았다는 점, 이제 싸움을 멈추고 총을 내려놓아야 한다는 점이 두려웠던 것이다. 그리고 그는 그 사실을 인정한 후 마지막으로 죽음을 끌어안는다.

바티스 카포의 자살 이후 권력의 균형 관계가 깨지면서 주인공 '나'는 섬이라는 감옥에 자기 스스로를 가두며 붕괴의 징후들을 보여준다. 그리고 이러한 '나'의 몰락은 외부에서 오는 충격으로 서서히 금이 가는 것과는 달리 자신의 내부를 완전히 무너뜨린다. '나'는 '현재'와 화해하지 못하고 자기만의 감옥에 갇혀 더욱 작아지고 난폭해진 자신을 지켜볼 수밖에 없게 된다. '나'의 무너짐의 속도는 자신의 욕망과 상관없이 스스로를 유폐시키고, 자신의 사용가치를 극단적으로 배제한 채 경직된 꿈속으로 스스로를 몰입시킨다. 그러나 '나'를 둘러싼 이러한 모든 과정은 자연스럽고 은밀하고 지속적으로 진행된다.

시간이 흘러 신임 기상관이 도착하고 주인공 '나'에게는 그 끔찍한 섬을 떠날 수 있는 기회가 주어지지만, '나'는 '바티스 카포'라는 이름의 등대지기로 섬에 남아 예전에 바티스 카포가 했던 행동을 똑같이 반복하며 작품의 첫 부분으로 돌아간다. 이러한 주인공의 모습은 한 인간의 모습이 아닌, 뫼비우스의 띠처럼 연속적으로 이어져 반복되는 폭력성의 모습이고 죽음의 모습이고 지난 역사의 모습이다. 주인공은 인간들의 무한한 폭력성을 증오하지만 오히려 폭력성에 익숙해지고 그것에 의지해 구차하게 삶을 연장하게 된 것이다. 주인공은 조국의 해방을 위해 싸웠지만 해방 역시 인간의 폭력성과 권력욕을 연장시켰다. 구원을 얻고자 외딴섬에 도착했지만 절망만을 얻었을 뿐이었고, 사랑을 얻고자 아네리스를 원했지만 죽음만이 도사리고 있었을 뿐이었다. 그렇게 삶은 사랑하고 원하는 것에 가까이 다가가지 못하고 증오하는 것들로 둘러싸여 계속 유보되고 연장될 뿐이다. 그리고 그러한 삶은 사이렌의 치명적인 노랫소리처럼 위험하다는 것을 알면서도 쉽게 떨쳐버릴 수 없는, 절대 해소되지 않는 갈증과도 같다. 그리고 이러한 주인공 '나'의 모습은 자기만의 지옥에 갇힌 현대인 '나'의 자화상이기도 하다.

나는 갓 태어난 아이를 안듯 소총을 끌어안고 모래밭에 앉았다. 그리고 그 자리에 벌렁 드러누웠다. 세상은 완전히 예측 가능했고, 새로울 것이 없었다. (293쪽)

『차가운 피부』

아일랜드의 자유를 위해 투쟁하던 주인공은 아일랜드의 해방 이후 더욱 혼돈에 빠진 정치적 상황에 환멸을 느끼게 된다. 주인공은 유럽을 떠돌다가 1년간 기상관으로 일할 수 있는 기회를 얻어 근무지인 남극의 외딴섬으로 향한다. 기상관과 등대지기만 살고 있는 섬에 도착해보니, 주인공과 교대를 해야 하는 전임 기상관은 흔적도 없이 사라져 보이지 않고 등대지기 바티스 카포는 주인공에게 절대 호의적이지 않다. 섬에 도착한 첫날 밤 주인공은 바다에서 섬으로 올라온 정체불명의 수중 괴물들에게 공격을 받고 구사일생으로 살아남아 생존을 위한 처절한 싸움을 시작한다. 끔찍한 지옥을 방불케 하는 극한의 공포와 욕망의 위험 속에서 피폐해진 주인공은 점차 폭력적으로 변해간다. 1년 후 신임 기상관이 도착하지만 주인공은 섬을 떠나지 않고 죽은 바티스 카포를 이어 폭력의 역사를 반복한다.

알베르트 산체스 피뇰

1965년 스페인 바르셀로나에서 태어난 알베르트 산체스 피뇰(Albert Sánchez Piñol, 1965~)은 문화인류학자이자 작가다. 아프리카 연구 센터의 회원으로 활동하기도 했던 그는 아프리카의 독재자들을 그린 풍자 수필 『어릿광대와 괴물』(2000)로 호평을 받았다. 그의 작품 대부분은 카탈루냐어로 출간되었다. 인간의 고독과 폭력성을 독창적으로 풀어낸 그의 첫 소설 작품인 『차가운 피부』는 2002년 카탈루냐어로 출간되었다가 3년 후 스페인어로 번역되어 20만 부 이상 팔렸고 37개 언어로 출판되었다. 이 소설을 통해 알베르트 산체스 피뇰은 작가 반열에 올라섰다. 『차가운 피부』는 2003년 오호 비평상(el Premio Ojo Critico) 문학 부문에서 수상하였다.

이상향의 두 얼굴: 이청준의 『이어도』

이선이

1

어린 시절에 즐겨 부르던 노래 한 소절에서 시작하자. '저 산 저 멀리 저 언덕에는 무슨 꽃잎이 피어 있을까.' 이렇게 시작되는 '소녀의 꿈'은 이 땅에서 삶을 영위해온 많은 이들의 기억에 오롯하게 새겨진 노래다. 사방이 산으로 둘러싸인 산골 소녀에게 이 노래는 자신이 살아가는 생활 세계의 정서를 사실적으로 담아낸 것이겠지만, 이러한 사실성을 넘어 이 노래는 먼 곳에 대한 인간의 본원적 그리움을 호명해내고 있어서 시간의 마모를 이겨내며 정서의 공명통을 자극하는 면이 있다. 그런데 여기에서 '저 산 저 멀리'로 지칭되는 미지의 세계는 어떤 구체성을 보여주지는 않는다. '지금-여기'라는 현실 너머의 세계를 향한 그리움의 절절함이야말로 노랫말이 촉발하는 정서적 풍미의 원천이다. 이 노래가 우리들 기억 창고에서 쉽게 사라지지 않는 이유도 여기에 있을 것이다. 성인이 된 후에도 우리는 '지금-여기'가 아닌 아득하게 먼 곳에 대한 그리움을 간직한 채 살아가는 일종의 운명적 갈망과 염원을 간직한 존재들이기 때문이다.

이 노래에서처럼 개체적 존재로서 인간이 품게 되는 먼 곳에 대한 갈망이 대개 아련하고 막연한 정서로 감지된다면, 이것이 집단적 현상으로 우리들 삶에 개입할 때는 보다 구체적으로 명명되면서 현실적 삶을 추동하는 희망의 이정표로 자리매김되기도 한다. 이상향이라는 상상의 지표는 이렇게 우리 인식의 한 언저리를 틈입해 들어온다. 그렇다면 실제로 우리의 삶에서 '먼 곳'에 대한 그리움이 집단적 현상으로 표출되는 양상은 어떠했을까? 인류가 오랫동안 도달하고 싶어 했던 유토피아적 상상 공간은 대부분 섬으로 표상되었다. 섬이 유토피아적 공간으로 상상된 것은 대륙으로부터 고립된 아득히 먼 곳의 이미지를 태생적으로 갖고 있기 때문이다. 이 세상에 없는 공간을 향한 거부할 수 없는 유혹을 우리에게 선사하면서 '유토피아(utopia)'라는 근사한 용어를 발명한 토머스 모어가 그의 소설 『유토피아』에서 상상한 이상향도 섬이었다. 장구한 인류의 여정에서 멀고 아득한 곳에 존재하는 미지의 공간으로서 섬이라는 상상의 공간은 매혹의 대상으로 문학의 수면 위에 반복적으로 출몰해왔다. 하지만 섬이 반드시 유토피아적 열망의 최종 귀착점이기만 한 것은 아니었다. 섬은 유토피아적 상상이 도달하고자 한 상상의 도착지이자 바로 그 상상을 자극하고 촉발하는 상상의 출발지이기도 하였다. 사방이 바다로 둘러싸인 섬의 고립성으로 인해 섬사람들은 집단적 소망 충족의 공간으로서 또 다른 섬에 대한 상상을 발아시켜 왔다. 그토록 많은 신화와 전설이 섬을 공간적 배경으로 삼고 있으며 수많은 섬의 다채로운 민속과 종교 속에 유토피아적 충동이 새겨져 있음을 생각해보라.

하지만 이러한 상상에는 결코 간과할 수 없는 또 다른 사실이 존재한다. 이상향에 대한 상상은 단순히 인간의 본원적 열망의 표출로만 볼 수는 없다. 그 이면에는 속악한 지배 이데올로기가 자리하고 있는 것이다. 비록 먼 곳에 대한 갈망과 염원이 인간의 본원적 속성이라 하더라도, 이것이 집단적 양상을 보이며 구체적 삶에 개입할 때는 우리의 삶을 나포하는 위악적인 폭력으로 악용될 수도 있기 때문이다.

2

영화 '서편제'의 원작자이자 소설 『당신들의 천국』으로 널리 알려진 이청준(李淸俊)의 중편소설 『이어도』(열림원)는 제주도라는 섬을 삶의 터전으로 삼고 살아가는 섬사람에게 이상향이란 무엇인가라는 소설적 질문을 담고 있다. 이러한 질문은 제주도 사람들의 심성 속에 자리하고 있는 '이어도'라는 또 하나의 섬과 관계된다.

> 그것은 이를테면 오랜 세월 동안 이 제주도 사람들의 입에서 입으로 이야기가 전해 내려온 전설의 섬이었다. 천 리 남쪽 바다 밖에 파도를 뚫고 꿈처럼 하얗게 솟아 있다는 제주도 사람들의 피안의 섬이었다. 아무도 본 사람은 없었지만, 제주도 사람들의 상상의 눈에서는 언제나 선명한 모습을 드러내고 있는 수수께끼의 섬이었다. 그리고 누구나 이승의 고된 생이 끝나고 나면 그곳으로 가서 새로운 저승의 복락을 누리게 된다는 제주도 사람들의 구원의 섬이었다. 더러는 그 섬을 보았다는 사람도 있었지만 이상하게도 한번 그 섬을 본 사람은 이내 그 섬으로 가서 영영 다시 이승으로는 돌아오지 않았기 때문에 그 모습을 분명하게 말할 수 있는 사람은 아무도 없는 섬이었다. (92쪽)

제주 사람들의 가슴속에 하나의 실재하는 섬으로 자리하고 있는 이어도는 제주민의 유토피아적 열망이 건설한 상상의 섬이다. 이어도는 죽음을 거쳐 도달하게 되는 피안의 섬이면서 이승의 고된 생을 보상하는 복락의 섬이자 구원의 섬이다. 여기서 분명한 것은 이 섬이 실재하지 않는 상상 공간이라는 사실이다. 하지만 이어도는 비실재적 실재로서, 물리적으로는 부재하지만 인식 속에서는 실재하는 섬으로서 제주 사람들의 심상에 각인되어 있다. 이 섬은 오랫동안 입에서 입으로 구전되어온 전설의 섬인 동시에 섬사람들의 상상에 선명하게 솟은 실재하는 섬이기도 하다. 언제부턴가 이 이어도에 관한 믿음은 이와 비슷한 섬인 '파랑도'의 존재 여부와 뒤섞이게 되고, 파랑도는 상상의 섬인 이어도가 실재한다는 하나의 증거로 풍문화되어간다. 그러므로 파랑도라는 섬의 실체 확인은 곧 이어도의 존재 여부를 확인하는 작업이기도 하다.

이야기는 정부 차원에서 제주 해역에 있다는 파랑도의 실체를 확인하는 수색 작전을 벌이는 데에서 시작된다. 소설은 이 수색 작전을 취재하기 위해 함정에 승선한 「남양일보」 기자 천남석의 실종사를 중심 사건으로 하면서, 이를 수습하는 작전 사령부 소속 선우현 중위의 시선을 통해 천남석의 죽음에 대한 사실관계를 추적하는 탐색 소설의 방식으로 전개된다. 이처럼 이야기의 표면적인 갈등은 천남석의 죽음이 자살인지 사고사인지를 밝히는 것에 초점이 맞추어져 있다. 하지만 소설의 서사가 궁극적으로 탐색하고자 하는 것은 이어도란 제주 섬사람들에게 어떤 의미인가 하는 점이다. 이 질문은 주인공인 천남석이라는 인물에 대한 이해와 섬사람들의 심성에 대한 해명과 결부된다. 이러한 질문을 가능하게 하는 서사적 단초이자 그 해명의 열쇠로서 천남석의 죽음은 던져져 있다.

그렇다면 그의 죽음은 어떻게 이해될 수 있는 것일까? 표면적으로는 그의 죽음과 관련한 두 가지 경우의 수가 존재한다. 자살인 경우와 사고사인 경우가 그것이다. 퍼즐을 하나씩 맞추면 온전한 그림이 복원되듯 그의 사인은 그를 둘러싼 파편적인 이야기들이 하나씩 제자리를 찾아가는 탐색의 여정을 통해 조금씩 드러난다.

먼저 그의 죽음이 자살일 것이라는 추정을 가능하게 하는 서사 조각들을 맞추어보자. 사건의 진행 과정에서 밝혀진 세 인물의 증언은 자살을 입증하는 쪽에 치우쳐 있다. 첫 번째 증거는 천남석 자신이 들려준 그의 가족사에 관한 고백이고, 두 번째 증거는 '이어도'라는 이름을 가진 술집의 여인(천남석의 여자로 언급된다)이 들려준 천남석에 대한 기억이고, 마지막 증거는 같은 신문사 편집국장인 양주호가 풀어나가는 천남석에 관한 이야기다.

이 세 개의 이야기를 재구성해보면 그의 죽음은 예견된 죽음이고 그것은 당연히 자살이었음이 분명해진다. 천남석은 가난한 어부의 아들로 태어났다. 바다로 고기잡이를 하러 떠나간 아버지는 결국 바다에서 돌아오지 않았고, 어부의 아내로서 죽음의 공포 속에 살아야 했던 어머니도 아버지를 기다리다 한 맺힌 죽음을 맞이하였다. 천남석은 이들이 이어도라는 섬에 대한 환상을 품고 고통스러운 현실에 순응하며 살아가는 모습을 보며 자랐고, 그런 그에게는 이어도의 존재를 맹목적으로 믿고 살아가는 섬사람들의 삶의 태도에 대한 깊은 불신감이 자리 잡게 되었다. 그는 '이어도'라는 민요를 부르며 아버지를 기다리던 어머니의 고통스러운 삶을 기억한다. 어머니는 '이어도'라는 노래에 의탁하지 않고는 견딜 수 없는 고통스러운 삶의 조건에 던져져 있었다. 어머니가 부르는 '이어도'를 들으며 성장한 천남석에게 상상의 섬 이어도는, 이상향에 의지하지 않고는 견딜 수 없는 섬사람들의 숙명에 대한 참을 수 없는 분노감과 거부감의 진원지가 되었다. 그는 이어도라는 허구의 섬이야말로 고된 이승의 삶이 감내해야 하는 고통을 망각하게 하는 환각제이자 마취제라고 생각했다. 그렇다면 이처럼 저주와 분노의 대상인 이어도가 수색 작전으로 부재한다는 것이 밝혀졌는데 그는 왜 죽음을 선택한 것일까? 여기에서 우리는 그의 여자가 들려주는 또 하나의 서사 조각을 필요로 한다. 그것은 '이어도'라는 노래와 연관되어 있다.

> 이어도하라 이어도하라 / 이어 이어 이어도하라
>
> 이어 하멘 나 눈물 난다 / 이어 말은 말낭근 가라

이 노래를 풀이하면 이렇다. '이어도여 이어도여, 이어 이어 이어도여, 이어라고 말하면 나는 눈물 난다, 이어라는 말일랑 말고 가라.' 천남석은 밤마다 잠자리에서 여자에게 '이어도' 가락을 읊조리게 했다. 그가 그토록 증오한 이어도 없이는 그 자신도 잠들 수 없었기 때문이다. 낮의 세계이자 이성의 세계에서 천남석은 허구로서의 이어도를 부정할 수 있었지만 밤의 세계이자 감성의 세계에서 그는 이어도라는 상상 없이는 잠들 수 없었고, 이 상상을 포기하고는 꿈의 세계에 가닿을 수가 없었던 것이다. 제주 민요 '이어도'는 죽음의 공포를 안고 살아가는 제주 어민에게 바다가 들려주는 위로의 노래인 동시에 뱃일 나간 남편을 기다리는 아내의 신음이자 기도였다. 따라서 그에게 이어도는 영원한 그리움의 대상인 어머니와 저주하고 싶은 그녀들의 숙명을 환기시키는 역설적 이름으로 존재했던 것이다. 이러한 역설을 간파하고 있는 인물이 「남양일보」 편집국장인 양주호다.

> 싫든 좋든, 그리고 알고 있든 모르고 있든 이 섬사람들은 언제 어디서나 그 이어도와 함께 살아가고 있습니다. 처음에는 물론 이어도를 그지없이 두려워들 하는 게 사실이지요. 하지만 사람들은 이내 그 이어도를 사랑하고 이어도를 노래하기 시작합니다. 이어도가 없이는 이 섬에선 삶을 계속할 수가 없다는 걸 배우게 되기 때문입니다. 그러고 그러다 마침내 어느 날은 그 이어도를 만나 이어도로 떠나갑니다. 그것이 이 섬사람들의 숙명이자 구원인 것입니다. (168쪽)

섬사람들에게 이어도는 벗어날 수 없는 숙명이자 구원이라는 양주호의 말은 천남석의 자살을 증언하는 최후 진술과도 같다. 이어도의 다른 이름인 파랑도의 부재를 확인하는 순간 천남석이 바다를 향해 투신할 수밖에 없었던 것은 기자인 그로서는 불가피한 선택이라는 점이 양주호의 논리다. 사실적 차원에서 확인된 이어도의 부재를 기자로서 객관적으로 보도해야 하지만, 섬사람들의 정서적 차원에서 그것은 실재해야만 하는 운명적 필요조건임을 천남석은 본능적으로 알고 있었기 때문에 자살했다는 것이다. 천남석, 여자, 양주호로 이어지는 세 개의 이야기는 모두 이러한 인과관계를 입증하면서 천남석의 죽음을 자살 쪽으로 몰아간다.

하지만 천남석의 죽음을 사고사로 보는 입장에서 서사의 퍼즐을 다시 맞추어 보면 이렇다. 이 소설이 대체로 천남석의 자살 쪽에 서사의 무게중심을 두고 있음은 앞서 살핀 바와 같다. 그러나 서사를 이끌고 있는 화자인 선우현은 천남석의 자살이 사실의 차원에서 입증 불가능하기 때문에 단순한 사고사일 수도 있다는 점을 끝까지 부정하지 않는다. 그의 죽음이 자살임을 입증할 수 있는 구체적인 증거는 어디에서도 발견되지 않았기 때문이다. 그가 보기에 심증만 있고 물증은 없는 천남석의 죽음은 정황적 추론 속에서 자살로 확증되고 추인되고 있을 뿐이었다. 사실의 차원에서 이 사건의 실체를 파악하고자 한 선우현의 시각은 양주호로 대표되는 제주민의 심정적 확신에 쉽게 동의를 표하기가 어렵다. 그러나 이야기가 진행될수록 양주호의 확신 쪽으로 서사적 인과성이 기울어짐에 따라 양주호의 확신과 선우현의 의심 사이에서 발생하던 팽팽한 긴장감은 점점 누그러진다. 적어도 소설의 말미를 장식하는 다음과 같은 반전이 있기 전까지는 말이다.

> 그러던 어느 날 아침이었다. 밤사이 바닷가에 불가사의한 일이 한 가지 일어나 있었다. 천남석이 마침내는 자기의 섬을 만나 이어도로 갔을 거라던 양주호의 말은 사실이 아니었을까. 아니 양주호의 말이 사실이라 해도 천남석 자신은 그 사나운 폭풍우 속에서 끝끝내 그 이어도엔 도달할 수가 없었거나, 그것도 아니면 그가 그토록 떠나고만 싶어 했던 이 섬을 거꾸로 이어도로나 착각을 한 것이었을까. 이어도로 갔다던 천남석이 동지나해에서 그 밤 파도에 밀려 홀연히 다시 섬으로 돌아와 있었던 것이다. 기이한 일이었다. (176쪽)

천남석의 자살을 확신하고 있었던 양주호는 그가 죽음을 통해 마침내 자신의 이상향인 이어도로 갔다고 믿었다. 하지만 천남석의 주검이 제주 해변으로 되돌아옴으로써 그의 예상은 보기 좋게 배반당한다. 이러한 결말은 언뜻 보기에는 그의 죽음이 단순한 해상 사고임을 암시하며 죽음의 섬이자 구원의 섬인 이어도는 부재하는 허구의 세계임을 입증하는 듯하다. 즉 해변에 되돌아온 천남석의 주검은 사실의 차원에서 그의 죽음이 사고사였음을 명쾌하게 보여주는 것으로 볼 수 있다. 하지만 이러한 사실의 차원이 사실의 입증으로 봉합되지 않는다는 점에 이 소설의 문제의식이 놓여 있다. 주검으로 되돌아온 천남석의 귀향은 오히려 더 큰 울림으로 '지금-여기'의 삶을 다른 차원에 이월하는 하나의 가능성으로 해명된다. 실제로 소설의 마지막까지 일관되게 탐색된 천남석의 자살에 대한 추측은 그의 주검이 귀환함으로써 일거에 부정되고 만다. 하지만 이러한 부정은 또 하나의 새로운 가능성의 지평을 향하고 있다. 그의 귀향이 제주도를 이어도로 착각한 때문인지 모른다는 해석을 통해 이 지평은 현실과 접속한다. 실재하는 제주도가 상상과 환각의 대상으로 전유되는 형국을 어떻게 이해해야 할까? 고립된 섬사람에게 수평선 너머에 존재하는 가상의 섬이 필요하다면, 가상의 저편에서도 도달하고 싶은 지향점으로 이곳을 필요로 할 것이라는 추측이 여기에 자리하고 있다. 이 인식의 역전이 구조화되기 위해서는 천남석의 주검이 제주 해변으로 되돌아와야만 했을 것이다. 하지만 여기서 중요한 것은 가상과 현실, 피안과 차안이라는 대립 구조 자체가 아니다. 오히려 이 둘의 어느 하나도 포기하지 않고 둘을 동시에 사유하는 방식에 소설적 문제의식이 놓여 있다. 그러므로 소설의 대미를 장식하는 이 서사적 반전은 작가의 현실 인식이 가장 오롯하게 살아 있는 대목이라 하겠다. 이러한 반전은 결국 우리에게 이상향이란 무엇인가라는 질문에 대한 작가적 해답이기도 할 것이다.

나는 소설 『이어도』에서 이어도의 전설을 소개하고 그 섬의 정체를 밝히려는 것이 아니라 그 섬이 어떻게 우리들의 삶을 거꾸로 간섭해왔고, 또 모습 지어왔는가를 보려고 노력했다. 이어도를 빌려서 피안의 그것이 아닌 현실의 삶의 한 참모습을 해명해보고 싶어 한 것이다.

바라건대 우리에게 더 많은 이어도가 있어줬으면 좋겠다. 그것은 이어도가 실재 아닌 허구에 불과한 것이라 하더라도 우리는 때로 가시적인 사실에서보다는 그 허구 쪽에서 오히려 더 깊은 진실을 만나게 될 때가 있으며, 자유로운 정신의 모험을 꿈꾸는 한 개인의 내면사와 그가 실존하고 있는 현실과의 갈등 속에 우리는 가장 절실한 우리 삶의 참모습을 발견할 수 있기 때문이다.

— '작가의 말' 중에서

우리에게 이상향이란 삶의 참모습을 발견하게 해주는 하나의 매개다. 비록 이상향의 구체적인 모델이 부재한다고 하더라도, 더 나은 삶을 향한 유토피아적 충동을 간직하고 그것을 표출할 때만 우리는 삶의 진실을 포착할 수 있기 때문이다. 실제로 이 작품이 발표된 1970년대 중반은 유신 체제가 공고화되던 시기다. 이러한 역사적 문맥을 감안할 때, 이 소설은 억압과 순응의 삶을 강요하는 시대 상황과 그 속에서 '자유로운 정신의 모험을 꿈꾸는 개인'의 갈등을 구원의 섬에 대한 풍문을 통해 그려 보였다고 할 수 있다. 천남석이 순종적인 삶을 강요하는 이어도 전설을 부정하고 싶어 한 것은 통념화된 가치에 순응하며 억압적인 현실을 견뎌야 했던 당대적 삶에 대한 저항으로 해석 가능하며, 그의 죽음은 어떤 사실이 의심 없이 받아들여지는 닫힌 현실을 교란시키기 위한 부정과 저항의 몸짓으로 해석될 수 있는 것이다. 그러므로 그의 주검이 현실 세계인 제주라는 섬으로 반환됨으로써 맹목적 믿음과 순응적 지배 이데올로기의 바깥을 향한 열망의 불씨는 서사의 대단원 이후에도 꺼지지 않고 타오르게 된다. 어쩌면 그의 주검은, 우리가 가짜가 아닌 진짜의 삶을 살기 위해서는 고정된 유토피아를 거부하고 새로운 유토피아를 향한 항해를 지속해야 한다는 점, 그것은 모색이지

도달이 아니라는 점을 실증해내고 있는 것은 아닐까 싶다.

3

이청준의 『이어도』는 우리의 삶에서 유토피아적 사유는 어떻게 존재하는가를 문제 삼고 있다. 작가는 보편 심성으로서 유토피아 충동이 갖는 해방적 국면과 그것을 사회적으로 통념화함으로써 억압을 본질화하는 지배 이데올로기적 국면이라는 이상향의 야누스적 두 얼굴을 포착해낸다. 그럼으로써 우리에게 현실에서 유토피아란 어떻게 존재하는가를 진지하게 성찰해보도록 만드는 사유의 시간을 제공해준다. 그렇다고 이 소설의 본질적인 문제의식이 현실 사회에서 이상향의 추구가 갖는 해방과 억압의 기능을 소설적으로 재현하는 데 있는 것은 아니다. 오히려 이 작품은 이어도에 대한 환멸과 동경 사이를 오가는 천남석이라는 개인을 통해, 당위로서 주어진 세계의 바깥을 향해 눈을 돌리는 한 인물의 고통스러운 삶을 그려내는 데 주안점이 놓여 있다. 실제로 현실 세계에서 유토피아에 대한 동경과 환멸은 어느 한쪽의 극단으로만 존재할 수 없는 것이기도 하다. 우리에게 유토피아적 열망은 하나의 본원적 갈망이지만, 그 대상이 되는 유토피아는 완성되는 순간 더 이상 우리가 바라던 이상향이 아니거나 어쩌면 완성 자체가 불가능한 공간이라는 점에서 영원히 없는(u) 공간(topia)이기 때문이다. 그러므로 그것은 부정의 부정을 통해서만 가정될 수 있는 미정형의 공간일 수밖에 없다. 문제는 우리 모두가 하나의 전체주의로 환원되지 않으면서 유토피아 의식을 지속적으로 견지해나갈 수 있는 자유로운 개인으로 어떻게 살아갈 것인가 하는 점에 있다. 이 소설에서 천남석이라는 인물은 이러한 문제의식을 가진 개인으로 그려지고 있다. 자유의지를 지닌 한 개인의 살아 있는 부정 정신만이 우리를 현실의 바깥으로 이끌 수 있다는 소설적 메시지는 깊은 울림을 던져준다. 이 도저한 부정의 파고에 몸을 싣고 현실과 이상 사이를 오가는 여정이 선사할 울렁증을 견딜 준비가 되었다면, '지금-여기'의 현실에 사유의 의자를 갖다 놓고 이청준의 소설 『이어도』를 펼쳐서 천천히 책장을 넘겨보길 바란다.

『이어도』

제주 해역 어딘가에 있다고 알려진 파랑도라는 섬을 찾기 위해 해군 함정까지 동원된 대규모 수색 작전이 벌어진다. 2주 동안의 수색 작전에도 섬은 발견되지 않았고, 작전이 종결되던 날 밤에 현장 취재를 위해 함정에 승선한 남양일보사 천남석 기자의 실종 사고가 일어난다. 작전 사령부 소속의 정훈장교인 선우현 중위는 사고가 일어나던 밤에 그와 함께 술을 마시면서 그의 불우했던 유년 시절과 제주민에게 이어도란 어떤 섬인가에 대한 이야기를 듣게 된다. 천남석이 선우현에게 들려준 가족사는 이러했다. 그는 바다를 생활의 터전으로 삼았던 가난한 어부의 아들이었다. 아버지는 생명의 위협을 느끼면서도 매번 배를 타고 바다로 나갔다. 그런 아버지를 가슴 졸이며 기다리는 어머니는 입에서 입으로 전해져온 섬의 노래인 '이어도'를 부르며 신산스러운 삶을 견뎌나갔다. 한번은 오랫동안 돌아오지 않던 아버지가 살아 돌아와서는 이어도를 보았다고 어머니에게 고백한다. 그 후 바다로 다시 나간 아버지는 끝내 돌아오지 않았다. 아버지를 기다리다 지친 어머니도 곧이어 죽음을 맞았다. 불행한 가족사를 털어놓은 천남석은 그날 밤 선상에서 실종된다. 그러자 선우현은 그가 자살한 것은 아닐까 하는 막연한 의심을 가진 채 가족과 신문사에 사건의 경위를 설명하기 위해 제주도를 찾는다. 그는 남양일보사의 편집국장인 양주호를 만나 천 기자의 실종 사고를 설명하지만, 뜻밖에도 양주호는 마치 천남석의 죽음을 예견하고 있었다는 듯한 태도를 보인다. 당황한 선우현은 양주호에 이끌려 '이어도'라는 술집에 가게 되고 그곳에서 천남석의 연인이었던 술집 여인을 만난다. 그날 밤 술집을 나온 선우현은 양주호에 이끌려 간 천남석의 집에서 술집 여인을 다시 만나 육체적인 관계까지 맺게 된다. 다음 날 아침 선우현은 천남석이 자살했을 거라는 양주호의 확신을 뒤로한 채 섬을 떠난다. 선우현이 떠나고 열흘쯤 지나 천남석의 주검이 오랜 표류에도 불구하고 상처 하나 없이 해변으로 밀려온다.

이청준

이청준(李淸俊, 1939~2008)은 1965년에 「사상계」 신인상을 받으면서 작품 활동을 시작하였다. 대학에서 독문학을 전공한 그는 상황과 인간의 대결 양상에 천착하면서 진실한 삶을 가로막는 억압의 실체에 대한 소설적 탐색을 작품의 주제로 삼았다. 그의 소설은 상징적이고 관념적인 언어로 쓰여 지적인 경향을 보이며, 진실한 삶에 대한 동경과 추구라는 주제를 관념적으로 풀어낸 관념소설의 범주에 속한다. 대표작으로는 『병신과 머저리』(1966), 『당신들의 천국』(1974), 『이어도』(1974), 『서편제』(1976) 등이 있다.

시간 이탈자들의 역사를 찾아서: 리카르도 피글리아의 『인공호흡』

박정원

원스 어폰 어 타임 인 아르헨티나

19세기 초반 지구의 반대편에 위치한 아르헨티나는 스페인으로부터 막 독립한 신생국가였다. 그렇지만 아즈텍, 마야, 잉카 등 선주민 문명의 기반 위에 스페인, 포르투갈 정복자들의 식민화가 겹쳐지며 형성된 다른 라틴아메리카 국가들과는 상황이 달랐다. 대륙의 남쪽 끝에 위치한 이 주변국은 인적, 물적, 문화적 토대가 상대적으로 부족했다. 브라질을 제외하면 남미대륙에서 가장 커다란 영토를 소유하였고 팜파스라는 비옥한 대평원을 보유했음에도 불구하고 항구도시인 수도 부에노스아이레스 주변을 제외하고는 대부분이 미개척지로 남아 있었다. 이곳에 거주하고 개발을 진행할 인구도 턱없이 부족했다. 그러나 공백 상태로 남아 있던 당대의 조건은 역설적으로 새로운 공동체 건설이라는 유토피아적 이상을 실험하고 구체화하기에 더 적합한 환경이 되기도 했다.

문인이면서 대통령의 자리에까지 오른 정치가이기도 한 사르미엔토는 『문명과 야만: 후안 파쿤도 키로가의 생애』를 발표하면서 아르헨티나라는 신생국가가 나아가야 할 방향을 제시했고, 이 설계도는 향후 아르헨티나 국가 발전 전략의 인식론적 토대 역할을 하게 된다. 사르미엔토는 좀 더 이른 시기에 독립을 이루었던 북쪽의 미국을 정치적 모델로, 유럽 중에서도 '문명국' 프랑스를 사회문화적 모델로 내세우며 국가의 이상과 목표를 설정한다. 한편 원주민들의 종교와 삶, 농경 사회의 전통, 가우초(아르헨티나의 카우보이)의 풍습, 유색인종의 문화는 국가 발전을 위해 사라져야 할 '야만'의 상태이자 역사적 퇴보로 간주한다. 이 이분법적 전략에 따라 아르헨티나는 19세기 후반을 기점으로 유럽으로부터의 백인 이민을 장려하고 서구화를 가속화하였다. 그리고 20세기에 접어들면서 농축산물의 대량 수출을 바탕으로 세계 3대 부국의 대열에 진입하게 되었다. 당시 수도인 부에노스아이레스에는 현재까지도 세계에서 가장 넓은 16차선 도로가 건설되고 세계적인 오페라극장과 문화시설이 지어졌다. 파리에 버금가는 문명을 라틴아메리카에 이룩하려는 꿈이 생각보다 일찍 실현되는 것처럼 보였다.

하지만 100년도 채 지나지 않은 1970년대 말, 이 꿈은 악몽의 현실로 변하고 만다. 1976년 비델라 장군이 이끄는 군부가 쿠데타로 권력을 장악하면서 아르헨티나는 독재 체제로 전환되었다. 유례없는 철권통치가 시행되던 1979년의 부에노스아이레스는 정부에 의한 납치, 구속, 실종, 언론 탄압, 사상 검증이 도시의 공기를 휘감고 있었다. 평범한 동네의 건물 지하가 군사정권에 반대하는 지식인과 젊은 대학생들을 감금하고 고문하는 무시무시한 장소로 바뀌고, 많은 사람들이 조국을 등지고 망명을 떠나야 했다. 안보와 사회질서라는 명목으로 국가가 자신의 국민을 향해 폭력을 행사하고 인권을 유린했던 이 시기를 후대의 역사는 '더러운 전쟁' 혹은 '추악한 전쟁'으로 기록한다.

19세기에서 미래로 보내는 편지

포스트모더니즘 등 20세기 다양한 '포스트' 사조의 선구자로 알려진 보르헤스의 전통을 가장 잘 계승한 것으로 평가받는 소설가 리카르도 피글리아(Ricardo Piglia)가 1980년에 발표한 대표작 『인공호흡(Respiración artificial)』(엄지영 역, 문학동네)은 이 암울한 시기를 다룬 일종의 '유토피아 탐정소설'이다. 이 소설은 제목에서부터 자유롭게 말할 수 없고 숨쉬기조차 어려웠던 당시의 억압적인 시대 상황을 암시한다. 소식이 끊겼던 삼촌에게서 온 편지가 발단이 되어 주인공과 독자는 추리의 세계로 초대된다. 그러나 실종된 삼촌의 행방을 찾는 과정을 통해 현실을 고발하고 독재 정권의 폭력을 비판할 것이라는 예상을 깨고 작가는 복잡한 시간 여행의 티켓을 독자들의 손에 쥐여준다.

개인 간에 주고받는 사소한 편지조차 검열의 칼날을 피해 갈 수 없는 당시의 상황을 피글리아는 '말할 수 없는 시대'로 규정한다. 그렇다면 '말할 수 없는 것을 어떻게 말할 것인가?'라는 질문은 작가에게 가장 긴급한 질문이 되며, 이런 이유로 현재의 시간을 이탈하는 작업은 피글리아에게 긴요한 전략이 된다. 총 2부로 나뉜 소설의 1부에서 주인공인 '나', 렌시는 사랑을 소재로 한 시시껄렁한 장편을 발표한 소설가로 어느 날 실종되었다고 알려진 역사학자 삼촌에게서 한 통의 편지를 받는다. 수도에서 멀리 떨어진 변경 도시에 있다고 소식을 전한 그는 19세기에 조국의 배신자로 몰려 아르헨티나 공식 역사에서 사라진 엔리케 오소리오를 연구하고 싶다고 말하면서 '나'의 도움을 청한다. 삼촌의 부탁으로 오소리오를 추적하는 주인공은 그의 손자인 전 상원 의원을 만나 오소리오가 쓴 각종 문서와 편지를 보관한 궤짝을 건네받는다. 오소리오가 쓴 편지를 읽으면서 어느덧 '나'는 20세기 전반기를 거쳐 19세기로 시간 여행을 떠나게 된다.

당시 아르헨티나는 독립 이후의 혼란한 상황 속에서 로사스라는 독재자가 나타나 공포정치를 시행하고 있었다. 오소리오는 로사스 휘하에 있었으나 조국의 자유를 위해 반란을 도모하게 되고 그 시도가 발각될 위기에 처하자 망명의 길을 떠난다. 브라질에서 미국 뉴욕으로, 그리고 캘리포니아에서 다시 칠레로 옮겨 다닌 오소리오는 평생 떠돌이 삶을 살다 쓸쓸히 유명을 달리한다. 조국을 등진 망명자라는 이유로 당대뿐 아니라 후대의 역사에서도 그의 존재는 완전히 사라진다. 그런 그의 유일한 관심은 편지를 쓰는 것이었다. 그런데 그 편지는 특정인을 대상으로 하거나 자신의 사면 복권을 주장하는 내용과는 거리가 멀었다. 그저 미래의 시간을 향한 것이었고 더 나은 아르헨티나의 모습을 상상하는 것이었다. 1853년의 일기에서 오소리오는 "나는 미래의 첫 번째 편지를 쓰고 있다"고 적어놓는다. 오소리오에게 편지는 다시는 돌아가지 못할 조국에 대한 향수를 달래주는 도구였다. 하지만 100여 년이 넘는 세월이 흘러, 서슬 퍼런 군사독재 아래에서 자유롭지 못한 신세인 주인공 렌시에게 그 편지가 전달되면서 이야기는 반전된다. 가장 내밀하고 사적인 글쓰기 형식인 편지가 유토피아 상상을 담아내는 매개체가 된 것이다. 오소리오는 다음과 같이 미래의 세대에게 시그널을 보내는 행위를 설명한다.

> 편지를 쓴다는 것은 미래로 메시지를 보내는 것이기 때문이다. 편지를 쓰는 동안, 우리는 그 자리에 없을 뿐 아니라, 지금 어떤 상태인지도 … 모르는 사람과 현재 시제로 대화를 나누다가, 나중에서야 서로의 이야기를 읽게 된다. 편지는 유토피아적인 대화 형식이다. 왜냐하면 편지는 현재를 폐기함으로써 미래를 유일한 대화 공간으로 만들기 때문이다. (124쪽)

편지는 다른 시간들 사이에 대화의 틈을 열어놓는다. 그렇다면 언젠가 이 편지를 읽게 될 '나'의 역할은 무엇인가? 바로 공식 역사에 적혀 있지 않은 새로운 역사적 사실을 발견해 그것이 실현되었다면 현재는 어떤 다른 모습으로 존재할까를 그려보는 것이다. 주인공 렌시가 "우리의 삶에는 하나의 이야기만 존재할까?"라고 스스로에게 묻는 질문은 실현되지 못한 역사를 상상하는 이런 역할과 연관된다. 이를 통해 그는 역사를 재해석하는 힘을 갖는다. 배신자로 낙인찍혀 망명을 떠난 외부자의 시각에서 서술된 과거의 잔해들을 발굴해내면서 패배자들의 이야기를 복원한다. 또한 진실을 찾기 위한 과정에서 현재의 시간은 잠시 중단된다. 다시 말해 편지로 이어진 오소리오와 렌시는 자신들이 속한 현재를 멈추고 미래로 혹은 과거로 돌아가는 과정의 어느 한 순간에서 만난다. 이렇게 해서 현재도 과거도 미래도 아닌 제4의 시간이 생성된다.

피글리아는 '지상 어디에도 존재하지 않는 곳'을 찾는 고전적인 유토피아문학을 반복하지 않는다. 말하자면 그는 어떤 특정한 '공간'이나 '장소'를 설정하고 그곳에 기반을 둔 사회의 모습을 상상하는 방식을 보여주지 않는다. 이상 사회의 모형을 그리거나 그것의 기반이 되는 구체적인 이데올로기와 제도를 언급하지 않는다. 대신 역사의 탐정을 자처하는 피글리아는 시간을 우회하는 방식을 택한다. 소설 속 인물들은 공식적 시간인 현재와 단절되어 사회의 주변을 정처 없이 떠돈다. 오소리오는 고국에 돌아올 수 없는 운명이며 삼촌인 마기는 (독재 정부에 의해) 실종된 상태다. 주인공은 마기 삼촌을 통해 19세기의 오소리오를 회상하고 오소리오는 20세기 후반의 주인공을 찾아간다. 이러한 시간 여행 속에서 과거-현재-미래로 이어지는 직선적인 시간은 뒤집히고 뒤섞인다. 그렇게 이질적인 시간들이 부딪치다 교감하는 순간이 '섬광'처럼 드러나는 것이다.

이런 이유로 오소리오가 뉴욕의 한 작은 방에서 외롭게 쓴 편지는 새로운 의미를 획득한다. 글을 쓴다는 행위 자체가 일종의 희망이며 유토피아 실현을 위한 노력인 셈이다. 피글리아는 극단적인 자유의 억압과 사회성의 말살이라는 현실에서 망명자, 배신자, 이민자, 실종자들의 상황을 주목한다. 이들은 사실 공식 역사에 의해 지워지고 잊혀진 인물들이다. 작가는 이들을 통해 현재와는 다른 아르헨티나의 가능성을 찾으려고 과거로 시선을 돌린다. 그러므로 과거로의 시간 여행은 옛것에 대한 향수나 보수적인 가치의 고수 혹은 복고에의 의지와는 관계가 없다. 오히려 말할 수 없는 상황 속에서도 끊임없이 과거를 매개로 사유하고 상상하는 것이야말로 새로운 가능성, 즉 유토피아를 향한 출발점이라고 피글리아는 암시하고 있다.

'괴물'이 된 서구의 유토피아 기획을 넘어

19세기의 인물 엔리케 오소리오의 정체와 그가 쓴 편지를 찾아내는 과정을 통해 1부가 역사와 유토피아에 관한 피글리아의 세계관을 보여준다면, 2부에는 새로운 상황이 주인공을 기다리고 있다. 렌시는 독재 정권에 의해 실종되었다고 알려진 인물인 삼촌을 직접 찾아 나선다. 편지의 발신지인 국경 지방의 한 소도시에 도착한 후 마중을 나오기로 한 삼촌을 기다리지만 결국 그는 나타나지 않는다. 대신 식사를 함께 하기로 약속했던 체스 클럽에서, 삼촌과 종종 술을 마시곤 한다는 타르뎁스키라는 인물과 우연히 조우한다. 그런데 타르뎁스키 역시 이주의 경험이 있는 망명자다. 폴란드에서 태어나 영국에서 박사과정을 밟는 도중 제1차 세계대전의 혼란을 피해 목적지를 알 수 없는 피난선을 타고 도착한 곳이 바로 아르헨티나였다. 이곳에 도착해 수십 년을 이방인으로 살아온 타르뎁스키가 쏟아내는 개인사는 아르헨티나 문학과 서구 지성계에 대한 열띤 토론으로 이어진다. 소설은 그를 통해 이 나라가 겪은 근대의 모습을 조망한다.

앞서 언급했듯이 피글리아는 보르헤스 문학의 특징, 즉 역사적 인물들 사이로 허구적 인물을 넌지시 끼워 넣기도 하고 없던 사건을 실제로 일어난 것처럼 묘사함으로써 역사에 대한 새로운 시각과 해석을 창출해내는 방식을 적극 활용한다. 특히 2부의 대부분을 차지하는 타르뎁스키와의 대화에서는 실존 인물과 허구적 인물이 복잡하게 뒤섞인다. 철학자 비트겐슈타인 밑에서 공부하던 유럽 변방 출신 망명자의 시선으로 아르헨티나 역사의 다시 쓰기가 진행된다. 그는 아르헨티나의 현대가 유럽 모델을 흉내 낸 모조품에 지나지 않는다고 잘라 말한다. 독립 이후 국가 형성 시기부터 '문명과 야만'의 이분법적 틀을 고수한 결과 정치, 경제, 문화, 교육, 학문의 모든 분야에서 '유럽=문명'이라는 등식이 성립되고 말았다는 것이다. 이에 따라 프랑스에는 존재하지도 않는 프랑스어 경구가 학생들의 교과서에 등장하는 촌극이 벌어지기도 했으며 유럽 출신의 지식인들만이 학계에서 성공할 수 있는 부조리한 상황이 연출되었다. 타르텝스키와의 대화를 통해 주인공 '나'는 지금까지 아르헨티나가 유럽의 모델을 남미에 가장 잘 정착시켰다고 믿어온 것이 실은 공식 역사가 주입한 허상이었으며 200년 동안 아르헨티나 역사는 서구의 그림자에 불과했다는 자각에 이르게 된다. '문명과 야만'은 아르헨티나를 왜곡된 유토피아로 이끈 이분법적 딜레마였던 것이고, '문명'에 대한 잘못된 정의는 조국을 군부독재라는 야만의 현실로 내몬 원인이었다.

『인공호흡』은 이처럼 아르헨티나의 역사에서 유토피아로 간주되었던 것들을 의심하면서 지워나가는 방식을 취한다. 그렇다면 아르헨티나가 그토록 따라가고자 했던 유럽의 근대는 어떠한 모습이었을까? 타르텝스키는 런던대학의 도서관에서 우연히 아돌프 히틀러의 자서전『나의 투쟁』을 읽었던 기억을 떠올린다. 그는 이 책이 데카르트의『방법서설』과 놀랄 만큼 닮아 있다는 것을 발견하고 두 가지 추론에 이르게 된다. 하나는 히틀러의 책이 17세기 철학자의 책에 반대하여 이를 완전히 거꾸로 뒤집어놓은 작품이라는 것이고, 다른 하나는『방법서설』을 추종하여 모방한 일종의 위작 속편일 수도 있다는 것이다. 방법적 회의를 통해 '나는 생각한다. 고로 나는 존재한다'라는 명제를 세상을 이해하는 기본적인 논리로 삼는 데카르트의 사상은 서구 근대의 출발점이자 기반이었다. 그러나 이렇게 '나'라는 주체의 중심성을 강조한 데카르트적 사고를 극단적으로 밀어붙일 때 문제는 발생하기 시작한다. 나와는 다른 타자, 다른 민족, 다른 인종, 다른 종교 등을 말살한 독일 민족우월주의와 파시즘, 인종 청소와 같은 참혹한 결과로 귀결되지 않았느냐고 타르텝스키는 반문한다. 그는 히틀러가 촉발한 전쟁과 폭력, 공포가 인간의 이성을 신뢰하고 합리화를 추구한 근대 세계에 오점을 남긴 돌연변이라고 생각하지 않는다. 오히려 데카르트 이후 서구가 발전하면서 도달할 수밖에 없는 필연적인 결과라는 충격적인 결론에 이르게 된다. 진보와 발전을 약속한 근대 세계는 20세기 초 광기와 독선에 사로잡힌 무시무시한 괴물로 변해버린 것이 아닐까.

문명 세계가 야만의 얼굴을 감추고 있었다는 것을 폭로하면서 소설은 다음과 같이 묻는다. 유럽은 아르헨티나에게 완벽한 모델이자 절대적 진실이었을까? 19세기 이래로 서구 문명을 따라가려 했던 유토피아의 기획은 과연 올바른 방향이었을까? 현재 아르헨티나가 직면한 실패와 현실의 충격은 단순히 서구를 잘못 모방하여 일어났던 문제만이 아니었을지도 모른다. 피글리아는 군사정권의 파시즘 속에서 히틀러의 모습을 발견한다. 그리고 아르헨티나가 따르고자 했던 유럽 자체가 안고 있는 심각한 위기와 자기모순을 확인한다. 세계의 변방인 라틴아메리카 남쪽 끝 아르헨티나에서 시작된 소설은 라틴아메리카와 유럽의 관계를 고찰하는 것을 넘어 종국에는 20세기 유럽의 심장부로 걸어 들어가 이를 해체한다.

10대 시절 히틀러는 감수성이 예민하고 예술가적 기질이 넘치는 화가 지망생이었다. 열정과 야망을 가진 그는 예술가들이 자주 다니는 카페에 들러 그들과 교류하고자 하였다. 그리고 우연히도 그 카페를 찾았던 사람이 소설가 카프카였다고 타르뎁스키는 주장하며 히틀러와 카프카가 한곳에서 만났다는 가설을 제기한다. (실제로는 존재하지 않는) 그의 논문 '히틀러와 카프카의 엇갈린 만남: 연구를 위한 가설'은 그렇게 탄생했다. 화가가 되고 싶은 한 소년은 이후 20세기 서구 세계를 전쟁과 폭력으로 몰아넣은 광기의 지휘자가 되었다. 그리고 한 장소에서 동시에 머물렀던 다른 한 사람은 전체주의가 만들어내는 공포를 절망적으로 묘사하는 소설을 쓰면서 그에 저항했다. 서구의 근대는 이렇게 완전히 다른 두 인물을 만들어낸 것이다.

세계라는 진공관에 산소를 공급하라!

피글리아는 실제와 허구를 교묘히 결합하고 우연과 필연을 뒤섞으면서 세계의 유토피아와 디스토피아를 재창조한다. 근대 세계는 디스토피아를 향하는 시나리오를 써왔다. 그렇다면 우리는 어떤 태도를 지녀야 하는가? 피글리아는 다시 카프카의 예를 든다. 그는 자신을 외줄을 타는 곡예사에 비유한다. 그리고 두려움 속에서도 현실을 정면으로 응시해야 한다고 말한다. 심장이 멎을 것만 같지만 건너편을 똑바로 쳐다보며 외줄을 친구 삼아 아슬아슬하게 걸어가야 하는 것이 소설가의 운명인 것이다. 그러므로 글을 쓴다는 것은 기댈 곳도 없고 한곳에 머물 수도 없는 정처 없는 망명자의 운명과도 같다. 그러나 한편으로 망명자라는 조건은 현재에 안주하거나 불합리한 현실에 타협하지 않는 가능성을 제공하기도 한다.

타르뎁스키와 동이 틀 때까지 이야기를 나누었는데도 끝내 삼촌은 나타나지 않고 소설은 끝난다. 끝까지 부재하는 방식으로만 존재하는 마기 삼촌처럼 『인공호흡』의 이야기는 매우 복잡하게 진행되며 전달하고자 하는 메시지는 잘 잡히지 않는다. 소설은 단순하게 군부독재의 잔혹상을 비판하는 반독재 소설일 것이라는 예상을 깨고 다른 시간으로 여행을 떠나는 실험을 모색하고 있다. 하지만 피글리아가 그린 이탈한 시간은 다가올 미래가 아닌 이미 지나가버린 과거 속에서 다른 미래를 상상하는 대화와 편지의 형식을 통해 가능해진다. 이를 통해 피글리아는 서구 근대 세계가 처한 문제점뿐 아니라 주변부 국가가 처한 딜레마를 치열하게 탐구하고 있다.

소설 속 인물들은 실패의 경험으로 인해 자발적으로 혹은 비자발적으로 쫓겨난 이들이다. 그런 이유로 그들은 현재 속한 곳과는 다른 세상을 꿈꾼다. 결국 삼촌을 만나지 못하는 결말은 아르헨티나, 미국, 유럽, 그 어디에서도 이상적인 공간을 찾을 수 없음을 암시하는 것으로 해석될 수 있다. 근대의 기획도, 서구의 근대를 모방하려는 노력도 파국이라는 결과로 돌아왔다. 이런 측면에서 『인공호흡』은 이른바 제3세계 혹은 주변부 유토피아론의 역사를 논의하는 데 있어 중요한 성찰 지점을 제공한다. 진보와 발전에 대한 관념도, 자본주의와 사회주의를 성취하려는 노력도 서구와 유럽의 상상력을 빌려온 것은 아니었을까. 이런 모방 유토피아들을 시도한 결과로 결국 실패와 좌절의 현실에 직면하는 것은 아닐까.

그럼에도 불구하고 피글리아는 실패자들이 기록한 역사의 잔해들 속에서 또 다른 가치를 찾아내고자 한다. 이런 의미에서 피글리아는 유토피아의 모형을 설계하기보다는 폐허가 된 시대가 필요로 하는 유토피아의 윤리에 대해 묻고 싶었는지도 모른다. 위대한 천재나 지도자가 나타나 세계의 완벽한 설계도를 구현하는 것은 가짜이고 위험할 가능성이 높다. 오히려 우리는 그 중심에서 조금 벗어나되 파국의 현실에서 도피처를 찾아서는 안 될 것이다. 역사를 읽고 쓰는 행위를 통해 과거를 끊임없이 되새기며 타자와의 소통을 꿈꾸는 것에서 출발해야 한다. 소설의 마지막에 주인공과 헤어지면서 타르뎁스키는 이렇게 말한다.

> [마기] 교수님은 그 문서를 당신에게 남긴 겁니다. 오늘 교수님이 오지 않았다면, 그건 꼭 그럴 필요가 없기 때문일 것입니다. 더 중요한 것은, 그가 말했다, 그분이 그 문서에서 벗어나기를 결심했고, 그걸 넘겨줄 사람으로 당신을 골랐다는 점입니다. (355쪽)

오소리오의 문서가 단절된 시간을 뛰어넘어 마기 삼촌과 주인공을 이어주듯 피글리아는 독자들이 자신의 소설을 읽으면서 세상과 대화하기를 멈추지 말 것을 주문하고 있다. 잘못된 역사를 바로잡으려는 의지와 새로운 세계를 향하는 호기심과 상상력이 바로 유토피아적 태도라고 강조한다. 이런 측면에서 군부독재의 파시즘하에서도 유토피아를 이야기하는 것은 유효하다. 왜냐하면 이상향을 열망하는 것은 세계에 산소를 공급하는 행위와 같기 때문이다. 그의 바람은 한글로 번역된 책을 통해 지구의 반대편 대한민국에 사는 우리에게도 전해질 수 있다. 우리의 삶과 현실이 끝 모를 나락으로 추락하고 있다고 느낄 때, 그 순간이 바로 우리가 다시 꿈을 꾸어야 할 순간인 것이다.

『인공호흡』

아르헨티나의 군부독재 시절 소설가 렌시는 실종된 삼촌 마기가 보낸 한 통의 편지를 받는다. 역사가인 삼촌이 부탁한 대로 그의 장인이었던 전 상원 의원 루시아노 오소리오를 만나 20세기 전반기의 생생한 역사적 증언을 듣는다. 또한 19세기 독립국가 형성 시기 배신자로 낙인찍혀 망명을 떠난 그의 할아버지 엔리케 오소리오가 남긴 각종 기록을 보관한 상자를 넘겨받는다. 이 판도라의 상자를 통해 지금과는 다른 현재를 만들 수 있었던 과거 역사의 선택에 대한 새로운 인식에 도달한다. 이후 렌시는 마기가 산다는 북부의 변경 도시에 찾아가지만 그를 만나지 못하고 타르뎁스키란 사람을 알게 된다. 1차 대전을 피해 아르헨티나로 이주한 폴란드 출신의 타르뎁스키와 함께 밤새워 아르헨티나 문학과 세계에 대해 이야기를 나눈다. 비트겐슈타인의 제자였던 그는 히틀러와 카프카가 한 카페에서 마주쳤다는 자신의 가설을 증명해 보이면서, 유럽 전체가 잿더미로 변한 것은 단순히 한 사람의 미치광이 때문이 아니라 근대 이성 자체의 모순에 기인한다고 진단한다.

리카르도 피글리아

리카르도 피글리아(Ricardo Piglia, 1941~2017)는 아르헨티나 출신의 소설가이자 문학 비평가다. 지적 논의와 철학적 사유를 허구적으로 창조하는 작품 세계로 인해 호르헤 루이스 보르헤스의 문학적 전통을 가장 완벽하게 계승한 작가로 알려져 있다. 『인공호흡』(1980)으로 국제적인 명성을 얻게 되었고 이후 『부재하는 도시』(1992), 『떠나는 길』(2013) 등을 발표하며 아르헨티나를 대표하는 소설가로 성장했다. 평론집으로는 『마지막 독자』(2005) 등이 있다. 소설 『불타버린 돈』(1997)은 영화로도 제작되어 커다란 성공을 거둔다. 2010년까지 미국 프린스턴대학에서 교수 생활을 하다 은퇴했다.

파국의 역설: 박민규의 『핑퐁』

김종수

학교에서 따돌림을 당하는 아이들이 공통적으로 하는 말이 있다. "세상의 끝을 보고 싶다"는 것이다. 자신이 겪는 고통을 끝내고 싶지만 그 끝이 보이지 않을 때 이 세계는 견딜 수 없는 지옥이다. 이런 곳에서의 삶은 더 이상 의미 없고 하루빨리 세상이 끝나는 것이 곧 구원이 된다. 학교에서 따돌림을 당하고 구타를 당하는 아이들에게 세상의 끝에 대한 기대는 자신의 모든 것을 건 간절한 염원이다.

박민규(朴玟奎)의 『핑퐁』(창비)은 학교에서 구타와 따돌림을 당하는 중학교 2학년 아이들의 절망적인 심리가 주조를 이루며 전개되는 소설이다. 소설의 화자인 "열다섯 살" '못'은 스무 살까지 살아 있는 것을 "원대한 꿈"으로 간주하는 아이다. 스스로 "허약하고 겁이 많고 눈에 띄지 않고 공부도 못한다. 무엇 하나 잘하는 게 없다"(16쪽)고 생각하는 못은 60억 명의 인구 중에서 "나는 혼자"라고 여긴다. 그를 괴롭히는 '치수'에게 맞을 때마다 "[나를] 죽여주세요. 제발 죽거나 사라지게 해주세요"(26쪽)라고 숨죽인 채 소리치며 하루하루를 견딘다. 자신의 존재를 모르는 척 넘어가며 구타와 따돌림을 방관하는 주변 사람들을 보며 못은 자신이 "신이 굽어봐도 보이지 않는 인간"(33쪽)에 불과하다고 여긴다. 그래서 "누군가와 의미 있는 관계를 맺기가 싫"고 급기야 "인간은 싫다"(33쪽)는 외침을 다짐처럼 반복한다.

학교 폭력의 피해자인 못의 시선으로 전개되는 『핑퐁』은 처음에는 한국의 사회문제 중 하나인 집단 따돌림을 주제로 한 청소년 소설쯤으로 읽힌다. 하지만 찬찬히 들여다보면, 작품의 전체를 관통하고 있는 주제가 '현생인류는 멸망해야 한다'는 급진적인 비관론을 견지하는 '파국의 서사'임을 알 수 있다. 하루빨리 세상의 종말이 오기를 바라는 주인공 소년을 통해 21세기 인류가 봉착한 모순이 무엇인가를 구체적으로 보여준다는 점에서 『핑퐁』은 문명 비판적인 소설이기도 하다. "자본주의사회에서 가장 소외된 자들의 시선으로 보는 세계가 진실이다"라는 마르크스의 말은 계급적 관점을 배제해도 성립된다. 현실의 질서에 적응하지 못한 채 소외된 개인의 시선과 발언은 우리가 알지 못했던 이 세계의 또 다른 진실을 말하고 있는 것이다. 특히 세상의 끝을 기대하는 파국의 염원은 언제나 소외된 자들, 사회에서 가장 낮은 자들이 상상해왔다는 것을 염두에 둘 필요가 있다. 현재의 일상에 만족하며 지내는 사람들에게 파국은 불안과 공포이겠지만 현재에 만족할 수 없는 사람들은 지금 여기의 판을 뒤엎고 새로운 세계를 상상하기 마련이기 때문이다.

21세기 인류가 이룩한 문명의 화려하고 풍요로운 산물은 유토피아가 머지않아 도래한다며 인류를 현혹하고 있고, 인류는 문명의 이기에 만족하며 잘 살아가고 있는 듯 보인다. 그러나 "티베트의 주권 문제, 일본의 대지진, 칠레의 장기 불황, 아일랜드의 이상 가뭄, 중국의 빈부 격차, 르완다의 정치 보복"(144쪽)과 같은 현실이 끊임없이 인류를 불안하게 하고 있다. 기후변화에 따른 자연재해, 화석연료의 소비에 따른 환경문제, 현대자본주의 체제가 봉착한 경제 위기와 같은 문제는 예외적인 사건이 아니라 전 지구적으로 항상 일어나고 있는 일상이 되었다. 인류는 위기와 불안 속에서 그것을 은폐하거나 외면하며 문명의 진보만을 바라보고 살아간다. 이 세계에서 살아가는 개인들은 스스로가 "다수인 척" 거기에 동조하면서 지구의 위기를 외면하고 있는 것이다. "인류의 속셈을 모르겠다"(35쪽)고 혼잣말하는 주인공 못은 표면적으로는 왕따 학생이지만 내부를 들여다보면 문명 부적응자다. "다수인 척" 살아가는 인류 사회에서 존재감 없이 살아간다는 이유로 왕따를 당하는, 정작 자신의 존재를 드러내지 못하는 희생자다. 『핑퐁』에서 주인공 못과 같은 자들이 모인 곳이 바로 "핼리 혜성을 기다리는 사람들의 모임"이다. 그들은 모두 현대사회에서 소외된 자, 무능력자, 존재감 없는 자다. 이들은 하나같이 "인간이 싫다"(137쪽)고 말한다. 이들은 매달 모처에 모여 핼리 혜성이 오기를, "멸망의 밤"(155쪽)을 기다린다.

"세계의 2% 인간"만이 세상을 이끌어가는 곳에서 약자들의 존재는 외면되기 일쑤다. 『핑퐁』에서는 표준화되고 계량화된 현대사회, 특히 현대자본주의 사회가 이 세계에 적응하지 못하는 사람들에게 혹독하다는 것을 주인공 못과 그를 괴롭히는 치수와의 관계를 통해 보여준다. 치수는 못과 '모아이'를 사정없이 구타하고 필요한 것을 요구하고 마음대로 조롱한다. 못은 치수가 "존재 자체가 의심스러울 만큼 악하고, 존재 자체를 의심할 수 없을 만큼 월등하다"(18쪽)고 믿는다. 치수는 악한 존재인 동시에 그 우월함에 복종할 수밖에 없는 존재다. 치수라는 이름에서 풍기는 계량적인 의미를 염두에 둔다면, 못이 치수에게서 느끼는 공포는 모든 것이 계량화되고 수치화되며 그를 통해 자동화되어버린 이 세상에 대한 공포라는 것을 알 수 있다. 『핑퐁』에서 치수의 존재는 물리적인 폭력뿐만 아니라 그로 인해 각인된 정서적 공포로 옴짝달싹할 수 없게 만드는, 벗어나고 싶지만 벗어날 수 없는 왜소함을 자각하게 만드는 현대사회의 시스템에 대한 알레고리로 이해할 수 있는 것이다.

『핑퐁』은 부적응자들 스스로가 세상의 끝이 도래하기를 염원하도록 한다는 점에서 이 세계가 가진 잔혹성을 부각한다. 또한 『핑퐁』은 퇴출 위기에 내몰린 약자들에게 인류 멸망의 선택권을 부여한다는 점에서 묵시록적이다. 자신을 제외한 모든 인류를 제거할 수 있는 기회가 주어진 자에게 우리는 보편적 윤리, 인간 중심적인 박애주의를 요구할 수 있을지도 모른다. 그러나 '아무리 고통스러워도 어떻게 인간으로서 인류의 멸종을 선택할 수 있는가', '피도 눈물도 없느냐'고 따져 물을 수 없을 만큼 극단적인 고통과 외로움을 겪고 세계에서 배제된 약자들이 인류를 제거하겠다는 선택을 내릴 때 우리는 그들의 결정이 필연적임을 인정하게 된다.

사실 이 소설에서 "인류"는 문제적인 존재다. 인류는 인간들의 총합이 아니다. 인간 일반을 일컫는 총칭으로서 인류라는 단어는 인간 아닌 여타 생물과 변별된 배타적인 의미를 가진다. 지구를 지배하는 힘의 의미가 강조되고 있는 것이다. 그러나 소설에서 인류는 아둔하기 이를 데 없는 동물 같은 삶을 살고 있는 것으로 묘사된다. 모아이의 사촌 형이 미국에서 수집했다는 미국의 삼류 작가 존 메이슨의 소설 『방사능 낙지』는 누군가에 의해 조작된 삶을 진실이라 믿고 살아가는 "인류"의 현 상황을 다음과 같이 상징적으로 재현하고 있다.

3차 대전의 발발로 핵폭탄이 터져 세상은 폐허가 되고 오래전부터 대피소를 준비하였던 패튼과 돌로리스 부부만이 살아남는다. 패튼은 방사능 낙진으로 가득 찬 세상의 변화를 관찰하기 위해 두 달에 한 번꼴로 대피소를 나오고, 돌로리스는 대피소에 홀로 남아 폐허가 된 세계에서 새로운 희망이 발견되길 기대하며 패튼을 기다린다. 그러나 사실은 모든 것이 패튼의 계략이었다. 퇴역 군인이었던 패튼은 핵전쟁의 위기감을 돌로리스에게 계속 심어주며 대피소 벙커를 만드는 한편 친구의 아내들과 부적절한 관계를 유지해왔다. 급기야 패튼은 돌로리스에게 핵전쟁이 터졌다고 속이고, 두 달에 한 번씩 아내를 벙커 속에 홀로 남겨둔 채 자유로운 밀월을 즐겨왔던 것이다. 패튼을 기다리는 돌로리스처럼 현재의 인류는 "왜 사는지 알 길이 없는" 존재와 같다. 누군가에 의해 삶이 조작된 사실을 알지 못한 채 자신이 처한 상황이 진실이라고 믿으며 불안 의식을 잠재우느라 삶의 의미를 반추할 사이도 없이 일상을 보내고 있는 존재, 동물적인 본능만을 충족하며 살아가고 있는 존재가 바로 "인류"인 것이다.

『핑퐁』은 이처럼 아둔하기 이를 데 없는 동물적 존재로 인류를 묘사하는 한편 지구를 파괴하면서도 반성할 줄 모르는 오만한 존재로서의 "인류"를 희극적으로 재현한다. 존 메이슨의 또 다른 소설 『핑퐁맨』에는 지구를 파괴하면서 살아가는 인류의 모습이 등장한다. 인류는 지구를 마음껏 가지고 논다. 인간의 볼링공이 되어버린 지구는 볼링 게임에서 승리를 가져다주지만, 그 탓에 지구는 지진과 대재앙으로 몸살을 앓는다. 『핑퐁맨』의 이야기는 지구에서 살고 있는 인류가 지구를 얼마나 못살게 괴롭히고 있는지 극명하게 보여준다.

이처럼 아둔하고도 오만한 인류가 초래한 지구의 위기를 이성적으로 해결하려는 존재가 『핑퐁』에 등장한다. '세끄라탱'의 큰아들이기도 한 "전교학생회장"은 토론을 통해 문제를 해결하자는 주장을 거듭 제시한다. 그러나 못과 모아이는 토론으로 현재 문제를 해결하지 못할 것이라는 생각을 가지고 있다. "인간은 서로에게 방사능"(77쪽)이기 때문이다. 건전한 이성을 통한 갈등의 조정과 화해, 그를 통한 점진적 개혁이란 현재의 질서에 잘 적응하며 살아가는 엘리트들의 주장일 뿐이다. 엘리트가 보기에 세계는 변화 가능한 곳이다. 따라서 올바른 세계를 건설하는 노력이 필요하다. 인류가 없이 어떻게 더 좋은 인류가 만들어질 수 있겠는가. 그러나 인류를 위한 개인의 노력, 인류가 건설한 문명에 대한 근본적인 낙관론은 소외된 자들이 보기엔 체제 순응의 논리에 불과하다.

> 이제 인간계도 하나의 탁구공만 한 크기가 된 게 아닌가. 우주의 입장에서 보자면 눈에 보이지 않던 탁구공 하나가 새롭게 관측된 게 아닐까. (230쪽)

이러한 인류에 대한 인식은 인류 밖의 시선뿐만 아니라 인류의 존재가 얼마나 왜소한가에 대한 이해를 필요로 한다. 이것은 인류의 역사에 대한 근본적 성찰을 요구하는 것이며 그에 대한 전면적인 변화를 필연적으로 요청할 수밖에 없는 것이기도 하다. 그리하여 인류가 살고 있는 모습을 냉정하게 내려다보기 위한 새로운 공간이 『핑퐁』에서 창출된다. 그것이 탁구계다.

"높을 탁(卓) 공 구(球)", 높은 곳에서 내려다보는 공이다. 바로 탁구공이 지구를 내려다보고 있는 것이다. 인류를 내려다볼 수 있는 곳에 못이나 모아이 같은 인류 사회 부적응자들을 위치시킴으로써 지구 위 인류는 냉정한 평가를 받을 수 있게 된다. 탁구계의 관점에서 보았을 때 인류는 하나의 프로그램에 지나지 않는다. "우주를 200km의 공간으로 놓고 볼 때 지구란 탁구공만 하다"는 비유는 우주에서 지구가 티끌 같은 존재임을 강조하면서 그러한 지구 위에서 살아가는 인류를 극히 미미한 존재로 이해할 수 있게 해준다. 그러므로 탁구계에 의해 인류가 설치되거나 제거될 수 있다는 상상은 인류의 파국이 거대 우주의 관점에서 보았을 때 큰 문제가 아님을 말해준다. 인류는 "인스톨 프로그램의 집(Zip) 파일"(245쪽)의 일부이며 제거된 인류는 "어디론가 이동"하는 "어떤 정보의 형태"(246쪽)에 불과하다.

> 이것은 하나의 프로그램이란다. 세끄라탱이 입을 열었다. 프로그램이라뇨? 말하자면 생태계의 폼에 관한 관리라고 할 수 있지. 지금의 폼을 유지할 것인가, 아니면 언인스톨할 것인가 그걸 결정짓는 거란다. 결정이라니, 어떻게요? 물론 탁구를 통해서지. 좋든 싫든 이제 너희 둘은 인류의 대표와 시합을 벌여야 해. 인류의 대표라… 그럼 인류와 관련된 것인가요? 바로 인류, 때문이지. 인류라는 인스톨을 유지할 것인가, 언인스톨할 것인가. 결정은 승자의 몫이란다. 왜, 그래야만 하죠? (207쪽)

"인류의 유지냐 멸망이냐"를 두고 못과 모아이가 탁구 대결을 벌이게 되는 인류의 대표가 왜소한 동물이라는 점은 인류의 허약함을 암시하고 있다. 이는 근본적 질문은 던지지 못한 채 자동화된 인식으로 일상을 영위할 뿐인 인류의 성찰 없음을 비판하는 것이다. 못과 모아이가 대결하는 상대는 조건반사로 실력을 다진 "새와 쥐"다. "먹이를 주는 조건반사로 평생을 테스트당하고 길러진 존재들"(231쪽)인 새와 쥐는 탁구의 황제인 세끄라탱도 이기지 못했던 절대 능력자다. 새와 쥐로 이루어진 인류의 대표와 탁구 시합을 하는 못과 모아이는 작용에 대한 자동화된 반응으로 살아가는 존재들과 대결을 벌이는 것이다. "조건반사만으로도 탁구를 치는 건 가능하단다, 조건반사만으로도 삶을 사는 일이 가능하듯이"(150쪽)라고 세끄라탱은 말한다. "먹고살고자 하는 이 조건반사를"(151쪽) 탁구의 신이라 할 세끄라탱도 당해내지 못했다. 즉 현재의 인류란 바로 이러한 조건반사에 익숙한 존재이며, 못과 모아이가 싸우는 대상은 자동화된 인류다. 『핑퐁』에서 주인공 못은 계속해서 묻는다. '왜 사는 것일까', '행복이란 무엇일까.' 인간이라면 당연히 가져야 할 질문을 하지 않는 존재가 바로 지금의 "인류"다. 그들은 기본적인 물음조차 가지지 않은 채 그저 "다수인 척"하며 자동화된 관습으로 살아가는 기계에 불과하다. 그러므로 못과 모아이가 선택한 "언인스톨"은 이런 인류의 멸망을 선언하는 것이다. 『핑퐁』은 파국만이 인간의 인간다움을 회복할 길이라고 말하고 있다.

파국의 상상은 "위기와 절멸을 상상함으로써 현재의 질서를 역전시키고 절멸"시키려는 근본적인 접근이다. 파국이 아니면 새로운 질서도 새로운 사유도 나올 수 없다. 그렇다고 해서 파국의 상상이 초월적인 것은 아니다. 모든 파국의 상상은 "자신이 선 땅의 내재적 질서에서부터 시작"한다. 그것이 초월적으로 보이는 것은 파국의 상상을 하기에는 "너무나 안락한 자신의 푹신한 의자" 때문이다.* 『핑퐁』은 "왜 사는 것일까"라는 물음을 잃어버려 생의 길을 잃어버린 현 세계를 끝장냄으로써 새로운 세계와 인간을 상상해보는 이야기다. "인류가 언인스톨"되는 『핑퐁』의 결말은 초월적인 세계를 지향하는 것이 아니라 이 세계의 모순을 끝내겠다는 강한 의지의 표현이다. 그리고 그 의지가 인간을 갱신하는 힘이 될 것이다. 그러므로 '끝이, 끝이 아니다'라는 역설이 우리 시대의 유일한 희망일지도 모른다.

『핑퐁』

열다섯 살 '못'은 같은 반 급우인 '치수' 패거리에게 구타와 괴롭힘을 당한다. 열여섯 살 '모아이' 역시 학교에서 따돌림을 당하는 아이이다. 둘은 치수에게 괴롭힘을 당하다 서로 알게 되어 친구가 된다. 치수 패거리의 괴롭힘 때문에 죽기만을 바랄 뿐이던 못과 모아이는 어느 날 학교 인근 주상복합건물 공사장에 놓인 탁구대를 발견하고 그곳에 자주 가서 쉰다. 못과 모아이는 탁구용품점 '랠리'의 주인인 '세끄라탱'을 만나 탁구를 배우면서 자신에 대한 의식을 갖게 된다. 가출 소녀 마리의 죽음에 연루되어 치수가 도망을 다니게 되자 못과 모아이는 세끄라탱과 보내는 시간이 많아지고 그를 통해 자신들이 지구를 놓고 인류 대표와 탁구 시합을 벌여야 할 운명임을 알게 된다. 인류를 유지할 것인가, 멸종시킬 것인가를 놓고 인류 대표인 '새와 쥐'를 상대로 탁구 시합을 벌인 못과 모아이는 과로사로 경기를 더 이상 할 수 없게 된 인류 대표에게 승리를 거둔다. 그리고 못과 모아이는 언인스톨을 선택한다.

박민규

박민규(朴玟奎, 1968~)는 2003년 『지구영웅전설』로 문학동네 신인작가상을 받으며 작품 활동을 시작하였다. 박민규의 소설은 종횡무진 발휘하는 상상력과 가볍고 경쾌한 문체 때문에 장르 문학으로 이해되기도 하지만 세계와 불화를 겪는 인물들을 통해 우리에게 친숙한 가정, 학

* 문강형준, 『파국의 지형학』, 자음과모음, 2011, 13쪽.

교, 사회가 봉착한 모순과 위기 상황을 제시한다. 그동안 발표한 작품으로는 『삼미슈퍼스타즈의 마지막 팬클럽』(2003), 『카스테라』(2005), 『핑퐁』(2006), 『죽은 왕녀를 위한 파반느』(2009) 등이 있다.

지은이 소개

강수진

경희대학교 영어학과를 졸업하고 동 대학교에서 오디션 리얼리티쇼 연구로 석사 학위를 받았다. 현재 동 대학교 대학원 박사과정을 수료했으며 관심 분야는 캐나다 작가 마거릿 애트우드의 작품과 포스트 아포칼립스 그리고 포스트 휴먼 분야이다.

권미선

고려대학교 서어서문학과를 졸업하고 스페인 마드리드 국립대학교에서 스페인 문학 석사, 박사 학위를 받았다. 현재 경희대학교 스페인어학과에서 교수로 재직하고 있으며 관심 분야는 스페인 황금 세기 문학이다. 주요 역서로는 『영혼의 집』, 『달콤 쌉싸름한 초콜릿』, 『운명의 딸』, 『먼 별』, 『브리다』, 『사볼타 사건의 진실』, 『폴란드 기병』 등이 있다.

김경석

경희대학교 중어중문학과를 졸업하고 중국 베이징 사범대학에서 중국 현대문학 전공으로 박사 학위를 받았다. 현재 경희대학교 교수로 재직하고 있으며 관심 분야는 현대 중국을 이야기하는 다양한 서사문학이다. 주요 저서로는 『중국현대문학사』, 논문으로는 '루쉰의 시각으로 프루트 챈 영화읽기', '위화의 『十八歲出門遠行』에 대한 성장소설적 독법' 등이 있다.

김상욱

경희대학교 영어영문학과를 졸업하고 노던일리노이대학교에서 영문학 박사 학위를 받았다. 현재 경희대학교 글로벌커뮤니케이션학부에서 부교수로 재직하고 있으며 관심 분야는 문학과 가족치료 및 영국/아일랜드 문학이다. 주요 논문으로는 '『한밤중 개에게 일어난 의문의 사건』—크리스토퍼의 이야기치료' 등이 있다.

김성일

한국외국어대학교 노어과를 졸업하고 러시아 상트페테르부르크 국립대학교에서 문학박사 학위를 받았다. 현재 청주대학교 문화콘텐츠학과 교수로 재직하고 있으며 관심 분야는 유토피아문학과 문화 원형이다. 주요 저서로 『러시아영화와 상상력』, 역서로 『러시아 문화에 관한 담론』, 논문으로 'A. 보그다노프의 소설 《붉은 별》에 나타난 유토피아 세계' 등 다수가 있다.

김순진

한국외국어대학교 중국어과를 졸업하고 동 대학교에서 문학박사 학위를 받았다. 현재 한신대학교 중국학과 부교수로 재직하고 있으며 관심 분야는 중국 현대 소설, 여성 소설, 아동문학이다. 주요 저서로는 『영화로 읽는 중국』(공저), 『중국대도시의 발전과 도시인의 삶』(공저), 『현대 도시 상하이의 발전과 상하이인의 삶』(공저)이 있으며, 역서로는 『한눈에 보는 중국문화』, 『복사꽃 피는 날들』, 『만사형통』, 『경성지련』, 『제일로향』, 『거울 속에 있는 듯』(공역) 등이 있다. 이외에 '타이완 문학에서 드러나는 에스닉 상상과 국가 정체성', '과거의 구원과 현재의 수용', '권정생과 황춘밍 동화 연구', '방정환과 예성타오의 동화 비교', '장톈이 장편동화 속 환상세계의 의미망' 등의 논문이 있다.

김영임

경희대학교 국제한국언어문화학과 박사과정을 수료했다. 현재 경희대학교 후마니타스칼리지 강사로 재직하고 있으며 관심 분야는 한국 문학/문화와 관련된 남성성이다. 주요 논문으로는 '욕망의 성찰과 윤리적 주체되기—신경숙의 〈풍금이 있던 자리〉를 중심으로'와 '김승옥 소설의 '개인'에 담긴 남성성/들'이 있다. 2016년 「문학과사회」에 평론으로 등단한 후 문학잡지들에 글을 쓰고 있다.

김종수

고려대학교 국어국문학과를 졸업하고 동 대학교에서 문학박사 학위를 받았다. 현재 경희대학교 한국어학과 부교수로 재직하고 있으며 관심 분야는 한국 대중 서사이다. 주요 저서로는 『한국 현대소설의 경계』, 『대중서사장르의 모든 것: 1. 멜로드라마』(공저) 등이 있다.

남상욱

경희대학교 일어일문학과를 졸업하고 도쿄대학에서 학술 박사 학위를 받았다. 현재 인천대학교 일어일문학과 조교수로 재직하고 있으며 관심 분야는 일본 근현대 문학 및 문화이다. 주요 논문으로는 '유토피아소설로서 『아름다운 마을(美しき町)』의 가능성과 한계—사토 하루오의 '유토피아' 전유를 중심으로', '소년범죄 신화를 통해 본 포스트 고도성장기 일본사회의 변동—미나토 가나에 『고백』과 안전신화 붕괴 후의 일본', 역서로는 『미시마 유키오의 문화방위론』 등이 있다.

문준일

한국외국어대학교 노어과와 동 대학교 대학원을 졸업하고 모스크바 국립대학교에서 러시아 문학 박사 학위를 받았다. 한국외국어대학교 러시아연구소 초빙 연구원으로 있다. 논문으로 '러시아 상징주의 소설시학의 특징들', '포스트소비에트 문학공간의 탈경계화' 등이 있으며, 역서로 『전함 팔라다』, 『사할린 한인사』가 있다. 초기 한러 관계사에 대한 인문학적 탐구와 종전 후 남겨진 사할린 한인들에 대한 국제법적 접근이 관심 분야이다.

박규현

성균관대학교 불문학과를 졸업하고 파리8대학교에서 불문학 박사 학위를 받았다. 현재 성균관대학교 프랑스어권연구소 책임 연구원으로 재직하고 있으며 관심 분야는 융합인문학이다. 주요 논문으로는 '모리스 블랑쇼에게서 글쓰기와 유대성의 문제', '피에르 레비의 '집단지성' 개념을 통해 본 디지털 시대의 신학적 전망' 등이 있으며, 저서로는 『동과 서, 마주보다』(공저) 등이 있다.

박정원

서울대학교 서어서문학과를 졸업하고 미국 피츠버그대학교에서 박사 학위를 받았다. 현재 경희대학교 스페인어학과에서 교수로 재직하고 있으며 관심 분야는 현대 라틴아메리카 문학과 문화 연구이다. 논문으로는 '공포의 시뮬라크르를 넘어 경계의 윤리학으로: 『2666』에 나타난 세계화 시대의 상징으로서 미국-멕시코 국경', 역서로는 『하위주체성과 재현: 라틴아메리카 문화이론 논쟁』 등이 있다.

안지영

연세대학교 노어노문학과를 졸업하고 러시아학술원 러시아문학연구소에서 문학박사 학위를 받았다. 현재 경희대학교 러시아어학과 교수로 재직하고 있으며 관심 분야는 러시아 연극과 현대 문화이다. 주요 논문으로는 '포스트소비에트의 아방가르드 연극에 관한 小考: 안드레이 모구치와 포르말느이 극장', 'E. 그리쉬코베츠의 '인간-극장'' 등이 있고, 역서로는 『사랑에 관하여』, 『가장 중요한 것』 등이 있다.

오봉희

경희대학교 영문학과를 졸업하고 뉴욕주립대학교(올버니)에서 영문학 박사 학위를 받았다. 현재 경남대학교 영어학과에 조교수로 재직하고 있으며 관심 분야는 근대 영국 소설이다. 주요 논문으로는 '메어리 셸리의 『프랑켄슈타인』에 나타난 이방인과 환대의 문제', '아프라 벤의 『오루노코』에 나타난 권력과 신체의 관계', '미국의 9·11 애도 작업에 관한 고찰 — 9·11 추모관 건립과 테러와의 전쟁을 중심으로', '전염병의 비극: 디포의 『전염병 연대기』에 나타난 불안과 공포 및 적대/환대' 등이 있다.

오정숙

연세대학교 불어불문학과를 졸업하고 프랑스 파리10대학교에서 문학박사 학위를 받았다. 현재 경희대학교 프랑스어학과 교수로 재직하고 있으며 관심 분야는 프랑스 및 프랑코포니 국가들의 문학과 문화 소통이다. 주요 저역서로는 『마르그리뜨 유르스나르—영원한 방랑자』, 『축제로 이어지는 한국과 유럽』, 『유럽 문명의 아프리카 기원』, 『아프리카인이 들려주는 아프리카 이야기』, 『동양 이야기』 등이 있다.

이명호

경희대학교 영어영문학과를 졸업하고 뉴욕주립대학교(버펄로)에서 윌리엄 포크너와 토니 모리슨으로 박사 학위를 받았다. 현재 경희대학교 글로벌커뮤니케이션학부 영미문화 전공 교수로 재직 중이다. 관심 분야는 감정/정동 연구, 문화 번역, 젠더 정치이다. 저서로는 『누가 안티고네를 두려워하는가: 성차의 문화정치』, 『감정의 지도 그리기: 근대/후기 근대의 문학과 감정 읽기』(공저), 『페미니즘: 차이와 사이』(공저), 『토니 모리슨』(공저), 『윌리엄 포크너』(공저) 등이 있다.

이선이

경희대학교 국어국문학과를 졸업하고 동 대학교에서 문학박사 학위를 받았다. 현재 경희대학교 한국어학과 교수로 재직하고 있으며 관심 분야는 한국 근현대 시와 시론이다. 주요 저서로는 『만해시의 생명사상 연구』, 『생명과 서정』, 『상상의 열림과 떨림』, 『동아시아 근대 한국인론의 지형』(공저), 『근대 한국인의 탄생』(공저) 등이 있다.

전소영

경희대학교 영문학과를 졸업하고 동 대학교에서 영문학 박사 학위를 받았다. 현재 경희대학교에 학술연구교수로 재직하고 있으며 관심 분야는 감정, 정동, 동물 연구이다. 주요 논문으로는 '잠재적 감정으로서의 아파테이아—쿳시의 『마이클 K의 삶과 시대』', '쿳시와 카프카 소설에 나타난 동물타자', '디스토피아 소설에 나타난 유토피아적 충동: 조지 오웰의 『1984』와 마가렛 앳우드의 『대리모 시녀이야기』' 등이 있다.

한경자

덕성여자대학교 화학과를 졸업하고 도쿄대학에서 문학박사 학위를 받았다. 현재 경희대학교 외국어대학 일본어학과에 부교수로 재직하고 있으며 관심 분야는 일본 근세 희곡 및 문화이다. 주요 논문으로는 '근대 가부키의 개량과 해외 공연', '식민지조선에 있어서의 분라쿠공연', '지카마쓰의 정사물과 오사카 도시공간' 등이 있다.

황수현

경희대학교 스페인어학과에서 공부했으며 스페인 마드리드 국립대학교에서 문학박사 학위를 받았다. 경희대학교 스페인어학과 교수로 재직하고 있으며 현재 관심 분야는 중미 지성사 연구, 라틴아메리카 시와 시학 등이다. 주요 저역서로는 『스페인 문화 순례』(공저), 『라틴아메리카 문화의 즐거움』(공저), 『El regalo del ave(새의 선물)』(역서) 등이 있다.